融合型·新形态教材
复旦学前云平台 fudanxueqian.com

普通高等教育"十一五"国家级规划教材·修订版

U0730632

学前儿童
科学教育活动指导
（第四版）

主　编　夏　力

副主编　郑丽霞　邵小佩　王少娟　许艳玲

编　者（按姓氏笔画排列）

王少娟　许艳玲　李　莉　李淑芬　李　琴

邹旭东　张建波　陆　兰　陈凤玉　陈尚虎

陈海燕　邵小佩　郑丽霞　胡君霞　高淑云

夏　力　黄　英

复旦大学出版社

内容提要

本教材从高校学前教育专业课程改革的实际出发，遵循教育部颁布的《幼儿园教育指导纲要（试行）》《3—6岁儿童学习与发展指南》的基本精神和原则，反映了国内外学前儿童科学教育的最新成果，反映了0—6岁儿童科学教育一体化的要求，并将学前儿童科学探究和数学认知两大内容集于一册，具有时代特征和实用价值。

本教材突出理论性、实践性、可操作性等特点，按照理论导向、案例分析、实践训练等要求，在各章节分别列出内容提要、学习目标、学习内容、教学案例及评析、思考与练习等，可帮助使用者提高理论修养和实际操作能力。

第四版在保持原有优点的基础上，主要是根据《指南》的要求，顺应当代学前儿童科学教育改革和发展的趋势，对原有章节进行修订增补，特别是增加了国内外学前儿童科学教育综述的内容，更新了名师活动案例，更贴近幼儿园课程改革的实际。第四版配有80个教学资源，可扫码看幼儿园科学教育活动的视频和活动文案，同时配有PPT课件、习题答案等教学资源，可登录复旦学前云平台免费下载：www.fudanxueqian.com。

复旦学前云平台
数字化教学支持说明

为提高教学服务水平，促进课程立体化建设，复旦大学出版社学前教育分社建设了"复旦学前云平台"，为师生提供丰富的课程配套资源，可通过"电脑端"和"手机端"查看、获取。

【电脑端】

电脑端资源包括 PPT 课件、电子教案、习题答案、课程大纲、音频、视频等内容。可登录"复旦学前云平台"www.fudanxueqian.com 浏览、下载。

Step 1 登录网站"复旦学前云平台"www.fudanxueqian.com，点击右上角"登录／注册"，使用手机号注册。

Step 2 在"搜索"栏输入相关书名，找到该书，点击进入。

Step 3 点击【配套资源】中的"下载"（首次使用需输入教师信息），即可下载。音频、视频内容可通过搜索该书【视听包】在线浏览。

【手机端】

PPT 课件、音视频、阅读材料：用微信扫描书中二维码即可浏览。

扫码浏览

【更多相关资源】

更多资源，如专家文章、活动设计案例、绘本阅读、环境创设、图书信息等，可关注"幼师宝"微信公众号，搜索、查阅。

平台技术支持热线：029-68518879。

"幼师宝"微信公众号

第四版前言

《学前儿童科学教育活动指导》是学前教育专业教法类核心课程之一。本教材畅销十余年，历经三次修订，日臻完善，在使用中受到高校学前教育专业师生的一致好评。

本教材紧扣课程思政的要求，体现党的二十大会议精神，在课程中融入教育观、职业道德观、社会责任感和教育情怀的思政元素，将思政教育与科学教育有机融合，引导学生在学习专业知识的同时培养科学探索能力、团队合作精神和创新意识，达到"润物细无声"的教育效果。

第四版遵循《幼儿园教育指导纲要（试行）》《3—6岁儿童学习与发展指南》的精神，密切结合学前专业课程改革的实际，从以下三个方面对教材进行了重大修订：一是彰显时代特征。按与时俱进、推陈出新的要求，与一线幼儿园教师密切合作，精心筛选一批新的优秀案例及专家评析替换旧案例，使其更加贴近新时代幼儿园课程改革的实际，有利于读者了解学前儿童科学教育发展的现状和趋势。二是凸显理实一体化的特点。按知行合一、理论联系实际的要求，开发和遴选一批高质量的幼儿园教学短视频与"复旦学前云平台"直接联系，形成了新的课程资源。读者用手机扫描书中的二维码即可获取直观鲜活的教学视频资源，再现教学场景，有利于"学中做""做中学"活动的开展，有利于知识与能力的相互转换。三是突出"课证融通"的特色。为了帮助学生了解幼儿教师资格证考试内容与形式，本次修订将全国统考以来科学教育的真题、答案及评析融入"思考与练习"中，可以帮助学生将课程学习与考证练习有机结合。总之，通过本次修订，力图为学生提供更优质的学习资源和更便捷的学习方式。

参加原教材编写和第四版修订的单位有：重庆师范大学教育科学学院学前教育系、天津师范大学学前教育学院、赤峰学院、齐齐哈尔师范专科学校、福州幼儿师范高等专科学校、贵阳幼儿师范高等专科学校、石家庄幼儿师范高等专科学校、徐州幼儿师范高等专科学校、常州工业大学学前教育系、宁夏幼儿师范高等专科学校、青岛幼儿师范高等专科学校、南阳幼儿师范高等专科学校、重庆传媒职业学院现代教育学院等院校的专家学者。参加本次修订的人员有：邵小佩（绪论、第一章、第二章）、陈海燕（第三章、第五章、第九章）、郑丽霞（第四章第一至第三节）、黄英（第四章第四节）、许艳玲（第六章、第七章）、夏力（第八章）、王少娟（第十章、第十一章）。其中，邵小佩参加修订提纲和部分章节的审定，夏力负责全书的审读和定稿。教材的第四版修订得到复旦大学出版社的大力支持，其中引用了国内外专家学者的一些论述和幼儿园骨干教师的科学活动案例或短视频，在注释或视频中已——注明，为此深表感谢。

由于作者水平有限，书中难免存在疏漏，恳请专家学者及广大读者批评指正。

目　录

绪论　学前儿童科学教育概述 …………………………………………………………… 001

第一节　学前儿童科学教育的内涵与价值 ……………………………………………… 002

一、学前儿童科学教育的内涵与特点 ………………………………………………… 002

二、学前儿童科学教育的价值 ………………………………………………………… 003

第二节　国内外学前儿童科学教育综述 ………………………………………………… 004

一、国外学前儿童科学教育 …………………………………………………………… 004

二、中国的学前儿童科学教育 ………………………………………………………… 007

第一章　学前儿童科学教育活动的理论基础 …………………………………………… 010

第一节　心理学基础 ……………………………………………………………………… 011

一、认知发展理论 ……………………………………………………………………… 011

二、建构主义的学习理论 ……………………………………………………………… 014

三、多元智力理论 ……………………………………………………………………… 015

第二节　教育学基础 ……………………………………………………………………… 018

一、生活教育理论 ……………………………………………………………………… 018

二、活动理论 …………………………………………………………………………… 019

三、后现代主义理论 …………………………………………………………………… 020

四、全面和谐发展理论 ………………………………………………………………… 022

第二章　学前儿童科学教育活动的目标 ………………………………………………… 024

第一节　确定学前儿童科学教育活动目标的依据 ……………………………………… 025

一、依据学前儿童的认知特点 ………………………………………………………… 025

二、依据当代社会的发展需要 ………………………………………………………… 027

三、依据学前儿童科学教育活动的特性 ……………………………………………… 028

第二节　学前儿童科学教育活动的目标 ………………………………………………… 031

一、学前儿童科学教育活动的总目标 ………………………………………………… 031

二、学前儿童科学教育活动的年龄阶段目标 ………………………………………… 034

三、学前儿童科学教育活动的单元目标 ···························· 036

四、学前儿童科学教育的具体活动目标 ························· 037

第三章 学前儿童科学教育活动的内容和方法 ······················ 039

第一节 选择学前儿童科学教育活动内容的依据 ···················· 040

一、依据《纲要》《指南》的主要精神 ·························· 040

二、符合学前儿童科学教育活动的目标 ························ 040

三、适应学前儿童认知发展的特点 ···························· 040

四、遵循科学自身的规律和特点 ······························ 040

第二节 学前儿童科学教育活动的内容范围 ······················ 041

一、0—3岁儿童科学教育的内容范围 ························· 041

二、3—6岁儿童科学教育的内容范围 ························· 042

第三节 学前儿童科学教育活动内容选择的要求与方法 ·············· 047

一、选择学前儿童科学教育活动内容的基本要求 ··············· 047

二、选编学前儿童科学教育活动内容的具体方法 ··············· 051

第四节 学前儿童科学教育的方法 ······························ 053

一、讲解法 ·· 053

二、指导探究法 ·· 055

三、自由发现法（自主探究法） ···························· 057

四、学前儿童科学教育活动的组织形式 ······················ 057

第四章 学前儿童科学教育活动设计与组织指导 ···················· 059

第一节 观察类科学教育活动的设计与组织指导 ···················· 060

一、观察类科学教育活动概述 ······························ 060

二、观察类科学教育活动的设计 ···························· 061

三、观察类科学教育活动的组织指导 ························ 062

四、活动案例及评析 ···································· 064

第二节 实验操作类科学教育活动的设计与组织指导 ················ 068

一、实验操作类科学教育活动概述 ·························· 068

二、实验操作类科学教育活动的设计 ························ 069

三、实验操作类科学教育活动的组织指导 ···················· 072

四、活动案例及评析 ···································· 074

第三节 技术制作类科学教育活动的设计与组织指导 ················ 079

一、技术制作类科学教育活动概述 ·························· 079

二、技术制作类科学教育活动的设计 ························ 080

三、技术制作类科学教育活动的组织指导 ···················· 083

四、活动案例及评析 ···································· 085

第四节 交流讨论类科学教育活动的设计与组织指导 ················ 089

一、交流讨论类科学教育活动的概述 ………………………………………………… 089

二、交流讨论类科学教育活动的设计 ………………………………………………… 090

三、交流讨论类科学教育活动的组织与指导 ………………………………………… 095

四、活动案例及评析 …………………………………………………………………… 097

第五章　学前儿童数学类教育活动设计与组织指导 ………………………………… 103

第一节　学前儿童数学类教育活动概述 …………………………………………… 104

一、学前儿童数学教育活动的意义 ………………………………………………… 104

二、学前儿童数学教育活动的目标与内容 ………………………………………… 105

三、学前儿童数学教育活动的方法 ………………………………………………… 108

第二节　学前儿童感知集合概念的教育 …………………………………………… 113

一、幼儿的分类教育 ………………………………………………………………… 113

二、幼儿的排序教育 ………………………………………………………………… 114

三、区别"1"和"许多" ……………………………………………………………… 116

四、比较两组物体的多少 …………………………………………………………… 116

五、活动案例及评析 ………………………………………………………………… 117

第三节　学前儿童数概念及运算能力的教育 ……………………………………… 119

一、幼儿数概念的发展及教育 ……………………………………………………… 119

二、幼儿10以内加减运算概念的发展和教育 ……………………………………… 125

三、活动案例及评析 ………………………………………………………………… 127

第四节　学前儿童几何形体概念的教育 …………………………………………… 130

一、幼儿认识几何形体的特点 ……………………………………………………… 130

二、教育目标 ………………………………………………………………………… 131

三、教育指导与建议 ………………………………………………………………… 131

第五节　学前儿童量的概念的教育 ………………………………………………… 133

一、认识物体量的特点 ……………………………………………………………… 134

二、教学目标 ………………………………………………………………………… 134

三、教育指导与建议 ………………………………………………………………… 134

第六节　学前儿童时间和空间概念的教育 ………………………………………… 135

一、学前儿童认识空间方位的一般特点 …………………………………………… 136

二、学前儿童认识时间的特点 ……………………………………………………… 136

三、教育目标 ………………………………………………………………………… 136

四、教育指导与建议 ………………………………………………………………… 137

第六章　学前儿童区域科学教育活动设计与指导 …………………………………… 139

第一节　区域科学教育活动概述 …………………………………………………… 140

一、区域活动的含义 ………………………………………………………………… 140

二、区域科学教育活动的特点 ……………………………………………………… 140

三、区域科学教育活动的价值 ··· 141

四、区域科学教育活动的类型 ··· 141

第二节 自然角科学教育活动的设计与组织指导 ··················· 142

一、自然角科学教育活动概述 ··· 142

二、自然角科学教育活动的设计 ··· 142

三、自然角科学教育活动的组织指导 ······································ 144

第三节 科学活动区科学教育活动的设计与组织指导 ············ 144

一、科学活动区科学教育活动概述 ·· 144

二、科学活动区科学教育活动的设计 ······································ 145

三、科学活动区科学教育活动的组织指导 ································ 148

第四节 数学角科学教育活动的设计与组织指导 ··················· 150

一、数学角科学教育活动概述 ··· 150

二、数学角科学教育活动的设计 ··· 150

三、数学角科学教育活动的组织指导 ······································ 151

四、活动案例及评析 ··· 152

第七章 学前儿童科学游戏活动设计与指导 ······················· 155

第一节 科学游戏活动概述 ··· 156

一、科学游戏活动的含义 ·· 156

二、科学游戏活动的特点 ·· 156

三、科学游戏活动的价值 ·· 157

四、科学游戏的种类 ·· 157

第二节 科学游戏活动的设计与组织指导 ···························· 159

一、科学游戏活动的设计 ·· 159

二、科学游戏活动的组织指导 ··· 160

三、活动案例及评析 ·· 161

第八章 学前儿童科学教育活动统整 ·································· 166

第一节 统整学前儿童科学教育活动的基本思想 ·················· 167

一、统整反映了培养完整儿童的课程理念 ································ 167

二、统整倡导回归生活世界的课程观 ······································ 169

第二节 以统整为取向的学前儿童科学教育活动及设计 ········· 170

一、分领域的教育活动统整 ··· 170

二、跨领域的教育活动统整 ··· 171

第九章 学前儿童科学教育活动资源 ································· 181

第一节 学前儿童科学教育活动资源的含义、种类和作用 ······ 182

一、学前儿童科学教育活动资源的含义 ··································· 182

二、学前儿童科学教育活动资源的种类 ………………………………………… 182

三、学前儿童科学教育活动资源的作用 ………………………………………… 184

第二节 学前儿童科学教育活动资源的选择与利用 ………………………………… 184

一、学前儿童科学教育资源的选择 ……………………………………………… 184

二、学前儿童科学教育活动资源的利用 ………………………………………… 186

第三节 学前儿童科学教育活动资源的创设与管理 ………………………………… 187

一、种植园地的创设与管理 ……………………………………………………… 187

二、沙池、水池的设置与管理 …………………………………………………… 188

第十章 家庭与社区的学前儿童科学教育活动 ………………………………………… 191

第一节 家庭中的学前儿童科学教育 ………………………………………………… 192

一、家庭在学前儿童科学教育中的作用 ………………………………………… 192

二、合理利用家庭资源,开展学前儿童科学教育活动 ………………………… 193

三、活动案例及评析 ……………………………………………………………… 196

第二节 利用社区资源进行学前儿童科学教育 ……………………………………… 197

一、社区资源在学前儿童科学教育中的作用 …………………………………… 198

二、合理利用社区资源,开展学前儿童科学教育活动 ………………………… 199

第十一章 学前儿童科学教育活动的评价 ……………………………………………… 201

第一节 学前儿童科学教育活动评价的概述 ………………………………………… 202

一、学前儿童科学教育活动评价的概念 ………………………………………… 202

二、学前儿童科学教育活动评价的意义 ………………………………………… 202

第二节 学前儿童科学教育活动评价的内容 ………………………………………… 203

一、对学前儿童科学教育活动本身的评价 ……………………………………… 203

二、对学前儿童发展的评价 ……………………………………………………… 206

第三节 学前儿童科学教育活动评价的方法 ………………………………………… 206

一、学前儿童科学教育活动评价的一般步骤 …………………………………… 206

二、学前儿童科学教育活动评价的方法 ………………………………………… 208

参考文献 …………………………………………………………………………………… 219

后记 ………………………………………………………………………………………… 221

绪　论

学前儿童科学教育概述

```
                    ┌─────────────┐
  ┌──────────────┐  │  绪论 学前儿童 │  ┌──────────────┐
  │学前儿童科学教育的│ ←│ 科学教育概述   │→ │国内外学前儿童  │
  │内涵与价值      │  │             │  │科学教育综述    │
  └──────────────┘  └─────────────┘  └──────────────┘
      │      │                          │      │
      ↓      ↓                          ↓      ↓
┌──────────┐ ┌──────────┐      ┌──────────┐ ┌──────────┐
│学前儿童科学教育│ │学前儿童科学 │      │国外学前儿童│ │中国的学前儿童│
│的内涵与特点  │ │教育的价值  │      │科学教育   │ │科学教育    │
└──────────┘ └──────────┘      └──────────┘ └──────────┘
```

内容提要

　　儿童对周围世界各种事物、现象及关系等天生具有好奇心与探究欲望,这种内在的好奇心与求知欲使得幼儿主动探索、积极思考,形成最初的科学经验。儿童科学教育具有什么样的特点、规律、价值及其发展历程,等等,这些都是幼教工作者需要思考、探索的问题。

学习目标

　　1.理解科学、科学教育、学前儿童科学教育的内涵与特点。

　　2.了解学前儿童科学教育的价值。

　　3.了解美国、法国和日本学前儿童科学教育的特点。

　　4.了解我国学前儿童科学教育的发展沿革。

第一节　学前儿童科学教育的内涵与价值

一、学前儿童科学教育的内涵与特点

（一）学前儿童科学教育的内涵

科学是反映客观事实和规律的知识体系，是探索世界、获取知识的过程，是看待世界的方法和态度。科学教育是一种通过现代科技知识及其社会价值的教学，让学生掌握科学概念，学会科学方法，形成科学态度，且懂得如何在面对现实中的科学与社会有关问题时做出明智抉择，以培养科技专门人才，提高全民科学素养为目的的教育活动。

学前儿童指的是进入小学之前的儿童，即 0—6 岁的儿童。具体地说，学前儿童科学教育就是指教师引发、支持和引导学前儿童对周围物质世界进行主动探究，以帮助他们形成科学情感和态度，掌握科学方法，获得有关周围物质世界及其关系的科学经验的活动①。

学前儿童科学教育体现在以下四个方面：

第一，学前儿童科学教育的核心是激发幼儿探究兴趣，体验探究过程，发展初步的探究能力。

第二，学前儿童科学教育确立了学前儿童的学习主体地位，强调通过儿童自己的探索活动学习科学。

第三，学前儿童科学教育明确学前儿童的学习形式、方法与内容。要求成人充分利用自然和实际生活机会，引导幼儿通过观察、比较、操作、实验等方法，学习发现问题、分析问题和解决问题的方法。

第四，学前儿童科学教育确定教师的指导地位，强调教师的作用在于为儿童创设良好的心理环境、自然环境和丰富的科学环境。

总之，学前儿童科学教育是整个科学教育体系的起始阶段和基础环节。学前儿童处于人生的最初阶段，身心发展远未成熟、完善。因而，学前儿童科学教育是一种科学启蒙教育。通过这种科学启蒙教育，使学前儿童萌发科学情感，形成科学态度，掌握一些初步的科学方法，积累科学经验，为学前儿童的终身学习打下良好的基础。

（二）学前儿童科学教育的特点

与其他学段的学生相比，学前儿童科学教育具有自身的特点。

1. 学前儿童科学教育目标具有全面性

学前儿童科学教育不是培养科技专业人才，也不是传授大量科学知识，而是科学启蒙教育，不仅要让儿童获得科学经验，更主要的是在获得经验的过程中，让儿童身心全面和谐发展，也就是在儿童探索过程中，让儿童的认知、情感、技能、社会性等方面都得到发展。而且让儿童的情感与有意义的探索紧密联系起来，对儿童的持续学习十分重要。

2. 学前儿童科学教育内容具有生活化

学前儿童的科学经验来源于日常生活，并在生活中不断丰富。因此，学前儿童的科学教育要选择儿童生活中熟悉的内容，贴近幼儿，贴近自然。活动方式也应该生活化，就是把科学教育贯穿于幼儿的生活中，注意把握生活中点点滴滴的科学教育内容和教育时机。

---

① 刘占兰.学前儿童科学教育(第 2 版)[M].北京：北京师范大学出版社,2004.

3. 学前儿童科学教育过程具有探索性

儿童好奇心强,渴望探索和了解世界,他们通过自身的探索活动来获得对世界的了解和认识。比如,婴儿听到声音就会四处寻找,看到灯光就会去注视,拿到东西就放进嘴里品尝,一岁多的幼儿拿到东西就往地上摔,两三岁的幼儿看见水洼就要去踩一踩,四五岁的幼儿很快就把家长买来的新玩具拆开来查看,六七岁的儿童开始养小动物、泡种子、玩高级的电动玩具,探索范围越来越大。因此,科学教育的过程就是儿童探索的过程。

二、学前儿童科学教育的价值

对学前儿童进行科学教育是人类社会进步的必然要求,是学前儿童发展的需要,也是学前儿童全面发展教育必不可少的组成部分。无论从社会的需要来看,还是从学前儿童的个体发展来看,都是至关重要的。

(一)学前儿童科学教育与社会发展

21世纪是一个以知识创新和应用为特征的知识经济时代。在这个时代里,科技发展日新月异,人们的生活也因此而不断变化。要适应这样的生活,即使是最普通的人,也需要具有一定的科学素养。因此,普及科学教育,提高全民族的科学素养,已经成为时代的呼唤。

科学教育包括从学前阶段到大学阶段的科学教育。学前阶段的科学教育是整个科学教育体系的奠基阶段。它虽然不可能直接提高一个民族的科学素养,直接培养出科技人才、智能型的劳动者,但它作为科学启蒙教育,对一个人的一生却会有很大的影响。社会的发展要求我们重视学前儿童科学教育。

科学教育目前成了各个国家教育改革的热点之一。许多国家都把推进科学教育与本国的人力资源开发、科技振兴事业联系在一起,采用特殊政策,增加拨款,设立专门学校和专门项目等培养科技人才;并通过教育改革,提高全体教育者的科学素养。重视儿童科学教育已成为全球性的大趋势。

(二)学前儿童科学教育与个体发展

学前儿童科学教育对个体发展的意义表现在以下方面。

1. 有利于学前儿童科学素质的培养

学前儿童有着与生俱来的好奇心和探究欲望。后天的生活环境保护了儿童的这种特点,那么这些特点便会得到强化巩固而保留下来。如果后天的生活环境不接纳儿童的这些特点,那么这些特点便会减弱直至消失。对学前儿童进行科学教育可以保护儿童的好奇心和探究欲望。同时,学前儿童的好奇和探究往往具有盲目性和偶然性。通过学前儿童科学教育活动,可以使他们的探究过程成为具有明确目的的、能够达到一定结果的学习过程,从而进一步激发他们的好奇心和探究欲望。纵观古今中外伟大的科学家的成长经历可以发现,成人对他们童年时期好奇心的保护和重视对他们后来取得伟大科学成就具有重要作用。

学前儿童科学教育活动有利于学前儿童学习科学方法,提高分析问题和解决问题的能力。学前儿童科学教育活动是教师引发、支持和引导学前儿童主动探究,经历从探究到发现的过程。探究过程本身就是运用科学方法获取知识的过程。即使在很简单的探究活动中,也会有科学方法的存在。所以,在科学探究的过程中,学前儿童也会学到一些科学方法,儿童的观察能力、思维能力、解决问题的能力和动手操作能力等都得到了提高。

学前儿童科学教育能使学前儿童丰富和积累科学经验。在学前儿童科学教育活动中,教师可以为学前儿童提供广泛的内容引导学前儿童去探究,从而使儿童获取广泛的科学经验[1]。早期的科学经

---

[1]　周川.科学的教育价值[M].南京:江苏教育出版社,1993.

验可以为儿童将来理解科学知识提供支持,还会促进科学技术的发明创造。

2. 有利于促进学前儿童的全面发展

学前儿童科学教育活动不仅给学前儿童以直接接触和探究客观世界的机会,而且也尊重学前儿童自发的探究活动,这有利于培养学前儿童的主动性、积极性、独立性、创造性、自信心等良好个性品质。

案例

"五一"放假回园,孩子们一进活动室,就传来了一阵呼唤声:"老师! 墙壁上有毛毛虫。"接着,君君、小云又分别在寝室的床铺底下、玩具橱旁边、水槽下、厕所地面发现了毛毛虫,孩子们表现出极大的兴趣,三三两两簇拥着议论:"毛毛虫怎样钻进来的,窗户不是关着的吗?""毛毛虫为什么不会掉下来?""它的身上有吸盘。""它会吸人的血,我们可要注意点。""它走路了,你看它的头在这里。"君君边观察边用肢体语言模仿毛毛虫一伸一缩的动作。孩子们对毛毛虫十分关注。

评析:孩子们喜欢探究自己感兴趣的问题,这充分调动了他们的主动性、积极性、独立性和创造性。

总之,学前儿童科学教育不仅有利于学前儿童科学素质的培养,还能够促进学前儿童的全面发展,从而为学前儿童一生的发展奠定良好的基础。

第二节 国内外学前儿童科学教育综述

为了进一步理解学前儿童科学教育,还要把科学教育放到广阔的社会和政治背景中去考察。因此,本节先以美国、法国和日本为例了解国外学前儿童科学教育,再了解我国学前儿童科学教育的发展历史及现状。

一、国外学前儿童科学教育

(一) 美国的学前儿童科学教育

美国的学前儿童科学教育早在 19 世纪 50 年代就开始了,先后受到了斯宾塞思想、自然学习运动以及杜威实用主义的影响。20 世纪 50 年代,由于苏联人造卫星上天和科学技术的迅猛发展,美国教育受到了极大的冲击,美国开始对课程中的科学教育进行改革。

1985 年 6 月,美国科学促进会、纽约卡内基公司和梅隆基金会开始实施一项长远性的计划,立足于此来改革科学、数学和技术教育,这一年适逢哈雷彗星临近地球,因此这项新计划的发起者将它命名为"2061 计划"。计划充分考虑到从幼儿园到大学的这一教育系统中的所有学生、所有年级和所有方面。计划是将注意力集中在科学素质上,而不是集中在比较狭隘的"科学学科"上。"2061 计划"通过 1989 年的《面向全体美国人的科学》的报告对科学素质所下的定义,以及随后在 1993 年的《科学素质的衡量标准》中为各年级学生(幼儿园到高中)制定的学习目标,将美国人改革的努力引上了一个共同的方向。

1996 年，美国国家科学院推出了《美国国家科学教育标准》，它是美国历史上第一部国家科学教育标准。《美国国家科学教育标准》把"科学探究处于核心地位"。《美国国家科学教育标准》倡导的科学探究有三个方面的含义。其一，科学探究是学习内容。《美国国家科学教育标准》把"作为探究过程的科学"作为内容标准不可或缺的一个部分，是与"物质科学""生命科学""地球与空间科学""科学与技术"等七个类别相提并论的。其二，科学探究是学习方式。学习科学应该成为一种能动的过程，不能由别人代劳。以探究的方式学习科学，既是动手的活动，也是动脑的活动。其三，科学探究是教学指导思想。科学教学如何促进学生的探究学习，不是一种具体的教学方法，而是科学教学的一个指导思想。学生们有效的科学探究，需要训练有素的专业教师，需要足够的上课时间，需要丰富多彩的学习材料，需要条件适宜的学习空间，需要学校以外各界人士所提供的人力、财力、物力方面的支援等。《美国国家科学教育标准》是在美国科学教育多年改革的基础上设计出来的，吸取了当今美国科学教育实践领域的大量优秀经验，在内容、结构、思想上都值得我们学习和研究。

《美国国家科学教育标准》内容包括：科学教学标准；科学教师专业进修标准；科学教育的评价标准；科学内容标准；科学教育大纲标准；科学教育系统标准。其中的内容标准对学生们在从幼儿园到12 年级教育过程中，在自然科学方面都应该知道些什么、弄懂些什么、能够做些什么提出了一种提纲挈领式的概括。

美国学前儿童科学教育主要有以下特点：

（1）全国没有统一的学前儿童科学教育大纲，州和地方教育当局只作方向性的指导，并提供各种儿童科学课程方案。教师可以根据需要选择合适的儿童科学课程方案并制定适合本班的教育计划。

（2）非正式教育机构，如儿童博物馆、科学博物馆、儿童科学发现中心、电视台、广播台、牧场、水族馆、图书馆等为儿童的科学教育提供条件，形成学校、家庭和社会的儿童科学教育网络。

（3）在教育过程中，实施态度和情感、能力、认知的统一。认为只教儿童知识、不重视科学探索过程和技能的培养，就会使儿童只会享用知识而不会发现和创造知识。如果忽视对科学态度和价值观的培养，就会影响儿童对科学的信仰和热情以及从事科学活动的道德标准。强调儿童科学教育的目标，不仅在于掌握一些知识，而是重视教给儿童学习科学的方法；帮助儿童理解科学，不仅包括认知体系，还包括探索过程和在科学活动中所持的价值观。只有态度和情感、能力、认知多方面立体地进行科学教育，才能使儿童真正理解并掌握科学。

（4）科学教育的重要方法是以个别的科学探索活动为主，强调让儿童根据自己的兴趣去观察、了解和认识周围环境，教师仅做少量的指导，并伴有少量的有计划的小组和集体探索活动。

（5）重视为儿童科学教育提供良好的教学条件，包括环境的创设、实验用的各种材料的准备以及提供观察和接触大自然的充分机会。

（二）法国的学前儿童科学教育

从 1902 年起，法国小学一直忽视科学教育。1992 年，法国学者、诺贝尔物理学奖获得者乔治·夏帕克先生倡导在法国开展"动手做"（hands on）科学教育改革。"动手做"是一种由美国科学家总结出来的教育思想和方法，旨在让学生以更科学的方法学习知识，尤其强调学习方法、思维方法、学习态度的培养。

法国"动手做"的
十大原则

"动手做"的基本理念为强调科学实践，强调从周围生活中取材，强调科学家的参与，适用于从幼儿园、小学到中学的科学教育。活动的基本过程包括：提出问题——动手做实验——观察记录——解释讨论——得出结论——表达陈述。

"动手做"强调学生应该亲自动手实验和思考，进行讨论——动手、动脑、动口；亲自参加活动并在活动中学习——亲身体验；学生需要与同伴进行交流，阐述自己的观点——生生互动。而教师的主要

责任是引导学生进行活动,而不是替代他们去做——主体性;引导学生注意以熟练的语言来阐述并讨论他们的观点——表达、讨论;教师让学生说明他们所获得结论的有效性,并与科学知识相比较——思考。

"动手做"活动是围绕一定的主题进行的,每一个主题都应使学生花费足够长的实践进行探索和交流。这样才有可能保证其重新开始、重新表达并稳定其经验知识。

"动手做"活动有其支持体系,包括:实验备忘录;知识卡片(法国教育部制作)提供了补充和辅助材料;活动所需设备或装置,以及互联网的支持。

法国学前儿童科学教育主要有以下特点:

(1)学前儿童科学教育内容源自生活。"动手做"项目关注的是幼儿在生活中感兴趣和需要解决的问题,并将它们作为科学教育内容的重要来源。如"水怎样变成冰""风从哪里来""声音的变化"等。在选择实验材料方面也尽量选取幼儿生活中易获得的有教育价值的物品,如废纸盒、塑料瓶、气球、吹风机、气筒、磁铁、沙子和水等,都是生活中常见的物品。

(2)学前儿童亲历科学发现与探究的过程。"动手做"项目强调的是:在科学活动中,引导幼儿参加实践,帮助幼儿学会做事,学习记录与表达,养成遵守规则和尊重他人的习惯。其核心在于让幼儿充分体验科学探究、科学发现的整个过程,从而发展幼儿的探究与解决问题的能力。

(3)教师是儿童科学活动的支持者、引导者。"动手做"项目的实施,改变了幼儿的学习方式,也改变了教师的教学方式。教师不再简单地向幼儿灌输知识,给幼儿一个现成的答案,而要引导幼儿自己去探索周围的世界,自己去寻找各种答案。因此教师的角色发生了变化,在科学活动中,他们是儿童活动的支持者和引导者。

(三)日本的学前儿童科学教育

战后的日本十分重视教育,几次修订幼儿园教育大纲。在1964年颁布的《幼稚园教育要领》中,将"自然"列为幼儿园的重要课程。"自然"的内容包括自然常识、数、理、化以及日常生活知识等方面,目的主要是让幼儿适应生活。《幼稚园教育要领》明确规定了幼儿园自然教育的任务包括:爱护周围的动植物,热爱自然;对周围的自然现象有兴趣并愿意进行观察和研究;掌握必要的简单的技能,适应日常生活的需要;对数量和图形感兴趣。

1990年日本文部省颁布的《幼稚园教育要领》,将原来的"自然"改为"环境",扩大了原先的范围。原来的"自然"仅包括自然科学,现在的"环境"包括了人和自然,着眼于培养幼儿认识大自然与自己生活的周围环境,培养幼儿积极主动的态度和适应生活的能力。主要内容为:接触自然,注意自然之大、自然之美、自然之不可思议;注意随季节的变化,人的生活也发生变化;关心自然等周围的事物和现象,将其纳入自己的游戏;关心、爱护并亲密接触身边的动植物;爱惜周围的东西;使用身边的东西,思考、尝试如何玩;关心玩具和用具的结构;关心日常生活中的数量和图形;对与生活关系密切的信息和设施感兴趣和关心;在幼儿园内外的庆典活动中亲近国旗。

2000年,日本颁布并实施新的《幼儿园教育指导纲要》。"萌发幼儿的道德心"是这次日本幼儿教育改革的重点之一,"环境"领域的改革重点也体现在这一点上。日本新《纲要》增加了带着亲切感接触身边的动植物,发现生命的宝贵等内容。同时在注意事项中也提出:在幼儿期里,自然对幼儿具有博大的意义。

日本学前儿童科学教育主要有以下特点:

(1)全国没有统一的科学教育教材,有关科学教育的大纲被规定为全国国立、公立和私立幼儿园科学教育课程的标准。各幼儿园可依据《纲要》,从不同地区、季节及幼儿的特点出发制定计划,实施科学教育。

（2）通过"环境"进行教育。认为所谓环境，不仅包括幼儿园的各种器具、玩具等物的因素以及幼儿和教师的人的因素，还包括幼儿所接触的周围的自然和社会现象、事物、人和物交织产生的氛围、时间、空间等要素。

（3）注重情感教育和心灵教育，重视幼儿内心世界与外在环境之间的互动。特别强调大自然对幼儿发展与情感的影响，认为大自然与幼儿的接触是建立关系的过程，是在幼儿的内心世界里产生变化的过程。

（4）重视学前儿童的主体活动在科学教育中的作用。认为幼儿园的活动产生于学前儿童自身的兴趣和需要，活动的主体是幼儿，教师应引导幼儿自主探索，否则幼儿探索周围世界的主动性、积极性和态度就得不到培养，幼儿体验不到自主活动的满足感和充实感，也就不能获得真正彻底的发展。所以要给予幼儿各种操作活动的机会，在方法上通过观察、操作和实验来认识环境。

综上所述，各国学前儿童科学教育都有其不同的特色，但总的趋势相同。从学前儿童科学教育的目标来看，是以科学素质为出发点培养幼儿的完整人格；从学前儿童科学教育的内容来看，是以现代生活为背景构建幼儿的探索领域；从学前儿童科学教育的方法来看，强调以探究为主要的方法，更加重视儿童主体活动在科学学习中的作用。

二、中国的学前儿童科学教育

我国是一个历史悠久的文明古国，我们的祖先很早就开始了认识自然和改造自然。在生产力十分低下的原始社会，人类为了维持生存而艰辛劳作，成人在涉猎、捕鱼、耕作劳动时，儿童跟随其后观察、模仿，学习制作工具、获取食物、防御猛兽的生存生活技能，通过成人的示范和口授，儿童获得了一些对自然界的感性了解，掌握了一定的知识经验，这就是人类早期科学教育的起源。人类早期的自然科学教育总是与生产劳动紧密结合，即成人在劳动中传授有关自然和技能的知识，儿童在跟随成人劳动的过程中接受教育。

我国古代科学技术的发展，在世界科学技术发展史中占有特殊的地位。从战国到秦汉的数百年间，中国科学和技术的许多门类都形成了具有自己特色的体系，在很多方面超过了西方。从盛唐到明末一千多年里得到持续发展，独特的科学技术体制得以完善和发展。当时，与孔、孟齐名的墨子，讲学时很重视生产知识的传授，而且用实验的方法进行教学，这在世界教育史上是一种首创。

我国近代的儿童科学教育通过专门设置的自然课程进行，是在清代同治年间。当时，设立了同文馆，同文馆中有"格致"一科的设置，是我国设置自然科学教育课程的开端。1903年（清光绪二十九年）公布了"癸卯学制"（也称《奏定学堂章程》）其中规定了初小和高小都有"格致"的内容包括动植物、矿物、理、化、卫生等。这是我国小学设置自然科学课程的开始。1903年，我国建立了第一所蒙养院，在《奏定蒙养院章程及家庭教育法章程》中，虽然没有设立专门的学前儿童科学教育课程，但在"手技"这一条目中写有"……蒙养院附近之庭院内，播草木花卉种于地，灌溉以水与肥料，使观察其自然发生以至开花、结实等各种现象。诸如此类，要在引导学前儿童手眼，使之习用于有用之处，为心之意兴开发之资"，说明已开始注意对学前儿童进行科学教育。

1924年，我国幼教专家陈鹤琴先生在《现今幼稚教育之弊病》一文中指出："孩子与环境的接触太少，在游戏室的时间太多。"并指出："我们的主张，幼稚园之课程可以用自然、社会为中心。"据此，他的暂行课程中设有儿歌、社会和自然、工作、静息、餐点。从此，"自然"就作为学前儿童科学教育的课程出现在我国学前儿童教育体系中。学前儿童科学教育也从此得到了一定的重视。

1932年，教育部公布《幼稚园课程标准》，正式规定有关科学教育课程——社会和自然课程，并明确了教育目标和内容。

1935年,雷震清教授编写的《幼稚园的自然》全面阐述了向幼儿介绍自然的目的、教材内容、教学原则、方法和设备。这是我国第一本供教师用的幼儿科学教育的理论书籍。

1936年,当时的教育部公布新修订的课程标准,改"社会和自然"课程为"常识"。

1937年《幼稚园常识160课》出版发行,这是一本专供幼稚园教师参考的常识教材教法书籍。至此,我国有了包括课程标准、课程设置、理论书籍、教材教法在内的比较完整的幼儿科学教育实施体系。

我国现代的学前儿童科学教育。中华人民共和国成立后,在1952年制定了《幼儿园暂行规程草案》,规定了幼儿园具体的教学任务。此时幼儿科学教育主要是学习苏联的做法,比较重视知识、技能的传授,教学方式小学化倾向严重。

1981年颁布的《幼儿园教育纲要试行草案》规定了幼儿园各年龄班常识教育的任务、内容和要求。具体任务:一是丰富幼儿关于自然和社会方面粗浅的知识,扩大幼儿的眼界。二是培养幼儿对自然、社会的兴趣和求知欲望。三是发展幼儿的智力。四是形成对待人们和周围事物的正确态度。

20世纪80年代末、90年代初,特别是1989年6月《幼儿园工作规程(试行)》颁布后,我国幼儿园十几年来一直沿用的"常识课"被"科学教育"所取代,幼儿科学教育的目标、内容和方法均与以往的自然常识教育有了很大的不同。各地幼儿园相继开设了幼儿科学教育课程,进行对幼儿科学教育从理论到实践的全方位更深入的研究。

2001年,教育部颁布了《幼儿园教育指导纲要(试行)》,"科学"正式列入幼儿园教育内容之中,幼儿科学教育被赋予了新的内涵。2012年,教育部颁布了《3—6岁儿童学习与发展指南》,提出"科学"领域是通过"科学探究"与"数学认知"两个子领域来实现。明确了幼儿在"科学"领域方面,3—4岁、4—5岁、5—6岁三个年龄段末期幼儿大概应该知道什么、能做什么,大致可以达到什么发展水平的期望。认为大自然中的事物与现象最能引起幼儿的好奇心和探究兴趣,科学领域是儿童发现事物特征、概括、分类,寻求事物间关系的思维活动发生得最集中的领域,因此,"科学"领域的学习与发展目标紧紧围绕着激发探究兴趣、体验探究过程、发展初步的探究能力展开,凸显了"探究"这一核心价值[①]。

综上所述,我国已建立了学前儿童科学教育的实施体系,随着学前儿童科学教育的研究和改革的不断推进。必将建立起更加完善的课程体系。

思考与练习

1. 简述学前儿童科学教育内涵及特点。
2. 结合实例说明学前儿童科学教育的价值。
3. 论述国外学前儿童科学教育的实施对我们的启示。
4. 结合案例"幼儿关于比赛器械摆放距离的测量"说说学前儿童科学教育的特点。

案例

幼儿关于比赛器械摆放距离的测量

(石家庄市第三幼儿园 张爱红)

幼儿关于比赛器械
摆放距离的测量

---

① 李季媚,冯晓霞.《3—6岁儿童学习与发展指南》解读[M].北京:北京师范大学出版社,2013.

5. 幼儿园教师资格证考试保教知识与能力真题(2011年)。

单项选择题

幼儿对科学概念掌握的特点为(　　)。

A. 可通过日常交往掌握　　　　　　　B. 可通过个人积累经验掌握

C. 需经过专门教学才能掌握　　　　　D. 以上都对

第一章

学前儿童科学教育活动的理论基础

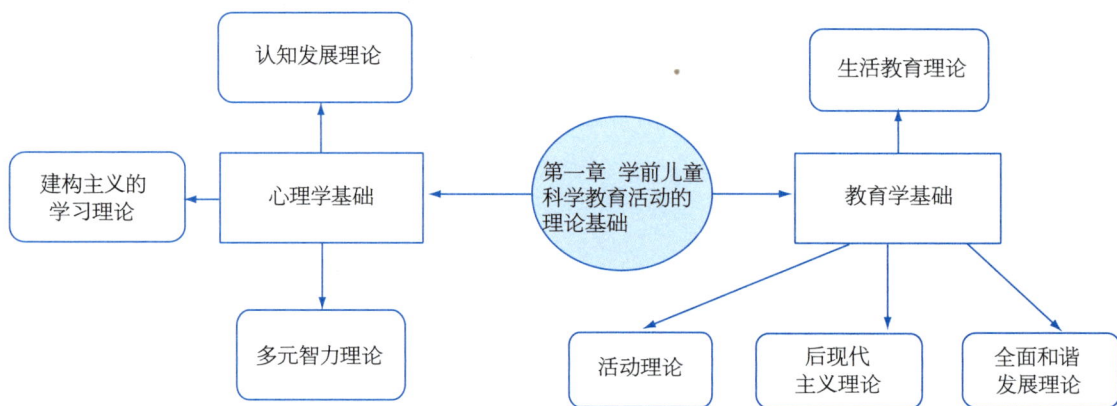

```
                    认知发展理论                          生活教育理论

建构主义的                                                                  教育学基础
学习理论        心理学基础      ←  第一章 学前儿童  →
                                    科学教育活动的
                                    理论基础

                    多元智力理论                    活动理论    后现代      全面和谐
                                                            主义理论    发展理论
```

内容提要

　　在心理学领域,认知发展理论、建构主义学习理论及多元智力理论让我们对儿童的发展过程及怎样看待儿童的发展、儿童的学习方式及学习过程等问题提供了全新的认识,也为学前儿童科学教育活动的开展奠定了心理学基础。在教育学领域,生活教育理论、活动理论、全面和谐发展观使人们的教育观念发生了转变,为学前儿童科学教育活动奠定了教育学基础。我们在绪论中探讨了学前儿童科学教育的内涵和价值,了解了本课程的学习目标及学习方法问题。本章将从心理学和教育学有关理论出发,探讨学前儿童是怎样学习科学的以及教师怎样更好地开展学前儿童科学教育活动。

学习目标

　　1. 了解学前儿童科学教育活动的心理学基础和教育学基础。

　　2. 学习将这些理论灵活运用在学前儿童科学教育活动实践中。

第一节　心理学基础

在心理学领域,认知发展理论、建构主义学习理论及多元智力理论对当前世界的教育产生了广泛而深远的影响。使人们对儿童的发展过程及怎样看待儿童的发展、儿童的学习方式及学习过程等问题有了全新的认识,也为学前儿童科学教育活动的开展奠定了心理学基础。

一、认知发展理论

(一)皮亚杰的认知发展理论

最早关注儿童科学认识的心理学家,当推瑞士发生认识论创始人让·皮亚杰(Jean Piaget,1896～1980)。他是瑞士当代著名儿童心理学家及教育家,毕生从事儿童认识发展的研究,并建立了儿童认知发展理论。其中关于知识经验的获得、儿童思维发展阶段理论及学习与发展关系的看法为研究学前儿童科学教育提供了有益的启示。

1. 知识经验的获得

皮亚杰在谈话中曾谈道:"学到的真理只有百分之五的真实性;要让学生自己去重新掌握,重新建立和重新发现真理。""知识在本原上既不是从客体发生的,也不是从主体发生的,而是从主体和客体之间的相互作用中发生的。"[1]只有儿童亲自参与各种活动,才能获得真实的知识,才能形成他们自己的假设,给予证实或否定,形成新的认识结构。皮亚杰认为,知识经常是与动作联系在一起的,动作是联结主客体的桥梁和中介,在动作操作过程中,主客体之间相互作用,一方面使得客体发生了一定的改变,另一方面也使主体在相互作用的过程中获得了一定的知识。

在学前儿童科学教育活动中,教师不应将知识硬塞给儿童,而应该创设丰富的环境,放手让儿童自己动手操作,动脑探索,在各种科学活动中自由操作、实验、观察、思考,自己认识事物,发现问题,解决问题,不断建构自己的知识经验系统。要允许学前儿童犯错误,只有在不断"试误"的过程中,学前儿童才能积累足够的经验,最终得到发展。

案例

一个孩子在娃娃家玩"过家家"的游戏。她正在做汤,但是没有锅盖,她想找一个合适的盖子,随便拿了一个盖上,不料盖子太小了,掉进了锅里。她又拿了一个稍微大点的,又掉进了锅里。她愣了一会儿,找了一个更大一些的,盖上了,只是还不合适,稍微大了点。她又换了一个小点儿的,这回终于合适了。孩子很得意,还把小盖子在锅上转了一个圈。

分析:该幼儿通过动作不断地尝试,最后找到了合适的锅盖。正是通过这种不断的尝试,儿童主体才对外界的客观事物建构起了认识。小到找到一个合适的锅盖,大到学会操作一件复杂的仪器,莫不如此。

---

① ［瑞士］让·皮亚杰.儿童的心理发展[M].傅统先译.济南:山东教育出版社,1982.

2. 儿童思维发展的阶段

皮亚杰在大量实验研究的基础上，提出儿童从出生到青年初期认知发展的路线。他把儿童的发展划分为既相互连接、又具有质的差异的四个阶段，即感知运动阶段（0—2 岁）、前运算阶段（2—7 岁）、具体运算阶段（7—11 岁）和形式运算阶段（11—15 岁）。

学前儿童的认知发展处于感知运动阶段和前运算阶段。也就是说，虽然学前儿童还不具备运用逻辑进行思考的能力，但是他们已经开始运用各种器官来认识这个世界。皮亚杰的认知发展阶段论从儿童认知结构发展的角度解释了他们学习科学的特点。他认为，儿童的科学认识和认知结构的发展是平行的。儿童科学认识的发展取决于他们的认知发展阶段。他同时指出："我们必须承认有一个心理发展过程的存在；一切理智的原料并不是所有年龄阶段的儿童都能吸收的；我们应该考虑到每个年龄阶段的特殊兴趣和需要"[①]。由此，在学前儿童科学教育活动指导中，既应该注意到不同年龄阶段有质的差别，又应该顾及前后阶段之间的相互联系，在对儿童的要求上、在活动的主题选择及活动的实施过程中都应该按照这个规律调节，把握儿童心理发展的可能性与现实性，又能充分发掘其心理发展的潜力，不仅考虑全班儿童所处的共同发展阶段和集体需要，而且要根据儿童的个体差异提出不同的要求，给儿童提供的活动材料必须和儿童的已有经验有一定的联系，又要具有新颖性，这样才能产生认知上的新鲜感，引起儿童活动的兴趣，促进每个儿童主动、自发地活动和学习，从而得到最佳的发展。

3. 学习与发展的关系

在谈到学习与发展的关系时，皮亚杰认为："关于学习能否加速儿童认知发展的问题，其关键在于学习活动是成人教导下儿童被动地学习知识，还是儿童在其生活情境中自行探索主动学到知识。我认为，教育的真正目的不是增加儿童的知识，而是设置充满智慧刺激的环境，让儿童自行探索，主动学到知识。如果在发展尚未达到适当水平之前提早教他知识，将会对儿童自行探索主动求知的行为反倒产生不利影响。"[②]从皮亚杰的话语中可知，皮亚杰反对传统的学习理论把知识归结为外部现实的被动反映，认为儿童是主动学习的学习者，这种学习是由学习者自身发起的学习，不是由教师手把手教或传递而进行的学习，主动学习也是学习者创造性地学习。皮亚杰把儿童比喻成科学家，意指儿童像科学家一样，通过自身和周围世界的相互作用，自己建构关于客观世界的科学认识。他关注儿童科学认识发展的自发性，描述了儿童科学认识随着认知发展阶段的演进而改变的过程，同时大力提倡让儿童通过主动的探究活动进行自主式的学习。

皮亚杰认为，每次过早地教给儿童一些他自己日后能够发现的东西，这样会使他不能有所创造，结果也不能对这种东西有真正的理解。学习得有准备，否则，拔苗助长，欲速不达。他指出："童年期是一个人最精彩、最具创造力的时期。"[③]学前教育应该为儿童提供实物和环境，让儿童自己动手操作，通过摸、看、闻、尝、听、抓、举、扔、捏、切等来了解事物的各种特性，这充分说明了儿童学习的探究性特点。探究性体现了将学前儿童看成是学习与发展的主体，把学前儿童看成是主动的学习者，学习过程是学前儿童与周围环境相互作用的过程，当他们操作材料、进行实验，探索着发现事物，并谈论它是如何出现的时候，他们在进行最好的学习。探究性强调以问题的形成作为学习的起始阶段，重视学前儿童的学习兴趣和主动参与，重视知识的获得过程。实施这一原则，必将使学前儿童在教育的过程中体验到探索的乐趣，并由此养成探究精神和动手实践的能力。探究性是学前儿童进行科学活动的一个主要特性。

---

① ［瑞士］让·皮亚杰.教育科学与儿童心理学[M].傅统先译.北京：文化教育出版社,1981.
② 张春兴.教育心理学[M].杭州：浙江教育出版社,1998.
③ 布林格尔.皮亚杰访谈录[M].刘玉燕译.台北：书泉出版社,1996.

（二）维果斯基的认知发展理论

维果斯基(Lev Vygotsky,1896—1934)是与皮亚杰同年出生却英年早逝的苏联卓越的心理学家、教育家,他主要研究儿童发展与教育心理,着重探讨思维和语言、儿童学习与发展的关系问题。他所创立的文化历史理论不仅对苏联,而且对西方心理学产生了广泛的影响。同时,对当代西方认知心理学的研究也有重要的影响。维果斯基在辩证唯物主义的观点指导下,研究了儿童科学概念的发展,并强调了教学对于促进儿童发展的作用。

1. 社会文化理论

维果斯基注重社会文化对人发展的影响,他认为,个体的学习是在一定的历史、社会文化背景下进行的,是在与他人的相互交往的过程中建构和发展的,社会对个体的学习发展可以起到重要的支持和促进作用。他认为,高级的心理机能来源于外部动作的内化,这种内化不仅通过教学,也通过日常生活、游戏和劳动等来实现。另一方面,内在的智力动作也外化为实际的动作,使主观见之于客观。内化和外化的桥梁便是人的活动。在学前儿童科学教育中,如何创造一个文化系统,一个有利于儿童与同伴交往、合作学习的环境,充分发挥同伴交往和师幼交往对儿童认知发展的作用,是我们应该考虑的问题。

另外,维果斯基提出了"最近发展区"理论,他认为儿童的发展具有两种水平,一是儿童现有的发展水平,二是即将达到的发展水平,即潜在的发展水平,两种水平之间的区域即为最近发展区。现实的发展水平即个体独立活动所能达到的水平,而潜在的发展水平则是指个体在成人或比他成熟的个体的帮助下所能达到的活动水平(如图 1-1)。

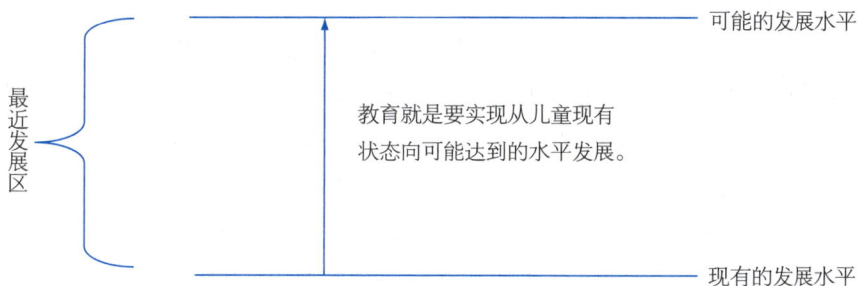

图 1-1　最近发展区

维果斯基认为,"教学不应该把眼睛看着儿童发展的昨天,而应看着发展的明天。""教育、教学应建立在儿童最近发展区的水平上,促进儿童的发展,"[1]只有在最近发展区域内的教学才是有效的教学。作为幼儿教师,在科学教育活动中如何才能做到提供给幼儿"最近发展区"内的教学内容呢？第一,教师要根据提供适宜的活动材料,为不同的幼儿创造不同的"最近发展区",使每个幼儿的潜能都能得到最大限度的发展。第二,教师要充分考虑师幼互动的方式,全面分析幼儿在教师创设的、对幼儿来说具有挑战性的真实问题情境中到底会遇到哪些困难,造成这些困难的原因可能有哪些,以及教师针对这些困难可以提供怎样的帮助。第三,在设计幼儿园教学活动时,教师要重视幼儿之间的同伴关系。很多时候幼儿的发展是在模仿和交流当中实现的。

他还指出,游戏创造了儿童的最近发展区,是学龄前儿童发展的最重要源泉,"在游戏中,儿童的表现总是超越他的实际年龄、他的日常行为表现;在游戏中,他比他本身的实际水平要高出一点。正如放大镜的焦点一样,游戏以浓缩的形式凝聚着发展的所有趋向,其本身也是发展的主要源泉。"[2]在儿童的游戏中,儿童的言语、符号活动作为中介可以促进儿童认知水平的提高。可见,他对学前儿童

---

① 黄人颂.学前教育学[M].北京：人民教育出版社,1989.

② Vygotsky, L. S. [1930-1935] 1978, Mind in society：The development of higher mental processes, eds. & trans. M. Cole. V. John-Steiner, S. Scribner, & E. Souberman. Cambridge, MA：Harvard University Press. 102.

的游戏给予了高度的重视。

2. 有关儿童科学概念发展的研究

维果斯基揭示了学前儿童思维的特点，认为他们尚处于概念思维之前的时期（复合思维的时期或概念含混时期），此时期的儿童是根据"组成复合体的各成分之间具体的和实际的联系"①来认识事物，即根据简单的因果关系或者根据事物表面的属性、功用或情景来总结概念。根据事物的大小、颜色或形状等相同或相似特征而把它们联系起来认识，如把番茄、梨、桃归为一类，因为"能吃、吃起来水分多"；把太阳、卷心菜归为一类，因为"都是圆的"；把太阳、公鸡归为一类，因为"太阳一出来，公鸡就喔喔叫"。由复合思维而形成的复合体不属于抽象——逻辑思维层次，而属于具体——实际思维层次。简单地说，概念反映的是事物之间的内在的、共同的、本质的联系，而作为复合思维产物的复合体，反映的是直接经验所揭示的广泛的、多样的、实际的却非实质的联系。

维果斯基将儿童自发产生的概念（或日常生活概念）归因于他们的复合思维的形式。他承认儿童对世界会有很多自发的认识，这些自发概念不同于经由教学过程获得的科学概念，日常概念的弱点是不善于抽象化，不善于自如地运用，且不正确的使用也十分明显。这些日常概念所弱的方面正是科学概念所强的。但是它吸取了丰富的生活经验内容，这一点却是科学概念所弱的。科学概念的问题在于空洞的词语。它不是从和物品的直接接触开始的，而是从与客体的间接关系开始的。因此，"科学概念的发展所走的道路与儿童自发概念发展所走的道路相反"②。"儿童自发概念的发展是由下而上的，从较简单的和低级的特性到高级的特性，而科学概念的发展则是由上而下的，从较复杂和高级的特性到比较简单的和低级的特性。"③

但日常概念决不是和科学概念毫无联系。维果斯基认为皮亚杰的错误就在于，他"只是区分自发和非自发的概念，但看不到是什么将它们连结成统一的、儿童智力发展过程中形成的概念体系。他看到的只是脱节，而不是联系"④。维果斯基认为，一方面，日常概念的发展取决于科学概念，它是通过科学概念向上生长发展的；另一方面，科学概念也要依赖于日常概念的发展，为其进一步向下延伸发展开拓道路。日常概念应该"自发"发展到一定水平，才能显示出科学概念对它的优势。"科学概念的发展要求自发概念的水平达到一定高度，这时才能在最近发展区里出现认识性和随意性……科学概念改造了自发概念并且将它们提到高级水平，实现它们的最近发展区。"⑤科学概念是从儿童的自发概念在发展中尚未达到的水平开始自己的生命的。而教学则是促成发展的关键因素。另外，科学概念不是简单地取代儿童头脑中固有的自发概念，换言之不是由成年人较强有力的思维逐渐排挤儿童思维的过程，所以，"科学概念并不是为儿童所掌握和记诵的，也不是用记忆吸收的，而是借助他自己思维的全部积极性的最紧张工作而产生和成型的。"⑥

维果斯基鼓励儿童在问题解决中学习。他认为，学习应当被融入对日常不断产生的矛盾冲突的解决中，鼓励儿童在解决问题的过程中探索，激发他们的好奇心，引发他们对问题的深层理解，从而通过问题解决使他们建构对知识的理解，成为解决问题的主人。所以，在学前儿童科学教育活动中，教师应给儿童提供丰富多彩的教育环境，以此激发他们的活动欲望，这样便有利于他们发现问题、收集资料、开展实验、提出假设并进行检验，成为知识海洋的主动探索者。

二、建构主义的学习理论

建构主义（constructivism）也称结构主义，是认知心理学派中的一个分支。它揭示了人类学习过程的认知规律，阐明了学习如何发生、意义如何建构以及学习环境对知识建构的作用。建构主义认

①～⑥　［苏联］维果斯基.维果斯基教育论著选［M］.余震球选译.北京：人民教育出版社，1994.

为，世界是客观的，但是对于世界的理解和赋予意义却是由每个人自己决定的。我们是以自己的经验为基础来建构现实或者解释现实的，由于我们的经验不同，于是我们对外部世界的理解也迥异。所以他们更关注如何以原有的经验、心理结构为基础来建构知识。具体而言，建构主义学习观表现在以下方面。

（一）学习是学生主动建构的过程

建构主义理论认为，学习和发展是社会合作活动，这种活动是无法被教会的，知识是由学习者个人自己构建的，而不是由他人传递的。也就是说，个体的认知发展与学习过程密切相关，学习者不是被动地接受和储存外界输入的信息，而是在原有认知结构的基础上同化、顺应和建构当前所学的新知识。

（二）学习情境对意义的建构起重要作用

建构主义学习理论强调学习情境的重要性，认为学生的学习，是与真实的或类似于真实的情境联系着的，是对一种真实情境的体验。学生只有在真实的社会文化背景下，借助于社会性交互作用才能积极有效地建构知识。

（三）互动是知识构建的重要方式

建构主义认为，每个人都是以自己的经验为背景建构对于事物的理解，由于不同个体的已有经验以及对经验的看法不同，不同人看到的是知识的不同侧面，对同一个问题常会表现出不同的理解，不存在对事物唯一正确的理解。要使个体超越自己的认识，看到那些与自己不同的理解，看到事物的另外的侧面，就必须通过充分的合作和广泛的讨论，使理解更加丰富和全面。因此，建构主义主张通过增进学生之间的协商和合作来达到超越自己的认识。

（四）强调教学目标的开放性

建构主义教学观认为，教学应以培养学生探究和创新能力为目标，并视教与学是相互促进的循环过程。因此教学目标的设定应具有弹性与开放性，学习者可以从自己的学习需要出发，不断建构自己的学习目标。

建构主义的学习理论使我们认识到儿童学习的重点不在于被动地获得一些科学真理，而在于主动建构自己的知识经验。儿童对知识的真正理解只能由儿童自身基于自己的经验背景建构起来，所以，教师应该尊重儿童已有的概念，把儿童原有的知识经验作为新知识的生长点，促进两者的联系和发展。教师还应认识到对于同样的现象，儿童可能有各种不同的观点，而儿童的每一种观点都有其特殊的价值和优势，教师应善于利用人际建构，用一种共存的模式代替那种简单地抹杀儿童观点，或者用科学观点简单地替换儿童观点的传统教学模式。同时，在教学过程中，教师还要转变自身的角色身份，从知识权威的象征转变为儿童建构知识的忠实支持者、积极帮助者和有效引导者。

案例

中班科学活动：我用玩具来测量

（重庆市渝北区庆龄幼儿园 熊菲菲）

文案
我用玩具来测量

三、多元智力理论

多元智力理论是由美国心理学教授加德纳提出的一种关于智力的新理论。传统的智商理论和皮亚杰的认知发展理论都认为智力是以语言能力和数理逻辑为核心的，以整合方式存在的一种能力。

而加德纳在批评上述两种理论的基础上,在1983年出版的《智力的结构》一书中提出了一个新的智力的定义,即"智力是在某种社会和文化环境的价值标准下,个体用以解决自己遇到的真正难题或生产及创造出有效产品所需要的能力"。根据新的定义,加德纳提出了关于智力及其性质和结构的新理论——多元智力理论。该理论认为:所有的个体拥有不同程度的、至少是8个领域的且相互独立的智力,即语言、音乐、逻辑、数学能力、空间、身体动觉智力、内省智力和交往智力。加德纳最近还加了第八种智力——自然智力,表现为对自然的热爱。作为个体,我们每个人身上都同时拥有这几种相对独立的智力,我们每个人身上的这几种相对独立的智力在现实生活中错综复杂地、有机地以不同方式、不同程序组合在一起,使得每个人的智力都有独特的表现方式,每个人的智力各具特点。因此,加德纳的理论不是单纯地说明儿童的智力水平有多高,而是试图显示儿童在哪个方面显得聪明,以及他们各自怎样聪明、怎样成功。因此,人的智力是多方面的,智力的表现形式是各不相同的,我们判断一个人智力的标准也应该是多种多样的,我们很难找到一个适用于任何人的统一的评价标准来评价一个人的聪明与否、成功与否。

过去的幼儿园科学教育活动中存在着一些值得进一步研讨的问题,例如,在为幼儿提供操作材料方面目标意识较淡薄,忽视幼儿的个性差异及材料缺乏变化等。在指导幼儿操作过程方面重教师干预性,轻幼儿自主性;重验证性操作,轻探索性操作;重科学知识传授,轻科学方法引导等。多元智力理论在当前美国教育改革的理论和实践中产生了广泛的积极影响,并且已经成为许多西方国家20世纪90年代以来教育改革的重要指导思想。"多元智能"理论对幼儿园科学教育活动有重要启示。

(一) 发现和培养儿童的智力强项

传统的科学观认为学习科学需要逻辑能力,重视数理逻辑能力。但现代科学观已经告诉我们科学的学习是一个过程,而不仅是一个结果。科学教育的本质在于探究。既然学习科学的过程是一个探究的过程,那么就包含了幼儿能以自己的方式去认识世界,了解周围事物。所以,幼儿在科学探索的过程中就不仅是只使用逻辑——数理这一种智力,视觉——空间智力、身体——动觉智力、自知——自省智力、交流——交往智力以及音乐——节奏智力都可以在探索的过程中表现出来。并且每个幼儿的表现都不一样,每个幼儿表现的智力强项也不相同。因此,科学教育要尊重孩子的差异,从多角度提供不同的机会让幼儿去实现个人的潜能,让每个幼儿能发挥自己的特长,参与到科学活动中,以最适合自己的独特方式学习科学。

要做到这一点,首先要求教师能够识别儿童的智力强项或弱项。教师应通过多方面地、长期地在科学教育活动中观察儿童的行为表现,评价和了解儿童智力特点。一旦了解了儿童的长项领域,教师就可以"扬其所长",即以儿童的强项为突破口,进而引导儿童将自己从事智力强项活动时所表现出来的智力特点以及意志品质迁移到其弱项中。比如,老师发现某个小朋友在机械领域的兴趣和特长后,就给他提供更多的工具、机械和用于建构的材料,鼓励他进一步探索和学习,还让其担任领导者的角色,给其他儿童提供必要的帮助,得到同伴的赞扬……在这个过程中,该儿童强项领域的能力进一步加强,同时会获得成功感和价值感,在自尊和自我认同建立起来的同时,也提高了其他方面的能力。必须注意,发展儿童的长项领域并不是给他们贴"标签",培养这样那样的"小天才",而只是遵循儿童所表现的智力特点来促进其发展而已。另外,培养长项也不仅仅靠教师与儿童的个别交往,良好的同伴关系也是不可缺少的,因为儿童的智力强项需要在群体活动中被认可。儿童完成任务的水平和质量也往往在群体活动中更高。再有,培养强项也不是限制儿童在其他领域的体验的发展,广泛的学习体验有助于儿童充分发展他们的潜能和兴趣。

(二) 提供多元化的操作材料,为幼儿创造探索的空间

幼儿科学教育不是"教"科学,而是"做"科学。《纲要》指出:"教师要为幼儿提供大量的、各种各样

的材料,让幼儿摆弄、探究、体验,在实际操作的活动中不断积累经验。"同时《纲要》又指出,材料要能够激发所有儿童各种智力或智力组合,要考虑到所涉及智力和智力领域的全面性,同时必须考虑儿童在同一种智力发展上的差异;活动材料尽可能激发儿童从事相应活动的爱好,如为了发展语言智力,故事角色中用故事板,让儿童置身于故事板场景中,操作故事板上的立体形象会比图画书更易编出独特的、具有丰富想象和创造性的故事。孩子们以自己探究过程的发现做记录,在此基础上进行交流和分享。丰富多元的物质材料能刺激幼儿的探索行为,拓展幼儿的探索空间。

为了引发幼儿积极探索,可以把幼儿园活动室的环境变成能够更新的动态环境。墙壁环境布置可以根据四季变化而设计,孩子可以随着四季的变化为画面增添自己的作品。玩具橱、手工柜、绘画作品角、手工作品角、音乐角、游戏角等,都提供丰富多彩的材料,为孩子自由活动、自主探索、自由操作创设有利的操作材料和物质环境。在活动区的定位上突破陈规,渗入更多新奇材料,增加科学探索空间,充分发挥活动区的功能,最大限度地吸引幼儿积极去探索。在教育活动中,应设计更多具体操作活动。如创设《风筝》为主题的教育活动时,教师在室内的墙壁上悬挂各式各样的风筝,在手工角放置风筝架、风筝画、线锤等物品,图书角放置有关风筝的故事图画,带幼儿动手做简易风筝,学习放风筝等,引导孩子在操作中探索、在观察中学习。因此,教师应为幼儿创设适合其身心发展水平,满足其需要、爱好的多元物质操作环境,使幼儿自由选择、独立操作、主动构建。

案例 2-1

大班科学活动:手动榨汁机

(重庆市渝北区庆龄幼儿园 彭小娟)

文案

手机榨汁机

(三)采用灵活多样的方式评价儿童

多元智力理论下的科学教育活动应促进幼儿对自然及其规律的熟悉和感受,体验和学会科学探究的基本方法,并在科学教育中促进儿童的全面发展。《纲要》指出幼儿园的教育内容是全面的、启蒙性的,各领域的内容可以相互渗透,从不同的角度促进幼儿情感态度、能力、知识、技能等方面的发展。幼儿的发展不可能是每一个方面齐头并进地发展,每一个幼儿都可能呈现发展的优势方面,并形成发展领域的不同组合,在各个领域全面发展的同时,在发展水平、速率上又存在一定差异,不同领域在幼儿整体的发展中相互支撑、协调发展,这就是幼儿的和谐发展。儿童的不同智能之间是相互关联的,一种智能的发展经常需要其他智能的支撑,多种智能在发展过程中是和谐统一的,对儿童智能的培养首先应关注智能间的和谐性,而不是优势方面,无视和谐发展的智能开发是野蛮的开发、甚至是对儿童和谐发展的侵害。儿童的每一种智能都有相应的核心线索,应从儿童现实的生活和活动出发去解读和获取这些线索。"多元智能理论"就是倡导幼儿的和谐发展,充分展现幼儿发展的潜能。因此幼儿园科学教育活动评价的目标是要了解儿童当前的发展水平,为进一步引导和促进儿童的发展提供依据。为了实现这一目标,就必须建立一个评价主体多元、评价方式多样、评价内容全面的科学教育评价体系。在科学教育活动中,除教师外、家长、教育管理部门、科学教育团体以及社区有关组织和人士,包括孩子本人都要积极地参与到对科学教育活动效果的评价中来,综合运用观察、谈话、游戏活动评价、活动产品分析等多种方法,对儿童科学素养的各个方面,包括儿童对科学概念与事实的理解、科学探究方法与能力、科学态度与价值观等的变化与发展进行考察,以真实、客观、全面地反映儿童的科学素养水平,达到用评价促进儿童发展的目标。这种多元化评价将评估与儿童自然的学习过程相结合,教师通过观察儿童的行为,倾听儿童与同伴间的交流、与儿童交谈或询问等方式,了解儿童的发展状况。这种过程性评价或形成性评价有助于教师准确地了解和把握儿童获得了什么发展以及是如何获得发展的,以为通过改善教育教学来更好地促进儿童发展提供依据。

第二节　教育学基础

不同时期的不同思想和观点会影响着这一时期人们对教育的看法以及人们的教育实践行为。在教育学领域,生活教育理论、活动理论、全面和谐发展观成为时代的主旋律,使人们的教育观念发生了转变,为学前儿童科学教育活动奠定了教育学基础。

一、生活教育理论

"生活教育"是陶行知先生创立的著名理论体系。其内涵为:"从定义上说:生活教育是给生活以教育,用生活来教育,为生活向前向上的需要而教育。从生活与教育的关系上说:是生活决定教育。从效力上说:教育要通过生活才能发生力量而成为真正的教育。"具体包括三方面主张:"生活即教育""社会即学校"和"教学做合一"。现今,《纲要》中的科学指导要点明确指出:科学教育应密切联系幼儿的实际生活进行,利用身边的事物与现象作为科学探索的对象。陶先生的生活教育理论与《纲要》精神不谋而合,他倡导的教育主张,可以有效地用于指导当前的学前儿童科学教育活动。

(一)探索生活化的科学教育活动内容

陶行知先生认为,教育应以生活为中心,他强调"没有生活做中心的教育是死的教育,没有生活做中心的学校是死的学校,没有生活做中心的书本是死的书本"。幼儿由于年龄小,难以理解许多复杂和抽象的科学概念,选择贴近生活的教育能有利于幼儿理解和掌握科学知识,使他们对学习的内容产生浓厚的兴趣,进而积极主动地参与活动。如科学活动"种子发芽",因为内容贴近幼儿生活,幼儿有较丰富的生活经验,能进行各种有价值的判断:奶奶把种子种在泥土里,种子就会发芽;老师每天要给种子浇水,种子才会发芽等。因为有生活经验做支撑,种子发芽需要哪些条件的难题就迎刃而解了。又如"捉空气"这一活动中,幼儿一鼓嘴,说"我用嘴巴捉住了空气"。幼儿结合自己生活发现的好办法,不仅让教师惊叹,幼儿自己也倍感自豪。在幼儿园自然角饲养的水生动物,幼儿常常会主观地担心小动物孤单而让它们"住"在一起,可结果却是加速动物们死亡。对此,教师可指导幼儿进行有针对性的科学研究。在挽救金鱼生命的保卫战中,幼儿天天清洗鱼缸,慎重地换水、放置药水、喂食,仔细观察金鱼的变化等,探究的态度极其严谨,最终生病的金鱼恢复了往常的活泼,幼儿的喜悦之情溢于言表。

幼儿在生活化的科学活动中,获得了探索解决问题的方法,对科学产生兴趣,形成了科学的态度。这样,就调动了幼儿真正内在的探究动机,也只有这样的科学教育才能使幼儿获得真正内化的科学知识和经验。由此可见,生活中随处都隐藏着有价值的教育契机,只要我们有敏锐的洞察力,去发现它、把握它,就能活化我们的教学。

(二)创设贴近幼儿生活的科学教育环境

陶先生十分赞赏生活教育:他头上顶着青天,脚上踏着大地,东南西北是他的围墙,大千世界是他的课堂,万物变化是他的教科书,太阳月亮照耀他的工作,一切人,老的、壮的、少的、幼的、男的、女的都是他的先生,也都是他的学生。陶先生把教育融入生活,把生活引进教育,使教育丰富多彩,富有生命力。幼儿的认知发展是在其不断与环境的相互作用中积极作用于外界而获得的,陶先生的教育思想认为,为幼儿创设一个健康、丰富的科学教育环境是十分有必要的。而教师在班内设立科学角,放置一些专供幼儿做小实验的材料和工具,如凹凸镜、反光镜、电池、磁铁等,在自由活动中,让孩子用自己的小手去做简单的、自己感兴趣的小实验,如摩擦起电、沉与浮、空区流动产生风等。在这里,孩子们步入了光学、电学、声学、力学的科学世界,动手动脑,通过一遍一遍地尝试,一次一次的探索,获得真知。当然,给幼儿一个宽松和谐的心理环境也是同等重要的,教师热情地支持鼓励幼儿的科学探索活动,爱护幼儿的探索成果,不伤害他们的自尊心,与孩子们共同参与到活动中去,使他们无拘无束地接受科学教育。

(三)引领幼儿走进社会生活学习

陶行知先生曾说过:"生活即教育,社会即学校,必须以大自然为您的生物园,才有丰富的收获……真教育是在大自然与大社会里办……"意思就是说学校要和社会密切相联系,扩大社会对学校的积极影响。幼儿是最具好奇心的,周围世界的各种事物、现象都可以成为他们探索、观察的对象。因此,在幼儿园科学教育中,教师应以大自然、大社会为科学教育的课堂,利用外出参观、春秋游、远足等活动,积极带领幼儿走出园门。春天,带领幼儿走进公园、树林,观察生命的生长过程,感受蓬勃的生命力;秋天,组织幼儿进入农庄,亲手采摘橘子、拾麦穗等,让幼儿感受生命的成熟与收获,充分享受大自然的恩赐。社区的工厂和商店也是参观的好去处,如食品加工厂、面包房、饲养厂、牛奶公司等,让幼儿深切体会科学技术给人们带来的便利和精彩。教师带领幼儿走出幼儿园、走进生活、走进大自然去真切体会科学,使得科学教育的场所更为广阔。

(四)提高教师运用生活教育理论的能力

作为一名合格的教师,要领悟陶先生"生活教育"的核心理念,活用生活教育理论,才能有效推进幼儿科学教育活动。教师应积极引导幼儿关注生活中的各种事物,帮助幼儿发现科学现象,提高幼儿对科学现象的兴趣。如给幼儿讲"牛顿看到苹果落地而发现地球引力""阿基米德在洗澡时发现浮力定律"等科学家的故事,给幼儿提供镜子,玩镜子反光的游戏等,幼儿对探索科学奥秘的兴趣会日益浓厚,对日常生活会更加关注。生活中,教师更应指导幼儿观察事物的方法,有助于提高幼儿的思维能力和客观认识事物的能力。幼儿具备了良好的观察能力,就能获得更多的知识和经验。教师还要学会充分利用废旧物品制作实验材料,并鼓励幼儿自造工具、自造仪器。陶先生说:"自古以来的大科学家都是自造工具,几乎没有一个例外。依赖外国仪器的人,绝对不会作出第一流的贡献。"因此我们在平时活动中所需的实验材料大多应是幼儿收集带来的废旧物品,如各种瓶子、管子、布料、纸等,经过老师的精心加工就成了幼儿探索的工具。

📚 **案例**

"大树"测量记

(重庆市渝北区庆龄幼儿园　彭小娟)

"大树"测量记

二、活动理论

苏联心理学家列昂节夫以活动为基本范畴,着重探讨了活动与意识、个性统一的问题,构建了其活动理论。他认为人的心理的产生离不开活动的发展,活动是主客体之间相互作用、相互转化的中介物,它具有对象性、社会性和历史性的特点。活动可以分为外部实践活动和内部心理活动两大类,它们之间可不断地相互转化,既有活动的内化过程,也有活动的外化过程。所谓内化是指将外部物质性对象的外部形式的过程转变为在智慧方面、意识方面进行的过程。而外化则是指心理活动向外在的实践活动的转化。实现内部和外部活动相互转化的根本原因在于活动具有共同的结构。任何一种活动都是为一定的动机所激发和推动,都是为了满足一定的需要和达到一定的目的,而目的的实现是通过一系列具体条件所许可的一系列动作来完成。活动是意识和个性的开端,人的意识和个性是在活动中形成和发展的,同时又通过活动表现出来。反过来,人的个性、意识的发展又能促进活动的发展,二者是相辅相成的统一体。

儿童对客体的活动不仅是儿童认识的源泉,还是儿童最迫切的心理需要。活动能推动儿童运用工具的能力和解决问题能力的发展;能推动儿童语言与认知能力的发展;能推动儿童适应环境能力的发展;能推动自我概念和社交能力的发展;能提高儿童身体运动能力的发展。活动更是发展儿童个性的一种手段;是显示儿童创造愿望的场所;是促进儿童全面平衡发展的途径。儿童的一切发展,任何能力都是在活动中生成、活动中发展、活动中体现的,几乎都寓于活动过程之中。儿童的主体性更是在活动中孕育而成的,由于活动是在一定条件下,主体采取一系列的行动,作用于活动对象,使其按主体的需要和目标发生变化的过程。当主体主动、自觉、自主地作用于客体时,其主体意识、主体能力,特别是创造潜能便得到凸显和提高。总之,活动是唤醒儿童的主体意识、培养儿童的创造性、使儿童生动活泼地学习和发展的最佳途径之一。学前教育应以儿童的主体性活动为基础。

学前儿童科学教育活动的显著特征是以学前儿童为主体的活动,儿童在与外界环境的相互作用过程中,不是被动地"复印"或承受外界环境的影响,而是主动、积极地以他们独特的方式亲身实践、直接体验,通过活动去探索周围世界、认识世界。美国明尼苏达州立大学教育家莱利帕尔默教授提出增进儿童智力、进行早期教育的方法是:每天让儿童参加有刺激性的活动,即那些能促进儿童听觉、视觉和触觉的发展,也能提高他们吸收知识能力的脑部区域的活动。这是我们设计学前儿童科学教育活动的重要出发点。学前儿童科学教育活动的设计必须保证活动的教育价值,突出儿童的主体性,应注重活动内容的设计应以全体儿童为对象,内容的安排能够调动和发挥所有儿童的主动性、积极性和创造性,给予每个儿童主动参与的机会;活动过程的设计应以儿童的实践活动与直接体验为主,为儿童提供充分的活动空间和活动时间、必要的活动条件和材料,把儿童放在活动的主体位置,鼓励他们在活动中主动探索、大胆实践;在活动方式和活动方法的设计上应为儿童创设一个和谐、自由、轻松的活动环境,在活动中让儿童的个性得到充分的发展,使每个儿童的智慧和潜能得到挖掘和发挥,因为儿童对科学的态度、情感、能力以及责任心、合作精神等素质的培养是在活动中实现的。

三、后现代主义理论[①]

"后现代"本是哲学家乐于谈论的话题,近年来逐渐形成为一种教育理念,成为我们反思传统教育的思想武器。对于后现代的概念,我们可以在不同的意义上来理解。作为一种社会历史的分期:后现代是指西方现代社会之后的所谓"后工业社会"。西方通常将工业化以来的资本主义社会称为现代社会。20世纪中期以后,大部分发达资本主义国家已经完成工业化的任务,进入了所谓"后工业社会"或称信息时代,也就是后现代的时期。作为一种社会思潮:后现代反映了人类在现代社会中的感受及其反思。现代社会是一个物质和技术至上的时代,尽管取得了前所未有的物质成就,但这一切是以破坏

① 张俊.后现代主义与幼儿科学教育[J].早期教育,2003(03).

人类的生存环境与和平理想为代价的。因此,后现代思潮作为对现代社会的反思,具有警醒的作用。作为一种思维方式:后现代思维方式主要具有非中心性、多元性、异质性、开放性、宽容性、无限性等特征,它不在于将我们引向对事物本质的认识,而是提醒我们认识到事物的复杂性,倾听和关注"异己"的声音。

后现代主义关注现代社会扭曲人与人、人与社会之间沟通的事实,主张一种开放宽容的民主文化氛围。同时,它为重建人与自然的关系也提出了一种平等的、建设性的模式。进入后现代思维意味着从绝对的独断论中挣脱出来,一切都由对话而沟通,一切意义都由解释和再解释而生成。人们可以将自己的思想触角伸向自己陌生和渴求的任何精神领域。

传统科学教育的哲学基础是一种理性主义的科学观,它崇尚科学理性并排斥一切异己,因而被称为"科学主义"。然而,在经历了科学崇拜和科学信仰危机之后,科学主义已经走到了尽头。在后现代思潮的影响下,"科学主义"和"人文主义"从对立走向对话与融合。后现代主义对科学有着新的理解:第一,科学既是对事实和规律的揭示,又是对价值的追求。也就是说,科学不仅是冷冰冰的客观事实,它也体现了一种价值观,如探究的精神、审美的趣味和社会的责任等。第二,科学既是对世界的普遍解释,又是个人的独特体验。我们不否认科学对普遍规律的揭示,但是它不能脱离个人的体验,否则它就不再具有生命力、也不再具有意义。第三,科学既是一种逻辑,又是与自然世界的诗意的对话。逻辑和想象、科学和艺术不应看成是对立的、相斥的,而应该是一种互补的关系,它们的融合有助于丰富对世界的认识。第四,科学既是不容辩驳的,又是在自我否定中不断发展的。因此科学的权威不是绝对的,我们也应该看到科学知识的相对性。

与科学观相联系,后现代对于知识也有着不同的理解。它批判了现代主义对客观性和确定性的追求所导致的知识的权威化和等级化;对理性的片面理解和滥用所导致的对科学知识的迷信和绝望。后现代主义在知识观方面的革命可以概括为以下几点:第一,从确定的知识观到批判性的知识观。后现代主义放弃了对确定性的追求,认为知识不是对现实的纯粹客观的反映,任何一种传载知识的符号系统也不是绝对真实的表征。知识不过是人们对客观世界的一种解释、假设或假说,它不是问题的最终答案,它必将随着人们认识程度的深入而不断地改变,不断地出现新的假设和解释。因此,知识不是用来接受人们的顶礼膜拜的,而是用来接受批判的。知识也不是积累起来的,而是批判的结果。没有批判,便没有知识的增长。第二,从普遍的知识观到情境性的知识观。后现代主义放弃了对本质性的追求,否认普遍的、放之四海而皆准的知识存在。知识并不能绝对准确无误地概括整个世界的法则,提供对任何活动或问题解决都实用的方法。在具体的问题解决中,知识是不可能一用就准、一用就灵的,而是需要针对具体问题的情境对原有知识进行再加工和再创造。这就是所谓的情境性。情境性的知识观提醒我们从对事物本质的追求中走出来,关注其复杂多样的现象。第三,从一元化的知识观到多元化的知识观。后现代主义放弃了对同一性的追求,强调对事物的多元化的理解,提倡以宽容的心态对待异己。因为知识不是客观的,它不可能以实体的形式存在于个体之外。尽管语言赋予了知识一定的外在形式,并且获得了较为普遍的认同,但这并不意味着学习者对这种知识有同样的理解。真正的理解只能是由学习者自身基于自己的经验背景和认知取向而建构起来的。不同的人出于不同的个人经验、不同的认识立场,对同一事物的理解也完全可能是多样化的。多元化的知识观消解了科学知识的权威性,认为不同类型的知识(如科学的知识和艺术的知识)之间是平等的关系。

后现代主义对传统科学观和知识观的颠覆,必将导致幼儿科学教育发生多方面的变化:既表现为对教育过程的重新理解、教师教学方法和策略的改变,也表现为师幼关系的重建。

后现代主义视教育为开放和创造的过程,而不是一个封闭的、预定的过程。后现代课程理论专家多尔就认为后现代课程必须强调开放性、复杂性和变革性。课程目标不应是预先确定的,课程内容也不应是客观的和确定的知识体系,课程实施更不应是一种灌输和阐释的过程,而是所有课程参与者共同开发和创造、共同建构意义的过程。后现代课程观启示我们,不能用一种预定的、线性的模式看待教育过程,而要关注真实的教育过程中发生的一切,用生成性的眼光对待教育过程中的变化,随时改变预先的课程设计以丰富课程的内涵。

根据后现代主义的观点,教师的教学方法和策略也应发生改变。后现代强调科学知识是个人建构起来的,而不是外在于人的客观知识。因此科学知识也不能由教师教给幼儿,而是要通过他们自己的经历和体验,要允许幼儿有自己对科学的理解。在教学方法上,后现代主义强调的是自主建构和探究研讨式的学习方法,即通过幼儿自主的科学探究来建构知识,通过学习者之间的讨论和交流建构知识。教师在具体的教学策略上也应该加以改变,即把抽象的知识具体化,把清晰的事实模糊化,从确定中寻找不确定性,并从中生成可以探究的问题。这样的教学策略能引起幼儿科学教育发生一系列转变:变一味追求抽象的本质为追求具体丰富的科学经验和现象;变追求同一性的知识为追求多元化的认识与理解;变追求确定的答案为追求对不确定的问题的探究。

后现代视野中的师幼关系,充满了对权威的消解和民主、平等的对话,同时也提倡对话中的反思和批判精神。后现代要求从"主体间的关系"来重新建立师幼关系。教师在幼儿学科学的过程中,应该扮演积极的支持者和平等的合作者的角色。用多尔的话说,教师是"平等中的首席"。为此,教师要通过提供幼儿探究的材料、环境及表达和交流的机会,为幼儿创造自主探究学习的条件。同时,教师也是师幼关系中的领导者。教师要坚持理解、宽容、平等、对话的主体间性的行为,以消解教室里的"中心"和"话语霸权"。具体表现在:教师要关注差异性,尤其是关注边缘人的存在,让师幼双方在平等的对话中相互理解,共同发展。

四、全面和谐发展理论

人的全面发展是马克思主义教育理论的一个基本原理。苏霍姆林斯基根据苏联社会的要求和自己的实践,提出苏联学校的主要任务是培养全面和谐发展的人。这是他终生执着追求的目标,也是他的教育思想的核心。他认为全面和谐发展的人,就是把丰富的精神生活、纯洁的道德、健全的体格和谐结合在一起的新人,是高尚的思想信念和良好的科学文化素养融为一体的人,是把对社会的需求和为社会劳动和谐统一起来的人。要实现这样的目标就必须实施全面和谐发展教育,即把教育看作由德育、智育、体育、劳动教育、美育五部分有机地相互联系并相互渗透的统一的整体。就中华人民共和国成立以来的教育目标的发展看,始终将人的全面发展作为我们的教育方针,并将其作为教育质量评价的标准,在实际的教育教学活动中也朝这一目标努力。但实际的效果却不尽如人意,全面发展并没有真正得到落实,并且,在升学考试的压力下,全面发展变成了片面发展,其根本的原因是将教育教学过程当作了知识传递过程,学生在这一过程中就只是将书本上规定内容加以把握,形成相关的技能,学生情感的发展、意志的锻炼、审美情趣的陶冶、动作技能的养成和语言表达能力的培养被搁置到一边,它们只是在教育过程中一种附加的成果,并未成为教育的主要目标。在学前教育中,知识也成为主要的目标,要求儿童掌握,儿童自身的生活受到严重的忽视。

当今社会,科技、经济发展日新月异,迅猛异常,国际竞争激烈,同时又迫切需要"全球合作"。有关学者预测,未来的社会较之现在更具有竞争性、变化性、开放性、创造性和冒险性。我国的学前教育必须顺应潮流,谋求发展,立足于民族教育,与国际接轨。我国的学前教育肩负着培养新世界人才的使命,是培养能够适应时代需要、参与竞争的未来人才的早期奠基工程。这一切使人们认识到,教育不仅要注意人的智力的开发,还要十分注意年青一代应具有责任心、意志力、自信心等素质和能力的培养。世界学前教育的共同发展目标都是追求儿童全面、和谐地发展,即培养"完整儿童",一个全面和谐发展的儿童,而非片面发展的小神童、小天才;都主张发展儿童的个性,发展儿童的自信、主动、关心、实施"全人教育",实现儿童"完整学习"。我们应看到,儿童是一个完整的有机体,其身体、心理的发展是互相影响、密切相关的。培养"完整儿童"是现代学前教育的新观念。全面发展是指儿童身体的、社会的、情感的、认知的和道德的全面发展。因此,在学前儿童科学教育活动中,不仅要重视儿童认知的发展,还必须注意儿童整体的发展。教师应结合科学教育的特点,培养儿童对科学活动的兴趣,培养儿童主动、积极地参加科学教育活动的态度,能够独立选择、参加科学活动或游戏,并能遵守活动的规则等。培养儿童乐于探究、知道如何去探究以及在探究过程中获得对周围世界的认识,实现的是科学教育的认知价值。在科学教育活动过程中儿童体验和获得科学的精神,尊重事实的态度,培养坚持性与克服困难的精神,与同伴交流自己的发现,学着从同伴的角度看问题,欣赏同伴的价值,尊重同伴,与同伴友好相处;在探究过程中,发现自然界中事物各具特色的有序排列,了解人与周围环境的依存关系,热爱与保护周围环境,热爱与保护周围的动物,培养儿童的爱心和对生命的尊重。实现的是科学教育的社会性和审美价值。通过学前儿童科学教育活动,使儿童得到全面和谐的发展。

思考与练习

1. 请简要回答建构主义学习理论对学前儿童科学教育的启示。

2. 请讨论如何将陶行知的生活教育理论运用在学前儿童科学教育活动中。

3. 请回答后现代主义理论下你对学前儿童科学教育过程、教师教学方法和策略、师幼关系的理解。

4. 阅读下面的教育随笔《节气中的冰花世界》,根据学前儿童科学教育活动的理论基础分析其体现了哪些理论精神。(案例来源:河北省直机关第四幼儿园　贾倩倩　常玲　胡潇涵)

节气中的冰花世界

5. 幼儿园教师资格证考试保教知识与能力真题(2019年下半年)。

单项选择题

下列不宜作为幼儿科学领域学习方式的是(　　　)。

A. 直接感知　　　　B. 实际操作　　　　C. 亲身体验　　　　D. 概念解释

第二章

学前儿童科学教育活动的目标

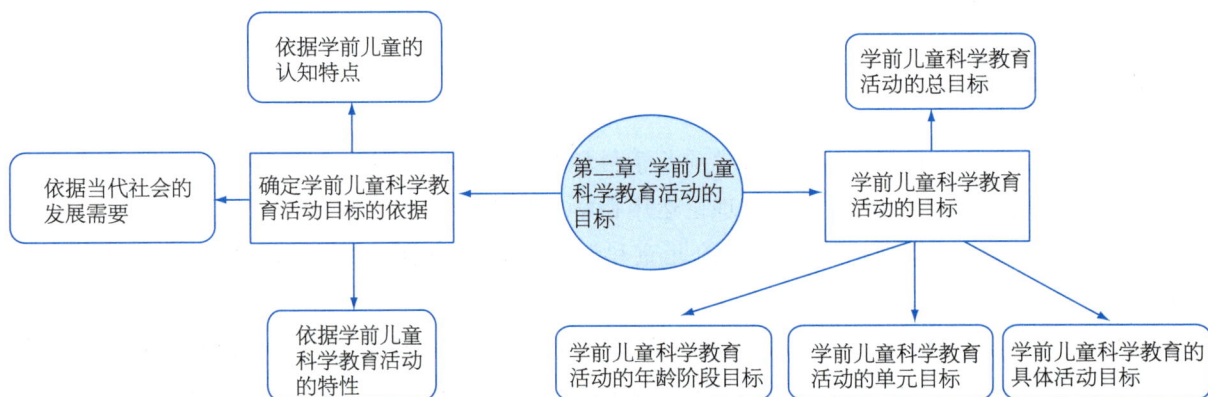

```
                    ┌─────────────┐                                    ┌─────────────┐
                    │ 依据学前儿童的 │                                    │ 学前儿童科学教育 │
                    │ 认知特点     │                                    │ 活动的总目标   │
                    └──────┬──────┘                                    └──────┬──────┘
                           │                                                  │
┌─────────┐      ┌────────┴────────┐    ┌──────────┐      ┌─────────────────┐
│ 依据当代社会的 │ ◄── │ 确定学前儿童科学教 │ ◄── │ 第二章 学前儿童 │ ──► │ 学前儿童科学教育    │
│ 发展需要    │      │ 育活动目标的依据  │      │ 科学教育活动的 │      │ 活动的目标        │
└─────────┘      └────────┬────────┘    │ 目标      │      └────────┬────────┘
                           │            └──────────┘                │
                    ┌──────┴──────┐                    ┌────────────┼────────────┐
                    │ 依据学前儿童  │                    ▼            ▼            ▼
                    │ 科学教育活动  │          ┌─────────┐ ┌─────────┐ ┌─────────┐
                    │ 的特性      │          │学前儿童科学教育│ │学前儿童科学教育│ │学前儿童科学教育的│
                    └─────────────┘          │活动的年龄阶段目标│ │活动的单元目标 │ │具体活动目标   │
                                             └─────────┘ └─────────┘ └─────────┘
```

内容提要

　　学前儿童的科学教育活动是有目的、有计划、有组织的教育活动。教育目标指明了教育活动的方向和归宿,是开展教育活动的重要依据。本章从理论和实践两方面全面阐述学前儿童科学教育活动目标确定的依据、学前儿童科学教育活动的目标结构、各类目标的内涵与要求,便于学习者领会和掌握相关内容,为后面章节的学习奠定基础。

学习目标

　　1.领会学前儿童科学教育活动目标的确定依据。

　　2.理解并掌握学前儿童科学教育活动总目标的精神与要求。

　　3.熟悉《3—6岁儿童学习与发展指南》学前儿童各年龄阶段科学教育的目标要求。

　　4.明确制定学前儿童科学教育具体活动目标的要求。

第一节　确定学前儿童科学教育活动目标的依据

学前儿童科学教育的目标是国家幼儿教育总目标在科学教育中的具体体现。我国幼儿教育的总目标是：对幼儿实施体、智、德、美等方面全面发展的教育，促进其身心和谐发展。一般来说，确定学前儿童科学教育的目标除了要依据国家幼儿教育总目标之外，还要依据三个因素：学前儿童的认知特点、当代社会发展需要、学前儿童科学教育活动的特性。

一、依据学前儿童的认知特点

（一）0—3岁婴幼儿的认知特点

1. 感觉发展特点

婴儿出生不久很快就有各种感觉，例如东西触及手掌就引起抓握反射；环境中突然发出的巨声可引起惊跳；强光会引起眨眼、转头等反应。0—3岁婴幼儿的感觉发展迅速。在视觉上，他们开始能够正确辨别各种基本颜色（如红、黄、蓝、绿）。听觉上，语音听觉迅速发展。触觉上，逐渐能够更好地辨别客体的各种不同属性，如软的、硬的、冷的、热的，等等。

2. 知觉发展特点

空间知觉上，婴幼儿逐渐有了简单的空间知觉，尤其是两岁以后，往往在游戏和日常生活中表现出能够辨别一些物体的大小、形状；也常常说出有关大小、形状的语词。例如，搭积木时能选取最大的放在底层，而后依次堆上较小的木块。在看图画时能说出这是"圆圆的"，"方方的"。两岁多的幼儿还会玩圆形的、方形的拼板。0—3岁的婴幼儿已经有了一些关于"白天""晚上"的时间知觉。

3. 记忆发展特点

5个月的婴儿出现"认生"的现象。例如，晚上一定要妈妈抱，但几天不见妈妈，他们又不认识了。0—3岁婴幼儿的记忆力逐渐发展。到本阶段末，已能记住一些日常物品的名称。

4. 思维发展特点

0—3岁婴幼儿的思维属于直观行动思维，即依靠直接感知和实际动作来进行思维，离开了动作和实物，思维也就停止了。此阶段他们是在操作实物的过程中认识事物，获得科学经验。

5. 数概念发展特点

对大小、多少有笼统的感知。对明显的大小、多少的差别能区分，如知道伸手去抓数量多的糖果或大的苹果。对不明显的差别，只说"这个大，这个也大；这个小，这个也小"，"两个都不多，合起来才多"；能数数，但一般不超过10；逐步学会口手协调地点数，但范围不超过5，而且点数后说不出物体的总数，个别儿童能做到伸出同样多的手指用比划表示数量。

另外，婴幼儿的无意注意是新生儿与生俱来的无条件定向探究反射。例如，巨响会使正在吃奶的婴儿暂时停止吃奶；色彩鲜艳的玩具能引起婴儿目光的追随；听到说话声音，他们会扭头去看等。也正因为婴儿生来就有无条件定向探究反射，所以他们天生就有好奇心和探究欲望。

婴幼儿通常不善于用语言来表达他们的好奇心，但是我们可以从他们的行动、表情和眼神中"读出"他们对世界的惊奇和疑问。

(二)3—6岁学前儿童的认知特点

1. 感觉发展特点

在视觉发展上,此阶段的幼儿视力越来越好,逐渐能分辨细小物体或远距离物体的细微部分;辨色能力发展到能辨认混合色与近似色,还能运用各色颜料调出需要的颜色,并且能经常正确说出黑、白、红、蓝、绿、黄、棕、灰、粉红、紫、橙等颜色名称。在听觉发展上,此阶段的幼儿纯音听觉感受性不断提高;言语听觉也在发展。此阶段的幼儿运动觉和皮肤觉的感受性也在不断提高。这两种感觉的结合,可以使幼儿在触摸中感知物体的大小、形状、轻重、软硬、弹性、光滑和粗糙等属性。

2. 知觉发展特点

在空间方位知觉发展上,主要以自身为中心辨别上下、前后、左右逐渐过渡到能以其他客体为中心辨别上下、前后、左右。幼儿在掌握空间方位的过程中,最早分出的是垂直轴的上下方向,然后是对水平面的两对方向即前后、左右。儿童辨别前后又比左右方位的确定容易。一是体现了上下—前后—左右的发展顺序,二是体现了由以自身为中心到以客体为中心的定向过程。幼儿左右方位知觉发展较慢,学前晚期儿童虽然能做到以自身为中心辨别左右,但尚不能完全做到以客体为中心来辨别左右。

幼儿的形状知觉也在此阶段逐年发展。他们掌握八种形状的难易顺序依次为:圆形、正方形、三角形、长方形、半圆形、梯形、菱形和平行四边形。圆形最易被幼儿掌握。这一阶段的幼儿还能认识一些基本的立体图形,做到正确的命名并知道它们的基本特征。

幼儿时间知觉的发展水平比较低,因为时间是抽象的,没有具体形象作支柱,而表示时间的词又往往具有相对性,这对于思维能力尚未发展完善的幼儿来说是较难掌握的,因此幼儿认识时间往往把熟悉的有兴趣的事件联系在一起作为参照物。幼儿时间概念的发展特点是:越是与他们的生活有联系的时间单位,他们越容易掌握。而那些与他们生活联系不紧密的时间单位,如分钟、小时等,则较难掌握。幼儿对时间的理解是从和生活紧密联系的"一天"开始,然后逐渐向更长和更短的时间延伸的。

幼儿的知觉发展的最重要变化是知觉逐渐发展为独立的、有相对稳定方向性的过程,也就是开始形成有意的、自觉意识的观察过程。这个阶段的幼儿初步具备一定的观察力,但总体水平不高。观察的目的性和有意性逐渐发展,表现为从不能接受任务,东张西望,或只看一处,或任意乱指发展到能根据观察任务有目的地观察。观察的顺序由紊乱逐渐发展到能按照一定的顺序来观察。观察的细致性由不细致、只注意面积大的和突出的部分发展到观察时不再遗漏主要部分。观察的理解性由只能看到孤立的事物或事物的表面现象发展到能把握事物之间的关系。

3. 记忆发展特点

这个阶段的幼儿记忆能力逐渐提高,常常能在无意间记住经常接触的事物和现象的具体形象和名称以及他们自己操作探索的结果。

4. 思维发展特点

具体形象思维是这个阶段幼儿思维发展最主要的特点。具体形象思维是一种依靠事物的具体形象或表象来进行的思维。具体形象思维的特点是具体性和形象性。表现在以下方面:

(1)思维内容是具体的。他们能够掌握代表实际东西的实物概念和代表实际动作的动作概念,不易掌握抽象概念,而且他们掌握的概念更多属于日常概念。

(2)根据感知到的表面形象或头脑中的表象来理解或解释自然界事物和现象。他们还常常根据自己的生活经验,来理解和解释自然界的事物和现象,表现出不合逻辑的想法和做法。

(3)数概念是一种比实物更抽象的概念,因而数概念的掌握迟于实物概念。在数概念的发展上,这个阶段处于数词和物体数量之间建立联系的阶段。表现在以下五个方面。

① 逐渐学会手口一致地数物体,即按物点数,然后能说出物体的总数。开始有数的"守恒"概念。

② 能按数取物。

③ 这阶段的前期,儿童能分辨大小、多少、一样多;中期能认识第几,前后顺序。

④ 逐步认识数与数之间的关系。如有了数序的观念,能比较数目大小,能对 10 以内的数进行数的组成和分解。

⑤ 能做简单的运算。

此外,3—6 岁的幼儿仍然有着强烈的好奇心。他们通过提出有关自然和物理世界的问题和参与科学研究的方式来表明他们无限的好奇心,表达他们对周围世界的疑问。幼儿的问题从"是什么"逐渐扩展到"为什么"和"怎么样"。他们的好奇心几乎遍及每个科学领域的现象和事物。无论是天上飞的小鸟,还是地上爬行的蠕虫,都会引起他们的好奇。

二、依据当代社会的发展需要

学前教育培养的是当代和未来社会的建设者,所以教育目标的确立必须从社会发展的宏观角度考虑当代和未来社会需要具备什么样素质的社会成员。当代社会有以下三方面的特点。

(一) 信息技术的广泛应用

信息技术的迅速发展促进了信息在人们生活中的广泛应用,人们比过去任何时候都更加感到信息传递的重要性。在知识领域,信息时代的到来导致了知识的激增。尽管人们的知识范围在不断扩大,但相对于日益加快的知识更新速度仍会感到应接不暇。在信息社会中,一个人仅仅依靠十几年的学校教育已无法适应一生的社会生活,他必须终身学习,不断学习。一个人只有具备了终身学习的兴趣和能力,才能主动获取新信息和新知识,不断改变自己的知识结构,适应社会的发展。

作为人生起始阶段的学前儿童教育,要担负起培养终身可持续发展所需要的基础素质的任务。具体到学前儿童科学教育上,我们不应让学前儿童被动地接受知识,而要激发学前儿童主动求知的欲望,使其乐学;不应片面追求获取知识数量的多少,而应培养学前儿童获取知识的能力和创新知识的能力,使其会学。乐学就是对学习有兴趣,感到学习是一件快乐的事。如果我们通过科学教育在学前期就培养起儿童对学习和探究的兴趣,那么,儿童就有了终身学习和发展的动力机制。会学强调的是获取知识的能力、探究解决问题的能力。如果我们通过科学教育使学前儿童学会了学习,获得了探究解决问题的方法,他就能不断运用这些方法去寻求尚未知晓的知识,并不断探求各种解决问题的方法。因此,在学前儿童科学教育活动目标中,我们不应对学前儿童应该掌握的科学知识作量上的规定,而要强调科学情感的培养和科学方法的获得。

(二) 科学技术的突飞猛进

电视、冰箱、空调、编织机、面条机、榨汁机、烤箱、微波炉等科学技术产品的发展几乎使现代生活的每个角落都打上了科学的烙印。在今天,一个不能掌握和运用现代科学技术的人几乎就像文盲一样,很难在现代社会中生存。因此,学前儿童科学教育应该面向全体学前儿童,以科技素养的早期培养为宗旨,以形成学前儿童对科学技术的基本的、积极的态度,使学前儿童体验到生活中需要科学,科学就在身边,科学就是我们每天所做的事。只有这样,才能使学前儿童真正理解科学的实际意义,产生内在的学习动机。所以,学前儿童科学教育目标应体现对技术的关注以及对科学、技术和社会关系的重视。例如,要求让学前儿童获取有关的技术经验和技术知识,发展学前儿童的操作技能,培养学前儿童对科技产品的兴趣以及了解科学技术的应用等。

(三) 人类生存环境日益恶化

科技发展在给人类带来方便的同时,也造成了很多负面的影响,环境问题就是其中最为突出的表现。现代大工业生产造就了前所未有的物质文明,也给环境带来了前所未有的破坏。生态环境的严重破坏,使人类生存受到威胁。我国的环境问题主要表现为:水土流失严重;沙漠化迅速发展;草原退化加剧;森林资源锐减;生物物种加速灭绝;地下水位下降,湖泊面积缩小;水位污染明显加重;大气污染严重;废渣存放量过大,垃圾包围城市;环境污染向农村蔓延。因此,中国作为生态平衡遭到严重破坏的国家,在终身教育背景下的现代学前儿童科学教育应培养学前儿童关注自然、关注社会,以及帮助学前儿童形成与自然的和谐关系和初步的责任感。学前儿童科学教育的目标要重视培养学前儿童尊重自然、热爱自然、保护自然的意识,同时也注意培养儿童关注周围社会生活中的科学技术,萌发初步的社会责任感。

三、依据学前儿童科学教育活动的特性

学前儿童科学教育活动的特性是我们制定学前儿童科学教育活动目标的一条基本依据。学前儿童科学教育活动的特性如下:

(一)教育内容的生成性

教育内容的生成性是指教育内容超越事先的计划性,根据学习者的需要和兴趣在即时的情境、突发事件中,或根据学习者在活动中的需要、兴趣和提出的问题临时安排。学前儿童的学习是一个主动建构的过程。只有当他们自己积极主动地学习,他们才能获得真正内化的科学知识和经验。学前儿童有自己的需要、兴趣特点,只有他们感兴趣的东西,他们才会积极主动地学习。教师尊重儿童就要尊重他们的需要和兴趣特点,开发和利用学前儿童感兴趣的事物和想要探究的问题,扩展成为学前儿童科学教育的内容,生成科学教育活动。

案例 2-1

会冬眠的小动物

(重庆市渝北区庆龄幼儿园 严亚君)

晚饭以后,小朋友们和往常一样,选择自己喜欢的活动区玩耍,有的去了阅读区和好朋友一起回味《胡萝卜怪》的故事,有的在建构喜欢的飞机、高楼和桥梁,还有的在走廊的饲养角观察小动物,我站在教室门口一边看着在活动区的幼儿,一边提醒还没有吃完饭的小朋友。忽然,走廊里传来了横横小朋友的声音:"小乌龟怎么不吃饭(饲料)呢?""他是不是没饿啊,反正我不饿的时候就不想吃饭。"轩轩小朋友淡淡地回答。"我来试一试吧,平时都是我来喂它的哦,"易易小朋友很有信心地说着,顺手拿起饲养篮里的一包乌龟专用饲料,然后小心翼翼地给小乌龟投食,可是小乌龟仍然一动不动,易易小朋友有些不高兴了,放下饲料在一旁观察小乌龟,"它是不是生病了呀,我生病的时候就不想吃东西!""也有可能它心情不好哦!""是不是因为它的好朋友不见了,所以它不开心呢?"小朋友们七嘴八舌地讨论着小乌龟为什么不吃饭的问题,横横小朋友看到我在门口,就向我投来了求助的目光,我走过去告诉小朋友们小乌龟不吃东西是因为它马上就要冬眠了,冬眠的时候小乌龟都不爱动也不吃东西,而且温度低于10摄氏度的时候我们就要帮助小乌龟准备冬眠的装备了。"冬眠的时候小乌龟需要哪些装备呢?"易易小朋友迫不及待地问道,其他小朋友也投来了很想知道的目光,看着小朋友们满眼的求知欲望,我赶在放学前为每位小朋友做了一张关于乌龟冬眠的调查表,让幼儿带着问题回家和爸爸妈妈一起探索乌龟的

冬眠以及乌龟冬眠时需要的装备和注意事项。通过和爸爸妈妈一起动手查找资料,小朋友们对小乌龟的照顾更加地专业和仔细了。有一天易易小朋友跑来问我:"老师,除了乌龟会冬眠,还有什么小动物会冬眠呢?"基于幼儿对动物冬眠问题的好奇,我们在饲养角生成了主题活动"会冬眠的小动物"。

　　点评:幼儿园的科学教育内容大都以教材为主,这次活动通过引导幼儿对乌龟冬眠的了解延伸到会冬眠的其他小动物,体现了幼儿园科学教育内容的生成性,同时展现了教师对幼儿兴趣追踪的过程,体现了教师尊重幼儿、抓住幼儿兴趣、以幼儿兴趣为导向组织科学活动的特点。

(二) 教育过程的探究性

　　自然科学本身崇尚实证的方法。自然科学研究的内容都是自然界能看得见、摸得着、能直接感知和探究的物质和现象。科学的本质在于探究。学前儿童天生好奇,有探究的本能。好奇是探究的内在动机,探究能满足好奇。另外,学前儿童认知水平低,思维以直觉动作思维、具体形象思维为主,他们只有通过感官观察、动手操作和动脑思考,才能获得真正内化的科学知识。所以,科学探究是学前儿童科学教育的核心。在科学教育中,如果没有学前儿童的探究过程,就不存在科学教育的过程。学前儿童科学教育过程是在教师指导下学前儿童自主探究的过程。

　　学前儿童的探究过程一般经历以下三个环节。

　　(1) 产生疑问。产生疑问是探究过程的第一步。学前儿童有了疑问,并想消除疑问,主动探究才进入真正的准备状态。

　　(2) 进行猜想。有了疑问,学前儿童就会运用自己有限的知识经验对问题和疑问进行猜想解释。这是学前儿童调动原有的经验和认识的过程,它为学前儿童认识的主动建构提供了可能。

　　(3) 进行验证。学前儿童按自己的想法进行实验。如果实验的结果与他们的猜想一致,将强化他们原有的认识,提高他们原有经验的概括程度。如果实验结果与他们的猜想矛盾,将促使他们调整自己的认识,形成新的解释,再去与现实相互作用……构成不断演进的主动建构过程。

(三) 教育组织方式的多样性和灵活性

　　第一,应注重学前儿童自发的个别探究和小组探究活动。学前儿童科学探究活动可分为集体活动、小组活动、个别活动。集体科学探究活动因为人数多,无法使每一个学前儿童积极地参与到科学探究活动中去;而小组科学探究活动和个别科学探究活动由于人数少,则可以让每一个学前儿童积极主动地、尽兴地参与到科学探究活动中去。另外,集体探究活动常常只能通过教师预先设计好的程序和步骤进行,无法使科学探究活动真正成为学前儿童的自主探究过程,而学前儿童自发的小组探究和个别探究则能真正成为学前儿童的自主探究过程。因此,学前儿童科学教育活动更多的是以自发的个别活动和小组活动为主。教师应支持和引导学前儿童自发的个别探究活动和小组科学探究活动,集体探究活动也应在此基础上扩展和生成。

　　第二,学前儿童科学教育活动灵活地渗透于一日生活。对于学前儿童来说,科学就是他们每天所做的事,而且,学前儿童对周围世界的好奇和疑问无时无刻不在发生。因此,学前儿童科学教育除了通过专门组织的科学教育活动之外,更多的是在一日生活中的随机教育。由于学前儿童生活经验的不系统性,生活事件便成为重要的问题线索。这也决定了学前儿童科学行为出现的随机性。教师只要具备解读学前儿童科学行为的能力,学前儿童不经意的一个举动、一句自言自语都可能经过挖掘而生成一个精彩的科学探究活动。有时,这种随机产生的科学教育活动的教育价值比按部就班的活动教育价值更大。

　　第三,学前儿童科学教育活动的场所不局限于活动室。学前儿童科学教育活动的场所不只局限于活动室,在幼儿园内、大自然、家庭和社区都可以进行。学前儿童的科学探究活动不只在使用材料中,问题也不只由教师提出。学前儿童在真实的生活中感悟科学,会觉得科学探究是自己生活的一部分,而不是只在特定的时间、地点、老师准备好的情况下发生的。

第四,学前儿童科学教育活动中多种探究方法并用。既然学前儿童科学探究活动的地点突破了活动室的界限,科学探究的内容和问题就会极大地丰富起来,那么科学探究的方法必定呈现出多样性。需要以观察为主的探究活动就要运用观察,需要做调查研究的就要采用调查方法。教师要具体问题具体分析,关键要让学前儿童在科学探究活动中体验方法,在实践中掌握方法。

第五,学前儿童科学教育活动多时间段进行。虽然学前儿童科学探究活动在概念、原理上是粗浅的,但基于学前儿童生活经验的内容可能是复杂的,再加上学前儿童之间存在能力差异,因此,不是每个学前儿童的科学探究活动都能一次完成。

案例 2-2

顽皮的小蜗牛

（重庆市渝北区庆龄幼儿园　涂德兰）

顽皮的小蜗牛

（四）教育结果的经验性

科学经验是指学前儿童在科学探究过程中,通过亲自操作、凭自身感觉器官获取的具体事实和第一手经验。它可以是对事物外部特征的认识,如对蜗牛的外部特征认识;也可以是对科学现象的理解,如对迎春花早开的理解等。科学经验是最低层次的科学知识,它是与具体事物和现象联系在一起的,离开了具体的事物和现象不可能获得科学经验。尽管科学经验的层次较低,但它对学前儿童非常重要,是他们认识事物的必经之路。科学经验能为学前儿童形成抽象的科学概念提供大量的概括材料。

案例 2-3

"探 秘"菜 园 子

（重庆市渝北区庆龄幼儿园　邓璇）

案例一:是豇豆还是四季豆

疫情过后,孩子们回到了喜爱的幼儿园,在一次户外的观察活动中,我们来到了三楼的菜园,发现里面的蔬菜都开始结果了,孩子们对于眼前的一切非常感兴趣,各种各样的问题从嘴里冒出来。"老师,这是什么?""老师,这个可以吃吗?""这种蔬菜叫什么名字?"等等。陶行知先生说过"生活即教育",我们以菜园子为载体,对蔬菜进行了探秘。

蒋子铭:"我在菜园子里面发现了四季豆。"

老师:"四季豆?里面有四季豆吗?"我很疑惑,带着孩子们再一次去到了菜园,原来他把豇豆认成了四季豆。

由于菜园里面没有四季豆,于是我专门去超市买回了四季豆,把豇豆和四季豆放在一起,让孩子们自己观察它们有什么区别。孩子们把两种蔬菜比了一比,发现四季豆短、粗,豇豆长、细。

接着,他们把两种豆剥开了,发现里面的豆子也不一样,四季豆的豆子大,豇豆的豆子小。

接着,我们用粘土捏,用笔画,让孩子们真正地了解这两种蔬菜的差别。

案 例 二：蔬 菜 肥 料

甘甘："老师,蔬菜要怎样才能长得更好,结更多的果实呢?"

老师："它们需要肥料。"

甘甘："什么是肥料?"

老师："动物的粑粑就是很好的肥料。"

熊熊："我们拉的粑粑也可以做肥料,婆婆就是用我的小便去浇花的!"

老师："是的,当然可以,我们去幼儿园寻找蔬菜的肥料吧!"

当孩子们找到毛毛虫的粑粑时,熊熊捂住了嘴,老师："这么臭,我们放弃吧!"

熊熊："不臭不臭,香着呢!"

当孩子们把寻找来的肥料撒在蔬菜地里时,心里也播下了小小的希望：我们的蔬菜越长越大,我们的果实越来越多。

点评：体验是幼儿教育中的关键要素,幼儿可以在体验中获得发展,产生生活积累、活动积累,形成有效经验。"体验式教育"以幼儿发展为本,强调教育情境的创设、体验过程的实践性操作、幼儿的自我建构以及自我反省。案例一中,如果不是这次偶然的机会让孩子们走进菜园,并进行谈话,我们根本发现不了现在的孩子大多数分不清豇豆和四季豆,而孩子们在这样的体验活动中真实地感受这两种蔬菜的差异,并留下深刻印象。案例二中,孩子们平时是很抗拒"粑粑"的,但是为了蔬菜能够长高结果,还是愿意克服心理障碍,大胆地去寻找"肥料",这也正是体验的乐趣。

第二节　学前儿童科学教育活动的目标

一、学前儿童科学教育活动的总目标

学前儿童科学教育活动总目标是学前儿童教育总目标的有机组成部分,是学前儿童教育总目标在学前儿童科学教育领域的具体体现。它是学前儿童在教师指导下进行科学探究时所应获得的发展,是学前儿童科学教育总的任务要求。这一总目标将学前儿童体、智、德、美全面发展的目标转化成学前儿童科学教育领域中的具体发展目标,但又是学前儿童科学教育目标体系中概括层次最高的目标。

《纲要》对我国幼儿园科学教育活动的总目标做了规定,包括与科学内涵三要素相一致的三个方面：科学情感和态度、科学方法和策略、科学知识和能力。

（一）科学情感和态度

在学前儿童科学教育活动中,培养学前儿童的科学情感和态度,要注重以下四个方面。

1. 发展学前儿童的好奇心、兴趣和求知欲

《纲要》总目标的第一条是："对周围的事物、现象感兴趣,有好奇心和求知欲。"具体地说,也就是要发展学前儿童对周围各种事物(包括自然事物和科技产品)和现象(包括自然现象和科学现象)的好奇心,培养学前儿童参与科学探究活动、科技制作活动的兴趣,激发学前儿童的求知欲。总目标的第

四条是："能从生活和游戏中感受事物的数量关系并体验到数学的重要和有趣。""体验到数学的重要和有趣"强调的也是要激发学前儿童对数学的兴趣。

2. 培养学前儿童关爱环境的积极情感和态度

《纲要》总目标的第五条："爱护动、植物，关心周围环境，亲近大自然，珍惜自然资源，有初步的环保意识"，强调了要培养学前儿童关爱环境的积极的情感和态度。

3. 培养学前儿童尊重事实的科学态度

尊重事实是最起码的科学态度。尊重事实的科学态度表现为从事实出发，从不同的角度去认识事物；不过早地下结论；尊重事实，愿意考虑不同的意见；对公认的事实有怀疑不怕提出来；敢于怀疑，敢于批判；自己记录自己观察、探索和操作的结果，根据这些客观存在的结果形成自己对事物及其关系的看法和解释。

4. 培养学前儿童尊重他人，乐于合作、分享与交流

任何事物都是发展着的，每一个人的观点都是有价值的。在科学的发展道路上，许许多多的想法都是可能的。我们要通过学前儿童科学教育使学前儿童从小能从多角度看问题，看到同伴的价值；乐于与同伴分享和交流自己的发现；能与同伴合作，互相关心、支持和提出合理建议，必要时能寻求帮助；能认可、倾听同伴的不同想法；能接纳和吸收同伴的合理意见，修正或完善自己的想法和做法。

（二）科学方法和策略

科学方法的实质在于探究问题。掌握科学方法的核心就是要获得探究解决问题的策略，即知道如何去探究和解决问题。让幼儿掌握科学方法实质上是帮助幼儿获得探究解决问题的策略的感性认识。幼儿探究解决的问题往往是两类问题：未知的问题和技术设计的问题。因此，探究解决问题的策略包括：对未知的探究策略和技术设计的策略。两个策略都由四个环节构成：观察发现问题—动脑思考—动手操作—表达交流。

1. 观察发现问题

《纲要》中提到"能运用各种感官……探究问题"指的就是通过观察发现问题的策略。对于学前儿童来说，科学思维的第一步是用感官观察和探究周围环境，发现问题。例如，通过观察发现用碗将水灌入可乐瓶中，水会漏出好多，于是一个技术设计目标就产生了：怎样将一碗水灌入可乐瓶中，尽量不漏。

学前儿童观察策略的具体目标包括：

小班学会运用多种感官对个别物体和现象进行观察，即指能有目的地运用多种感官，对某一特定的自然物、自然现象或科技产品进行观察。

中班学会比较观察，即对两种或两种以上的自然物或自然现象、科技产品进行观察和比较。

大班学会自然现象的观察，即指能为探究自然现象的发生（如动植物的生长、变化，天气、季节的变化等）、发展、变化而进行连续、持久的观察。

2. 动脑思考

科学思维的第二步，就是动脑思考解决问题。《纲要》中提到"能……动脑，探究问题"指的就是动脑思考解决问题，即针对观察和探索时发现的问题、产生的疑问，进行推理和预测。预测是指对将要发生的事件作出猜想。在一个探究活动开始时能预先作出推理和猜想，有助于幼儿探究活动的有意性，并有助于幼儿将预想与探究结果比较，真正促进幼儿认识结构的发展。推理和预测本身也属于思维。动脑思考策略的核心在思维。

学前儿童思维策略的目标主要包括：

小班学会分析综合，即把观察到的事物分成各个特征，把组成整体的各个特征结合起来，初步尝

试推理和预测。

中班学会比较和概括，即对直接观察到的事实进行比较和概括，认识到事物的不同和相同（比如从对各种水果的观察中发现它们的不同，同时概括出它们都是水果，尝试进行推理和预测）。

大班学习推论和预测，即根据观察到的现象，并结合自己已有的经验，推想它的原因，提出合理的解释，得出结论，并预测将来可能发生的现象（比如从毛毛草没有根不能活，推论其他植物没有根不能活）。

3. 动手操作

《纲要》中提到"能运用各种感官，动手动脑，探究问题"。其中的"动手"指的就是动手操作。学前儿童的动手操作有三种类型：实验操作、技术操作、其他手段的操作。实验操作是指幼儿在探究未知的科学活动中，以行动、操作或其他方式验证其发现、推论或预测是否正确的过程和方法。通过做实验操作，原来的预想可能得到支持和证实，也可能被推翻。技术操作则是指学前儿童在科技制作活动中，运用工具或材料，对客观对象或材料进行操作加工或制作新产品的过程。其他手段的操作验证主要指幼儿通过图书查阅、互联网查阅等各种渠道收集有关资料和信息的过程和方法。在当今的信息化时代，这也是一种重要的科学学习方法。其他手段的操作还包括在实验过程中或在实验之后，对实验结果的记录。

在学前儿童科学教育活动中，幼儿动手操作的具体目标是[①]：

小班能通过自己的实验操作获得发现，学会使用简单工具。

中班能对问题作出假设并用实验来加以检验，学习使用工具制作简单产品。

大班在操作过程中根据操作目标及时调整操作过程，对操作过程和结果进行思考、调整和修改。

4. 表达交流

《纲要》总目标第三条"能用适当的方式表达、交流探索的过程和结果"强调表达交流。表达交流的方式有语言和非语言两种。语言方式包括语言、文字；非语言方式包括肢体动作、绘画创作等。

幼儿表达交流的目标主要包括：学习用准确、有效的语言表达、交流自己在科学活动中的做法、想法和发现。

小班可以让儿童描述观察中发现了什么，逐渐学着描述在操作中发现了什么。

中班儿童可以学着整理自己的记录来说明结果，并用结果得出结论。

大班可以引导儿童将结论与预想结果进行简单的比较，提出新问题、新发现。

学会用适当的方式表达自己在科学活动中的情绪体验，如体态、动作、表情等。

学会用各种手段（如图表、绘画、作品展览等）展示自己的科学活动结果（中班以上）。

此外，《纲要》总目标中提到的"能运用各种感官，动手动脑，探究问题""能用适当的方式表达、交流探索的过程和结果"应理解为能力目标。培养学前儿童的能力是学前儿童各领域教育的共同任务。所以，学前儿童科学教育应有能力目标，而学前儿童科学教育活动也有利于培养学前儿童的能力。学前儿童科学教育活动是学前儿童在教师指导下自主探究的过程。幼儿在对自然界生动形象的刺激物进行探究的过程中，需要观察、思考、动手操作、表达，这都有利于培养幼儿的观察力、思维能力、解决问题的能力、动手操作的能力和语言表达能力。另外，科学游戏中的感官游戏、操作游戏、情景性游戏、竞赛游戏等都能直接培养幼儿的能力。幼儿的能力素质也是终身可持续发展的素质。

（三）科学知识与能力

根据知识的抽象性，知识可分为三个层次：经验层次、概念层次和理论层次。

幼儿的思维以直观动作思维和具体形象思维为主。幼儿的思维发展水平决定了他们不可能获得

---

① 张俊.幼儿园科学教育［M］.北京：人民教育出版社，2004.

抽象的概念层次和理论层次的知识,只能获得一些有关周围物质世界及其关系的感性认识和经验性即经验层次的知识。学前时期获得的经验层次的知识能为将来理解抽象的概念层次和理论层次的知识提供具体的表象支持。尽管《纲要》并没有明确规定学前儿童科学教育活动的科学知识目标,但是,学前儿童科学教育活动具有"学前儿童科学教育活动的结果使学前儿童获得广泛的科学经验"这一特性,学前儿童科学探究活动的必然结果是积累科学知识。所以,学前儿童科学教育活动的知识目标毫无疑问地必然存在。

"感受事物的数量关系"相对来说是比较明确的数学知识目标。幼儿对数量关系的认识是以对具体事物的认识为基础的。幼儿周围环境中的每件物品都以一定的形状、大小、数量和方位存在着,教师可以充分利用这些生活素材让儿童积累数学感性经验。在科学探索活动和日常生活中,引导幼儿感受事物的数量关系,积累数学经验,也可以借助游戏情节将数学知识和教学目标巧妙地转化为游戏的内容和规则,使幼儿在没有外在压力的情况下,感受数量关系。还可以将数学融入游戏之中,让幼儿在游戏中发现和感受数学,同时在运用数学解决游戏中某些问题的过程中理解数学,积累数学经验。

二、学前儿童科学教育活动的年龄阶段目标

学前儿童科学教育的年龄阶段目标指学前儿童科学教育在不同的年龄阶段所要实现的目标。关于学前儿童各年龄阶段目标,国家没有统一规定。本书根据学前儿童认知发展特点,参考张俊著的《幼儿园科学教育》一书及《3—6岁儿童学习与发展指南》的精神,陈述如下:

(一) 0—3岁婴幼儿科学教育活动的目标

(1) 保护好奇心,支持儿童的触摸、爬动、操作、摆弄玩具和物品的行为。

(2) 提供丰富的感觉刺激,发展感觉能力、注意力。

(3) 初步掌握与生活经验相贴近的日常概念和科学常识,例如,知道一些与生活贴近的动植物、自然现象和科技产品的名称。

(4) 形成一和多的数概念;形成白天、晚上的时间概念。

(二) 3—6岁幼儿科学教育活动的目标

《指南》将3—6岁学前儿童科学教育目标分为科学探究和数学认知两方面。

1. 科学探究

"亲近自然,喜欢探究"是首要的、前提性的、动机性的目标;"具有初步的探究能力"是重要的、核心的、关键性的目标;"在探究中认识周围事物和现象"是载体性、产物性目标。三个方面的目标是一个探究过程的不同方面。不能分别学习或单独训练。

目标1 亲近自然,喜欢探究

这一核心目标体现了对幼儿好奇心和探究兴趣的高度重视,可以用"好奇、好问、好探究"三个关键词来概括。好奇心和兴趣是科学探究中的首要目标。科学学习不能以牺牲兴趣为代价。幼儿自然的、身边的、熟悉的、生活中的事物是他们最感兴趣的。

3—4岁	4—5岁	5—6岁
1. 喜欢接触大自然,对周围的很多事物和现象感兴趣 2. 经常问各种问题,或好奇地摆弄物品	1. 喜欢接触新事物,经常问一些与新事物有关的问题 2. 常常动手动脑探索物体和材料,并乐在其中	1. 对自己感兴趣的问题总是刨根问底 2. 能经常动手动脑寻找问题的答案 3. 探索中有所发现时感到兴奋和满足

目标 2　具有初步的探究能力

探究能力是幼儿"科学探究"领域的关键目标。从探究过程来看,包含经历提出问题、观察探索、思考猜测、调查验证、收集信息、得出结论、合作交流等基本环节(不同年龄的完整细致程度和深度不同)。从探究方法来看,观察比较、实验验证、调查测量是基本方法。幼儿正是运用不同的探究方法,经历了发现问题、分析问题和解决问题的过程获得探究能力的。

3—4 岁	4—5 岁	5—6 岁
1. 对感兴趣的事物能仔细观察,发现其明显特征 2. 能用多种感官或动作去探索物体,关注动作所产生的结果	1. 能对事物或现象进行观察比较,发现其相同与不同 2. 能根据观察结果提出问题,并大胆猜测答案 3. 能通过简单的调查收集信息 4. 能用图画或其他符号进行记录	1. 能通过观察、比较与分析,发现并描述不同种类物体的特征或某个事物前后的变化 2. 能用一定的方法验证自己的猜测 3. 在成人的帮助下能制定简单的调查计划并执行 4. 能用数字、图画、图表或其他符号记录 5. 探究中能与他人合作与交流

目标 3　在探究中认识周围事物和现象

这些事物和现象涉及动植物、物质与材料、天气与季节、科技、环境等,是探究的载体,幼儿乐于探究的态度和探究解决问题的能力更为重要。幼儿感知、体验、探究和发现的过程是幼儿探究过程的必然结果。

3—4 岁	4—5 岁	5—6 岁
1. 认识常见的动植物,能注意并发现周围的动植物是多种多样的 2. 能感知和发现物体和材料的软硬、光滑和粗糙等特性 3. 能感知和体验天气对自己生活和活动的影响 4. 初步了解和体会动植物和人们生活的关系	1. 能感知和发现动植物的生长变化及其基本条件 2. 能感知和发现常见材料的溶解、传热等性质或用途 3. 能感知和发现简单物理现象,如物体形态或位置变化等 4. 能感知和发现不同季节的特点,体验季节对动植物和人的影响 5. 初步感知常用科技产品与自己生活的关系,知道科技产品有利也有弊	1. 能察觉到动植物的外形特征、习性与生存环境的适应关系 2. 能发现常见物体的结构与功能之间的关系 3. 能探索并发现常见的物理现象产生的条件或影响因素,如影子、沉浮等 4. 感知并了解季节变化的周期性,知道变化的顺序 5. 初步了解人们的生活与自然环境的密切关系,知道尊重和珍惜生命,保护环境

2. 数学认知

数学认知领域目标强调幼儿对数学学习的兴趣和积极的情感体验;强调幼儿在真实情境中理解和应用数学的能力的发展;强调日常生活中发现和解决问题能力的发展。数学认知目标下包括三个方面的内容:数学认知(有关儿童学习和情感态度方面的)、数概念(对数及数量关系的理解)、空间概念(关于空间概念包括形状的认知)。

目标 1　初步感知生活中数学的有用和有趣

3—4 岁	4—5 岁	5—6 岁
1. 感知和发现周围物体的形状是多种多样的,对不同的形状感兴趣 2. 体验和发现生活中很多地方都用到数	1. 在指导下,感知和体会有些事物可以用形状来描述 2. 在指导下,感知和体会有些事物可以用数来描述,对环境中各种数字的含义有进一步探究的兴趣	1. 能发现事物简单的排列规律,并尝试创造新的排列规律 2. 能发现生活中许多问题都可以用数学的方法来解决,体验解决问题的乐趣

目标2　感知和理解数、量及数量关系

3—4岁	4—5岁	5—6岁
1. 能感知和区分物体的大小、多少、高矮长短等量方面的特点,并能用相应的词表示 2. 能通过一一对应的方法比较两组物体的多少 3. 能手口一致地点数5个以内的物体,并能说出总数。能按数取物 4. 能用数词描述事物或动作。如我有4本图书	1. 能感知和区分物体的粗细、厚薄、轻重等量方面的特点,并能用相应的词语描述 2. 能通过数数比较两组物体的多少 3. 能通过实际操作理解数与数之间的关系,如5比4多1;2和3合在一起是5 4. 会用数词描述事物的排列顺序和位置	1. 初步理解量的相对性 2. 借助实际情境和操作(如合并或拿取)理解"加"和"减"的实际意义 3. 能通过实物操作或其他方法进行10以内的加减运算 4. 能用简单的记录表、统计图等表示简单的数量关系

目标3　感知形状与空间关系

3—4岁	4—5岁	5—6岁
1. 能注意物体较明显的形状特征,并能用自己的语言描述 2. 能感知物体基本的空间位置与方位,理解上下、前后、里外等方位词	1. 能感知物体的形体结构特征,画出或拼搭出该物体的造型 2. 能感知和发现常见几何图形的基本特征,并能进行分类 3. 能使用上下、前后、里外、中间、旁边等方位词描述物体的位置和运动方向	1. 能用常见的几何形体有创意地拼搭和画出物体的造型 2. 能按语言指示或根据简单示意图正确取放物品 3. 能辨别自己的左右

三、学前儿童科学教育活动的单元目标

学前儿童科学教育活动的单元目标是科学教育年龄阶段目标的具体化及分段性目标。划分单元目标的方式有两种:一是以时间单元的形式把年龄目标划分为学期目标、月目标、周目标等。二是以内容单元的形式划分,即根据教育目标及相关的教育内容的特点,把某一组目标及其相关的内容有机组织起来,构成主题或单元。

(一) 以时间为单元的学前儿童科学教育目标[①]

例如,幼儿园小班10月份的科学教育目标:

(1) 愿意接触大自然。

(2) 有好奇心,喜欢模仿、摆弄。

(3) 认识易于接触的动物"兔子",了解其主要外形特征及生活习性。

(4) 认识易于接触的植物"一串红",了解其主要外形特征。

(5) 了解自己身体的主要部位"脸",学习如何保护自己的小脸。

(6) 观察秋天的景色,初步体验大自然的美。

(7) 初步学习运用感官认识物体。

(二) 以主题活动为单元的学前儿童科学教育目标[②]

幼儿园科学教育活动的主题是多种多样的,有的是以季节为主线建构主题,有的则以自然科学现象为主线建构主题,也有的以人的活动为主线建构主题。

例如,幼儿园小班主题活动"有趣的气味"的单元科学教育目标:

①②　施燕.学前儿童科学教育[M].上海:华东师范大学出版社,1999.

（1）让幼儿感知不同的气味,学会用鼻子闻物体的气味,发展感知能力。

（2）引导幼儿关心周围事物,培养幼儿对感知活动的兴趣。

（3）学习用语言表达所得到的信息。

（4）帮助幼儿懂得要爱护自己的鼻子。

四、学前儿童科学教育的具体活动目标

学前儿童科学教育的具体活动目标指某一具体的科学教育活动所要达到的结果,或所引起的幼儿行为的变化,它是单元目标的具体化,是一种具有操作性的目标。幼儿园科学教育目标只有变成了幼儿科学教育具体活动目标,才能贯彻到具体的科学教育过程中,才能落实到幼儿的发展上。

拟定科学教育具体活动目标的原则与注意事项如下:

1. 教育活动目标应与总目标、年龄阶段目标保持一致

科学教育的总目标和年龄阶段目标要通过一个个具体的活动目标落实在每个学前儿童身上。因此每一次具体的教育活动目标的内容和要求,在方向上应与总目标、年龄阶段目标相一致,要为阶段目标和终期目标服务,要根据学前儿童的年龄特征和发展水平,由浅到深、循序渐进地制定,体现了各层次教育目标的一致性。

案例 2-4

大班科学教育活动:转动的陀螺[1]

活动目标:

1. 在自主探究中感知陀螺转动的不同现象,能较清楚完整地介绍自己的探索过程及感受。

2. 体验探究活动的乐趣,乐意与同伴分享交流。

3. 学习用符号等方法记录探索的过程和自己的发现。

点评:目标一"在自主探究中感知陀螺转动的不同现象,能较清楚完整地介绍自己的探索过程及感受。"符合《指南》中对5—6岁年龄段幼儿科学知识和经验方面的要求,体现了各层次教育目标的一致性。《纲要》中指出科学教育目标要培养幼儿"对周围的事物、现象感兴趣,有好奇心和求知欲;能运用各种感官,动手动脑,探究问题;能用适当的方式表达、交流探索的过程和结果……"本案例中另外两项目标与此精神相一致,保证了幼儿科学教育总目标和年龄阶段目标的有效落实。

2. 活动目标的制定要全面,注重幼儿终身学习和发展的目标

"转动的陀螺"活动目标从情感态度、方法技能、知识经验三个维度预设,比较全面完整。当然,并不是说每一次活动的目标都必须包含三个维度,有时会有所侧重,但也要保证从长期的活动方案来看,三类目标最终得以实现。

3. 活动目标的制定要具体细化

教育活动目标是教学过程的指引,是评价教学效果的标尺。所以,只有具体的、有针对性的目标,

[1] 黄丽卿.大班科学教育活动:转动的陀螺[J].早期教育(教师版),2008(03).

才能够为教学过程导航,才能够给检测学习达成度以标尺。所以我们在制定教学活动目标时要具体,要对教材和幼儿学习能力分析透彻。当我们面对一个教学内容时,首先要审视其中蕴涵哪些知识和技能点,还要推敲在何种程度上操作,才能够对所教幼儿产生真正教育意义上的价值;其次,要考虑幼儿的学习方式和获得知识技能的方法;在相关的学习中,还需要分析蕴涵哪些情感、社会性价值。而且,每个活动内容都会有不同的目标侧重点。

4.活动目标适宜于幼儿整体的最近发展区

很多时候,因为我们对幼儿不了解,所以导致活动时发生这样或那样的问题,不能有效地促进幼儿的发展。因此,教师要为幼儿设定一个目标的"最近发展区",即幼儿现有的与可能发展的情感、能力、经验之间的距离。例如中班科学活动"各种各样的纸制品",教师为此制定的知识目标是"收集、观察各种各样的纸制品,了解其质地和用途"。显然,这样的目标定位只停留在浅层次的观察上,对于中班幼儿来说无需付出努力就能做到,所以我们在知识点的难易层次上必须提升一个梯度,如可增加"尝试根据某一特征给各种纸制品进行分类"的目标,这样才能让幼儿充分感受到"跳一跳才能摘得到果子"的成就感。

5.教育活动目标的陈述要统一、规范

从表述的方式上说,幼儿园科学教育活动的目标通常采用"行为目标"的方式来表述。行为目标是具体的可操作的教育活动目标,它指向活动过程后幼儿所发生的行为变化,常以"学习""知道""理解""发现""体验"等方式表述。

思考与练习

1.联系实际阐述学前儿童科学教育目标制定的依据。

2.结合具体的活动案例分析学前儿童科学教育活动的特性。

3.学前儿童科学教育活动的目标包括哪些种类?分别举例说明。

4.阅读《纲要》中科学领域的内容,讨论学前儿童科学教育总目标的精神,并思考学前儿童科学教育总目标与确定学前儿童科学教育具体活动目标的依据之间内在的联系。

5.幼儿园教师资格证考试保教知识与能力真题。

单项选择题

(1)科学活动中,教师观察到某幼儿能用数字、图表来记录和整理自己观察到的现象。该幼儿最可能的年龄是(　　)。(2016年下半年)

A.6岁左右　　　　　B.5岁左右　　　　　C.4岁左右　　　　　D.3岁左右

(2)小班幼儿观察植物时,下列哪条目标最符合他们的发展水平?(　　)(2018年下半年)

A.能感知周围的植物是多种多样的

B.会观察记录植物生长变化的过程

C.能察觉植物的外形特征与生存环境的适应关系

D.能发现不同种类植物之间的差异

第三章

学前儿童科学教育活动的内容和方法

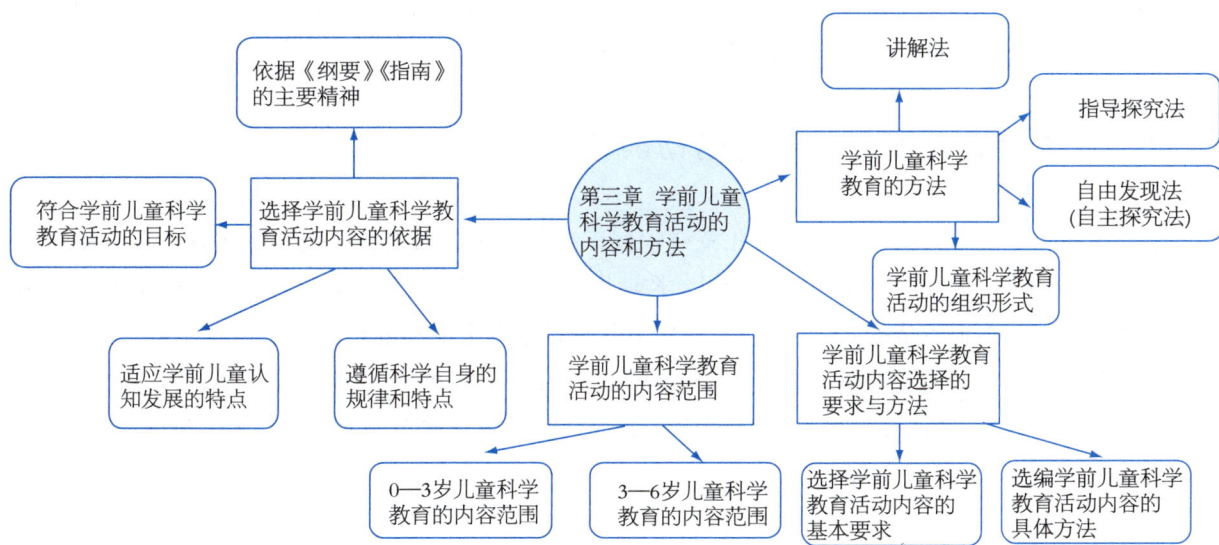

```
依据《纲要》《指南》
的主要精神
                                                              讲解法
符合学前儿童科学          选择学前儿童科学教                                         指导探究法
教育活动的目标          育活动内容的依据          第三章 学前儿童    学前儿童科学
                                        科学教育活动的    教育的方法           自由发现法
                                        内容和方法                            (自主探究法)
    适应学前儿童认        遵循科学自身的                                学前儿童科学教育
    知发展的特点        规律和特点          学前儿童科学教育     活动的组织形式
                                        活动的内容范围     学前儿童科学教育
                                                        活动内容选择的
                                                        要求与方法
                    0—3岁儿童科学      3—6岁儿童科学     选择学前儿童科     选编学前儿童科
                    教育的内容范围      教育的内容范围     学教育活动内容的    学教育活动内容的
                                                       基本要求          具体方法
```

内容提要

　　学前儿童科学教育内容是学前儿童科学教育活动的有效载体,教学方法是学前儿童科学教育目标能否实现的重要环节。本章比较全面地阐述了学前儿童科学教育内容选择的依据,划归了学前儿童科学教育活动的内容范围,阐述了选择学前儿童科学教育内容的要求以及学前儿童科学教育的主要方法,便于学习者架起从"目标"到"促进儿童发展"的桥梁,也为后面章节的学习做好铺垫。

学习目标

　　1. 了解选择学前儿童科学教育活动内容的依据。

　　2. 明确不同年龄阶段学前儿童科学教育内容的范围。

　　3. 理解和掌握学前儿童科学教育活动内容选择的基本要求。

　　4. 掌握并灵活运用学前儿童科学教育的基本方法。

第一节 选择学前儿童科学教育活动内容的依据

一、依据《纲要》《指南》的主要精神

《纲要》《指南》是我们国家进行学前儿童教育的法令性文件,也是对学前儿童进行有效的科学教育的指南和风向标,广大学前教育工作者和家长开展学前儿童科学教育应以《纲要》《指南》等文件为重要依据。《纲要》中明确规定了3—6岁儿童科学教育的内容和要求(具体内容见第二节),特别是《指南》在科学领域描述了3—6岁儿童学习与发展的最基本、最重要的内容,并将内容划分为若干方面(具体内容见第二节)。虽然国家对0—3岁儿童的科学教育没有正式的明文规定,但《纲要》《指南》等文件对这一阶段儿童的科学教育有着重要的启迪作用。

二、符合学前儿童科学教育活动的目标

学前儿童科学教育活动内容是学前儿童科学教育活动目标的细化、具体化,是实现学前儿童科学教育活动目标的重要手段和主要途径。因此,学前儿童科学教育活动内容的选择必须以学前儿童科学教育活动的目标为根本依据,这样才能确保学前儿童科学教育活动的目标得以实现。

学前儿童科学教育活动的每一项目标都是通过多种内容、多种形式来实现的;同样,一种内容也可以把目标整合起来(即同时贯彻几项目标的要求)。所以,教师要灵活地理解、掌握和运用,以确保目标的达成。

三、适应学前儿童认知发展的特点

要确保学前儿童科学教育活动内容的科学性、可行性、实效性,在选择学前儿童科学教育活动内容的时候必须从儿童认知发展的特点出发。学前儿童的科学探究、数学认知活动具有明显的年龄特征,他们对于自然事物、现象的把握是具体的。因此,在选择学前儿童科学教育活动内容时要注重儿童的身心发展的特点,以确保学前儿童科学教育活动顺利得以实施,更有利于他们更好地感受科学、体验科学、探究科学。

四、遵循科学自身的规律和特点

"科学是人对客观世界的认识,是反映客观事实和规律的知识","科学是反映客观事实和规律的知识体系","科学是动态的活动"[①]。它强调方法的科学性,尊重事实,反对迷信,反对主观臆断,这是科学本身所具有的特点。所以,选择学前儿童科学教育活动内容要依据科学自身的规律和特点。

---

① 施燕.学前儿童科学教育[M].上海:华东师范大学出版社,1999.

第二节　学前儿童科学教育活动的内容范围

《纲要》为学前儿童科学教育提出了七条"内容与要求",《指南》将科学领域主要分为两大部分,即科学探究和数学认知,而且在每一部分都为三个年龄阶段(3—4岁、4—5岁、5—6岁)的幼儿提出了合理的期望,指明了幼儿学习与发展的具体方向,使得教师、家长目标更为明确,操作起来更为便捷。

根据《纲要》《指南》的主要精神和学前儿童科学教育的目标,为了便于大家更好地、详细地把握学前儿童科学教育活动内容,现将其具体范围大致划定为两个年龄阶段(0—3岁和3—6岁)。

一、0—3岁儿童科学教育的内容范围[①]

0—3岁的儿童生活的范围小,接触的人和事物也比较少,他们对周围生活的各种事物感到陌生,但又是非常好奇的,根据其认知特点,科学教育的内容选择应该从最常见、最简单、接触最多的方面入手,让他们首先感知、熟悉最常见的人,感知、体验、发现最常见的物,具体内容范围如下:

(1) 感知、辨认亲近人的声音,能转向发出声音(叫他名字)的方向。

(2) 能注视或会指认周围生活环境中熟悉的人、物;能叫出周围生活中熟悉的人、物的称呼或名称。

(3) 观察人主要的感觉器官:视觉(眼)、听觉(耳)、嗅觉(鼻)、味觉(舌头)、触摸觉(手、脚),能指认五官、能用手做简单的模仿动作;能尝试探索、感受其各自的功能。

(4) 尝试用动作、表情或简单的语言来表达自己的愿望、要求。例如:1岁左右的宝宝想要喝水的时候,可以用手指水瓶;想要成人拥抱的时候可以微笑着伸开双臂;2—3岁的宝宝可以用语言来表达:"我要……""我想去……""这是什么?那是什么?"等。

(5) 知道自己的姓名、性别、年龄。

(6) 在成人的带领下愿意接触大自然,如沐浴阳光、呼吸新鲜空气、进行户外活动等,喜欢温顺的小动物、花草。

(7) 通过视觉、触觉等辨别他们周围生活环境中常见物体的形状、大小、颜色、冷热、软硬等差别明显的特征。

(8) 通过玩水使宝宝感受水、喜欢水。知道渴了的时候喝水,水能解渴。

(9) 根据3岁以前学前儿童的生活经验要感知最简单的数1、2、3等,结合最熟悉的物体能进行简单的点数。觉察指认形状(例如,能认出特征明显的三角形、方形等,注意方形是正方形、长方形的统称)、时间(昼夜)、空间(上下、内外)等明显的不同,能开始初步了解人、物、事之间的简单关系。例如,认识时间可结合日常的生活经验来进行,并掌握有关时间的概念(早晨、晚上),早晨妈妈骑自行车送宝宝去托儿所,晚上妈妈和爸爸一起来接宝宝等;在动作上、生活经验等方面来感知探究空间关系。

(10) 让他们接触、观察并笼统比较物体的数量,例如,可引导2—3岁的宝宝观察:宝宝的玩具汽车有好多辆,绒布娃娃只有少少的几个,图书有许多本,气球少。

能按顺序有节奏地念数词,如"1、2、3""4、5、6"……

---

① 　上海市0—3岁婴儿教养方案(试行).

结合儿童的日常生活,让宝宝按要求取1个或2个物体。例如,收拾屋子的时候让宝宝把一个洋娃娃放在沙发上;吃水果的时候让宝宝给妈妈拿一个苹果来;冬天带宝宝去公园玩的时候,让宝宝把爸爸的两只手套拿来等。

能在1—3个物体的范围内进行按物点数。

结合日常的生活情景或通过游戏等自然地引导宝宝体验和感受物体与物体地配对。例如,喝酸奶的时候,请宝宝给每个人的面前发放一杯酸奶。游戏时,知道手机是妈妈用来打电话的,司机是开车的,小猫喜欢吃鱼,袜子是穿在脚上的,等等。

二、3—6岁儿童科学教育的内容范围

3—6岁幼儿的活动范围增大,接触周围的人、物等明显增加,幼儿的认知能力大大地提高。依据《指南》的主要精神,中国教育科学研究院刘占兰老师和华东师范大学周欣老师将幼儿对周围事物和现象的认识主要概括为七个方面的内容[①]:常见的动植物、常见的物体、常见的物理现象、天气与季节变化、科技产品和环境及其与人们生活的关系、数学认知。

(一) 常见的动植物

认识常见的动植物及其特征是幼儿认识生命体特征的重要经验。关键经验包括:动植物的多样性、动植物生存和生长变化的基本条件、动植物对环境的适应性、动植物的生长周期与繁殖等。我国地域广,地方性特点比较明显,各地典型的、代表性的动植物不同,教师可灵活地选择与把握,以作为幼儿探究和认识的对象。主要包括:

(1) 能说出常见动植物的名称,通过饲养、护理等方式观察、发现其典型的外部特征,知道其主要用途,观察、了解动物的生活习性。

关注和思考动植物的外部特征、习性与生活环境对动植物生存的意义。如兔子的长耳朵具有自我保护的作用,植物种子的形状有助于其传播等。

(2) 注意并发现动植物的多样性。引导幼儿发现动物或植物是多种多样的,不同的动物或植物是不同的,例如,植物不同,根是不同的,叶子是不同的,有不同的茎、花和果实,有不同的生长环境,需要不同的阳光、水、温度和土质等;仅就一种动物或植物而言也是多种多样的(如动物有大小、高矮之分,有毛无毛之别,温顺与凶悍之不同等);动物、植物种类很多,动物有昆虫、鸟、兽、家禽、家畜等;植物有花草树木、蔬菜等。

(3) 感知和初步发现动植物的生长、变化的规律。能用不同的方式进行记录(数字、图标、照相、图画等其他符号),交流、分享观察中的有趣现象、新发现,体验其中的愉悦。

(4) 关注、体验和探索动植物与人、自然环境的依赖关系。

动物、植物与人类的关系:引导幼儿关注在日常生活中人们是怎样利用动物、植物的(食用、观赏等),又是怎样保护动物和植物的(和谐相处等),不保护所造成的后果(如生态环境遭到破坏,出现沙尘暴给人们带来危害等)。

动物、植物与自然环境的关系:引导幼儿发现动物、植物的生存与生长离不开空气、阳光、水、土壤;不同的动物、植物生长环境是不同的,有的生长在陆地上,有的生长在水里,有的生长在暖和的地方,有的生长在寒冷的地方等;动物、植物随着季节的变化而改变,如有的植物春天播种秋天收获,有的动物有冬眠现象。

动物与动物、植物与植物及动物与植物之间的关系:使学前儿童了解动物之间是"朋友"或"天敌"

[①] 李季湄,冯晓霞.《3—6岁儿童学习与发展指南》解读[M].北京:人民教育出版社,2013.

的关系,例如,鳄鱼与牙签鸟是"好朋友",老鹰是鸡、狮子是鹿的天敌等。动植物之间是友好的关系,例如,兔子—草—粪便—草的生长—兔子。

(二)常见的物体和材料

常见的物体和材料主要分为自然物体和人造物体两大类[①],常见的材料包括沙石、泥土、水、纸、木盒及各种金属物体等。而对物体和材料的认识主要从三个方面入手进行,即特性、性质与用途和结构与功能之间的关系。特性方面包括认识物体和材料的形状、颜色、硬度、光滑度、纹理和质地等。各地具有代表性、可探究的物体不同,可灵活选择。

1. 自然物体

(1)水。水是儿童日常生活中不可缺少的组成部分,他们喜欢探索水、喜欢玩水,对水有着浓厚的兴趣。有关儿童对水的认识主要有以下方面的内容:

① 探索、感受水是无色、无味、透明的;探索水是流动的。

② 探索水有浮力(有的东西浮起来,有的东西沉下去等),可以采用不同的方法使浮在水面上的东西沉下去,或者使沉在水里的东西浮起来等(如怎样让橡皮泥球浮在水面上);

③ 通过实验使儿童懂得水在不同的条件下有三态变化:液态、气态、固态。

④ 通过实验、游戏、讨论等形式知道水对生命及在人们生活中的重要作用,如探索、观察不浇水的花的变化情况等。

⑤ 知道哪些现象是节约用水,哪些现象是浪费水,教育儿童节约用水从自我做起,保护水源。

⑥ 观察、发现日常生活中哪些现象是水的污染,对水中的动物、植物的影响是怎么样的,如工业污水流进江河对鱼的生存环境造成了很大的破坏,从而使鱼的生存受到很大的威胁等。

(2)沙、石、土。

① 了解沙、石、土的简单的关系:知道沙、土是由岩石变化而来。在沙、石上不适合生长植物,肥沃的土壤是植物生长的宝地。

② 通过实验、游戏等探索、发现沙、石、土的特性、知道其各自的主要用途。

③ 知道地球上覆盖着大量的沙、石、土。

④ 教育儿童珍惜土地,合理利用、保护自然资源。

(3)空气。空气是生命体生存的必要条件,但是由于空气本身具有抽象性的特点,而使得幼儿理解会比较困难,但是空气就在我们的周围,虽然我们看不见它,摸不到它,但我们离不开它,那么幼儿探索空气方面的内容主要有:

① 体验和证实空气是看不见、摸不到的;我们的周围到处都有空气。

② 探索、发现空气的流动,例如,风是怎样形成的,可通过实验、游戏的方式进行。

③ 知道动物、植物、人类的生存,都离不开空气。了解动植物的生长与空气的关系,例如:植物的生长可以净化空气,使空气更加清新等。人类生活与空气的关系,例如,保护空气、污染空气等。

④ 知道有关空气的其他现象。

(4)日、月、星。

① 用墨镜等观察太阳,知道太阳的形状;通过图片等观察太阳的颜色;通过实验等来感受太阳的光与热;通过实验使儿童了解到阳光是人、动物、植物等生长不可缺少的。

② 通过望远镜或肉眼来观察月相的变化等,并用自己喜欢的方式进行记录。通过观看录像、VCD等知道人类乘宇宙飞船能到达太空,中国人杨利伟第一次成功登上了太空,以增强儿童的爱国热情、自豪感。

---

① 李季湄,冯晓霞.《3—6岁儿童学习与发展指南》解读[M].北京:人民教育出版社,2013.

③ 观察夜空的星星，知道星星有很多，离我们很远，不停地闪烁等。

2. 人造物体

在幼儿生活的周围，人造物体很多，如学习用具、各种建筑等，可以引导幼儿观察、讨论它们的主要外形特征，推测和证实它们的主要用途等。

（三）常见的物理、化学现象

1. 常见的、有趣的物理现象

常见的物理现象主要指的是光、声音、力等物体和材料的形态、位置、变化条件等，包括物体的运动、常见的物理现象及其产生的条件、影响因素等。

（1）多种多样的光。光是大自然普遍存在的现象，而且与人们的生活紧密相连，儿童探索和发现光的现象是必要的。

① 探索和发现光源。光源有来自自然方面的（如阳光、闪电等），也有来自人类自己制造的（如各种类型的灯光、火光等），它们所发出的光是不同的。

② 知道光在人类各种活动中是非常重要的。

③ 探索、发现光和影子的关系。

④ 探索和发现光的反射及折射的现象。其工具可灵活运用：日常的生活用品（如小镜子、用车铃、透明无色的瓶子底代替凸透镜）；玩具（如望远镜、放大镜、万花筒等）；也可尝试用各种光学仪器（如三棱镜、平面镜、凸透镜或凹透镜）。

⑤ 探索多种颜色的形成，了解颜色是光反射的结果。

（2）美妙的声音。在我们生活的周围有各种各样的声音。可供儿童感受的、可探索的、有关声音方面的内容包括：

① 能够辨别噪声与乐音、发出音响的物体及所代表的意义。如优美动听的律动曲子是老师弹钢琴时发出的声响等。

② 能探索出不同的物体能发出不同声音的方法。能辨别出哪些声音属于自然界的，哪些声音属于人类自身发出的，哪些声音属于机械的。

③ 探索声音的传播。探索的方式须从儿童的认知特点出发，可通过实验的方式进行，也可通过游戏的方式进行。

（3）感受冷、热现象。儿童对于物体的冷、热的生活经验是不同的，可以结合日常生活的经验，让儿童来探索。

有关热的内容主要有：

① 感受物体的冷热。使儿童知道有的物体热，有的物体冷。

② 学习用自己的感觉器官（用眼睛看，用手试摸等）来判断物体的冷热。学习用温度计来判断物体的冷热。

③ 探索物体由热变冷、由冷变热的方法。

④ 知道天气有冷有热。讨论、发现或感受不同地方的人们冬天都是怎样保温取暖的，夏天是怎样散热解暑的，并根据各地的情况认识、了解几种常见的取暖或散热的产品。

（4）探究、体验力。事物永恒地存在于自然界中，它们之间的相互运动便产生了力。力的表现形式是多种多样的，有推力、拉力、浮力、重力、摩擦力、弹力、吸引力、电力、风力等，这些力时时刻刻存在于人们日常生活的周围，所以应让儿童探索、发现、体验感受这些力，获得初步的感性经验。主要内容有：

① 通过实验、操作感受力的大小，探索、发现力与运动的关系及不同大小、方向的力和运动的关

系。如皮球、轮胎、竹筒等物体滚动时可能会出现的状况（可能走直线、与其他物体碰撞时就会不走直线）。

② 探索感受事物各种力的现象（推力、拉力、浮力、重力、摩擦力、弹力、吸引力、电力、风力）。

③ 感受体验力的平衡。可通过玩跷跷板、平衡架或天平等来进行。

④ 探索省力的方法。如滑轮、倾斜面、杠杆等。

⑤ 探索各种机械，发现其各自的作用。

（5）有趣的磁。学前儿童对于磁的认识主要是磁铁及有关磁铁制品，主要包括：

① 能够区别不同大小、不同形状的磁铁，知道磁铁能够吸铁。大班的儿童还可以探索不同磁铁的磁力，其磁力的大小是不同的。

② 探索、发现磁铁与磁铁之间的吸引与排斥的现象。探索可通过游戏或实验的方式进行。

③ 探索、发现日常生活中磁铁的应用。

（6）电。电在人们日常生活中的应用越来越广泛。儿童学习有关电的内容主要有：

① 初步了解各种电的来源。静电是摩擦产生的，日常生活中的电是发电厂通过电线输送来的，电动小玩具的跑动是电池作用的结果。

② 通过探索各种家用电器、电动玩具等的功能，初步了解电在日常生活中的重要作用。

③ 初步了解安全用电的常识，避免事故的发生。能正确地对待废旧电池，不随处乱扔、随意丢弃。

④ 物理现象是很多的，教师可灵活地加以选择和使用。

2. 奇妙的化学现象

在日常生活中简单的、安全的、有趣而奇妙的化学现象较多，我们可以将这方面的内容纳入学前儿童科学教育中来，让他们去探索、去发现。例如，夏天蚊子出现的时候，观察点燃的蚊香散发的气味对蚊子有什么影响；让儿童观察土豆、苹果等用刀切完后，过一段时间后会发生什么样的变化；点燃的蜡烛会出现什么情况；探索手脏后用香皂洗手的过程；在节日来临的时候，带领儿童观察、欣赏五颜六色的烟火；拍照时，相纸出现的彩色图案；儿童喜欢喝的酸奶是牛奶经过发酵而制成的；懂得吃药治病、吸烟有害健康的道理等。

（四）天气与季节变化

天气与季节变化的认知对于幼儿来说有一定的难度，所以在了解天气与季节变化时重点是让幼儿感知、体验和发现其与动植物及人们生活的关系。主要包括：感知、体验和认识常见的天气特点及其与人们生活、动植物生长变化的影响；感知、体验和发现不同季节的特点和周期性的变化及对动植物和人的影响。具体内容范围如下：

① 观察、感受、体验、发现天气变化状况，能用自己喜欢的方式进行记录、报告、预测等。

风：可通过实验探索发现风的产生；知道风有大小、冷暖等之分并和日常生活相结合来感受不同情景下的风；知道风在日常生活中的重要作用（风力发电等），台风、沙尘暴、飓风等给人们带来的危害等。

云：观察云在天空中的多变性，观察云在不同天气时的表现与变化，云有厚薄之分。

雨：知道雨的种类，有大雨、小雨、急雨、暴雨、雷雨等；观察比较雨的不同；知道雨在不同的季节对于植物生长的意义，如春季适时的雨有利于播种，秋季的雨过多不利于秋收等。知道夏季常见的天气现象有雷雨、冰雹、彩虹等。

冰、雪、霜：知道冰、雪、霜等是冬天常出现的天气现象；通过实验或游戏来观察体验冰、雪、霜；了解冰、雪、霜在日常生活中的现象及作用，例如，北方的冰灯、冰雕、树挂，观察窗户上的霜的现象及变化等。

② 知道一年有四个季节，每个季节的名称、顺序及其典型的特征，例如，天气的情况，了解季节与季节的变化等。

(五)科技产品与人们生活的关系

科技产品已经广泛地运用于人们生活的各个领域,必须让幼儿感知和了解常用的科技产品与自己生活的关系,知道科技产品的利弊。

1. 感受日常生活中的科技用品

家用电器:讨论电视机、电冰箱、洗衣机、电饭煲、空调等的主要用途和弊端,学会简单的使用方法,感受它们给人们的生活带来的方便。

现代通信工具:讨论电话、手机、电脑网络等主要用途和弊端,感受它们给人们的生活带来的方便。

现代交通工具:了解、讨论各种汽车、火车、摩托车、电车、地铁等交通工具给生活带来的方便和对环境的污染等;或者根据常见物质、材料的特性和物体的结构特点,推测和证实它们的用途。例如,带轮子的物体方便移动;不同用途的车辆有不同的结构,等等。了解安全驾驶、遵守交通规则等常识。

现代农用工具:认识拖拉机、脱粒机、播种机、抽水机等,知道现代农用工具减轻了农民的劳动负担,增产又增收。

科技玩具:能探索各种科技小玩具,会正确使用;能进行拆卸、组装等。

2. 了解、熟悉著名的科学家,感受、体验科学家的探索、发明创造的过程

通过讲故事、看图片等熟悉科学家的故事,通过自己动手制作科技小"产品",粗略地感受科学家的发明创造的探究过程,能尝试使用小工具,能进行小制作,例如,用磁铁制作"会走动的小鸡""小风车"等,体验制作的过程,感受成功的喜悦,即使制作不成功,儿童积极参与的过程已经是有意义的学习过程了。

3. 增强儿童的环保意识,培养其环保行为

21世纪,科学技术的高速发展给现代的人们生活带来了极大的便利,但与此同时,由于乱砍滥伐森林、破坏草原、工厂中排出大量的污水、废气、废渣、各种垃圾的存在、大气臭氧层被破坏、地震、山体滑坡、火山爆发等人为的和自然的原因,造成了许多危害人类生产、生活、身体健康以至影响生存的环境问题和负面影响。为了维护生态平衡、保护人类赖以生存的环境,我们就应从小培养儿童的环保意识和环保行为。具体内容为:

在日常生活中或通过看电视、录像、动画、画册等让儿童感受诸如"雾霾天气""沙尘暴""白色污染"等给人们的生活、生活环境带来的不便与污染。

尝试从力所能及的事做起,从自身做起,从小事做起,例如自己不乱丢果皮纸屑,不随意伤害小动物,不破坏花草等植物,看见流水的水龙头要关闭,看见地上有易拉罐、果皮等主动捡起来等,做一个节约资源、保护环境的"小卫士"。

通过散步、短途旅行等方式感受、发现环境的绿化、美化,陶冶儿童的情操。

通过专门设计的科学教育活动、游戏等体验、感受环保的重要。如"我们的家园——地球""爱鸟周""绿色的森林""清洁工""世界环境保护日"等。

(六)自然环境与人及人们生活的关系

(1) 观察人主要的感觉器官,视觉(眼)、听觉(耳)、嗅觉(鼻)、味觉(舌头)、触摸觉(手、脚),能探索、感受其各自的功能;体验风、雨、阳光等对感觉器官的影响。

(2) 初步了解人的差异性及其种类,例如,男、女之别,不同种族不同肤色、发色、五官特征、体形之别等。

(3) 认识人基本的外部结构,发现并感受其各自的功能。人的外部结构主要包括头、颈、四肢、躯体、皮肤等,引导幼儿感受其各自的功能。

（4）初步感受和体验人的生理和心理活动。生理活动包括呼吸、消化、血液循环、排泄等，例如，让幼儿体验在静态、动态的情况下呼吸的变化状况是怎样的，人不呼吸的时候有什么感受等。心理活动包括情绪、想象、记忆等，知道情绪不同表现形式也不同（高兴与微笑，伤心与哭泣等），学会控制自己的消极情绪，发展自己的积极情绪。引导幼儿体验自然环境不同，对人们心情等的影响。

（5）初步了解人体的生长、发育到衰老是一个自然的生命发展过程。

（6）教育幼儿从小珍爱生命、锻炼身体、预防疾病、养成良好的生活、卫生习惯等。

（7）了解人与自然环境的关系。了解食物、空气和水是人生长发育的基本条件，这部分内容也可结合动物、植物、非生物等来进行，使学前儿童知道人生活于自然环境之中，应该与大自然友好和谐地相处，培养儿童热爱大自然的情感。

（七）数学认知

学前儿童对于数学的认知是一个逐步发展与建构的过程，应该让他们从初步感知生活中数学的有用和有趣开始，进而感知和理解数、量及其数量关系，感知形状与空间关系，只有这样，才有利于儿童数概念的形成。

其主要的内容范围可从以下方面进行，包括感知和理解集合、数、量、形、空间与时间等，具体为：

（1）掌握常用的物体分类的方法，尝试进行简单的分类、概括。如：根据运动方式给动物分类，根据生长环境给植物分类，根据外部特征（如按颜色、大小、长短、形状、高矮、厚薄、粗细）给物体分类，等等，初步理解整体与部分的关系。

（2）探索"1"和"许多"及其关系。

（3）通过实物操作、比较、游戏等方法来学习十位或百位以内的数；先学习基数，再学习序数、倒数等，探索数与数之间的关系；学习数的组成、认读、书写、加减运算，初步理解总数与部分的关系；探索数的守恒，以进一步理解数和对数的抽象。

（4）认识常见的平面图形和立体图形，知道其名称、明显的外形特征及其简单的关系；先探索平面图形，再探索立体图形。和日常生活结合，让儿童发现、关注哪些生活用品属于什么形状。

（5）能用各种方法（包括自然测量）进行量的比较，初步理解量的相对性和量的守恒。

（6）在空间方位上，能分清上下、左右、前后、里外、远近等，知道空间的运动方向，例如，向前、向后、向左、向右等；在时间上，能区分早晨、中午、晚上、白天、黑夜、今天、明天、昨天，知道星期、日、月、年及其关系。认识时钟，能判定整点、半点。

以上学前儿童科学教育内容只是提供了一个大致的范围，不过可以看出，内容范围很广，可谓是包罗万象。那么如何从中为不同年龄班的幼儿来选择与编排内容？采用什么样的方法实施教育呢？作为幼儿教师，必须按照学前儿童科学教育活动内容选择的要求去进行，并采用切实可行的方法。

第三节 学前儿童科学教育活动内容选择的要求与方法

一、选择学前儿童科学教育活动内容的基本要求

（一）注重内容的科学性，教育的启蒙性

科学内容是指符合科学的原理，尊重客观事实，能正确地反映客观事物，不违背科学事实的内容。

这不仅包括教师给予知识、儿童学习知识的科学性,也包括探究事物、获得科学知识过程的科学性。

教育的启蒙是指学前儿童科学教育的内容应是符合学前儿童认知特点的,在教师的科学指导下,经过其努力能接受、理解的科学知识,能掌握的探究事物的科学方法,能形成的对科学的兴趣、科学情感与科学态度等。不能将后续阶段的科学教育内容提前让幼儿来学习,或者用机械、抽象的方式来学习,超出或过窄、或低于学前儿童的认知能力和发展水平的内容都不能进行启蒙教育,要让幼儿学他们这个年龄阶段能学的和应该学的。

根据此项要求选择学前儿童科学教育活动内容的做法是:

对于0—3岁的婴幼儿来说,应选择他们直接看到、感受到的内容。因为他们的思维特点是以直觉行动性思维为主,生活经验的范围也非常小,年龄越小这种现象越明显,因此,在选择婴幼儿的科学教育内容时,应选择他们直接看到、感受到的事物来进行。

对于3—6岁的幼儿来说,要选择他们在日常生活中感兴趣的、最熟悉的、易于理解接受的、能够直接进行探究和发现的内容来进行,并将幼儿难以理解的科学现象、科学知识寓于简单的现象之中。

(二)与时俱进,勿忘历史民族文化

"与时俱进"即是时代性,指要求我们在选择学前儿童科学教育的内容时,要选择体现时代特点的科学知识。时代在不断向前发展,科学技术在不断更新。现在的儿童生活在现代化、信息化的时代,他们接触的是现代技术产品,接受的是现代传媒信息,体验的是现代化生活环境。

因此,在科学教育的过程中,必须将反映时代发展的科学教育内容及时纳入学前儿童科学教育中来,以拓宽他们的眼界,如纳米材料制品、电脑网络、无线电通信设备、现代建筑、立交桥、地铁等。

我们知道,每一项事物的产生、发展都是有其历史的根源。我们今天的科技发展也同样有其历史的发展过程的,特别是我们祖国的悠久的历史文化,优秀的民族文化,要靠我们的下一代去传承、延续、发展。我们在进行学前儿童科学教育的同时,离不开对民族文化的宣传,这是对学前儿童进行连续性科学教育必不可少的条件,是对学前儿童进行民族主义教育、爱祖国教育的良好途径,如茅屋到现代高层建筑、鲁班发明锯到电锯、赵州桥到立交桥等。

根据此项要求选择学前儿童科学教育活动内容的几点做法:

1. 科学教育的内容应从身边取材

儿童的科学探究是从他身边的事物和现象开始的,儿童的实际生活也是儿童所能见到的、感受到的,接受理解和感悟相对来说也是最快的,这有益于儿童真正地理解科学、热爱科学,所以学前儿童科学教育活动内容的选择必须与儿童的实际生活分不开,这样儿童会亲身感受到科学就在他们的身边。儿童目前的实际生活与现代科学技术紧密相连,所以我们必须及时将一些科学技术的产品应用介绍给儿童,如网络技术、无线电通信设备悬浮玩具、高速铁路、ETC、ATM等。

2. 要选择介绍科学技术发展过程的内容

让儿童体验到无论是古代的劳动人民还是现代的人都具有聪明的才智,他们的创造、发明都是人类智慧的结晶,他们的发明创造都给我们的生产生活带来极大的便利,通过介绍科学技术发展过程让儿童既了解到现代技术的今朝,又了解到科学技术发展的昔日辉煌,使儿童深切地体会到科学技术的进步史,也是人类不断发明的创造史。例如,做饭工具的发展过程,使学前儿童了解到过去人们在做饭的时候,用的是风匣、柴火等,而现在用的是液化气、微波炉、电磁炉等。

3. 积极引导学前儿童认识我国富有民族特色的、具有代表性的物产

我国地大物博,物产丰富,如四川的大熊猫、云南的金丝猴、南方的丝绸、茶叶等,这些具有民族特色的珍贵动物和物产都可以作为学前儿童科学教育的内容,从中可以培养学前儿童爱国、爱家乡的情感。

（三）注重内容的系统性和各领域教育内容的统整

系统性的要求是指在选择内容的时候，要遵循由近及远、由简到繁、由易到难、由具体到抽象的原则来进行。它体现在纵向和横向两方面：纵向上主要是在选择内容时要从幼儿园各年龄班整体上来考虑，所选的内容随着年龄的增长，其容量与深度也随之增加；在横向上主要是指注意事物与事物之间的逻辑关系。

与各领域教育内容的整合是要求我们在选择内容的时候，要从全局来考虑，要和其他领域的内容紧密结合在一起进行。因为每一件事物都不是完美无缺的，科学教育与其他的几个领域结合着进行，可以起到相互交叉、相互补充、相互渗透的作用，使科学教育活动更具科学性、探索性、可行性和趣味性，使儿童的认识更具完整性。

根据此项要求选择学前儿童科学教育活动内容的几点做法：

1. 根据学前儿童的认知特点选择内容

我们的教育对象是学前儿童，而学前儿童又分为0—3岁与3—6岁两个年龄段，这两个阶段的孩子认知特点又不同，年龄越小，其认识事物就会越直观，越直截了当，所以进行科学教育的内容就会越简单、越容易；随着其年龄的增长，认识事物能力的增强，内容的选择就应增加一定的容量与难度。

0—3岁阶段，应选择一些适合婴儿认知特点的内容，如认识人体，在托班，要求他们指出人的五官（眼、鼻、嘴、耳）在哪里即可。

3—6岁阶段，在小班，就应安排儿童最熟悉的内容——五官的用途；在中班则应安排幼儿较为熟悉的内容——手、脚；在大班，就要安排儿童不十分熟悉的、但需要了解和探索的内容——皮肤、人的生长过程、血液循环、消化与呼吸、运动与身体健康等。但是，应该注意的是，这里的系统性要求不是按照自然科学的体系向儿童传授系统性的科学知识。

2. 要选择学前儿童熟悉的、可以理解的、能直接操作与探索的内容

科学内容的范围很大，教师要选择学前儿童熟悉的、可以理解的、能直接操作与探索的内容。在儿童的生活中，常常有许多有趣的现象、事物出现，使儿童产生好奇，产生想探索的欲望，而这些现象、事物有的蕴含一定的科学道理，有的渗透一定的科学方法，有的反映了事物与事物之间的关系，有的体现了一定的规律，所以教师要引导学前儿童关注、发现与体验日常生活中的科学，探索科学，获得直接经验。例如，玩跷跷板的时候体验、感受平衡力；玩蹦蹦床时体验弹力；天黑了要睡觉，白天做游戏，从中发现昼夜交替的规律等。

3. 要灵活地选择科学教育的内容并和其他领域的内容相互配合。

能进行相互配合的要有机地配合起来进行，但不要求必须配合使用，也可单独地进行科学教育活动。

（四）照顾科学教育内容的多样性与典型代表性

科学教育内容的多样性是指我们在选择内容的时候，要尽可能从多个方面、从不同的方面来进行，目的是通过教育活动使儿童能够获得较为广泛的科学经验、科学体验。科学教育的内容所涉及的面很广，有人体方面的，有生态环境与人类保护方面的，有反映自然规律方面的，等等，这些内容都可以通过适当的方式、采用适当的方法让儿童进行学习、探索。在选择内容时就应照顾到多样性、多变性，使儿童从不同的角度、不同的方面来认识世界、探索事物，积累丰富的科学经验，培养儿童广泛的科学兴趣。"代表性的要求是指选择的内容要反映某领域的基本知识结构"①。科学教育的内容很多，探究的领域很广，我们不能也不可能让儿童面面俱到认识每一件事物，这也严重地违背儿童的认知规律，不但起不到启迪儿童智慧的作用，而且会摧残儿童的身心健康。因此，在选择内容时应

---

① 张俊.幼儿园科学教育[M].北京：人民教育出版社，2004.

选择具有典型的、代表性的事物让儿童来认识、学习和探究。只有抓住事物的典型特征、特性等进行科学教育活动，儿童才能对科学教育的各个方面的基本框架、基本知识结构有最基本的了解，满足了儿童强烈的求知欲望，这些内容在儿童的心目中会留下深刻的印象，为以后的学习科学、探索事物打下良好的基础。

根据此项要求选择学前儿童科学教育活动内容的三点做法。

1. 要从广泛的内容中来选择

这个"广泛"的层面，我们根据多年来的教育教学的经验，把它确定为两个方面，一个是学前儿童的实际生活方面；另一个是广泛的各个学科的知识方面。从学前儿童的实际生活方面看，包括的面是很广的，如3岁以前的儿童指认某种事物"××在那里"，可以是人物、动物、植物、日常生活用品、交通工具等，当然这里的内容对于3岁前儿童来说都是其生活周围的、最粗浅的内容；3—6岁儿童的生活的接触面大，所涉猎的面更广、更深。例如，认识事物时不仅仅是知道"是什么"，还要探究"为什么"或"怎么样"，还要懂得同类事物的多样性或多变性等，例如，"多种多样的石头""有趣的叶子""五光十色的灯光"等这些都是和儿童的广泛的实际生活紧密联系在一起的。从广泛的各个学科的知识方面来看，各个学科的知识领域是有不同之处的，我们可以从中来确定其知识点和知识面，例如，数学中学前儿童学习的知识点主要有：口头数数、按物点数、说出总数、认识数字、知道数的组成与分解、数的加减运算、序数等。在科学中有关交通工具的知识点也很多，如空中的飞机、陆地上的汽车、海上的轮船等。

2. 要客观地衡量所选内容的代表性

前面讲过代表性的内涵，所以在广泛选择内容的时候还要考虑所选择的内容是否反映该领域的最基本的知识结构，是否具有典型性，学前儿童是否能够从中进行类推，做到以一推十，是否能为儿童日后的科学学习提供有益的帮助，从而来确定其是否具有认识的价值。例如，认识动物时，可以选择小狗来认识，小狗具有了其他动物的最基本的特征，而且有的家庭中还有宠物狗，选择了此内容作为教育的内容，具有一定的代表性，还可以为以后儿童学习动物的不同特征和相同特征的学习奠定良好的基础。再比如，认识水、了解水的特性及水的三态变化，这是儿童非常喜欢的一项活动，他们在日常生活中、在有组织的科学活动中进行观察、动手操作、记录，知道了水是透明的、流动的、无色无味的。水遇冷变成冰，冰遇热化成水，水遇热会蒸发等三态变化（固体、液体、气体），这样他们积累了大量的有关水的科学经验，粗浅地了解到事物的存在方式和可变性、多样性，这为学习其他事物奠定良好的基础，如纸制品、塑料制品、玻璃制品的学习等。

3. 要全面与均衡地选择各部分内容

科学内容的范围很广，为了使儿童对世界的全貌有一个完整性地认识，我们在选择内容的时候不能因教师的喜好以偏概全，过多地强调某个领域的某些内容，而忽略了其他领域的内容的选择，例如，教师喜欢动物，就强调动物的认识而忽略了动物与环境、人、植物的关系，强调知识点的学习而忽略动手探索与发现，这样势必使儿童的认识也随之片面化、单一化，即使儿童认识了多种动物，但他们也失去了认识其他事物与现象的良好机会。因此，我们在选择内容的时候要照顾科学内容的全面性与均衡性，这是科学地选择内容、正确教育儿童的最佳途径。

（五）因地制宜，因季节而变

"因地制宜"是指教师在选择内容的时候要从各地的实际出发，灵活地选择内容。我们国家地域广，各地的地理环境不同，自然状况各有千秋，季节特点不同，自然现象也有差异，生长着不同的自然植被以及赖以生存的动物，这就要求教师在不同的地区或同一地区的不同地方来选择具有本地或本园特色的、常见的、有关自然物和自然现象等内容并及时纳入学前儿童的科学教育中来。

教师要根据自己所在地不同的自然条件和季节特征来选择内容。我们国家的地理位置决定了我国各地的气候是不同的,有的地方四季如春;有的地方冬夏两季长,春秋两季不明显;有的地方四季分明。季节不同,气候不一,那么各种与气候密切相关的自然现象(诸如风、雪、雷、电、雨)、动植物等也会因此而发生变化,生活在这种气候下的人类活动也在变化。为了让儿童能够切身感受到周围大自然的季节变化,我们在选择内容的时候就要选择与季节保持一致的科学教育内容,也就是什么样的季节认识什么样的自然现象、动植物等。如观察彩虹,虽然我们可以通过其他的手段来再现彩虹的出现,但在北方教师在选择这一内容的时候也应在夏季进行;认识苹果,在北方就应在秋季来进行,虽然冬季也能看到、买到苹果,但选择在冬季进行,就不合时令。另外,在秋季苹果的种类、新鲜度也比冬季多、比冬季好。

根据此项要求选择学前儿童科学教育活动内容的两点做法:

1. 根据当地的季节变化特点,选择本地区(或本幼儿园)、具有教育价值的、有关自然或社会资源方面的内容。

对于已经成型的教材的内容,我们可以借鉴、参考,但不能不考虑本地的实际情况而毫无选择地使用,我们应学会因时、因地制宜,挖掘出具有鲜明的本地特色的具有教育价值的内容。

2. 灵活地选择本地的事物充实到学前儿童科学教育的内容中来,并将离儿童较远的或难以收集到的材料替换掉或向后推延。

例如,生活在人口集中、工业尾气排放严重的大城市的幼儿,当他们生活的周围被"雾霾"现象所包围的时候,教师就可以将这种天气现象灵活地纳入科学活动中,让幼儿亲眼所见这种天气现象是什么样的,亲身感受雾霾现象对我们的健康、生活、交通等造成的不利影响以及我们应该怎样保护自己等。

二、选编学前儿童科学教育活动内容的具体方法

组织与编排学前儿童科学教育内容的方法很多,主要有以下两种方法:

论理的组织法:以成人的立场为立场,教师的观点为观点,注重教材内容的系统,由简到繁、由易到难、由古到今,或由今到古,不顾幼儿的需要,把内容分为片段,每段互相连接,做成有规律的排列,分期教学。其优点是能使学习者获得系统知识及训练理论的思考,但忽视幼儿的能力、兴趣和需要,易使幼儿感到乏味,不适合幼儿学习。

心理的组织法:是以幼儿为本位,以幼儿的观点为观点,根据幼儿的经验、能力、兴趣和需要来组织内容。以幼儿的经验为教材的出发点,逐渐扩大其范围,不必顾及内容本身系统的完整。其优点是学习容易,能适合幼儿的能力、兴趣及需要。幼儿的学习适合以心理的方式来安排内容[1]。

我们国家现在注重以心理的组织法来选编学前儿童科学教育的内容,目前幼儿园中常用的方法如下:

(一) 以季节为主线选编学前儿童科学教育活动内容

以季节为主线主要是指根据四季的变化来安排选编与季节相关的植物、动物、人类活动以及自然现象等的内容。人生活在大自然之中,与大自然有着密切的联系,特别是与影响自然万物的气候变化、季节特征有着直接的联系,天气变化了,动植物就会随之发生变化,人类的活动也会因此而发生改变;天气变化了,就会有不同自然现象产生。例如,中班科学教育内容中"美好的春天",除了让儿童探索、感受春天的特征外,还可以通过冬春或春夏两个季节的比较,来发现这两个季节有什么不同;了解

---

① 施燕.学前儿童科学教育[M].上海:华东师范大学出版社,1999.

几种动物是怎样过冬的,到了春天动物又会怎么样;认识几种花卉、植物;进行种子发芽的实验;春天也是细菌繁殖的季节,教育儿童如何预防流行性感冒等。儿童生活于其中,有着切身的感受,易于理解和接受的,所以以季节为主线选编学前儿童科学教育活动内容是符合学前儿童实际的。

例如,图3-1是北京综合教育实验小组进行的幼儿园大班自然教材体系[①]。

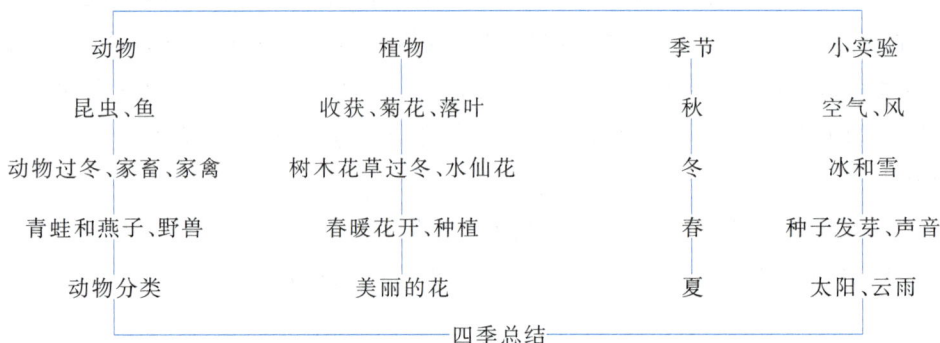

动物	植物	季节	小实验
昆虫、鱼	收获、菊花、落叶	秋	空气、风
动物过冬、家畜、家禽	树木花草过冬、水仙花	冬	冰和雪
青蛙和燕子、野兽	春暖花开、种植	春	种子发芽、声音
动物分类	美丽的花	夏	太阳、云雨

四季总结

图3-1　幼儿园大班自然教材体系

（二）采用单元式选编学前儿童科学教育活动内容

采用单元式选编学前儿童科学教育活动内容的方法是加强学前儿童科学教育内容的纵向和横向联系的方法,它主要是强调"以类为单元来组合教材"。其具体做法是:以3—6岁儿童的科学教育内容为例,"将幼儿3年的科学教育内容编排成若干个单元,每个单元从内容到形式都注重体现知识的系统性与幼儿发展的连续性。每个单元又突出一个重点,围绕重点设计多种活动内容和形式。这些单元之间纵向自成体系,横向互相联系。从纵的方面来讲即现有知识内容与原有与之相关的知识、经验的联系。横的方面是事物与事物之间的联系,即外部联系,不同类别的知识之间也是相互联系的,每个单元的幼儿科学教育过程都是循环往复、螺旋上升的发展过程。"[②]

例如,图3-2是单元"电"的教育内容:[③]

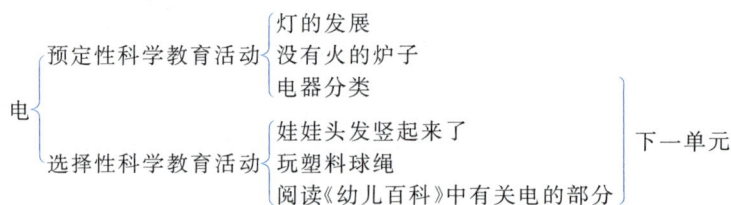

电
　预定性科学教育活动 — 灯的发展 / 没有火的炉子 / 电器分类
　选择性科学教育活动 — 娃娃头发竖起来了 / 玩塑料球绳 / 阅读《幼儿百科》中有关电的部分
　　下一单元

图3-2　单元"电"的教育内容

（三）以五大范围为依据选编学前儿童科学教育活动内容

施燕教授所著的《学前儿童科学教育》将学前儿童科学教育活动内容分为五大范围,即人体、动植物、生态与环境、自然科学现象、现代科学技术,以这五大范围为依据选编学前儿童科学教育活动内容弥补了上述两种方法的不足,因为上述两种方法有一定的局限性,它们的涵盖面较小,有一些科学教育的内容囊括不进来。而以五大范围来选编内容,能够很容易地将科学教育的内容进行归类,方法易掌握。现在我们把数学也纳入科学教育的领域中来,所以我们把科学教育的内容重新划分为五大范围:生物与环境、非生物与环境、自然科学现象、现代科学技术、数学。

例如,表3-1列出了中班幼儿第二学期科学教育内容。

---

①　北京综合教育实验小组.幼儿园综合教育[J].幼教园地,1989(2).
②　施燕.学前儿童科学教育[M].上海:华东师范大学出版社,1999.
③　上海常熟幼儿园.幼儿科学教育与儿童认知发展[M].上海:上海教育出版社,1998.

表 3-1　中班幼儿第二学期科学教育内容

范　围	课　程　内　容	
生物与环境	1. 春天的花 3. 青蛙的一生 5. 动物宝宝学本领 7. 夏天来了 9. 你好,大树!	2. 恐龙的秘密 4. 比较熊和熊猫 6. 保护野生动物 8. 蜻蜓飞 10. 夏日鸣叫的蝉
非生物与环境	1. 好玩的泥土 3. 雨花石	2. 沙的秘密
自然科学现象	1. 找空气 3. 雷声与闪电 5. 白白的雪	2. 美丽的彩虹 4. 多变的云 6. 凶猛的台风
现代科学技术	1. 高铁是这样的 3. 声光惯性救护车 5. 降落伞	2. 火车呜呜呜 4. 重力轨道滑翔车 6. 吹泡泡
数学	1. 各式各样的盒子(分类) 2. 比一比,谁最粗?（比较粗细） 3. 送小动物回家(序数) 4. 6 的组成(数的组合与分解) 5. 学习"前、后"(空间) 6. 小动物排排队(ABCABC、ABBABB、AABAAB) 7. 感知对称	

选编的方法有多种,例如"主题整合式""智能多元化"等现在在各幼儿园应用也非常广泛,可根据具体情况,从不同的角度进行学前儿童科学教育内容的选编。

第四节　学前儿童科学教育的方法

学前儿童科学教育的方法就是为了完成学前儿童科学教育的目标所采用的工作方法。

为了很好地达到教育目标、取得良好的教育效果,在实施教育的过程中,不但要考虑教师怎么样教,而且要考虑学前儿童怎么样学。由于学前儿童受身心特点和认知能力发展水平的制约,要求教师选择和使用的方法必须适合学前儿童,适合学前儿童思维发展的水平和接受能力,否则将不利于学前儿童的发展,所以教师要不断总结经验,不断研究探索,选择适合儿童发展的科学教育方法,以有效地促进学前儿童学科学、探索科学,切实促进儿童的发展。

在实施科学教育的过程中,学前儿童科学教育的方法是多种多样的,例如,观察法、实验法、操作法、演示法、游戏法等,众多教育学者对于学前儿童科学教育的方法都进行了多次地阐述。《指南》中也尤其指出了"引导幼儿通过观察、比较、操作、实验等方法,学习发现问题、分析问题、解决问题"。在此,我们着重讲述以下几种有效的方法:观察法(详见第四章第一节)、讲解法、指导探究法和自由发现法。

一、讲解法

所谓讲解法就是教师通过语言向学前儿童讲述或解释某事某物的一种方法。

在运用讲解法时,由教师决定教什么和安排什么样的活动,也就是说教师决定、支配着活动,是活动的中心。

在什么情况下教师需要讲解呢？当做科学的实验时、读书或读故事时、观看电视、教师放映录像、解释说明等,都需要教师的讲解,通过讲解儿童能更好地理解教师的意图,从而能有效地进行探索、学习。

学前儿童在科学探索活动中,是离不开教师的讲解和说明的,当教师把活动的材料呈现在儿童面前的时候,如何利用这些材料科学地进行探索？在活动中怎样进行探索才是安全、有效的？等等。没有教师的讲解,儿童的探索活动或是盲目的,或是走弯路的,或是危险的,所以没有教师的讲解是不行的,特别是对于一些儿童自己不容易调查到的方面,如地震、洪水、火山、自己所在地区见不到的一些动植物以及各种不同的乐器发出的声音等,更离不开教师的讲解和说明,否则儿童的视野将受到严重的限制,可见教师的讲解在某种情况下是必不可少的。

但对于儿童个体而言,教师的讲解是否有效,则取决于儿童自身,取决于儿童自我建构。辩证唯物主义者认为,外因必须通过内因才能起作用。对于儿童来说,教师的讲解则为外因,儿童只有对教师的讲解感兴趣,才能集中注意力,才能认真地去听、去想、去思考;如果不感兴趣,教师的讲解无论自认为是多么得精彩也是无效的。那么儿童对于教师什么样的讲解容易产生兴趣呢？

第一,教师的讲解通俗易懂,清晰准确,富有感染力。

练一练

扫码看视频"有趣的豆芽",分析该教师是如何讲解的。

案例 3-1

有趣的豆芽

(重庆师范大学附属幼儿园)

有趣的豆芽

空中课堂"有趣的豆芽",吴教师带领幼儿观察黄豆芽和绿豆芽时,采用了讲解法,结合视频进行了讲解和说明:"黄豆芽宝宝和绿豆芽宝宝是什么样子呢？让我们一起来看一看吧,这是黄豆芽,黄豆芽的根粗壮,豆瓣厚,呈黄色,黄豆芽在发芽的时候,是不需要见光的,所以在黄豆发成黄豆芽的时候一直是黄色的;有些黄豆芽变绿,是因为黄豆芽见了光,进行了光合作用,所以会变绿,这是植物正常的见光反应。这是绿豆芽,绿豆芽略显黄色,不太粗,豆瓣呈淡黄色,它的茎显得乳白、晶亮。"教师的讲解通俗易懂,清晰准确,富有感染力,使幼儿清晰、直观地认识了黄豆芽和绿豆芽的外形特征。

(视频来源:http://www.iqiyi.com/v_19rwpack98.html)

第二,教师的讲解与演示或提供的范例相结合,符合学前儿童的心理特点和接受能力。

练一练

扫码看视频"好玩的蔬菜水果",分析该教师是如何讲解与演示相结合的。

好玩的蔬菜水果(1)

（重庆师范大学附属幼儿园）

视频

好玩的蔬菜
水果(1)

　　空中课堂"好玩的蔬菜水果"中,王教师边讲解边演示让沉到水底的圣女果浮起来的方法,语言流畅,语速适中:"我把一颗圣女果放进清水里,这时候清水的密度比圣女果小,所以圣女果沉下去了。紧接着我不断地往清水里加盐,用筷子不停地搅拌,让盐充分地溶解在水里,渐渐地我会发现圣女果慢慢地浮了上来,最终浮到水面上。小朋友们,你们知道为什么圣女果能够浮起来吗?因为我用盐改变了水的密度,让这杯水变成一杯盐水,盐水的密度比圣女果的密度大,这样圣女果就浮起来了。小朋友们,你们是这么做的吗?有没有其他的办法呢?赶快来和老师分享吧。"教师的讲解和演示为幼儿起到了示范作用,也拓宽了幼儿的思路和视野。

（视频来源：http://www.iqiyi.com/v_19rwyfce2o.html）

　　当然,在科学教育活动中讲解法不是唯一的方法,不是完美无缺的方法,它也有不足之处[①]:

　　第一,无法确定学前儿童在活动中的心理参与程度;第二,不能制定满足每个儿童个体需要的课程;第三,不能使所有儿童按照同样的步调跟随课程的进展;第四,无法确定材料与每个儿童生活的相关性;第五,使儿童成为被动的学习者;第六,促使儿童过分地依赖教师,将教师当做知识的资源;第七,减少了鼓励儿童自己思考的机会;第八,减少了鼓励儿童发展和测试他们建构自己的概念的机会。

二、指导探究法

　　"幼儿的科学学习是在探究具体事物和解决实际问题中,尝试发现事物间的异同和联系的过程。幼儿科学学习的核心是激发探究兴趣,体验探究过程,发展初步的探究能力"[②]。《指南》中科学教育的目标也表明,学前儿童科学教育的价值取向已经转向侧重于培养儿童对科学的情感态度、兴趣与欲望,侧重于培养儿童的探究能力上,而且让儿童在探究中认识周围的事物和现象,这为教师的科学教育明确了方向。

　　指导探究法是由教师来确定科学活动的内容、主题,提供研究探索的材料、框架,幼儿在教师的引导下进行探究的一种方法。也就是说,幼儿探究活动前提条件是要在教师的指导下进行和展开,教师怎样有效地进行指导呢?

（一）指导探究活动前的准备工作

　　教师要很好地指导幼儿的探究活动,就要在幼儿活动前要做好大量的准备工作。

　　1. 确定探究活动的内容

　　教师要根据《纲要》《指南》、儿童认知发展的特点及幼儿实际情况为儿童确定探究活动的内容。在《国家科学教育标准》(国家研究理事会,1996)教学标准 A 也直接谈到了探究教学:科学教师为他们的学生设计一个以探究为基础的科学项目。在这一过程中,教师……选择、改变和设计符合学生兴趣、知识、理解水平、能力和经验的科学内容。例如,可以为 3—4 岁的儿童提供预测活动"什么东西会

　　① ［美］大卫·杰纳·马丁.建构儿童的科学［M］.杨彩霞等译.北京:北京师范大学出版社,2006.
　　② 中华人民共和国教育部.3—6 岁儿童学习与发展指南［M］.北京:首都师范大学出版社,2012.

发芽和生长?";为 3—5 岁的儿童提供分类活动"种子分类活动";为 4—5 岁的儿童提供交流活动"让蛋壳变软";为 5—6 岁的儿童提供推断活动"在水中依然干燥的纸巾"等。

2.准备探究活动的材料

教师根据探究活动内容为幼儿准备探索活动的材料,如在让幼儿理解序数的含义的数学活动中,可为幼儿准备排序用的各种小动物、各种类型的小汽车等;在摩擦力的实验活动中,要让幼儿揭示接触面的粗糙程度与拉动物体所需用力之间的关系,就要为幼儿提供几块积木,并在积木里旋进一个丝杆吊钩。充足的活动材料,是幼儿进行活动探究的物质基础。

3.制定探究活动的计划

探究活动的计划是保证探究活动顺利进行的重要措施之一,它对提高探究活动的质量起着重要的作用。计划中应该包括探究活动的目标、准备工作、探究活动步骤等。

(二)指导探究活动

对探究活动进行的指导,主要包括活动时间的把握、探究时人员的分配和材料的使用以及探究活动开始的引导等。不同的科学活动,活动时间的长短不一,教师不能用同一固定的时间来约束幼儿的探究活动,否则会影响幼儿探究,特别是影响幼儿在科学活动中创造力的发挥,所以教师根据科学活动的内容灵活把握幼儿探究活动的时间;在人员分配上,不同的活动内容可分为不同的小组来进行;科学活动的内容不同,活动开始的导入也不同,教师可设计幼儿喜欢的方式导入,以更好地引起幼儿的探究行为。例如,可让幼儿直接操作材料而导入活动;可通过简短的指令导入活动;也可通过演示现象导入活动;或是通过谜语、儿歌、故事导入等(具体方法见下一章节)。

在运用此方法时,应该指出的是,在整个活动中并不是幼儿都围绕教师的意图进行探究活动,随着活动的进行,由开始时以教师为中心的活动而逐渐过渡到以幼儿为中心的活动,只有这样幼儿才能在活动中积极主动,才能进行有效地自我建构。与此同时,教师可以为幼儿探究活动的延伸提供良好的建议、材料等。

练一练

扫码看视频"好玩的蔬菜水果",分析教师是如何运用指导探究法的。

案例 3-3

好玩的蔬菜水果(2)

(重庆师范大学附属幼儿园)

好玩的蔬菜水果(2)

空中课堂"好玩的蔬菜水果"中,教师是采用指导探究法进行的。第一,教师提出问题,让幼儿猜一猜,"看看这些水果或者蔬菜是沉还是浮?是大的沉小的浮?还是重的沉轻的浮?"第二,教师演示实验及记录纸的使用方法。教师边演示边提出问题:"这是猕猴桃,你们猜,它是沉下去了还是浮上来呢?",让幼儿亲眼所见,猕猴桃沉下去。教师出示记录纸,示范了如何用符号"↑""↓"将实验结果记录在纸上。第四,教师将材料一个一个进行实验,最后教师小结:蔬菜水果的沉浮不能只是看大小或重量,要自己动手实验才能发现其中的小秘密。接下来让幼儿操作,将实验的结果告诉老师。第五,教师又提出新问题,指导幼儿动脑筋、继续探索:"为什么大的西红柿能浮起来?而小的圣女果却沉下去了?""如何让西红柿沉到水底?如何让圣女果浮起来呢?"由此可见,在教师的带领下,幼儿体验了探究的过程。

总之,在指导探究法中,教师扮演着不同的角色,因为教师为幼儿提供了探索的材料、环境,所以说教师的第一种角色是资源的提供者;在幼儿探索时教师还可以与幼儿共同探讨、共同研究,所以教师的第二种角色是幼儿的合作探究者;在活动中,教师不是明确地告诉幼儿应该怎样去做,不应该怎样去做,而是给幼儿提供探究的方向,所以教师是一名积极的引导者。可见,教师在探究活动中是幼儿学科学的良好助手。

这种方法能有效地帮助幼儿学科学、进行科学探索活动,但教师要时刻注意把握指导的尺度,否则易牵制幼儿的探索,不利于幼儿探究的展开。

三、自由发现法(自主探究法)

所谓自由发现法,就是在教师的指导下,由儿童自己确立活动的内容并进行探究的一种方法。在此方法中,儿童自己决定活动的内容,自己设计探究的情景,自己选择探究的材料,自己确定探究的方式,自己获取探究的结果,而不是教师来决定,教师在活动中只是材料资源的提供者、合作探究者和促进者。所以此方法的运用能更好地满足每个儿童自身探索和游戏的兴趣,使个别化学习活动能够充分体现儿童个体建构与发展的需要,儿童探索学习活动的效益更优化,每个儿童的自主性、主动性和创造性获得更好的发展。

练一练

扫码看视频"玩水管",分析自由探究法是如何体现出来的。

案例 3-4

3岁的橙子在小区里发现了一根长长的水管,他想探究如何让水管中的水流出来。在探究中,橙子惊奇地发现:"你看我用手一挤,这里就有水出来!"边说边用手指着水管口,橙子探索出了第一种方法——用手挤压能让水管里的水流出来。橙子继续探究,发现"我一直挤,水就会一直流出来"。当水流不出来的时候,站在旁边的妈妈引导:"还可以怎样做水才会出来呢?"橙子尝试将水管口朝上,结果发现"朝上,水不出来"。他拎起来水管,水管口朝下,水流出来了,他高兴地喊:"水出来了!"橙子又用脚踩、用脚踩水管的中间部位,产生疑惑:"怎么没有水出来?"于是他一边尝试举高水管,一边喃喃自语:"更高、更高"。水终于流出来了,橙子高兴地欢呼:"我有一个好办法!"

幼儿探索水管出水的方法

当然,每一种方法都有其优点,也有其缺点,自由发现法也有其不足之处:在探究过程中没有教师指导的活动,儿童在活动探究时会混乱;儿童也会遇到麻烦,有时是挫折,有时是失败;由于儿童自由选择主题,选择的范围大大增加,教师就要为儿童准备大量的活动材料才能满足儿童的需求,若材料不充分,自由发现法的运用使得儿童在选择自己喜欢的内容上将受到限制,由于材料多种多样,儿童的爱好兴趣不同,教师在课程的把握和控制上难度大大增加。

四、学前儿童科学教育活动的组织形式

在组织学前儿童进行科学探究活动时其形式是多种多样的,但这里主要分为两大方面,即集体教育活动与非集体教育活动。

1. 集体教育活动

集体教育活动是指学前教师根据《纲要》《指南》,根据科学教育活动的目标,有计划有目的地选择儿童活动的内容,提供给儿童活动探究的材料,面向全体儿童开展的科学探究活动。也就是说,在集体教育活动中,要求每一个儿童都要参与活动,教师对全体儿童进行统一的指导(也进行个别指导),使每个儿童经历从"关注问题,进行猜想和假设,设计调查、观察和实验方案并付诸实施,收集信息和进行记录,形成解释和得出结论,合作、分享与交流"的完整过程,从而体验探究与发现,并理解科学探究,总之,通过科学探索活动使得幼儿都能在原有的水平上得到较好的发展,需要教师精心设计。

集体教育活动是符合我国实际情况的学前科学教育的组织形式,由于学前儿童科学教育的内容非常广泛,集体教育活动的类型主要有三个方面:观察类教育活动、科学探究类教育活动、数学类教育活动。

2. 非集体教育活动

非集体教育活动是指除集体教育活动以外的教育活动,主要包括小组活动和个别活动。小组活动是指两个或两个以上的学前儿童共同进行的科学探索活动。个别活动是指一个学前儿童进行的科学探索活动。

在小组活动和个别活动中,教师要根据不同的情况给予不同的指导。小组活动和个别活动时其地点可以选择在科学角(区)或者是科学发现室,有的老师也将二者合称为区角活动。非集体教育活动是集体教育活动的补充和点缀,从某种意义上说是集体教育活动的延伸或继续。

合理选择、安排与使用集体教育活动与非集体教育活动,能使儿童亲近自然,喜欢探究,在探究中认识周围的事物与现象,具备初步的探究能力;使儿童在生活中感知数、量及数量关系,感知形状与空间关系,感知数学的有用和有趣,从而促进学前儿童全面协调地发展。

思考与练习

1. 选择学前儿童科学教育内容的依据是什么?

2. 学前儿童科学教育的内容范围体现在哪些方面?

3. 如何选编学前儿童科学教育活动的内容? 举例说明。

4. 学前儿童科学教育主要有哪些方法?

5. 诠释概念:指导探究法;自由发现法;观察法。

6. 学前儿童科学教育活动组织形式有哪些?

7. 请你选择一所托儿所或幼儿园,调查该园本学期学前儿童科学教育的内容情况,并做记录,用你所学过的理论进行分析。

8. 幼儿园教师资格证考试保教知识与能力真题。

(1) 单项选择题

① 幼儿教师选择教育教学内容最主要的依据是(   )。(2014 年上半年)

    A. 幼儿发展   B. 社会需求   C. 学科知识   D. 教师特长

② 教育内容既要符合幼儿已有的发展水平,又能促进其进一步发展。这符合(   )。(2012 年下半年)

    A. 发展适宜性原则   B. 价值性原则   C. 基础性原则   D. 兴趣性原则

③ 在幼儿教育活动中,最能为幼儿提供交谈机会的组织形式是(   )。(2012 年上半年)

    A. 小组活动   B. 班集体活动   C. 全园活动   D. 个别活动

(2) 简述幼儿集体教学的利与弊。(2014 年上半年)

第四章

学前儿童科学教育活动设计与组织指导

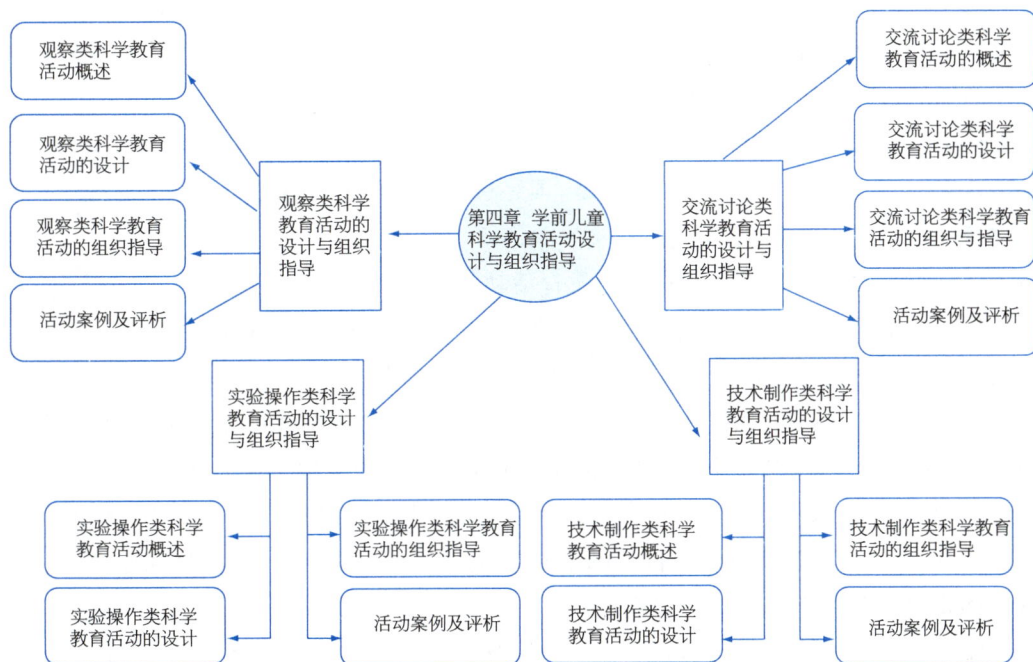

```
观察类科学教育          ┌─────────────┐              交流讨论类科学
活动概述                │ 观察类科学   │              教育活动的概述
                        │ 教育活动的   │
观察类科学教育          │ 设计与组织   │              交流讨论类科学
活动的设计              │ 指导         │              教育活动的设计
                        └─────────────┘
观察类科学教育      ┌──第四章 学前儿童──┐ 交流讨论类    交流讨论类科学教育
活动的组织指导      │ 科学教育活动设计  │ 科学教育活动  活动的组织与指导
                    │ 与组织指导        │ 的设计与
活动案例及评析      └───────────────────┘ 组织指导      活动案例及评析

        ┌─────────────┐              ┌─────────────┐
        │ 实验操作类科学│              │ 技术制作类科学│
        │ 教育活动的设计│              │ 教育活动的设计│
        │ 与组织指导   │              │ 与组织指导   │
        └─────────────┘              └─────────────┘

实验操作类科学      实验操作类科学教育   技术制作类科学   技术制作类科学教育
教育活动概述        活动的组织指导       教育活动概述     活动的组织指导

实验操作类科学      活动案例及评析       技术制作类科学   活动案例及评析
教育活动的设计                          教育活动的设计
```

内容提要

　　本章将以观察类科学教育活动、实验操作类科学教育活动、技术制作类科学教育活动、交流讨论类科学教育活动等为重点,分别对其活动的设计与指导加以介绍。同时还要说明的是这里所举出的几种类型仅是较为典型的学前儿童科学教育活动类型。在实际的活动设计与组织中,教师可以这几种类型活动为基础结合具体活动内容的实际加以改变或综合。在科学教育活动设计与组织指导中,教师必须遵循幼儿学习与发展的规律,力戒"为追求知识的掌握而对幼儿进行灌输和强化训练"的错误。

学习目标

　　1. 学习组织学前儿童科学教育的各种基本方法。

　　2. 掌握学前儿童科学教育活动的组织指导原则。

　　3. 能灵活运用学前儿童科学教育的方法和原则开展各类科学教育活动的设计与组织指导。

第一节　观察类科学教育活动的设计与组织指导

一、观察类科学教育活动概述

（一）观察类科学教育活动的含义

观察是指通过感觉器官来感知事物或现象，将各种感觉捕捉到的信息经过思维的加工形成概念，来获取对客观事物或现象的认识的一种方法。观察必须依靠感觉器官的感觉，但并不是所有感觉都能上升为观察。树上的苹果并不只打过牛顿的头，烧开的水产生的蒸汽冲开了水壶这一场景也不只被瓦特看见。但是，其他人都没从这些现象中探索出事物的规律。可见，只有感觉还不是观察。观察是一种特殊的知觉，是有目的、有计划、有思维的知觉。

观察类科学教育活动就是以观察为主要认知手段，让学前儿童探索客观事物、现象的特征，发展儿童的科学认知、培养科学情感，形成科学态度，训练科学方法的一种科学启蒙教育活动。

（二）观察类科学教育活动的价值

1. 观察类科学教育活动是学前儿童科学教育活动的主要形式

观察是学前儿童了解自然的基本途径，是学前儿童认识客观世界的重要方法。婴儿呱呱坠地，一切对他来说都是陌生的、崭新的，他语言不通、缺乏经验，只具有生物本能。他对发光、发亮、发声的物体好奇地注视，其思维具有具体性、形象性、情景性的特点。他对外界事物和现象的了解，首先是靠生物本能，通过感觉器官的感知来获得。各种感知觉捕捉到的客观事物的外部属性，在成人的帮助下，形成用颜色、声音、气味、味道、形状、硬度、温度等概念来描述事物和现象。在感性认识的基础上发展理性思维。所以，观察是学前儿童了解自然的基本途径，是学前儿童认识客观世界的重要方法。

2. 观察能促进学前儿童多元智慧的发展

加德纳提出：人的智慧是多元的，每一个个体所拥有的智慧都是由语言智慧、身体运动智慧、数理逻辑智慧、空间智慧、音乐智慧、内省智慧、人际关系智慧和自然智慧的有机结合。人的多元智慧水平取决于先天的遗传和后天的学习，二者互相补充，缺一不可。智慧的获取依靠智力，智力包括注意力、记忆力、观察力、想象力、创造力。婴幼儿在观察时，外界事物不仅刺激着婴幼儿的外部感官，感官采集到的信息传递到大脑，注意、想象、记忆、思维和语言等心理活动在大脑的指挥下积极地进行着。例如，有目的地感知就发展了有意注意。观察时展开联想与想象就能促进想象力的发展。对观察对象各个部分、各种属性分别地感知认识是在进行分析；将各部分、各属性联系成为一个整体来认识是在进行综合；将事物与事物进行比较，从不同事物中找相同点、从相同事物中找不同点是在进行比较；对事物与事物之间共同特点和相互关系的认识是在进行概括……这些都是在进行思维活动。在幼儿观察实际事物与现象的同时教给他们代表这些事物的词汇，幼儿最易理解和掌握。由于观察事物往往是具体生动的，这就容易激发幼儿要将所观察到的讲出来，这又有利于口语表达能力的发展。

3. 观察能促进学前儿童观察力的发展

什么是观察力？观察力是关于全面、深入、正确地认识事物特点的能力，是人在观察中所表现出来的个性品质。具体指的是观察的目的性、持续性、完整性、细微性、敏捷性、概括性。观察的目的性是指能按预定的目的进行观察，想办法达到目的，不偏离目的；持续性是指能自始至终地将注意力集中在观察对象上；完整性、细微性、敏捷性是指既能观察到事物的整体和全面，又能观察到事物的细枝末节和捕捉那些稍纵即逝的现象；概括性是指善于发现事物的内在联系和一般的性质。从构成观察力的各要素看，它们与智力结构中的各个方面有密切的联系，是智力结构中的主要方面，是人才必备的条件。许多科学家都非常重视观察在科学研究中的作用。达尔文曾对自己的工作作过这样的评价："我没有突出的理解力，也没有过人的机智，只是在觉察那些稍纵即逝的事物并对其进行精细观察的能力上，我可能在众人之上。"巴甫洛夫也将"观察，观察，再观察"刻在他的实验室中。

（三）观察类科学教育活动的分类

观察类科学教育活动一般分为一般性观察、比较性观察和长期系统性观察三大类。

二、观察类科学教育活动的设计

（一）观察类科学教育活动的设计原则

1. 准备工作要充分

观察前的准备工作十分重要，它直接影响着观察的结果，决定观察的成败。组织者要按《纲要》的要求，根据科学教育活动计划、季节和地区的情况、儿童的发展水平，确定观察的内容、要求、地点与形式，拟定观察计划。考虑如何引起儿童的观察兴趣，教给他们观察的方法，如何提启发性问题及怎样发展儿童的智力和语言等。

2. 内容选择要合理

选择特征典型、明显，并力求美观的观察对象，掌握其有关知识，熟悉其特征，习性等，以便引导儿童正确认识。

观察对象的数量，应根据其具体情况和观察的要求而定。可以是全班儿童共同观察一个对象，也可是每个儿童一份或一个小组一份观察对象。观察对象所在的位置与儿童的座位均要作适当的安排，以保证全体儿童都能顺利地进行观察。

3. 观察方法很重要

观察活动的有效开展应遵循观察的基本方法。观察应有顺序地开展，运用各种感官进行观察、比较，并运用语言大胆讲述自己在观察中的发现，用图画、数字等多种方式记录自己观察的结果。

观察方法中顺序观察是指对任何事物都按一定顺序、有条不紊地进行认识，这才能保证认识得全面、完整，同时也是为了培养良好的观察习惯。运用各种感官进行感知，是指对事物的各个属性应该用相应的感官去感知，如认识苹果，用眼睛看苹果的颜色，用手摸苹果是什么形状，是光滑还是粗糙，捏一捏是硬或软，用鼻子闻闻气味，用舌头尝尝味道。事物的各种属性只有通过各种感官去感知才能认识得全面而且印象深刻。用比较的方法是指将观察对象与其他事物进行比较，观察对象本身各部分之间的比较，相同事物相比找不同点；不同事物相比找相同点，等等，通过比较能加深对事物特征的认识，也便于更好地进行概括。

（二）观察类科学教育活动的目标设计

活动目标是整个教学活动的纲，教育活动围绕目标进行，做到有的放矢。而所有过程都为了落实目标设计的，目标决定过程，而过程指向目标。

具体教育活动的目标设计应遵循科学教育领域的总目标，具体落实知识、情感、能力、意识、行为方面的发展目标。

目标设计时应考虑幼儿的年龄、身心特点以及智力发展水平，设计适宜幼儿发展的活动目标。

观察类科学教育活动的活动目标是：通过某种具体的观察活动培养幼儿的观察技能，启蒙科学方法,培养幼儿的表达技能,促进合作意识的养成;获取对观察对象的科学认识,积累科学知识;培养科学情感,激发幼儿学科学的兴趣。

(三)观察类科学教育活动的过程设计

一般观察类科学教育活动过程由四部分构成:导入,即开始部分;进行,即目标落实、活动展开部分;结束,即活动小结部分;延伸,即目标进一步延展,活动扩展到集中教育活动之外。

活动过程的设计应围绕活动目标开展。活动目标有知、情、意、行四个维度,那么活动过程也应有相应的活动环节。

无论是哪种类型的观察活动,首先在导入部分就应交代清楚本次观察活动的观察任务。其次,在活动过程的设计中,要根据观察的类型,设计活动过程。在一般性观察活动过程中,应直接出示观察对象,引导幼儿有顺序地观察,动用多种感官观察。在比较性观察活动过程中,应引导幼儿比较性地观察,比较观察对象的异与同。在长期系统性观察活动过程中,教师或家长应预先设计好观察计划,引导幼儿养成定时、定点长期系统地观察某一事物或现象变化的习惯,并作好观察记录。最后,都应有幼儿交流观察结果的交流过程。交流的方式多种多样,可以是语言,可以是图画,可以是动作表演等。

1. 一般性观察(个别物体观察、间或性观察)

一般性观察指对某一自然物或自然现象作特定的观察。可以是认识事物的某些特点,也可以是对其整体全面的认识。即对同一对象进行短时间的观察。设计时一般是每次观察一种特征或习性或用途,经过多次观察形成对观察对象整体的全面认识。在一定时间内,观察认识某一事物的外形特征或生活习性及用途等。使幼儿对此事物有较完整的、全面的认识。如观察认识某一动物,对某种水果、蔬菜或花卉的认识等。在一次观察活动中,先后观察两个对象,它们之间没什么联系,也不要求将二者进行比较认识。

一般性观察是科学教育活动中最基本和普遍采用的观察形式。学前儿童从一出生就开始一般性观察,这种观察伴随人的一生。

2. 比较性观察

比较性观察指对两种或两种以上的物体或现象进行观察比较,找出它们之间的不同点与相同点。比较是人的思维过程中一个重要环节。人对事物的认识,只有经过比较才能将本质特征与非本质特征区分开,认识本质特征,形成概念,进行分类,从而形成更高一级的认识。设计比较性观察重在培养幼儿掌握比较的技能,促进认识能力的发展。比较性观察需要具有一定的思维能力,3 岁左右的幼儿可以开展这种观察活动。

3. 长期系统性观察

长期系统性观察指在较长一段时间里,有计划地观察某一自然物体和现象的发展变化,使幼儿对其发展过程有较完整的认识。同时还可了解事物之间的简单联系和因果关系。设计此类观察活动要注意培养幼儿逐渐习惯于从发展的、相互联系的角度看待事物和现象。例如,观察向日葵或蚕豆、牵牛花等的生长发展过程;观察蝌蚪变成青蛙的过程;对各个季节特征的观察等。

4 岁前的儿童知识经验少,参加活动的目的性及控制力差,还不可能对事物进行长期系统的观察。4 岁以后的儿童已经积累了一定的自然知识,求知欲强,认识过程的有意性增强,具有一定的观察能力与习惯,可以组织这种类型的观察。

三、观察类科学教育活动的组织指导

(一)一般性观察的组织指导

第一步,引起幼儿观察的兴趣,明确观察的目的,用生动简练的语言或游戏的口吻、游戏的方法开始观察活动,也可用儿歌、谜语、讲故事、提问题和启发性谈话等方式开始。

第二步,尽量让幼儿运用各种感觉器官感知观察对象的各种属性,看一看、听一听、闻一闻、摸一摸、捏一捏、掂一掂,还可以尝一尝能吃的东西。

教幼儿按一定顺序进行观察。观察植物可按根—茎—叶—花—果实的顺序;也可以按花—叶—茎—根的顺序。观察动物可按头—身—尾—四肢的顺序,观察水果可从外到里。观察顺序不是机械的、一成不变的,可以根据具体情况灵活处理,但不能杂乱无章地观察。

教幼儿用比较的方法进行观察。可提供对比物将观察对象与其他事物进行比较,如认识水是无色的,可将水与豆浆进行比较。可将眼前的事物与已经认识的事物进行比较。如观察鹅时,可与曾认识过的鸭、鸡进行比较,也可从观察对象自身找对比物。例如,通过比较观察兔子的前腿与后腿长短的差异,从而知道兔子走路是一蹦一跳的。

观察中要注意发展幼儿的描述语言。要在观察认识事物的同时教授相应的词汇,如观察对象的名称、各种特征等。让幼儿用语言表达自己的印象、情感和态度。

教师的提问应该围绕观察目的,提出明确的问题。使幼儿对观察的范围和思考的线索十分清楚。那种在观察中提出一连串的问题,或只提一个问题,而又包罗许多观察内容,都会使幼儿不知如何观察,造成观察中的混乱。

提问题应有启发性,避免暗示性。提"是什么""什么样"一类问题,可使幼儿将观察到和记忆中的事物描述出来。提"为什么""怎么样"一类问题,可促使幼儿通过观察去发现事物现象之间的关系,动脑筋思考问题,这些问题是具有启发性的。而"是不是""对不对"等一类问题只要求幼儿作肯定或否定回答,甚至有些暗示了答案(如问"小白兔的眼睛是不是红的?"),这些问题幼儿可不假思索或随声附和地回答,不利于促进儿童智力的发展,应避免提此类问题。

在观察过程中,教师可用生动的语言适当地讲解,以帮助幼儿加深印象,但不能对幼儿的观察急于求成,将教师的认识讲给幼儿听,用教师的讲解代替儿童的观察。应该明确的是,一切结论都应该是儿童观察的结果。

结束时要巩固加深幼儿所获得的印象。可由教师作小结;可请能力强的儿童小结(中、大班);或朗诵儿歌、诗歌,或猜谜语,或唱歌、舞蹈;或做有关的游戏及绘画所观察的动植物的方式结束。

(二) 比较性观察的组织指导

比较性观察一般是从事物的不同点开始进行观察比较,然后再比较事物的相同点。因为事物的不同点易被观察到,而事物的相同点却是要经过比较、概括才能找到。观察仍应是对事物各个相应部分按顺序进行。

应紧紧围绕教学目的,引导幼儿比较观察事物的本质特征,不要纠缠于一些非本质的特征。还可以引导幼儿认识一些规律性的东西。

(三) 长期系统性观察的组织指导

观察对象是动植物生长发展过程,四季特征和轮换顺序。此类型观察是在观察对象发生显著变化时组织的一系列观察。在组织每一次观察时,应引导幼儿将眼前的现象与前一次观察的情况进行对比,以了解观察对象发展变化的情况,也可引导幼儿找出变化的原因,从而看到事物之间的关系。

组织长期系统的观察,有的可以采用上课的形式进行,也可在课外其他时间如晨间活动、散步、户外活动中进行。可让幼儿把观察中见到的变化用绘画的形式记录下来。这既可以巩固认识,又可以发展幼儿的注意力、观察力以及对自然的兴趣和求知欲。

四、活动案例及评析

活动案例 4-1

小班科学活动：有趣的豆芽

（重庆师范大学附属幼儿园 吴凤）

视频
有趣的豆芽(1)

视频
有趣的豆芽(2)

活动来源

新《纲要》中指出选择幼儿教育内容应该贴近幼儿生活,教育内容来源于生活。"有趣的豆芽"源自幼儿进餐时,由"韭菜炒豆芽"这道菜引发的问题,"这个豆芽和前天吃的炖豆芽为什么不一样?"从幼儿的生活和兴趣出发,为了保护幼儿的好奇心,充分利用实际生活机会,根据幼儿以具体形象思维为主的思维特点,开展了本次活动。活动中,教师将通过引导幼儿运用多种感官进行观察,通过游戏活动进行比较分类,大胆交流分享,帮助幼儿亲身体验,直接感知豆芽的明显特征,获得有益的直接经验和感性认知,并对种植产生浓厚的兴趣。

活动目标

1. 通过观察、比较,认识黄豆芽和绿豆芽,并能进行分类。
2. 了解豆芽的生长过程,知道豆芽是蔬菜,有营养。
3. 有参与种植活动的兴趣。

活动准备

1. 黄豆芽、绿豆芽若干,每组盘子 2 个,盆子 1 个,黄豆种、绿豆种若干。
2. 豆芽发芽视频。

活动过程

一、举办豆芽盛宴,引出活动

教师出示两大盘黄豆芽和绿豆芽:"孩子们,老师从超市买了许多黄豆芽和绿豆芽,今天我们要举办豆芽盛宴:豆芽炒鸡丝、豆芽炖排骨、凉拌豆芽、豆芽春卷。"

提问:"我们在做豆芽盛宴之前需要干什么呢?"引出"洗豆芽"环节,并请小朋友们帮忙洗豆芽。

（分析:通过举办豆芽盛宴,激发幼儿参与活动的兴趣。教师出示两种豆芽,让幼儿初步了解我们平时吃的豆芽有黄豆芽和绿豆芽,通过请小朋友帮忙洗豆芽,很自然地引入下一个环节,并能充分调动孩子动手操作的积极性。）

二、了解黄豆芽和绿豆芽的基本外形特征

1. 豆芽宝宝洗澡。

把黄豆芽和绿豆芽混在一起,请小朋友帮豆芽宝宝洗澡。

提问:"我们用眼睛仔细看一看,豆芽宝宝是什么样子的?"

"洗的时候,摸着豆芽宝宝是什么感觉?"

"用鼻子闻一闻,豆芽宝宝有什么味道?"

幼儿自由讲述自己的发现,教师出示黄豆芽和绿豆芽图片,帮助幼儿了解黄豆芽和绿豆芽的特征。

(指导要点:引导幼儿运用多种感官,主要从豆芽的长短、粗细、豆瓣的颜色、形状、硬度等方面进行观察,初步感知黄豆芽和绿豆芽的外形特征。)

2.游戏:送豆芽宝宝回家。

豆芽宝宝洗完澡要回家了,请孩子们帮助黄豆芽妈妈和绿豆芽妈妈,把豆芽宝宝送回家,边送边说:"黄(绿)豆芽,我送你回家。"

(分析:通过洗豆芽,孩子们对两种豆芽有了初步的感知,再进一步通过游戏,把混在一起的黄豆芽和绿豆芽分别放在两个盘子里。引导幼儿在观察的基础上,进行简单的比较、分类,加深对黄豆芽和绿豆芽外部特征的感知,积累对豆芽的直接经验。)

3.总结豆芽的不同特征和共同点。

黄豆芽和绿豆芽是蔬菜,有不同也有共同点,它们有各自的营养,我们可以多吃豆芽。

(分析:教师通过图片,总结黄豆芽和绿豆芽的特征,帮助幼儿积累对黄豆芽和绿豆芽的感性认知,并提醒幼儿养成良好的用餐习惯,多吃蔬菜水果,不挑食。)

三、了解种植豆芽所需的材料、种植方法

1.提问:"你知道豆芽宝宝是怎样长出来的吗?"幼儿自由回答。

2.观看视频,引导幼儿交流视频里发现的豆芽生长所需材料和方法。

(分析:幼儿先自由猜想豆芽宝宝是怎么来的,然后在视频中寻找答案,并鼓励幼儿大胆交流分享自己的发现。孩子们了解了豆芽宝宝生长所需的材料和种植方法,充分调动了他们的好奇心和求知欲,产生浓厚的种植兴趣。)

活动延伸

1.品尝豆芽盛宴,鼓励幼儿交流黄豆芽和绿豆芽味道和做法的区别。

2.在爸爸妈妈的帮助下,尝试种植黄豆和绿豆,并做好观察记录。请孩子们比一比,谁的豆芽长得好,谁能吃到自己种植的豆芽。

(分析:品尝豆芽盛宴,用尝一尝的方式,再一次直观感知豆芽,并体验劳动带来的快乐。鼓励幼儿和爸爸妈妈一起动手操作,亲身体验种豆芽,观察豆芽的生长过程,并关注结果。)

活动点评

科学活动对于小班幼儿来说,主动探索的能力有限,所以在活动框架设计上就需要更多的乐趣。如何在玩中学?如何在玩中进行主动探索?成了小班科学活动的突破点。在本次活动中,吴老师以"豆芽盛宴"为背景,让孩子们"玩味科学",在生活游戏情节中步步推进,孩子们一直在游戏中进行探索,达到认知和探索的目的。

"玩"豆芽——吴老师对课程注入背景设置,模拟盛宴情节,以孩子们最喜欢的美食开场,在食材的制作过程中自然穿插对黄豆芽绿豆芽特征的分辨、观察,在"洗豆芽、分豆芽"的情境中自然习得科学认知。

"味"科学——知道如何分辨豆芽的外部特征以后,对于内部"味觉"的体验探索,也是该活动的亮点。对于豆芽内外部感受的探索挖掘,能够使幼儿获得更加全面深刻的体验,对豆芽等茎类食物都会形成初步的认知,为下次的科学探索埋下伏笔。

(点评:重庆师范大学幼儿园 杨畅)

活动案例 4-2

大班科学活动:各种各样的根

(重庆市九龙坡区机关幼儿园 胡广萃)

各种各样的根

设计意图

根是孩子们身边常见的植物器官,但也是小朋友们最容易忽略的部位。《纲要》中指出:科学教育应该密切联系幼儿的实际生活进行,利用身边的事物与现象作为科学探究的对象。因此,我设计了本次活动,引发幼儿观察根并不断发现根的秘密。

活动目标

1. 对植物的根感兴趣,感受和理解根的重要性。

2. 尝试用多感官观察、比较,全面发现直根和须根的形态特征。

3. 知道植物的根是多种多样的,初步了解根的作用。

活动准备

1. 经验准备:活动区中观察过稻谷和大豆的根。

2. 材料准备:多媒体材料:高清视频资料、教学 PPT。

　　　　　　教师操作材料:直根、须根教学大图。

　　　　　　儿童操作材料:大蒜根(须根)、大豆根(直根),放大镜(每名幼儿一枚)。

活动过程

一、提问导入,激发幼儿探究欲望

1. 播放视频,思考植物枯萎的原因。

提问:视频里的植物怎么了? 你觉得它为什么会枯萎呢?

2. 继续播放视频,引发对植物根的关注。

提问:植物枯萎的原因到底是什么? 我们一起来看看视频吧。

小结:原来是根烂掉了,所以植物枯萎了。

二、学习交流,了解植物根的作用

观看图片,思考根对植物的作用。

1. 教师提问,引发幼儿思考根对植物的作用。

提问:根烂了,植物为什么会枯萎呢? 那你知道植物的根到底有什么用吗?

2. 出示图片,直观感受根对植物的作用。

提问:咱们一起来看看图片,你发现了根有什么作用?

小结:任何植物的生长都离不开根。他们深深地扎在泥土里,将植物固定在泥土里,防止被狂风暴雨冲走。同时,他们也可以吸收土里的水分、养料,运输到植物的各个部分,供植物生长。

三、多感官参与,发现并探索植物根的不同形态

(一)观察直根和虚根的不同形态

1.分组投放大豆根、大蒜根,鼓励幼儿多感官观察。

提问:每组都有一份大豆和大蒜的根。请你们用观察工具,仔细看一看、摸一摸、闻一闻,它们的根是什么样子的?

2.教师提问,引导幼儿有目标地观察根的不同。

再次利用投放的材料组织幼儿比较观察与发现。

提问:它们的根,有什么不同吗?

(二)交流讨论,尝试发现根的不同形态

1.鼓励幼儿自由交流,共同发现根的不同形态。

提问:你发现了些什么? 大豆和大蒜根,哪些地方不同? 和你的朋友交流一下吧!

2.个别幼儿面向集体交流,引发全体幼儿思考。

提问:谁愿意把你的发现告诉我们,一起来分享一下吧!

提问:你们同意他的想法吗? 你认为,还有什么需要补充的地方吗?

(三)集体学习,深入了解根的形态特征

1.出示直根、须根教学大图,直观了解根的形态特征。

提问:我们一起看看这边的图片吧! 左边是大豆的根,右边是大蒜的根。很明显,我们可以看到大豆的根,中间竖着的根是粗且直的,边上的根都非常细长。而大蒜的根,全部都是细细长长的,像胡须一样。

2.梳理提升经验,整体了解直根、须根的不同。

小结:植物的根虽然形状各异,但只有两种。一种就像大豆根一样,有一个很粗很直的根,叫作主根,其他的根都很细长,这样的根叫作直根。另一种就像大蒜根,都是细长的,没有主根,这种根叫须根。

四、运用经验,辨别生活中常见的植物根

提问:来看看,图片上哪些植物是直根,哪些是须根。(出示PPT)

活动点评

亮点一:选材巧妙,引发幼儿关注身边的科学。

本次科学活动选取了植物的根作为探究内容,将孩子们生活中习以为常、甚至被忽略的根摆上讲台,期望可以开启他们在日常生活中关注微小事物的序幕,真正引发幼儿关注身边科学的兴趣和好奇心。我想,这才是契合学前儿童科学教育的内在精神和价值追求的!

亮点二:环节自然,支持幼儿深入探究根的奥秘。

从观察枯萎的植物、到了解根的作用,再到探究根的不同类型,孩子们在活动中自然而然地了解到了根的相关知识。环节的转换自然而又层层深入,推动孩子在一次次的观察、思考、操作、比较中,寻找问题、寻求答案,开启了深度探究根的奥秘的旅程。

(点评:重庆市九龙坡区机关幼儿园　梁琴)

第二节 实验操作类科学教育活动的设计与组织指导

一、实验操作类科学教育活动概述

(一)实验操作类科学教育活动的含义

学前儿童的实验操作类活动,按照儿童年龄划分为0—3岁和3—6岁两段来进行。在0—3岁段,指导儿童动手操作(包括手把手地帮助幼儿操作),可发展儿童手部控制能力、手眼协调能力和智力,让儿童建立起一些最基本的生活感受。这个年龄段儿童能够操作什么?只要我们用心去发现,其实这一类的操作活动普遍存在于儿童生活当中。例如,小勺和筷子的使用、操作笔来涂画、打开和盖上瓶盖、搭积木、操作塑料小刀切蛋糕、玩胶泥、玩水、玩沙、玩各种玩具,等等,都是这个年龄段儿童的操作活动。下面主要谈3—6岁幼儿的实验操作类活动。

实验操作类科学教育活动是指幼儿在教师指导下通过自己动手操作仪器和材料,以发现客观事物的变化及其关系的科学活动。它强调的是幼儿自己动手操作,自主探索过程。实验操作中发生的现象与自然条件下的现象不同,它的特点是在人工控制的条件下可以设置同一条件反复同一实验,多次出现同一现象验证同一理论和假设。

(二)实验操作类科学教育活动的价值

皮亚杰指出,儿童的知识经验建构必须由儿童通过自己的操作活动去完成,他还认为儿童的智力起源是物质的活动,通过个体与环境、材料的相互作用主动建构他们的智力并逐渐建立起更精确的智力结构,使儿童的智力发展从一个阶段转换到另一阶段。如果没有物质的活动,儿童不能实现智力转换。由此,我们可以清楚地看到,实验操作对于幼儿知识经验的积累和智力的发展有着至关重要的作用。建构主义也认为,儿童对于周围世界如何运动的了解源于儿童与周围世界的相互作用,并通过这种作用过程建构对周围世界意义的理解,建构自身内在的知识。实验操作是教师有计划、有目的地使得幼儿与周围世界相互作用的活动。从幼儿生理发展来看,实验操作活动对幼儿手部小肌肉的生长发育、手指的协调运动、左右手的动作配合以及手眼的协调和手脑的协调能力的训练都有较好的帮助。《指南》中指出:幼儿的科学学习是在探究具体事物和解决实际问题中,尝试发现事物间的异同和联系的过程;幼儿科学学习的核心是激发探究兴趣,体验探究过程,发展初步的探究能力;幼儿的思维特点是以具体形象思维为主,应注重引导幼儿通过直接感知、亲身体验和实际操作进行科学学习。

幼儿的实验操作活动就是引导幼儿亲身经历和感知探究过程,体验探究方法,并使他们在这一过程中享受到科学带来的乐趣,产生对科学的浓厚的兴趣,从而升华为爱科学的情感,为幼儿以后学习和探索科学知识打下了良好的情感基础。实验操作活动过程符合幼儿具体形象思维的思维要求,其特点是突出亲身动手操作,它能最大限度地调动幼儿学科学的主动性,极大地满足幼儿的探究欲望,培养幼儿对科学的兴趣。在教师的引导下让他们自主地发现问题、提出问题、解决问题,初步建立"发现问题—提出假设—实验验证—得出结论"的科学探索的基本方法的概念。能帮助儿童理解科学现象,亲历探索科学的全过程,获取初步的感性经验。使幼儿的动手操作能力、观察能力、分析探究和思维能力得到综合训练和提高。

（三）实验操作类科学教育活动的分类

实验操作类科学教育活动大致分为三类：演示探究类，引导探究类，验证探究类。

二、实验操作类科学教育活动的设计

（一）实验操作类科学教育活动的设计原则

1. 内容的选择

设计实验操作类科学教育活动，首先是要选择合适的内容。适合幼儿的教学内容是实现教学目标和有效地组织教学活动的第一步也是至关重要的一步。选择实验操作类活动的内容应考虑以下因素：

（1）教师在选择科学实验操作内容时首先应考虑不同年龄段幼儿的生理、心理和智力发展水平，参照《指南》中不同年龄段的科学教育目标，根据幼儿的兴趣、问题、需求和经验水平，把教育目标中的各部分、各方面转换成幼儿实验操作的具体内容。

（2）活动内容有利于幼儿亲身经历探究过程，符合幼儿认知发展的特点和规律，贴近幼儿的生活，充分体现活动的启蒙性和生活化。

（3）活动所需材料易于组织，幼儿容易操作，实验过程中现象明显，幼儿容易观察。

（4）能激发幼儿的兴趣，满足幼儿的需要。

2. 材料的选择

丰富的材料是幼儿进行实验操作活动的基本保障，幼儿对世界的认识是感性的，具体形象的，其思维常常需要动作的帮助，对物质世界的认识在很大程度上需要借助于对物体的直接操作。操作材料物化着教育目标和内容。因此，在幼儿实验操作过程中应为幼儿提供丰富的、有意义的、可操作的材料。

（1）材料选择要因地制宜，分量充足。选择幼儿常见、常接触到的材料，提倡就地取材，讲究经济实用，多利用自然物、废旧物以及幼儿玩具和常见生活用品。使幼儿体会到科学就在身边。材料提供要充分，保障每个幼儿有充足的材料可供探索使用。

（2）材料具有多重功能。材料应具备物化的教育功能，应包含教育活动的目标与内容，使幼儿在与材料的相互作用中揭示教育内容所要反映的事物与事物之间的关系，并生成幼儿的学习需求。材料的选择应符合幼儿的发展水平，只有符合幼儿发展水平的材料，才能引起幼儿探究的兴趣，才能激发幼儿探索的热情。材料的操作过于简单，幼儿容易失去兴趣，材料的操作过难，幼儿不知所措，难以下手，也会感到无趣。

（3）材料的结构性。材料的结构性是一个或一组材料所具有的能反映所探究问题的现象特征，在它们被使用时，能揭示自然现象间的某种关系以及不同材料间的关系，材料蕴含着丰富的可探索性和可利用性。准备的材料结构和对材料的认识越丰富越有利于幼儿探索、发现、创造和获得有关的各种经验，同时还要考虑同一种材料既服务于预期目标，又可为幼儿提供多层次选择机会和引发幼儿的创造性使用。

（4）材料的使用的安全性。在幼儿实验材料的选择上要特别考虑材料对于幼儿的安全性，避免幼儿在使用操作过程中对身体造成伤害。例如，锋利、尖锐、易碎的玻璃器皿，高温、有毒和超过人体安全电压的电源等器材不能选用。

实验操作活动重点在幼儿的操作，而操作的对象是材料。因此，材料的选择和准备对幼儿实验操作活动的意义重大，它可直接决定活动的成败。我们在活动设计和活动准备时应充分考虑材料因素。

（二）实验操作类科学教育活动的目标设计

活动目标是整个教学活动的"纲"，指导着每一个教学环节，贯穿于活动始终。因此，一旦教学内容确定后,教学目标的确定对整个活动的设计具有指导性作用。实验操作类活动作为科学教育活动的一种具体形式,它在目标的制定上首先要符合科学教育活动的大目标,然后根据实验操作活动的具体内容和特点以及幼儿生理、心理与智力的发展水平与原有的经验水平制定出具体的活动目标。

1. 核心目标

科学好奇心:注意到新异事物或现象,愿意探究新异事物或现象,对新异事物或现象提出问题并进行探究。

科学探究能力:能通过自己的观察操作获取发现;能对问题作出假设并用自己的经验来加以检验;能根据已经获取的资料进行合理推理,得出结论;能根据过去的经验或逻辑推断对现象进行解释和预测。

2. 具体目标要求

（1）目标的制定必须具体,避免过空过大(如宽泛地谈培养科学兴趣,培养动手操作能力,提高科学探究能力等)。过空过大的目标缺乏可操作性,也就没有了目标。细小、微观的目标让人一看便知,幼儿通过活动能具体获得什么,使活动目标是可操作的,可完成的。对幼儿科学兴趣的培养、科学经验的建立和探究能力的养成是一个长期的过程,是通过实现一个个小目标累积而成。如活动"多彩的灯光"的目标"观察比较三种材料的显著区别,并发现有颜色透光的材料才能使灯光变色"就非常具体。

（2）目标的制定要有针对性,活动目标是依靠具体活动来实现的,什么样的操作让幼儿获得什么样的能力,什么样的活动过程带来什么样的满足,产生什么样的兴趣,要能体现本活动的特点。

（3）目标的制定要体现层次性,不同年龄段的幼儿在心理、智力等方面的发展处于不同的层次,即使同一年龄段也存在个别差异,活动目标应根据教学对象的实际发展水平、特点和个别差异来设计,以满足不同幼儿发展的需要。层次性还体现在活动中各项具体目标的逻辑关系,或重叠交替,或由易到难,层层递进。

（4）目标的制定要凸显实验操作性活动的特点,重视幼儿亲历自主的探索过程,学习探索方法,培养幼儿热爱科学的情感,一般不宜强化科学知识的获得。

（5）目标的制定要体现综合性,从情感、态度、过程方法、能力、知识经验等方面综合考虑。这里的综合性不是说在每一个活动的目标设计中都得包括。

（三）实验操作类科学教育活动的过程设计

1. 设计思路

活动过程的设计是活动设计的主要环节,它的科学性、合理性、可操作性直接关系到教育目标是否能得到较好的贯彻和实现。

活动过程的设计是教师运用幼儿科学教育的有关理论与自身的科学知识和教学技能,对活动内容具体展开来达到教学目标的设计(是教师依据教学目标,把活动内容、使用材料与幼儿教育学、心理学的有关理论结合起来)。

幼儿实验操作活动应该是一个开放的、动态的过程。教师在过程这个设计环节中,不可能把幼儿实验过程可能发生的各种情况,可能产生的各种问题囊括其中,教师的设计只能是尽可能周密地预设性设计,有的问题需要教师在幼儿操作过程中即兴生成,预设性实验操作活动的设计一般由三部分组成:活动的引发和导入、活动的展开、活动结束和延伸。

第一类活动:演示探究。演示探究有两种情况。一种是基于对幼儿操作安全等方面因素的考虑,完全由教师演示实验,幼儿观察实验过程和实验现象。这类活动,要以幼儿的探究学习为目的,让幼儿明确探究的问题,要选择恰当的演示方式,充分显现其直观性、形象性以激发幼儿的兴趣,教师要引导幼儿针对性观察,穿插提问,启发幼儿归纳总结。另一种是幼儿独立完成难度不大的操作,教师作示范性演示,然后幼儿模仿学习操作,获得一定的操作技能和经验。然后通过自己的观察,获得发现。这种设计的目的性较强,但对幼儿的自主探究学习会有一定的限制。

第二类活动:引导探究。即由教师通过材料引导幼儿先行自由探究,然后再组织幼儿交流,引起幼儿进行有兴趣、有目的的进一步探究。这一思路能较好地将幼儿自主探究和教师的引导结合起来,取得较好的效果。

第三类活动:验证探究。即针对某一问题,教师启发幼儿用已有的知识经验进行推理,对可能发生的问题或产生的结果提出猜想,然后让幼儿进行实际探索活动来验证先前的猜想是否正确。这种方式适合于幼儿已有类似的生活经验的情况,如果验证探究的问题幼儿不熟悉,难理解,这种设计就失去了意义。这类活动反映了科学探究的一般规律,对幼儿科学思维方法的培养有很好的作用。

2. 过程设计

(1) 活动的导入。活动的导入是活动开始的引子,将幼儿活动的内容亲切地、自然地、趣味性地引发出来,以激发幼儿的学习兴趣和求知欲望,将幼儿注意力引导到活动中来,明确活动的目的和要求。导入活动的形式多种多样,一般地讲,可以通过这样一些方法导入幼儿实验操作活动:以摆放在幼儿面前的操作材料导入;以教师的演示实验导入;以创设问题情景导入;通过幼儿生活中的某一常见的科学现象导入;通过谜语、魔术、儿歌、故事、影像资料导入。活动导入环节应简洁明了,注意控制时间。

例如,在幼儿探究"有趣的磁铁"的活动中,教师以"会跳舞的小人"导入活动(在布娃娃的脚部固定铁块后,放于三层板制作的圆盘上,教师一只手拿住圆盘,另一只手拿着磁铁不停地在圆盘下方移动。圆盘上可放一张大帕子作为装饰,以便遮住教师拿磁铁的手)。以此"魔术"方式导入活动,幼儿的注意力一下子全被吸引住,兴趣油然而生,情绪高涨,极度兴奋。为顺利展开活动、完成活动任务、实现活动目标做出了极好的铺垫,开了一个好头。同是有关磁铁的探究活动的导入环节,还可以通过创设问题情景导入:老师有一根针掉进这一盒沙子里了,怎么找也找不着,现在这里有一块磁铁,我们用什么方法可以把针找出来? 这一活动的导入,为幼儿提出问题,让幼儿产生悬念,同样引起幼儿的探究兴趣和学习欲望。

(2) 活动的展开。活动展开的设计是活动过程设计的主要部分,也是最重要的部分,整个活动大部分内容都集中在这一环节,占去总活动时间 80% 左右。这一部分的设计可以从以下几个方面考虑。

① 条理清楚、层次分明。通过教师缜密的思考,要求教师把握活动过程中各个环节的逻辑关系,明白知识点,清楚重点、难点。从科学性和幼儿特点出发引导幼儿在操作过程中先做什么,后做什么,遵循事物发展变化的科学规律,层层递进。

② 组织形式、活动方法。实验操作类活动多采取小组活动的组织形式,有时也用集体、小组和个人相结合的方式进行。实验操作活动有时需要两个或几个幼儿同时动手配合完成,教师要积极倡导和鼓励合作探索,培养幼儿的合作精神。在活动方法的设计上应最大限度地让每个幼儿都动起来,积极参与实验操作。

③ 材料的投放。实验操作类活动是通过幼儿与材料的相互作用来实现的,用什么方式把材料投放到活动中,需要我们认真思考。幼儿实验操作所需的材料可一次投放也可分次投放,根据活动需要来设计。分次投放材料,可突出教师的指导意图,使活动由浅入深、由表及里层层展开,对幼儿逻辑思维的培养和科学方法的训练都大有好处。

④ 问题的设计。亚里士多德说过:"人的思想是从疑问开始的。"教师通过启发性、诱导性、开放性等多种问题来引导幼儿探究活动。问题要有针对性,设在有疑处;问题难易适度,充分考虑幼儿的心理特征、智力水平和现有的经验;问题要具有导向性,所谓导向性,是指教师所提的问题要起到引导、帮助幼儿主动探索的作用,从而引起幼儿的探索兴趣,引发幼儿的探究欲望;同时应注意所设计问题

的启蒙性与科学性。

（3）活动的结束和延伸。活动结束是整个活动过程的最后环节，教师通过这一环节使本次活动圆满结束，同时使幼儿在活动中所经历的过程、掌握的方法、了解的知识经验在活动后得以延伸。活动结束环节应紧扣教学内容，是整个活动的有机组成部分，它对整个教学目标的落实有着重要作用。活动结束，没有固定格式和规定，应根据教学内容与过程的具体情况来进行设计。

① 通过幼儿的讨论交流后，对活动进行自我小结和评价，并着重对过程、方法和现象观察的小结评价。

② 提出要求，让幼儿将本次活动中获得的经验应用于生活，或提出生活中某种相关联的现象，让幼儿去继续探索，使活动得到延伸。

③ 提出类似的问题情景，让幼儿运用所获得的经验去解决，以检验和巩固幼儿新学的知识经验。

在幼儿实验操作类活动中也常采用互动游戏或合作游戏的方式结束。例如，在"有趣的磁铁"的活动中，教师设计合作游戏"搭火车"来结束活动（将所有小朋友装有条形磁铁的小车靠磁力连接在一起，变成一列长长的小火车）。也可用互动游戏"磁铁娃娃来跳舞"作为活动的结束。

在活动结束环节中，教师切忌用成人的眼光去评价幼儿，过高地要求实验操作过程的完整性和严密性、知识的科学性和准确性。一些教师在总结时，一方面为了追求过程的严密和知识的准确，一方面要面对幼儿，把自己推向两难的境地。活动结束后如果教师要进行总结评价，一定要有策略和技巧，给每一个幼儿正面积极的影响。

三、实验操作类科学教育活动的组织指导

（一）为幼儿创设宽松、和谐的活动氛围

教师对幼儿行为的理解、认同、赞扬和尊重会给幼儿带来满足和自信，这种满足和自信给幼儿强大的动力，使之情绪更高，兴趣更浓。这种满足和自信给幼儿带来强大的创造力，使之有新发现。相反，教师的批评和不适当的评价会造成幼儿心理紧张，情绪不安，总害怕自己做得不对、做得不好，幼儿的注意力只顾关心教师的态度而不去关注操作活动本身，完全丧失对活动的兴趣和积极性。因此，要使幼儿在活动中愉快地体验活动过程，保持浓郁的探索兴趣，积极、自主地进行探索，要使幼儿的探究活动收到预期的效果，教师必须为幼儿提供宽松和谐的活动氛围：充分理解和尊重幼儿自发的探究和认识的需要，尊重他们独特的认识特点，欣赏他们独特的发现，采用具体的激励引导评价方式来激发他们内在的探究动机。

包容幼儿的"错误"，教师要认识到，幼儿当前的"错误"，代表幼儿当前的认知水平。在成人看来那些"错误"的东西，在幼儿的认知水平上却是"合理"的、"正确"的。在幼儿实验过程中，幼儿的想法和行为常常与教师不同，接纳和支持幼儿的想法和做法，会使幼儿感到放松、安全。

教师应重视每一位幼儿在实验中的表现，重视每一位幼儿提出的每一个问题，使幼儿感受到教师对他们的重视，感受到他们在探索中所发挥的作用。对于个别发展水平相对较低的幼儿，教师应给予特别关注。

（二）为活动提供充足、多样的材料

实验操作类科学教育活动是幼儿与材料的相互作用过程，材料是幼儿活动的对象。所以，为幼儿提供多少材料，提供什么材料，以什么方式提供，对幼儿的操作活动的效果有着重要的关系。

在实验操作活动中，给幼儿提供的材料应有一定的结构性。作为教师，只有认真研究材料，集合在一起的结构及其所蕴涵的关系，才能有效地引导幼儿进行活动，幼儿通过操作这些物体和材料发现

潜在的关系,获得相关经验。教师应特别注意引导幼儿获得材料的特性、材料的变化和材料间的相互关系三方面的体验与经验。

材料的特性指的是材料的物理性(轻重、软硬、光滑粗糙、冷热、颜色等),化学特性(溶解、燃烧等)和功能特性(主要用途)。材料的变化是指材料在某种条件下所发生的物理变化和化学变化(弯曲、熔化、变冷、断裂、溶解等)。相互关系是指不同材料间相互作用所表现出来的特点(沉浮、磁力、摩擦起电等)。

幼儿实验操作的材料按性质划分,可分为主体材料、辅助材料和主要工具三大类。按作用来划分,则可分为构成问题或任务的材料与解决问题和完成任务的材料两部分。

材料的投放方式因实验活动方式的要求和任务不同而有所不同。开放式投放材料有利于幼儿按自己的想法和意图操作材料,让幼儿有更多的自由发挥的空间和发现的机会,有利于培养幼儿自主探究能力,有利于训练幼儿发散思维。当然,"开放"并不是随意投放材料,同样需要教师仔细斟酌,根据活动的主题或任务以及幼儿的需要和探究水平,科学地、有效地组织好材料。

教师指导下的幼儿实验操作活动,常用分层投放材料的方法。材料的分层投放指的是教师根据幼儿在操作活动中探究的不断深入或扩展适时分批分层投放新的操作材料。这些材料把幼儿的活动一步一步地引向深入。分层投放材料使得幼儿的操作活动条理清楚,层次分明,对探究问题由浅入深、由表及里层层剥离,这对培养幼儿思维的逻辑性和操作的条理性大有益处。

例如,实验操作活动"小电珠亮起来"可以这样投放材料:第一次,一节电池、一根导线、一颗小电珠;第二次,增加一节电池;第三次,增加一根导线;第四次,增加胶线、小铁片、小硬纸片、小木片。依次投放材料,教师的导向性很明确,活动层次很清楚。用第一次投放的材料怎么接亮小电珠,增加一节电池后,又怎么接? 小灯的亮度有什么变化? 导线变成两根后又该如何接亮小电珠? 用胶线替代导线灯还会亮吗? 在导线和小灯间(或两节电池间)垫上小铁片小灯亮不亮? 换上小木片呢? 换上小硬纸片呢?

(三)引导每一个幼儿积极动手操作,自主探索,主动建构认知

在幼儿实验操作类科学教育活动中,教师对活动引入过程占用时间不可太长,要让幼儿有更多的时间去自主探索。教师的任务不是把现成的科学知识和概念传递给幼儿,也不是让幼儿依样画葫芦地重复教师的演示实验,而是引导和支持幼儿通过自己动手动脑去自主地进行科学实验活动,积极主动愉快地去体验活动过程。这是每一位教师在针对实验操作类活动的组织指导策略上必须认真考虑的。

教师对幼儿的实验操作除安全方面的考虑外不应作过多的限制(如要求幼儿必须使用什么材料,必须按什么程序操作等),应使幼儿按照自己的想法去做,尝试解决问题。鼓励幼儿多角度多层面思考问题,变化使用多种材料,尝试多种实验方法,包括学习他人的方法。允许幼儿有不同的实验结果,认同幼儿按照自己的思维解释实验现象。

积极热情地对待幼儿在操作中提出的问题。幼儿的"问题"可能是操作中的难点和重点,教师不可直接告诉幼儿该怎么做,应启发幼儿展开讨论,引导其渡过这一难关,使其思维能力、操作能力得到提高。

在实验操作类科学教育活动中,教师要引导幼儿采用适当的方法观察实验现象,特别是观察事物的特征、事物的异同、事物的变化,根据需要可选择系统观察法、比较观察法和运用多种感官联合观察的方法。

讨论、交流是实验操作类科学教育活动的重要组成部分,在经历实验操作过程后,幼儿迫不及待地想把自己所经历的过程和发现的结果告诉给同伴,与小朋友们一起来分享。此过程教师应引导幼儿按活动的结构层次进行梳理,对过程中的现象进行分析、比较、归纳、综合,最后得出结果,并与预先的猜测进行比较,深化原有的经验和认识或调整原来的认识,建立新的经验。讨论、交流的过程也是幼儿以表象的形式重现实验操作的过程。通过交流,幼儿们的不同实验操作方法,不同的实验现象会

引起幼儿从不同的视野角度、以不同的思维过程去认识同一事物变化,极大地丰富了幼儿对同一活动的认知,进一步扩展了幼儿的思维空间。

四、活动案例及评析

活动案例 4-3

中班科学活动：会喷水的小茶壶

（重庆市渝中区实验幼儿园　莫玲）

视频
会喷水的小茶壶

活动来源

《指南》指出:幼儿科学学习的核心是激发探究兴趣,体验探究过程,发展初步的探究能力。"会喷水的小茶壶"来自小朋友们观察汽水时引发的问题,为什么汽水会自己喷出来呢? 为了满足孩子的好奇心,进一步激发孩子的探究兴趣,我们选择和孩子来探究小苏打与醋发生化学反应,产生了二氧化碳,从而让茶壶里面的水自动喷出,这一神奇的实验现象。本次活动,教师将通过引导幼儿观察比较、实验操作、交流分享,帮助幼儿经历了发现问题、分析问题和解决问题的全过程,使孩子们的科学精神、动手动脑的能力和相关知识经验都获得了良好的发展。

活动目标

1. 尝试用实验的方法探索发现让小苏打粉产生奇妙反应的是水还是醋,并能初步了解其原因。

2. 能正确记录自己的实验结果,并简单表述自己的实验发现。

3. 积极投入探究活动,对醋和小苏打粉发生反应的现象产生浓厚的兴趣。

活动准备

醋瓶、水瓶、小茶壶、记录单、笔、托盘每人一份;二氧化碳讲解图片一幅;大记录表一份;小黑板一块。

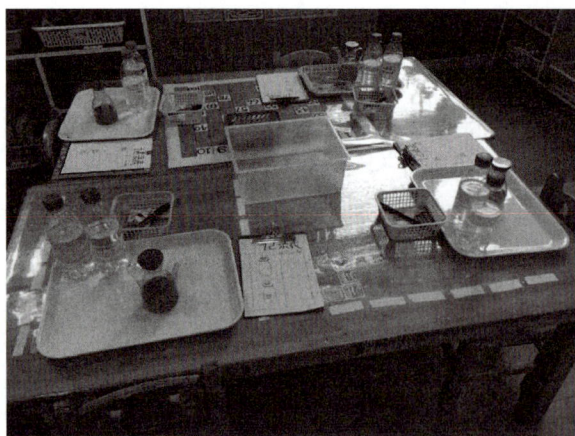

图 4-1　实验材料

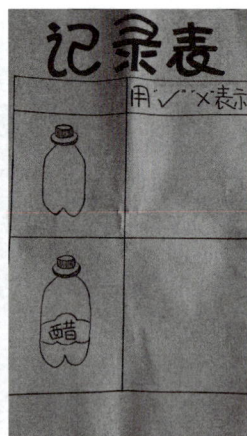

图 4-2　记录表

活动过程

一、情境导入,设置悬念

1. 设置情境,导入活动。

师:昨天,在厨房里面发生了一件奇妙的事情。我看见一只小茶壶里的水居然可以自己喷出来。

你们想看看吗?

教师一边演示一边口述实验。

把小苏打粉倒进小茶壶,神奇的一幕就发生了。

提问:你们猜猜神奇的魔法是谁发出来的?

(分析:通过实验的奇妙反应激发幼儿的活动兴趣。实验后抛出问题请幼儿猜测魔法是谁发出来的。设置这一问题可以帮助幼儿更加有针对性地观察,并且调动幼儿的思维,大胆去猜想,同时也能够让幼儿更清晰地认识实验的主要元素:小苏打粉、透明液体、瓶子。)

2. 创设幼儿实验探索情境。

师:原来这个神奇的魔法是由小苏打粉和小茶壶里的透明液体混合后发生的反应。老师遇到了难题:小苏打粉我们已经知道了,可是透明液体究竟是什么东西呢?

(分析:中班幼儿的观察是趋于由单个观察向连续观察发展的,他们的观察视角较之小班的单个独立有所发展,但却不能做到连续统整。设置"透明液体究竟是什么"这一问题,是帮助幼儿聚焦探索点。究竟是哪种液体与小苏打粉发生的反应。)

二、动手操作,实验探索

1. 教师介绍实验材料。

师:今天老师为大家带来了小苏打粉,也带来了两种透明液体——醋和矿泉水,你们让小苏打粉和它们分别做实验,找到另一种魔法材料。

2. 教师介绍操作步骤。

师:先将水或者醋倒入小茶壶,再加入小苏打粉,混合后盖上盖子观察。并记录下自己的实验结果,然后,再尝试第二种材料。

(分析:与幼儿一起认识实验材料,能够减少幼儿与实验材料的陌生感,从而帮助幼儿更为大胆地操作完成实验探索。)

3. 幼儿探索是水与"小白粉"混合,还是醋与"小白粉"混合能够让小茶壶喷水。

(1) 幼儿第一次实验操作,教师观察指导。

(指导要点:帮助幼儿建立良好的操作习惯,例如实验过的材料倒回垃圾盆、节约实验材料、保持操作环境的整洁等,并提醒幼儿及时记录实验结果。)

(2) 组织幼儿交流分享实验结果。

问题引导:谁愿意告诉老师你发现的秘密,小苏打和什么混合后可以让小茶壶自动喷水。

(分析:让幼儿与同伴分享实验结果。由于实验带来的惊喜,让幼儿对此记忆深刻,他们非常乐意表达。同时老师提问时采用简单句式引导幼儿清楚讲述。)

(3) 实验小结,分析并讲述原因。

问题引导:为什么醋和小苏打粉混合反应后就会让小茶壶自动喷水呢?

教师小结:因为醋和小苏打粉混合后发生了化学反应,产生了一种气体二氧化碳。大量的二氧化碳在茶壶里装不下了,它们就挤着往外跑,最后醋也被它们一起挤出来了。

(分析:在幼儿通过实验操作体验后,教师运用形象的图画为幼儿讲述实验背后的原因,帮助幼儿积累新的科学经验,同时也起到了承上启下的作用。见图4-3。)

三、再次探索醋、小苏打吹泡泡

教师引导:二氧化碳和泡泡水也能做游戏,你们想再试试吗?

图4-3　幼儿画作

1. 幼儿实验，教师观察指导。

（分析：带着新问题再次进入实验，更充分地满足幼儿探究的欲望。）

2. 引导幼儿观察实验现象，表达实验发现。

教师引导：有谁愿意来给大家分享今天的神奇探索。

（分析：鼓励幼儿大胆表达并学会倾听同伴的意见）

活动延伸

生活中的碳酸饮料因为含有二氧化碳，所以在一定条件下也会发生自动喷射的现象，如雪碧。（出示雪碧）商店里这样的饮料还有其他几款，细心的你可以去找找，试试。不过我们一定要注意少喝一点，因为碳酸饮料不够健康哦！

（分析：实验与生活结合，不仅能够统整健康领域目标，也能带给幼儿后续探索的可能性。）

活动点评

幼儿科学活动是引发、支持和引导幼儿主动探究，经历探究和发现的过程，获得有关周围物质世界及其关系的经验过程的活动，它使幼儿获得乐学、会学这些有利于幼儿终身发展的长远教育价值。莫老师的科学活动"会喷水的小茶壶"，让我们看到科学探索活动对幼儿来说有着无穷魅力，看到教师教学的艺术，看到幼儿在探究活动中的学习与发展。

一、搭建支架，让科学活动成为幼儿"探究之旅"

幼儿科学学习的核心是激发探究兴趣，体验探究过程，发展初步的探究能力。活动中，莫老师为幼儿"探究之旅"搭建了三个支架。

支架一：经历完整探究过程，实现探究之旅。幼儿的思维特点是以具体形象思维为主，应注重引导幼儿通过直接感知、亲身体验和实际操作进行科学学习。观察——猜想——第一次自主探索——交流讨论——第二次探索验证——小结发现——生活延伸，在过程中引导幼儿通过观察、比较、猜测、记录等科学方法进行探索，这正是支持幼儿亲身经历探究过程、体验科学精神和探究解决问题策略的过程。

支架二：为幼儿提供适宜有趣的探究工具。科学活动中的材料投放与幼儿的探索兴趣有着密切关系。活动中提供的小茶壶、小苏打及醋等安全、适量的材料，激发了幼儿探索的兴趣，促进幼儿的思考。当小水壶喷出水来时，幼儿感到无比的兴奋。因此可见，幼儿的兴趣时常来自于材料，幼儿的发展更依赖于对材料的操作，材料让活动更精彩。

支架三：分层指导让每个幼儿"动"起来。莫老师面对中班能力不同的幼儿，采取不同的指导策略。教师支持和鼓励有的幼儿在探究过程中积极动手动脑自主寻找答案；教师引导有的幼儿与同伴合作共同探索；教师给有的幼儿示范给予引领。努力关注每一个幼儿的需要，用适宜的方式促进其发展。

二、联系生活，让科学活动激发幼儿"探究兴趣"

首先，在幼儿园的科学教育活动内容中，多是涉及物理、生物等学科知识，化学小实验的渗透则较少。莫老师内容选择有新意，在科学活动中尝试性地加入化学内容，以化学反应为载体开发设计的科学活动，受到幼儿的喜爱。

其次，幼儿是在生活中发展，发展中生活的。莫老师最后环节设计巧妙，让生活中的科学贯穿始终。从小水壶喷水的现象到二氧化碳的产生，再联系到碳酸饮料对身体的影响，让科学学习活动从生活中来，回到生活中去。这也是幼儿运用探究结果，联系生活解决实际生活问题的过程，更能激发幼儿探究的兴趣。

三、关注未来，让科学活动促成幼儿"探究品质"

学习品质的培养需要渗透到一日生活以及每一个领域中去。活动中，莫老师不仅注重对幼儿好奇、主动、专注、互助、合作、坚持等探究品质的培养,形成受益终身的学习态度和能力。活动后,教师还引导幼儿做好材料的收拾整理,并带领幼儿对喷洒在桌面与地面的水进行清洁,在潜移默化与示范引领中,培养幼儿爱劳动、爱护环境卫生的良好习惯。这些品质与习惯将决定着幼儿长远的发展。

关注幼儿科学活动的探究之旅、探究兴趣、探究品质,让幼儿在充满魅力的科学探究活动中自主、自信、快乐地学习与发展!

（点评：重庆市渝中区实验幼儿园　王雪怡）

活动案例 4—4

大班科学活动：纸牌变变变

（重庆市九龙坡区机关幼儿园　邓叶）

视频
纸牌变变变

设计意图

《指南》中指出：幼儿的科学学习的核心是激发探究兴趣,体验探究过程,发展初步的探究能力。班上幼儿喜欢动手动脑、好学好问。此次科学教育活动可以萌发幼儿对科学的兴趣、好奇心,积累科学经验,掌握科学的方法和技能。《纲要》中还指出：科学教育应该密切联系幼儿的实际生活进行,利用身边的事物与现象作为科学探究的对象。纸牌是小朋友身边常见的物体,也是小朋友们感兴趣的物品,对此我尝试利用纸牌作为探究材料,激发小朋友的探究兴趣。整个活动由浅入深、层层递进,不断挑战,引导孩子们探究纸牌搭高楼的方法,充分体验探究成功的快乐。

活动目标

1. 通过玩纸牌,了解并体验通过改变物体形状使物体站立更稳。
2. 大胆探索纸牌站立和建构的各种方法,发展创造性思维和实践操作能力。
3. 大胆分享经验,并乐意在集体中表达自己的想法。

活动准备

1. 材料：废旧纸牌若干;塑料筐8个;操作台;相机等。
2. 多媒体：著名建筑物图片(长城、布达拉宫、伊斯兰古城、马来西亚双塔、埃菲尔铁塔、迪拜酒店等)。

活动过程

一、引入：变出纸牌激发幼儿探索纸牌的兴趣

教师以变魔术的方式变出纸牌并引导：今天我们要和纸牌玩一个特别的游戏"用纸牌变魔术"。

二、幼儿初步探索纸牌站立的方法

1. 教师引导：请你动脑筋想一想纸牌能站起来吗?

你可以和朋友讨论一下,试一试有什么办法让纸牌站起来。

2. 幼儿动手操作并交流讨论纸牌站立的方法。

提问引导：你用的是什么办法?有不一样的办法吗?(有两种办法：借助其他物品的帮忙;纸牌变形。)

3. 师幼共同总结纸牌站立的方法。

借助其他物品的帮忙纸牌站立的方法有：用手指夹住,放到椅子缝,靠着椅子站起来等。

让纸牌变形站立的方法有：折、卷等各种方法（见图4-4，图4-5）。

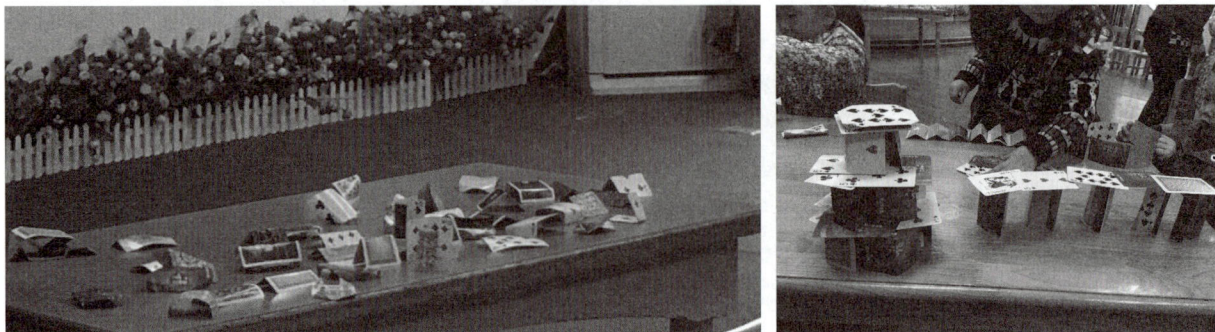

图4-4 纸牌"变形记"

三、幼儿探索更多纸牌变形站立的方法

1. 教师引导：通过纸牌变形的办法让纸牌站立，你能变出多少种形状？

2. 明确操作要求：在操作台上的篮子里有很多纸牌，你想出一种办法就从里面拿出一张纸牌，动手试一试，如果成功了，就请你把作品保留在桌上，看谁想的办法最多，谁的方法特别。

3. 幼儿动手尝试多种操作，教师巡回观察幼儿操作情况并积极鼓励幼儿讨论交流：

你用的是什么办法？

是怎么折（卷）的？

数一数用了多少种办法？

比一比纸牌站立谁更稳？

图4-5 运用变形技巧创新搭建

4. 再次观察并总结纸牌站立的情况。

观察比较各种各样站立的纸牌并用手触摸变形的纸牌，感受物体能站"稳"的要素：重心低，接触面积大。

四、幼儿用纸牌进行创造性建构

1. 多媒体呈现纸牌高楼照片，同时激励幼儿用让纸牌站起来的本领完成挑战——搭纸牌高楼。

搭建引导幼儿思考：怎么样站立的纸牌"稳"？怎么样站立的纸牌"高"？怎么搭才能又高又稳？

2. 幼儿动手操作，教师巡回指导。

提问1：你是怎么搭的？（请幼儿介绍自己的搭建，重点引导幼儿观察、表达他在搭建中应用了哪些变形纸牌。）

提问2：谁的高楼造得最稳？（鼓励幼儿归纳经验并用自己的话概括造高楼的要诀——先搭第一层，纸牌要站得牢，第一层站稳了放一层平的纸牌后可以继续往上面搭建，这样就可以搭得又高又稳了。）

3. 出示著名建筑图片，教师对建筑特征进行简单的介绍。

提问：你最喜欢哪一幢？为什么？你还想搭建什么样的建筑物？

（鼓励幼儿和同伴合作尝试建构不同的建筑，教师巡回指导。见图4-6。）

五、展示幼儿作品，边欣赏边评价

1. 带领幼儿相互欣赏搭建作品。重点从幼儿用到的变形技巧、美观度等进行评价。

2. 鼓励幼儿要敢于动手动脑，在活动区继续搭建更新更美的建筑物。

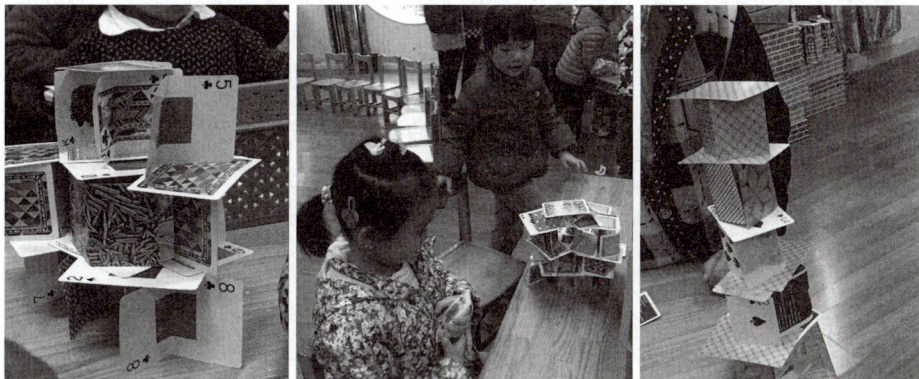

图 4-6　看,我们的建构方法有很多!

活动点评

　　本次活动选用了生活中的常见物品——纸牌,作为本次活动的探究材料,看似简单的纸牌,在小朋友手里变得不简单:他们大胆尝试、积极探索各种方法让纸牌站立,纸牌站立方法独特、有创意,很好地培养了幼儿的创新意识。

　　一、活动中充分体现了教师的智慧和对科学领域知识的把控

　　整个活动采用各种方法调动孩子们的已有经验,从幼儿自主探究纸牌站立的方法,引申到不借助其他物品的帮助使纸牌站起来,通过纸牌变形的各种方法的探究为纸牌搭高楼作铺垫,运用层层递进的结构,构思巧妙。活动中教师为幼儿提供更多的自主探究、运用经验、思考和创造的空间,从而引发幼儿的深度学习。

　　二、活动中更是体现了孩子们主动学习、主动探索的学习品质

　　孩子们从由易到难的多次的探索中,不断发现问题、解决问题:怎样立起来?怎样立得高?怎样立得与众不同?孩子们在一次次的探究中,逐步形成对科学的探究兴趣和科学探究的思维。

　　　　　　　　　　　　　　　　　　　　　　　(点评:重庆市九龙坡区机关幼儿园　刘丽)

第三节　技术制作类科学教育活动的设计与组织指导

一、技术制作类科学教育活动概述

　　当今社会,科学技术已全面渗透在生活的方方面面,学前儿童无时无刻不在接受现代科学技术的影响,享受现代科学技术的成果,自觉不自觉地加入对现代科技产品的操作使用和对科学技术的探索认识之中,由此便开始了他们"做科学"的历程,使得学前科学技术教育成为可能,枯燥的知识消失了,熟悉的、有趣的、接近生活的技术制作调动了孩子们的能动性,科学技术的内容发展为可供操作和实践的活动,从而将孩子们的日常感知上升为知识和能力。

(一)技术制作类科学教育活动的含义

　　技术制作类科学教育活动是以真实的科学本质为基础,以试验性的步骤,逐渐让学前儿童获得对

科学技术的基础认识，了解技术的转化和中介作用，从而为所有的孩子提供理解和掌握这个现代化世界的窗口。同时，以学前儿童的最大参与为目的，让孩子们充分感受和操作使用简单的科技产品，学习使用工具；设计并开展小制作，把自己投入到对科技的探究之中，学习在操作使用中发现问题，在设计实践中尝试解决问题，从而学会对所看见的和所做的事情进行思考，它是一项独立于科学理论的、连续的、不断完善的技能。

（二）技术制作类科学教育活动的价值

1. 生理价值

学前儿童从出生之日起就具有探索外部世界的潜在能力，技术制作类科学教育活动能为他们提供大量的可操作物体和材料，促使其在材料的选择、摆弄和小制作过程中锻炼肌肉能力、促进了手眼协调发展。

2. 心理价值

有良好素质的人，既能自我了解，又善于自我调节、自我控制，这种能力只能从小培养，操作活动的过程和成败的体会能有效地促使儿童提高自控力和增强自信心。

3. 智力价值

当儿童在从事那些不断面对问题的工作和活动时，他们必须投入更多的注意和思考，技术制作类科学教育活动正是让儿童在手脑并用中促进思维能力和智力的较大发展。

4. 道德价值

此类活动中强调儿童的合作操作过程和交流讨论过程，能促使学前儿童逐渐懂得尊重他人的意见，更好地培养社会性。

5. 美育价值

科技产品蕴含的设计美、功能美、技艺美三大美育特征，体现出既依附于它的内部构造上的实用价值，又依附于它的外在形式上的观赏价值，还有制作者在生产劳动中体现出的技术与艺术高度统一的和谐美，都无不感染着幼儿，在幼儿面前充分展示人类生产劳动成果的美育价值。

（三）技术制作类科学教育活动的分类

技术制作类科学教育活动可分为两大类：一类是学前儿童对科技产品和常用工具的认知，根据目标要求的不同又分为感受—操作式和运用—操作式两种；另一类是针对学前儿童开展的科技小制作活动，又可分为模仿—制作式和设计—制作式两种。

二、技术制作类科学教育活动的设计

对学前儿童来说，科学活动意味着一种游戏，但这是一个困难的游戏，充满着阻碍，需要集中付出努力，与那些没有什么困难和阻力的娱乐相比，这是一个与现实相摩擦的游戏。活动的设计就是要尽量让孩子们充满兴趣地积极参加这类游戏并从中去获得、去寻找应该怎么做的答案，最终通过亲自动手操作得出结论。

（一）技术制作类科学活动的设计原则

1. 科学精神与人文精神相结合的原则

技术制作类科学教育活动，强调幼儿的实践与探索，强调以"主动"形式创作，强调活动中的小组学习、合作与交流，让每一个幼儿都加入探索和研究中，充分体现了科学精神与人文精神的完美结合。

2. 让幼儿亲历过程的探究性原则

技术制作类科学教育活动中，幼儿作为研究者和探索者，需要发挥想象，提出自己的大胆猜测；需要设计操作的步骤；需要亲自动手探索并尽可能在实践中通过不断思考、交流，丰富和完善自己的想法，实现探究性学习的价值。

3. 与幼儿的合作性原则

技术制作类科学教育活动的过程是教师或家长对学前儿童施加教育影响的过程，但不是简单的"教"和被动的"学"，幼儿的学习是在教师或家长的指导帮助下通过动手动脑去验证他们的设计过程。它既强调学习者的主体作用，又强调教育者的主导作用，这样的教育才能在真正意义上让孩子们学会解决问题，而不是仅仅完成指定的任务。因此教育者要尊重、相信幼儿，理解他们的思维，指导帮助他们反省自己的学习过程。同时，还要为幼儿创设真实的问题情景，以激发他们主动解决问题的愿望。教育者应始终和幼儿共同探究问题解决的方案，尽可能地组织协作学习，以合作者的身份同孩子们一起开展讨论和交流，并对学习过程进行引导。

4. 资源共享原则

技术制作类科学教育活动的材料、资源是多样化的，其中有许多是利用生活日常用品或市场上可以购买到的材料物品，也有学校常用的仪器、设备等。因此，家长和社区的支持在技术制作类科学教育活动中尤为重要。动员和组织家长参与到技术制作类科学教育活动之中，可为此项活动提供大量的可利用资源和智力支持，能促进该项活动的顺利开展并提高活动的质量。同时，社会教育资源的支持也可为技术制作类科学活动提供大量的设备、器具和材料。这些资源既为教育者组织活动提供了帮助，又密切了幼儿与社会的关联，提高了活动的实效。

（二）技术制作类科学教育活动的目标设计

活动目标是指幼儿通过活动应达到的学习结果，教师必须是在全面贯彻总目标的前提下，针对活动内容的特点设计具体目标，并注重学前儿童不同发展阶段的层次关系。

1. 技术制作类科学教育活动的目标培养

技术制作类科学教育活动的目标包括四个方面的能力培养：一是充分地感受和正确操作科技产品的能力，二是掌握简单工具的使用方法，三是在教育者的指导下按规定步骤的操作能力培养，四是幼儿自行设计并动手开展科技小制作的能力培养。同时，活动目标还应包括对幼儿科学态度、科学世界观的培养。

2. 技术制作类科学教育活动的具体目标

技术制作类科学教育活动的具体目标见表 4-1。

表 4-1　技术制作类科学教育活动的具体目标

教学内容	适用年龄	具体目标	例举
感受技术产品	0—2 岁及以上	运用多种感官感知技术产品的特征和用途	使用学步车、照镜子、玩玩具（0—2 岁儿童活动）
体会操作乐趣	2—3 岁及以上	提出他们可能办到的事情，在家长或教师的帮助下操作与体验	骑三轮车、玩大型玩具、玩纸、泥塑（2—3 岁儿童活动）
掌握简单工具的使用	3—4 岁及以上	能正确使用简单的测量工具、生活工具和自制工具	学习用推、按、拧等不同方法使用电筒（3—4 岁儿童活动：我让电筒亮起来）
按程序进行操作或制作	4—5 岁及以上	能利用各种材料和设备按规定步骤制作简单物品	学习按步骤正确小制作（4—5 岁儿童活动：我的降落伞）
设计并开展科技小制作	5—6 岁及以上	行动表明有自己的想法，能用交谈、图像、图样、模型等手段来设计并操作，同时能简单说明理由	学习选择合适的材料自行设计并制作（5—6 岁儿童活动：巧做石膏小玩具）

（三）技术制作类科学教育活动的过程设计

1.设计思路

感受—操作式：重点在于让幼儿充分接触和感受运用技术产品。例如，认识并正确操作各类玩具、家用电器等。满足他们渴望了解"技术"的愿望，培养幼儿关注科技的兴趣。此类活动通常先由教师或家长演示讲解产品的用途并演示其操作使用步骤，幼儿在观察的基础上动手尝试，最后经共同讨论完成正确的操作。

运用—操作式：重点在于让幼儿学习工具操作并能正确运用解决问题。例如，正确使用小剪刀、订书机、测量工具、生活工具等。让幼儿了解工具的用处，掌握工具的使用方法，获得技术使用的体会并能在生活学习中正确运用。此类活动可以是独立的活动内容，也可以是技术制作类科学教育活动中的一个部分。通常由教师或家长启发、引导幼儿操作使用，幼儿在不断的失误中总结经验，最终掌握正确的使用方法。

模仿—制作式：通过开展小制作活动让幼儿按固定步骤学习制作简单的科技产品。例如，制作降落伞、潜望镜、万花筒等。幼儿在运用工具和材料开展小制作是对技术的一种非常直接的体验，此类活动通常由教师或家长演示操作过程，幼儿动手实践，师幼共同交流最后制作完成作品。

设计—制作式：让儿童在已有的制作经验基础上进行扩展和创新。例如，设计并制作石膏玩具，做一个和别的小朋友不一样的不倒翁等。此类活动通常是在教师和家长的支持帮助下通过儿童自主设计、动手动脑、个性化地完成作品的创作和制作过程。

总之，活动过程的设计理念应体现技术制作类科学教育活动的本质，让幼儿通过实际操作去获取知识，通过实践去解决问题。操作并不仅仅是动手去做，它也是一种研究，要引导孩子们动脑筋、想办法去创造，设计过程包括提出问题→研究问题→解决问题→交流感想→完善提高→展示分享共六个程序，这六个程序并非有序排列，而是相互交织、相互结合。

2.技术制作类科学教育活动的设计模式

技术制作类科学教育活动的设计模式见表4-2和表4-3。

表4-2　案例信息表

活动分类：	阶段划分：
活动主题：	活动计划：
实验班级：	设计人：

表4-3　活动计划

活动目标		
活动准备	活动材料	
	科学术语及词汇	
	可能的重、难点	
	知识、技能的准备	
	时间安排	
活动过程	引入	
	猜想预测	
	问题探讨	
	分组实作	

（续表）

活动过程	实作记录	
	总　　结	
活动评析		
备　　注	以上内容每一个过程要求尽可能配图,操作材料尽量做到幼儿人手一份。	

三、技术制作类科学教育活动的组织指导

技术制作类科学教育活动的组织与指导应本着面向全体儿童展开,着重探索过程的指导,尽量让学前儿童主动创造,努力把此项活动变成幼儿乐于参与的活动。

（一）技术制作类科学教育活动的组织过程

1. 活动前的准备

活动前准备要充分,教师要熟悉活动内容,尽可能地把握该项活动的科技含量及相关科技术语,对知识技能的重点、难点有所预测,同时,尽最大可能地为幼儿提供充足的操作材料,安排合理充足的时间。

2. 活动过程的领导

（1）设置能够引起幼儿兴趣和探究欲望的导入。导入的方法很多,教师可灵活选择,其目的是调动幼儿的好奇心,把他们"吸引"过来,使他们集中注意力,积极思维。技术制作类科学教育活动中较常见的导入方法有:通过直接操作材料导入;演示操作过程导入;利用简短指令导入;设置相关问题导入等。

（2）鼓励幼儿围绕主题进行假设或设计。作为幼儿学习科学的支持者和引导者,教师应充分考虑到幼儿由于年龄、经验和认识水平的特点。他们常常用独特的、不同于成人的眼光和思维方式去思考,不可能完全按教师的设计思路展开,因此我们应积极鼓励幼儿大胆假设和猜想,尊重幼儿间的差异,接纳每一个幼儿的观点,因材施教,逐一点拨。

（3）鼓励幼儿按自己的想法进行操作。给幼儿足够的时间,提出启发性的问题,让幼儿带着疑问,按自己的想法去选择材料进行操作,验证自己的想法和假设正确与否。教师没有必要在幼儿动手操作之前就把答案告诉他们,也不要在幼儿的操作过程中左右他们的思想,暗示结果,而是要放手让幼儿大胆地动手做,并从活动中去了解他们的探索情况,鼓励幼儿表达自己的发现,帮助他们按自己的想法进行验证。

（4）引导幼儿积极开展交流和思考。当幼儿在操作中有了发现之后,无论他们验证的结果与设想是否一致,教师都应尽可能地为孩子之间的交流创造条件,让每个幼儿都能表达自己的实践过程。同时,教师还应尽量帮助幼儿总结发现,鼓励幼儿在前次探索、发现的基础上进一步寻求答案和新的发现。

3. 活动总结

（1）活动结束前:在幼儿表达、交流信息的基础上,教师可以和幼儿一起小结本次活动的知识点,对幼儿学习过程及表现作出评价。

（2）活动结束后:教师要注意对活动感想、活动中出现的问题以及有多少收获、如何指导幼儿进一步探究等问题进行总结,以便在日后的活动组织中不断改进。

（二）技术制作类科学教育活动的指导要点

技术制作类科学教育活动从内容、方式、环境创设等诸多方面都要有利于调动幼儿学习的积极

性,有利于他们主动学习。教师的角色是不断地鼓励孩子们通过实践操作去证明他们的猜想,一边做一边思考:"你为何要这样做?""告诉我你发现了什么?""与过去的发现相比较,有何不同?"一个富于探索的儿童群体,一个有趣的实践内容,加上目标明确的老师,技术制作类科学教育的开展才能真正成为一种和谐的、积极的科学研究。

1. 观察与思考

带领孩子们充分考察相关科学内容和现象,然后对该内容和现象进行积极的思考,让幼儿明确目标,知道自己要做什么,怎么做。

2. 操作与构建

儿童的操作过程需要一定的自由度,他们需要在各个方向上都做一些探索,需要熟悉他们要用的材料,这是实践操作的初步。进一步的工作就是要按步骤去做并得出结果,但这个结果可能是多种多样的。孩子们做事往往急于求成,希望立即就找到答案,如何让孩子们学会从失败中吸取教训,并懂得也许还存在其他的假设,这并不是件容易的事情,教师必须要有耐心,并努力教会孩子们做事要坚持,要充满希望地去寻找到正确的结论。

3. 讨论与支持

孩子们要获取知识和技能只有动力没有帮助是不够的,在活动过程中需要不断地与其他孩子交流并在老师的指导下进行。交流的方式通常是小组讨论,这种讨论可以让孩子们对实践中发生的事情和问题加以认识。个人的想法往往不够全面,通过与别人探讨与争论可以相互弥补,这是很有意义且非常重要的。此时教师对儿童的指导应该是不断地向他们提出问题,鼓励不同的见解,并让孩子们时刻保持清醒,而不应总是向孩子们解释,要鼓励他们通过思考说出理由。技术制作类科学教育活动应当为孩子们创造和谐的讨论与支持的氛围,让孩子们构建自己的知识体系,纯粹的手工制作是不能达到这一目的的。

4. 阶段与系统

孩子们用各种方法去探索技术、掌握方法,需要一定的时间去进行他们的实践。教师的作用是重要的,可以多给孩子一些建议,并把各种活动分成阶段,然后循序渐进地开展。这些活动应该是教学计划的一部分,同时又给孩子们足够的自主性。在围绕某个主题进行教育活动时,一般应安排若干个星期的时间,整个技术制作类科学教育活动的内容与教学建议更要有连贯性和系统整体的安排。

5. 记录与总结

与孩子们所记录的其他东西相比,技术制作类科学教育活动的记录是有其独特之处的,它记录了所开展的活动并被孩子们拥有。它是由孩子们自己记录的,而不是教师的总结,是孩子们对自己所做工作的理解,这一点很重要,它表明孩子们由实践本质或直觉感受过渡到有目的记录。通过记录,幼儿可以学会客观地描述,这是很有价值的延伸。

(三) 开展技术制作类科学教育活动应注意的问题

(1) 目标合理定位。教师不应只是重视认知能力的培养,同时不能忽视幼儿的社会性发展。

(2) 在活动内容的设计、安排上应体现系统性、连贯性,避免盲目。

(3) 角色合理定位。儿童是主体,教师是主导,既要给学生以充分的活动、思考、研讨空间,又要重视教师的引导作用,在适时适当的时候以适当的方式介入。

(4) 重视活动过程中幼儿之间的合作、讨论等交往活动,不片面强调个体的操作探究。

(5) 处理好直接经验和间接经验的关系。二者互为补充,共同促进幼儿的全面发展。

(6) 支持手段上应充分利用现代教育技术,开发多媒体设备在活动中的应用。

(7) 注意家园联系并充分获取家长的支持。

四、活动案例及评析

活动案例 4—5

大班科学活动：制作不倒翁

（重庆市渝中区实验幼儿园　孟萍）

制作不倒翁

活动来源

　　孩子们在玩耍不倒翁玩具的时候,对不倒翁"推不倒"的有趣现象充满了好奇,表现出强烈的探索欲望。不倒翁不倒的秘密和它的结构有密切关系。不倒翁的底部比较重,使整体的重心降低,再加上底面宽大、圆滑,当用力推它时,它的重心就和接触点不在同一条铅垂线上了。在重力的作用下,它不但不会跌倒,还会像钟摆一样来回摆动。本次活动中,正是基于不倒翁的结构出发,通过对不倒翁的拆解、观察、制作,逐步引导孩子在"做中学",帮助他们探索其中的奥秘。

活动目标

　　1. 在观察和玩耍中,了解不倒翁上轻下重、底部圆滑的特点。

　　2. 能看懂步骤图,按图示掌握制作步骤,制作出不倒翁。

　　3. 大胆动手,在反复的尝试与修改中享受制作的快乐。

活动重难点

　　重点:反复尝试与修改,体会不倒翁不倒的秘密。

　　难点:能看懂图示并按图示掌握制作步骤,完成制作。

活动准备

　　多媒体视频(大唐不夜城不倒翁表演)、可以拆掉的大不倒翁一个、不倒翁制作图示、乒乓球一个、橡皮泥、卡纸一张、剪刀、马克笔、双面胶。

活动过程

　　一、谜语导入,激发兴趣

　　1. 猜谜语,激发幼儿探究兴趣。

　　谜语:一个老爷爷,别看年纪大,走路左右摆,就是不倒下。

　　提问:猜猜谜语里说的是谁? 你是怎么知道的?

　　2. 鼓励幼儿猜想不倒翁不倒的秘密。(教师出示大不倒翁帮助幼儿进行猜想。)

　　提问:为什么叫它不倒翁呢? 你知道,它为什么不倒吗?

　　(分析:活动开始用有趣的谜语作为导入,既能帮助孩子进入情境,又能让孩子从中获取不倒翁的生活现象的相关信息,明确本次活动要探究的问题)

　　二、探究原因,尝试制作

　　(一)探索不倒翁不倒的原因

　　1. 教师用问题引导幼儿大胆交流自己猜想的不倒翁保持平衡的原因。

　　提问:猜一猜,它为什么不会被推倒?

　　幼儿玩耍不倒翁,探索将不倒翁推倒的办法。

提问：玩一玩，拆一拆，怎样让不倒翁一推就倒？

2．师幼共同小结找到的不倒翁不倒的秘密。

不倒翁的底部都是圆圆的、重重的，上半身则是轻轻的、长长的，这样的不倒翁才能不倒。

（分析：幼儿明确了本次探索的问题是"不倒翁为什么不会倒"之后，鼓励幼儿调动已有经验对问题的答案进行推测，并引导进行有依据的推论，同时在观点发生碰撞时鼓励幼儿进行讨论，促进幼儿主动认识的建构。在幼儿形成推测之后，鼓励幼儿按照自己的方法进行尝试，通过多种尝试验证猜想，最终找出不倒翁结构的秘密。）

（二）动手尝试制作不倒翁

1．引导幼儿观察内部结构。

教师打开不倒翁，引导幼儿发现不倒翁底部有橡皮泥，对比观察有无橡皮泥时，推不倒翁的现象有什么不同。

提问：不倒翁身体里藏了一个小秘密，我们一起来看一看。没有橡皮泥，不倒翁又会怎么样呢？

2．师幼共同讨论，设计制作步骤图。

提问：我们今天也来设计一个不倒翁。咱们应该先做什么，再做什么，最后做什么呢？

小结：制作不倒翁，最先要先选择一个圆底，并想办法让它变重。然后制作一个又轻又长的身体，并画上五官。（教师边说边逐步分页出示制作步骤图）

3．幼儿运用材料，动手制作。

（1）教师投放相应材料，鼓励幼儿选择合适的材料按步骤进行制作。

师：请孩子们选择合适的材料和工具，按照刚才的步骤，动手制作一个不倒翁吧！

提问：你选择了什么样的材料制作底部？如何让底部变重的？制作过程中遇到什么困难了吗？

提问：你制作成功了吗？哪里不对？可以怎样修改？

4．鼓励幼儿修正并完善制作。

幼儿设计制作完成后，鼓励幼儿和同伴一起玩不倒翁并修正问题直到成功。

引导：你的不倒翁成功了吗？有没有哪里不对？可以怎样修改？同时指导幼儿合作探讨与完善制作。

5．点评并展示幼儿作品。

（分析：在以上环节，幼儿对不倒翁结构的探索的基础上，了解不倒翁上轻下重、底部圆滑的秘密之后，引导幼儿在制作不倒翁的过程中进一步将上一环节获取的关键信息进行再次验证。同时鼓励幼儿间的同伴学习与合作，让幼儿了解解决问题的多种方式，包括尝试用别人解决问题的方式来解决问题。）

三、播放视频，启发思考

教师播放视频，鼓励幼儿继续学习与思考。

提问：想一想，我们人可以变成不倒翁吗？（幼儿先讨论，然后老师再播放视频）咱们一起来欣赏一段视频吧！（多媒体材料）

提问：人变成不倒翁了吗？是怎么变的呢？我们回家和爸爸妈妈一起找出答案吧！

（分析：实验操作完成后，利用生活中的不倒翁原理的运用，帮助孩子积累新的科学经验。）

活动延伸

不倒翁的底座是不倒翁不会倒的秘密所在，请你尝试用不同的物体进行填充，如黄豆、大米、棉花、超轻黏土、沙、石头、弹珠等，看看它们是否也能让不倒翁不倒？

（分析：为幼儿提供后续探索的可能，鼓励孩子将探究点进行深化、细化。）

活动点评

　　《指南》中指出，幼儿科学学习的核心是激发探究欲望，培养探究能力。孟老师的科学活动"制作不倒翁"，让我们看到了教师对大班幼儿的准确把握，看到教师精妙的教学设计，看到了教师有效的教学提问，同时也看到了幼儿在活动中的无限探究欲望，看到了幼儿在活动中探究能力的逐渐提升，看到了幼儿在活动中坚持到底的探究精神。

　　1. 探究性——教学内容具有探究性，极大激发了幼儿的探究欲望。

　　不倒翁玩具是幼儿生活中常见的玩具，也是幼儿非常喜欢的玩具，幼儿在玩耍的过程中，经常惊叹于不倒翁为什么不倒呢？这就极大地激发了幼儿的好奇心和探索欲望，愿意动脑动手弄个明白。

　　2. 主体性——幼儿是探究的主体，教师给予幼儿探究的条件和时间。

　　建构主义学习理论认为，学习是学习者主动建构的过程。因此，幼儿科学教育必须成为幼儿主动学习、主动探究的过程。变教师主体为幼儿主体，变教师在前为幼儿在前，即先给予条件和时间让幼儿自己去探究、观察、动脑、动手，教师不急于告诉方法和答案。在此次活动中，教师为每位幼儿都提供了制作不倒翁的材料，且每次问题提出后，都给予他们足够的时间去自主探索，教师只是在幼儿探索时进行一定的引导。

　　3. 反思性——鼓励幼儿修正并完善制作，培养幼儿的反思和调整能力。

　　制作不倒翁，对于孩子而言，不可能一蹴而就，也许还要经历很多次失败。在这个制作的过程中，教师引导幼儿不断地对自己的不倒翁进行反思，思考为什么我的不倒翁要倒？我需要调整什么，才能让不倒翁不倒呢？幼儿一边思考，一边调整，就在这样的反思、调整中，幼儿的探究能力、探究态度、探究精神也得到了提高。

　　4. 渐进性——幼儿探究的内容由易到难，循序渐进，让幼儿逐步掌握知识。

　　从探究不倒翁不倒的秘密，到尝试制作不倒翁，再到修正和调整不倒翁，这样从浅到深，从易到难，从观察到动手，让幼儿对不倒翁地认识逐渐加深，对不倒翁不倒的原理逐渐深刻，对制作不倒翁的方法逐渐熟悉，从而有效地提升了幼儿的探究能力，培养了幼儿的探究精神。

（点评：重庆市渝中区实验幼儿园　黄雪莉）

活动案例 4-6

大班科学活动——小猪的智能之家
（重庆市九龙坡区机关幼儿园　虞孝愚）

视频
小猪的智能之家

设计意图

　　智能产品的日益增多为我们的家居生活提供了更多的便利，大班的孩子已经会使用一些常见的家用电器，并对智能家电很有兴趣，如会说话的机器人等，孩子们还会经常交流电器名称，于是我开展了本次活动，让幼儿体会生活中的科技产品给人们带来的便利、快捷和舒适。

活动目标

　　1. 对生活中的智能家电感兴趣。

　　2. 在感受科学技术给生活带来便利的基础上，能大胆地创新设计好用的智能家电。

3.通过活动认识一些常见的智能家电,知道它们的基本功能和作用。

活动准备

1.经验准备:幼儿日常生活中接触过智能家电,如智能音响、智能电视、智能冰箱等。

2.多媒体:小猪家场景图、常用智能家电、未来的智能生活、白纸、水彩笔。

活动重点

让幼儿"认识周围简单科技产品的结构和功能",体会"生活中的科技产品给人们带来的便利、快捷和舒适。"

活动过程

一、创设情景,感知生活中常见的智能家电(15分钟)

1.创设小猪之家的情景,发现小猪的烦恼是什么。

提问:小朋友们,小猪这周末要在家里邀请好朋友来做客,但平时它一个人生活,特别忙,没有时间做家务,家里乱糟糟的。让我们一起来看看这幅图,你知道小猪的烦恼是什么吗?

小结:小猪的烦恼是地上有很多垃圾,床上也堆满了脏衣服,厨房还有很多碗没洗,而且他忘了带钥匙也进不了门。

2.组织幼儿相互讨论,帮助小猪解决困难。

提问:小朋友们,你们有什么好办法帮助它呢?

提问:除了请人帮忙,或等小猪放假的时候自己做家务,咱们可不可以通过使用智能家电的方法帮助它呀? 它家需要哪些智能家电呢?

地上有很多垃圾可以用扫地机器人来帮忙,脏衣服可以用洗衣机来洗,洗碗可以用智能洗碗机,真是太棒了!

3.教师利用多媒体向幼儿介绍常用智能家电。

智能家电有智能指纹锁、扫地机器人、智能洗碗机、智能洗衣机等。智能指纹锁可以帮助我们在忘带钥匙的情况下,用手机 APP 或指纹快速打开家门;扫地机器人可以代替人类自动扫地和拖地,让小猪的家更干净;洗碗机可以代替人类自动把碗洗干净;智能洗衣机可以根据衣物的类型,自己设置洗衣的时间和强度,自动把脏衣服洗干净。

小结:智能家电就是能够给人们的家居生活带来便利、快捷、舒适的科技产品。

二、尝试拓展,创新设计更多的智能家电(12分钟)

1.引导幼儿思考:小猪生活中还有什么需要?

小猪说平时它一个人生活会觉得孤独,我们有办法帮它吗?

小结:现在有智能小机器人可以帮到它。

2.鼓励幼儿大胆设计能满足小猪需要的更多的智能家电。

提问:如果你是设计师,你想为小猪设计一个什么样的智能家电?(用笔在 A4 纸上设计)

3.分享交流自己的作品。

请幼儿面向集体分享自己的作品,并与同伴相互交流。

4.修订自己的作品。

幼儿根据大家的点评,修订自己的设计图。

提问:你为小猪设计了什么有创意的智能家电? 它有什么功能和作用?

结语:智能家电为我们的生活带来了便利,它们往往模仿我们的动作,代替我们做了本应由我们做的工作,从而为我们减轻了负担,使我们有更多时间玩耍和陪伴家人。希望有一天,我们能在实际生活中,使用上小朋友今天设计的这么多创意十足的智能家电!

三、延伸发展,畅想未来的智能生活(3分钟)

播放未来的智能生活小视频。

师:孩子们,随着5G、物联网和人工智能等技术变得越来越成熟了,在不远的将来,我们每个人都像小猪一样过上智慧生活将不再是梦想。现在就让我们来看看会有哪些令人惊叹的改变吧。

活动点评

一、与时代发展紧密结合

眼下正值科学技术日新月异的时期,选择"智能之家"这一活动符合幼儿的实际需求。当幼儿看到新奇的高科技家居电器,非常感兴趣,不仅能说出它们的名称和主要功能,孩子天马行空的想象和设计能力也在活动中得到了淋漓尽致的体现,是一次很有意义的教学活动。

二、教学方式多样性

采取情景导入、多媒体课件展示、鼓励自主设计等方式使教学内容生动直观,便于幼儿对学习内容产生兴趣并很好地感知、体验和理解探究的内容,不仅增加了学习的积极性,还为幼儿的深度学习提供了便利。

(点评:重庆市九龙坡区机关幼儿园　刘颖)

第四节　交流讨论类科学教育活动的设计与组织指导

一、交流讨论类科学教育活动的概述

皮亚杰认为:语言是伴随思想的发展而发展的。语言既是思维的工具,又是交流的手段,是儿童终身发展的基础。语言所具备的一个最重要的功能就是表象思维,即儿童使用语言来表征事物的特征和关系以及自己的探索过程,来表征儿童自己的思想情感和体验。语言不应单独成为教学的工具而应该结合在儿童主动学习的过程中。由此,交流在幼儿科学活动中具有特殊的意义和价值。新《纲要》特别强调学前儿童科学活动中表达、交流的重要性。科学领域第3条目标中提出:"能用适当的方式表达,交流探索的过程和结果。"《3—6岁儿童学习与发展指南》中也明确指出:支持幼儿与同伴合作探究与分享交流,引导他们在生活中观察并提出问题,讨论和分享自己的问题与发现,在交流中尝试整理、概括自己探究的成果,提出新的问题和想法。

早期的科学教育应引导学前儿童集中注意生活中事物的细节,鼓励他们发表意见和提问,如:为什么天冷时我们穿上毛衣?(因为它可以保暖);为什么房前的一棵树枯萎了?(因为没给它浇水);为什么蒸汽从壶里跑出来?(因为水开了)……;成人可以和孩子一起到户外的公园或树林里散步,和孩子一起讨论你和孩子所看到的自然事物,让幼儿感知树木,讨论树的各个部分,交流学习植物、花、灌木和树木的名字,让幼儿搜集各种东西并讨论它们是哪里来的。

(一) 交流讨论类科学教育活动的含义

现代儿童科学教育强调"互动——建构",即在手动、心动、口动、他动中建构对科学的理解。"口动"即交流讨论,这类活动是指学前儿童在亲自探究与收集资料,整理资料基础上,通过交流讨论等手段获取科学知识的一种科学教育活动。尽管它不是一种直接的探究活动,但仍是幼儿获取科学知识的一种非常重要的手段,常与其他方式结合使用,是学前儿童科学教育活动中一种较为普遍的活动类型。

交流是探究过程的关键步骤之一,它既是幼儿对探究过程和结果、结论的表达,也是与同伴分享,倾听同伴意见,或进行讨论、争论,达成初步共识的过程。在各种科学学习活动中,通过个人发言、小组交流及全班讨论的方式促进幼儿与幼儿、幼儿与教师的交流,从而帮助幼儿理清思路,解决认知冲突,调整自己的观念,以促进对科学概念的理解。

(二) 交流讨论类科学教育活动的价值

第一,交流讨论类活动中的信息量大,能充分满足学前儿童旺盛的求知欲。在活动中,每个孩子介绍他通过各种渠道获得的各种信息。在科学探究活动后,每个幼儿都有自己的感受、体验和发现,在此基础上产生一种交流讨论的潜力和倾向。交流讨论有利于梳理幼儿头脑中的信息,使幼儿已有的知识加深、巩固与扩展,帮助幼儿明晰所发现的事物特征及关系,以及自己的探究过程。知识是在孩子们的探究之后,在孩子们的讨论中形成的。

第二,交流讨论类活动有利于培养学前儿童获取信息特别是获得间接经验的能力。由于通常交流讨论类活动都是在事先收集资料的基础上进行的,有利于从小激发幼儿信息意识和培养幼儿收集信息的能力。

第三,交流讨论类活动有利于培养学前儿童的语言表达能力。这类活动一般采用集体讨论的形式进行,使幼儿能用自己的语言有条理地解释现象,表达自己的探究过程,发现并用语言表达自己对科学、自然、环境的关注的兴趣和热爱,使幼儿从语言使用的过程中感受到获得科学知识的乐趣。在对探索过程与结果的表达和交流中,幼儿逐渐懂得学习语言的意义和重要性。

第四,交流讨论类活动有利于发展学前儿童的思维。集体的交流使幼儿零碎、模糊、易混淆的经验更加全面、细致、深入;而讨论则给幼儿一个理清自己思维,理解别人思维的机会,使幼儿学会更有逻辑、更为严密地思维,这也是科学教育的目标之一。

交流讨论类活动作为一种非直接探究性学习形式,主要适用于那些不易或不能通过直接的探究进行学习,但是又很必要或者幼儿喜欢,感兴趣的内容,如大家一起来交流讨论"野生动物的生活习性"。同时,作为一种集体研讨性的学习活动,交流讨论类活动要求幼儿具备一定的思维能力和语言能力,交流讨论才具备一定的意义。所以该类型活动更多地被运用于中大班幼儿的活动中。

(三) 交流讨论类科学教育活动的分类

按照学前儿童知识经验准备的途径不同,我们把交流讨论类活动分为两大类,一类指幼儿知识准备来源于直接经验,根据具体的途径分为实验操作—交流讨论式和观察参观—汇报交流式两种;另一类指幼儿知识准备来源于间接经验,根据具体途径又分为收集资料—共同分享式、设疑提问—相互讨论式和科学阅读、文艺—交流讨论式三种。

二、交流讨论类科学教育活动的设计

(一) 交流讨论类科学教育活动目标的设计

在交流讨论类活动中,主要通过学前儿童在资料收集的基础上围绕某一主题的表达交流以达到分享知识经验的目的。通常交流讨论类活动涉及的重要教学目标有:乐于表达的情感(情感态度);表达交流技能和资料收集与整理技能(能力技能);科学知识和经验(认知)。具体目标如表4-4。

表 4-4　交流讨论类科学教育活动目标

教　学　目　标		适用年龄班
表达交流技能	尝试用语言表达自己的想法和发现	小班
	运用语言大胆、完整、有效地交流自己的做法、想法和发现	中班
	主动认真地倾听、理解、分享和评价他人的观点	中班及以上
	会用各种手段(如绘画、图表、儿歌、肢体语言)进行交流	小、中、大班
	乐于表达,愿意用语言表达对科学的认识	小、中、大班
资料收集与整理技能	了解资料收集与整理的途径和方法	中、大班
科学知识和经验	丰富有关讨论主题的科学经验	中班及以上
	学习在资料收集与鉴别信息的基础上构建自己的科学知识	大班

(二)交流讨论类科学教育活动过程的设计

交流讨论类活动不同于操作性的科学探究活动,同时也区别于单纯的语言讲述类活动。它是一种建立在幼儿的直接或间接经验的基础上的科学交流学习活动。因此,应该把幼儿的交流讨论活动和他们获得经验的求知活动结合起来设计。

1. 实验操作—交流讨论式

指在学前儿童动手操作的基础上而开展的交流讨论活动。这类活动强调科学教育和语言教育的结合,要求幼儿在亲自动手实验操作的过程中,用尽可能多的词语,尽可能准确的语句来表达真实的探究过程,包括描述、假说、推理、证明、总结和归纳。教师引导幼儿交流操作过程,讨论自己的发现,相互分享操作结果。

2. 观察参观—汇报交流式

这类活动通常让幼儿观察探究对象,或外出参观考察获取直接经验,在此基础上再进行汇报交流,分享经验。外出参观时,为了便于幼儿的交流,可以采用幼儿绘画拍照、摄像等形式将调查的第一手资料记录下来,在集体讨论时可利用其再现幼儿的经验。

3. 收集资料—共同分享式

有些活动,幼儿只能通过收集资料的方式积累间接知识经验。教师可事先提供一些图书图片资料、音像资料、多媒体资料,或提供一些收集资料的途径和方法,建议幼儿在家长指导下通过网络图书一起查访有关资料,然后在集体活动中和大家分享。

4. 设疑提问—相互讨论式

在科学领域中,幼儿科学活动的有效性取决于幼儿的"问题意识"。通常情况下,能否引导幼儿产生疑惑,提出问题是组织这类活动的基础。"不一样的纸,吸水的速度一样吗?""蚂蚁最爱吃什么? 是如何搬运食物的? 会飞的都是鸟吗?"

这类活动,可先让幼儿对感兴趣的问题进行个别探讨,提出自己的看法及理由,并在此基础上再进行深入讨论,使不同观点进行"碰撞"。在讨论中,幼儿听取别人的意见,用事实说明问题,学会从不同角度看问题。活动的目的不在于让幼儿获得一个正确的结论,而在于让他们经历不同观点之间相互交流的过程,开拓他们的思维。

5. 科学阅读、文艺—交流讨论式

科学阅读就是通过阅读科学文本,包括科学普及读物、科学文章、科学童话、科学故事等来进行教学,以促进儿童的科学学习。幼儿科学阅读的独特价值在于:儿童的探究往往起因于议论一个故事或一首童谣所产生的问题,通过科学阅读,引发幼儿认知失衡,激发幼儿思考、想象和求知欲;科学阅读能使幼儿超越科学的"真实"，在艺术的、审美的层面丰富其对科学的理解和体验；以儿童文学作品作为"先行组织者"来导入课程，可以激发幼儿兴趣，获得科学而非虚构的描述性和解释性说明；科学阅读帮助幼儿检验结论，将他们的发现与书中介绍的科学知识进行比较；科学阅读有利于幼儿实践科学过程，儿童读物中的插图可以使幼儿的观察变得敏锐，加深对测量过程的理解，经历推断的过程等，为支持幼儿探究提供强有力的资源。儿童正确、完整的科学概念的形成，往往是建立在广泛、统整的科学阅读之上的。

儿童是带着他们自己对科学的多种理解来到幼儿园，许多科学理解是他们经验以及与环境互动的结果，而有些科学理解则来自虚构的文学作品。"惟有艺术和文学，才能替代我们所没有的亲身经历"[①]。很多儿童文学作品中都会涉及科学方面的知识，而且这些知识通常以隐含的方式巧妙地渗透在作品中。

为此，幼儿园活动中有些内容，如阅读图书、研究插图、说明书和参考书，讲故事、唱歌曲、猜谜语、念童谣与诗歌、创编故事等活动，为引入科学学习提供了大量机会。如果我们向幼儿提供合适的材料，科学阅读也能成为幼儿学科学的重要途径，和科学探究相互补充、相得益彰，使幼儿在进行真实的探究活动、获取第一手科学经验的同时，丰富其对科学的感受和理解。

教师在指导幼儿进行科学阅读的时候，要遵循幼儿的阅读心理，使用恰当的方法。首先，调动幼儿的生活经验。研究表明，幼儿在科学阅读时与成人的互动情况要优于阅读故事类图画书，幼儿为了理解图书中的知识和信息会不自觉地调动已有经验。因此，教师在阅读指导的过程中，注意导入的方法、切入的角度，以及在哪些层面补充知识和信息。例如，在《海豚》的阅读活动中，教师在读到"有的海豚很活泼，喜欢冲出水面，高高地跳起来、转圈圈"时，让孩子们回忆自己在动物园里看到的海豚，并说一说、学一学画面中海豚的样子，能调动幼儿对海豚的兴趣。

其次，要满足幼儿探索的欲望。为达到在阅读中获取一定科学知识的目标，在阅读前提几个与阅读内容有关的问题，让幼儿带着问题去阅读，在阅读中关注相关的内容和细节。如幼儿在《海豚》的阅读活动前，教师提出这样的问题：海豚生活在哪里？海豚喜欢吃什么？这样既可使幼儿获取一定科学知识，也可以增强阅读的有效性，帮助幼儿逐步积累"在书中寻找有用信息"的经验。阅读结束后，以提问的方式了解幼儿阅读的效果。如，海豚是鱼吗？海豚靠什么来呼吸？海豚喜欢做什么？

最后，在科学阅读中教师要关注儿童思维能力的培养。幼儿进行科学阅读时往往围绕一定的主题来了解相关的知识和信息，因此，科学阅读的过程就是遵循文本的逻辑结构认识和探索"主题"的过程，对促进幼儿的思维能力发展有着重要的意义。

案例 4-1

大班科学活动：找平衡 (节选)

游戏：找 平 衡

探索 1：看看图表中的这些物品，讨论哪些物品放在细木棒上仍然能保持平衡。

关键性提问 1：为什么你会这样认为？理由是什么？

关键性提问 2：认为会成功的有多少人，认为不会成功的有多少人。

请幼儿统计并记录在表格中。

观察记录：雨瞳说："我觉得纸盘很容易，乒乓球不行。因为把木棒放在纸盘的中间就能平

---

① 转引自［美］大卫·杰纳·马丁著.建构儿童的科学［M］.杨彩霞，于开莲等译.北京：北京师范大学出版社，2006.

衡,乒乓球是圆滚滚的很容易跑掉。"吴哲说:"我认为尺子可以,勺子不行。因为勺子的两头长得不一样。"这时,有些孩子又发出了不同的声音:"不,我觉得尺子恐怕不行,因为它太长了(尺子长度40 cm)。""乒乓球能行,木棒放在(乒乓球)中间不就行了。"随后,每人通过举手的方式选出自己认为可能会成功的材料,每组由一个小朋友点数举手的人数,并统计出结果。

(重庆市渝中区区级机关幼儿园　陶楠)

游戏中,幼儿在探索的基础上开展交流讨论活动,充分体现真实的探究过程,包括描述、猜测、推理、证明。教师引导幼儿交流操作过程,讨论自己的发现,相互分享操作结果。

案例 4-2

《小 槐 树》

小槐树,结樱桃,杨柳树上结辣椒;吹着鼓,打着号,抬着大车拉着轿。

苍蝇踢死驴,蚂蚁踩塌桥。木头沉了底,石头水中漂。

小鸟叼个饿老雕,小老鼠拉个大狐猫。你说好笑不好笑?

这则儿歌简洁明快、荒诞滑稽的词句,既有助于幼儿理解事物的正常逻辑和内在联系,又吻合幼儿喜欢滑稽有趣事物的心理。让幼儿熟悉儿歌(歌曲)并发现其中的颠倒之处,说说为什么不对,怎样说才正确。然后,利用幼儿积累的生活经验,引导幼儿创编颠倒儿歌,在轻松愉快的气氛中发展语言表达能力,正确认识事物之间的特征及联系。

案例 4-3

嘉陵江童谣:《四季歌》

李岿　但夏

嘉陵江畔春来到,浪花拍岸花儿笑,捡石子打水漂,万物复苏阳光照;

嘉陵江畔夏来到,江风抚岸鱼儿闹,游个泳泡个脚,柳壮榕高枝叶茂;

嘉陵江畔秋来到,红叶满山候鸟叫,放风筝坐渔船,秋高气爽心欢笑;

嘉陵江畔冬来到,千年白塔水中耀,赏夜景吃元宵,两岸景色格外俏。

〔资料来源:学前教育研究,2020(05):97.〕

这首诗用优美形象的语言描述了嘉陵江畔四季的景象,通过念童谣,幼儿感受到嘉陵江畔一年四季的特征及优美的景色,激发儿童热爱美丽的大自然。还可启发幼儿利用观察和经验尝试仿编儿歌:春天是什么?秋天是什么?夏天是什么?冬天是什么?……从而认识四季。文学作品为幼儿提供了关于自然和环境,包括昆虫、鸟兽、海洋、人类等各种主题的知识库,幼儿从中可以获得许多不同主题的事实性知识。

科学阅读、文艺—交流讨论式活动不同于单独的语言谈话活动,要求相关文艺作品要揭示某一事物或科学现象，能激发幼儿的想象与疑问，同时该内容是基于幼儿的兴趣和生活经验且对幼儿有价值的（见表4-5）。活动重点应紧扣科学教育活动的目标，突出科学教育的重点。我们把科学文学作品的阅读、文艺作品的学习和创编，对新科技发明的认识与了解、科学家的故事等皆归为此类。

表4-5 评价用于早期儿童科学项目的儿童文学作品的建议性标准①

1. 这本书能促进科学过程的发展吗？
2. 这本书能给儿童机会提出和回答自己的问题吗？
3. 这本书能鼓励儿童独立思考吗？
4. 这本书所阐述的科学主题适合这节课吗？
5. 书的内容是建立在正确的科学原理的基础上吗？它准确吗？
6. 插图清晰吗？准确吗？
7. 文字表达适合班上儿童的水平吗？
8. 有多元文化的内容吗？不是老生常谈吧？
9. 书中有没有性别偏见？
10. 这个故事有助于培养儿童对待科学的积极态度吗？
11. 这本书体现了科学与其他学科的密切联系吗？

除了语言文学活动外，音乐、美术等艺术活动也常常渗透有关科学教育的内容。同样，当音乐、美术活动的主题涉及相关科学内容时，教师可适当加以提示，以促进幼儿经验的迁移，或鼓励幼儿讲述已有的科学经验，并用艺术手段表现科学经验。

案例 4-4

吹 泡 泡

中班的"吹泡泡"活动中，教师充分运用音乐、美术等艺术形式，调动幼儿已有的科学经验，鼓励幼儿思考自然界中事物之间的关系和联系，并将它们画下来、唱出来。活动的开始是欣赏歌曲《吹泡泡》："星星是月亮吹出的泡泡，露珠是小草吹出的泡泡，吹呀吹，吹呀吹，我吹的泡泡是一串串欢笑。"接着，教师启发幼儿想象："还会有什么泡泡呢？会是谁吹的呢？"在轻柔的音乐伴奏下，幼儿自由讲述并用画笔表达自己的想法：音乐是钢琴吹出的泡泡，声音是录音机吹出的泡泡，雨滴是乌云吹出的泡泡，树叶是大树吹出的泡泡，云彩是风儿吹出的泡泡，小草是大地吹出的泡泡，果子是大树吹出的泡泡，小鸟是大树吹出的泡泡……活动的最后，幼儿还把自己创作的内容编成歌词开心地唱起来。在这个活动中，幼儿用自己的方式艺术地表达了对事物的理解。

总的来说，在学前儿童科学教育中，如果用渗透的观点来理解幼儿科学教育，我们就会发现，科学其实拥有丰富的含义，而且无处不在。无论我们从事什么学科和领域的活动，我们都会和科学不期而遇。然而，不管采取哪种类型的交流讨论式科学教育活动，都有一些基本的过程，即面对（或提出）一个问题（话题）；收集信息、整理展示资料，探究获得经验（包括直接经验和间接经验）；交流讨论发现与

---

① ［美］大卫·杰纳·马丁著.建构儿童的科学[M].杨彩霞,于开莲等译.北京：北京师范大学出版社,2006.

知识；获得科学知识或结论。

三、交流讨论类科学教育活动的组织与指导

（一）提出恰当的问题

儿童的探究源自问题。在幼儿科学教育中，问题是幼儿探索行为的方向盘，是幼儿探究学习的出发点，是引导幼儿思考、探索的锁链和核心，是实践探索、解决问题的保证。教师要努力营造一种问题情境，注重引发幼儿关注问题，以问题为导火线，引导幼儿提出问题、循着问题的线索主动探索发现，进而解决问题。

教师的提问策略很重要，密切关联着作为知识促进者和作为探究者之间的儿童。因此确定恰当的话题、提问的时机和类型是交流讨论活动类成功的基础。话题应具有开放性，一些关键用语常运用在活动中，如"你能够想到一个方法来……吗""关于……你有什么办法吗""你认为……怎么样""如果……会发生什么呢"；讨论或涉及的事物应是幼儿熟悉、感兴趣、使他困惑的、贴近幼儿生活并富有丰富感性经验的；谈话的内容应建立在对儿童观察的基础上；这些问题最好来自幼儿，而不是成人。比如，幼儿会问："苹果从树上落到地面是不是还活着？""动物们怎么过冬？"如果教师不讨论来自幼儿的问题，不顾幼儿已有经验和需要自己虚构问题，这样的活动组织起来既吃力又毫无意义；教师的提问在活动中起着"导"的作用，如，在主题探究活动《蚯蚓》中，师生围绕着"蚯蚓的眼睛嘴巴在哪里？——→蚯蚓身上的毛是什么？有什么用呢？——→一条蚯蚓断成两条蚯蚓，还能活吗？"等问题，引导幼儿层层深入探究。因此，教师应创设自然、宽松的氛围和适当的问题情景，激发幼儿的问题意识，并鼓励幼儿带着问题收集资料。活动中，教师不急于干预或回答幼儿的疑问，应该尽量让孩子自己去实践，自己去寻找答案，去解决活动中产生的问题。

适宜的提问应能激发幼儿的兴趣，引导幼儿对事物进行比较、想象，寻找事物的因果关系和解决问题的方法；应既能通过向儿童提供解决问题的方法从而帮助儿童改变其无助的局面，又能避免提供直接的建议进而鼓励儿童继续探究。提问应具体明确，不过于频繁，要把握好提问的时机。提问注意层层递进，由浅入深。并非所有的问题都一笔带过，也不能每个问题都追根究底，教师要掌握好度。

（二）资料收集

幼儿的科学智能起源于真实世界的经验。幼儿的知识储备越多，各种直接间接经验越多，交流就越激烈，讨论越深入。因此，资料收集在交流讨论类活动中具有重要的作用，是幼儿交流讨论、建构知识的前提和基础。

资料收集主要来自两个渠道，一是幼儿通过自己观察、参观、实验和操作获得的直接认知的信息，称为第一手资料；二是幼儿自己或在成人的帮助下通过查阅有关图书或通过网络等渠道获得的信息，称为第二手资料。可以是静态的图书图片材料，也可以是动画、情景相结合的动态材料。在幼儿阶段的探究活动中，我们倡导让幼儿尽可能通过直接实验、操作、参观、调查来亲身获取事实资料。但对那些幼儿感兴趣的、对生活、学习发展有意义的，但又无法通过直接经验获取的资料得出结论的问题，如"天为什么是蓝的""秋天树叶为什么会变成不同的颜色"等，我们让幼儿通过图书、图片、网络、访问相关人员来获得资料。但要注意收集资料是幼儿重要的学习机会和途径，避免家长包办代替。

幼儿园应创设阅览室或阅读区，给幼儿准备生动丰富，适合阅读和理解的儿童读物，并给幼儿阅读的时间和自由，能在阅览室自由查阅。幼儿收集来的资料可以用其熟悉的方式表达，如绘画、泥塑、折纸、照片、录音来表达，可以适当运用一些简单的表格。大班的孩子可出现少量简单的文字，而且文

字一般不独立存在,它与图片、照片和表格相呼应,以引发幼儿对文字的关注和兴趣,懂得文字也能表达意义。

幼儿资料的保存有不同的方式。可以展示在墙面上,也可保存在幼儿各自或小组的记录本中,从而使环境成为一个活动教育环境,但切忌追求数量和形式。展示在墙面上的常常是一种集体记录,这些信息往往是幼儿个人记录基础上抽取出的具有普通意义的关键性信息资料,常常是孩子们在某一阶段的探究活动结束后,在广泛分享、交流和达成初步共识后的阶段性小结。

（三）交流讨论

在收集、展示资料的基础上,教师组织幼儿对探究的过程和结果进行集体分享,展开交流讨论。教师组织该环节时应注意以下五点。

第一,交流讨论时,运用适当、多样化的教育手段进行引导和补充,避免灌输与注入式,将交流讨论活动变成灌输科学知识的课堂。目前,交流讨论类科学活动传统典型做法是儿童从阅读资料或讨论图片开始,然后老师做演示、播放录像或组织问答式讨论,偶尔儿童也会参与活动,最后老师用教材和结论结束活动。这种方法,是用知识获得和结论验证来代替探究。儿童是在"读科学"而不是"做科学"。因为研究过程和预期结果都写在教材中,儿童没有机会提出预设、检验预设,也没有机会证明自己的结论,因而也不可能形成对待科学的积极态度。教师应注意让幼儿主动地与已有知识建立意义关联,让幼儿活动在前,讨论在后,探究在前,结论在后,在交流与合作的过程中感受自己的发现。

第二,教师要营造一个民主平等、宽松自由的交流氛围,使幼儿想说、敢说、喜欢说、有机会说。教师应耐心地倾听幼儿的表达并及时做出反应。教师要限制自己说话,不要急于告诉幼儿结果,不预设结论,要把充足的时间和机会留给孩子。给予幼儿足够思考时间,不要急于要求幼儿表达。对幼儿的讨论,及时反馈,多鼓励与支持。即使错误的回答,也不急于否定,急于纠正,急于下结论。启发幼儿运用已有经验再思考。教师与幼儿的交流不应用教育的口吻,而是闲谈的语气。对于幼儿来说,既要鼓励他们大胆讲述自己的经验,又要培养幼儿尊重他人、善于倾听的习惯,使交流讨论成为真正的"社会建构"学习。

第三,鼓励幼儿多元化地运用他人可以理解的方式准确而完整地交流。幼儿表达和交流信息有语言和非语言两种方式(包括图像记录、手势、动作、表情等)。教师应充分调动幼儿运用熟悉的、善于交流的各种方式进行表达。幼儿可利用艺术手段表达他们的科学认识,使交流的形式丰富多彩,如艺术表演、作品或图画展览;讨论形式可多样化,如集体讨论、分组讨论、借助图片讨论、创设场景讨论、自选主持人讨论、不同观点辩论等。

第四,根据幼儿的年龄特点和能力喜好提供多元化的阅读材料,将单一的图书图片的静态材料与动画、情景相结合的动态材料相结合,利用网络、音像等视听媒体进一步丰富幼儿的知识经验,扩大幼儿的眼界。

第五,交流讨论过程中,既要面向全体又要照顾个别幼儿的需要;既要引导幼儿围绕主题讨论,又要注意及时拓展主题。

（四）获得结论

归纳知识、进行小结,帮助幼儿明确概念,形成整体认识。结论时应注意,使用的句子不要太长,不要太抽象,尽可能用幼儿能理解的词句,不宜将其上升为原理性的知识概念。同时,小结应具有延伸性,不一定非要得出结论,有时候没有结论比结论更有意义。教师不要满足于幼儿能尽快获得答案而急于小结,幼儿通过不断的探索交流获得经验的丰富增长才是最重要的。小结某些知识时,不要说得过死,要留有空间,以激发幼儿进一步探索的兴趣和欲望。

四、活动案例及评析

活动案例 4—7

大班科学活动：乌鸦喝水

活动目标

1. 知道使瓶子中水位升高的多种方法。

2. 发现乌鸦能否喝到水与水量的多少及加入的物体大小有关系。

3. 乐意合作探索，体验探索发现的乐趣，懂得遇事要动脑、实践出真知的道理。

活动准备

集体记录纸、小组记录单、大石子、小石子、沙子、贴有水位线1号2号的细颈饮料瓶若干、记号笔、漏斗、小勺、小抹布。

活动过程

一、交流验证，知道"填石头"能增高水位

1. 提出问题：故事中小乌鸦用什么方法喝到了水？

2. 验证猜想：请一位小朋友验证"填石头"的方法是否真的可行。

小结：小乌鸦真聪明！它把石头放到水里，水位就升高了！

动手实验，发现并探索乌鸦能喝到水的方法。

二、第一次实验

分别在2号瓶放入不同材料，都能让乌鸦喝到水吗？

1. 提供2号瓶：观察和1号瓶有什么不同？

2. 引发猜想：2号瓶的水较少，用哪一种材料能让乌鸦喝到水呢？为什么？

3. 操作实验：知道往2号瓶里填小石子和沙子，乌鸦可以喝到水，但是填大石子乌鸦是喝不到水的。

4. 交流思考：影响水位上升的因素。

小结：水位线受大小石子之间的缝隙大小影响，加入小石子或沙子后，水流到缝隙里去，但缝隙小，剩下的水被挤到上面去了，乌鸦就能喝到水了。大石头跟大石头之间缝隙较大，大部分水流到缝隙里，被挤上去的水就少，乌鸦不容易喝到水。

三、第二次实验

怎样让乌鸦喝到填了大石子的2号瓶子里的水？

1. 提出问题，引发思考：

用什么方法能够补救填了大石子的2号瓶，让乌鸦喝到水？

2. 操作验证，交流讨论：

继续往2号瓶里加小石子和沙子还能增高水位线，能让乌鸦喝到水。这是为什么呢？

小结：大石子之间的空隙较大，小石子和沙子空隙较小，用它们填补大石子之间的空隙，把空隙里的水挤到上面去了，乌鸦就能喝到水了。

四、联系生活，交流经验

你们还有什么好办法可以帮助小乌鸦喝到水吗？

小结：生活中我们也会像小乌鸦一样碰到一些大大小小的难题,但是我们不能随意放弃,要学习小乌鸦多思考、多观察、多动手去解决问题。

(山东省枣庄市实验幼儿园 王贝)

活动评析

幼儿科学探究的基本过程包括：提出问题—探究内容指向获得关键经验—选择适宜的方法—推理与假设—实证研究(观察、比较、实验、测量、调查)—分享交流。《乌鸦喝水》是一个经典的语言故事。本活动在文学作品阅读的基础上,激发幼儿思考、探究与验证。在幼儿探究的过程中,教师用关键的引导性话语促进幼儿积极动脑思考。"猜想验证"后教师的提问激发幼儿大胆的想象和积极探索,将自己的猜测与发现和书中的描写进行比较,检验发现的结果。因此,在幼儿的科学探究中,教师应关注语言和社会交流在知识获得中的作用,关注语言在思维中的作用,鼓励幼儿与同伴和教师进行交流,在语言的交流中生成对问题的理解,对观点进行论证,并学习探究。

活动案例 4—8

中班科学活动：一起来滚动吧

活动来源

在一次绘画活动中,小朋友大胆想象,创造了许多自己想象中的未来交通工具,在互相欣赏作品的时候,有小朋友提出了疑问："为什么小汽车的轮子只有圆形,而不能像我们画的那样,有各种不一样的形状呢?"为了解答孩子的疑问,我们开展了这次活动,探究车轮为什么是圆的。

活动目标

1. 在动手操作中发现滚动物体的形状特征。

2. 能够运用绘画表现滚动轨迹,尝试探索滚动轨迹与物体形状之间的关系。

3. 在活动中大胆表达自己的发现,对滚动的物品有持续探究的兴趣。

活动准备

各种形状的物品,方形积木、三角形积木、圆柱体积木、小圆球、纸杯、羽毛球、椎体塑料玩具、茶叶筒;每组一个绿色筐,一个红色筐;圆柱体和纸杯人均一个;彩笔、白纸。

活动过程

一、猜一猜,什么形状的物体可以滚动

1. 实物导入,大胆猜想。

出示物品,激发幼儿兴趣,鼓励幼儿大胆猜想,谁会滚动。

师：看一看,猜一猜,桌子上有许多材料,它们谁会滚动呢?

2. 动手操作,尝试分类。

幼儿动手验证猜想,将能够滚动和不能滚动的物体进行分类。

师：找一个空地方,滚一滚,推一推,看它是否会滚动? 把能够滚动的放在绿色筐里,不会滚动的放进红色筐里。

3. 讨论发现,共同总结。

师幼分享讨论,共同总结会滚动物体的特点。

你玩的是什么? 它会滚动吗? 为什么绿筐的物品会滚,红筐的物品不会滚?

小结：圆圆的物品会滚动,有角的物品不会滚动。

二、玩一玩,圆柱体和纸杯滚动轨迹的差异

1. 再次操作,发现差异。

幼儿在再次操作中比较发现圆柱体和纸杯滚动的差异。

师：圆柱体和纸杯都会滚动,它们滚动的路线都一样吗? 你能画出它们的滚动路线吗? 请你试一试,画一画!

2. 大胆分享,实验结果。

幼儿观察比较,尝试记录下滚动的轨迹。

师：你玩的是什么? 它是怎么滚动的? 为什么会这样呢?

3. 共同梳理,观察比较。

师：圆柱体和纸杯滚动的路线是一样的吗? 为什么有的直,有的弯呢? 看看圆柱体和纸杯有什么不一样?

小结：圆柱体两头是一样粗的,它可以滚得直直的;纸杯两头粗细不一样,滚得弯弯的。

三、找一找,探索轨迹与形状的关系

1. 找一找,轨迹差异分类。

师：这里还有好多会滚动的物品,我们来找一找,哪些物品滚动的路线是直直的? 哪些物体滚动的路线是弯弯的?

2. 交流总结,分享自己的发现。

引导幼儿观察物品的形状,对比形状的不同。

师：什么东西滚得直直的? 它是什么样子的?

什么东西滚得弯弯的? 它是什么样子的?

小结：两头是一样粗的,它可以滚得直直的;两头粗细不一样,滚得弯弯的。原来物体的滚动与它们的形状有关系。

（重庆市九龙坡区机关幼儿园　潘映竹）

活动评析

本活动中教师多次运用交流讨论推动幼儿科学探究,作用表现如下：

第一,激活幼儿的已有经验。导入环节,教师通过提问,鼓励幼儿大胆表达对于会滚动物体的原有认知,自由宽松的氛围瞬间激活幼儿头脑中的已有经验。

第二,学习同伴的科学发现。在玩一玩的环节中,幼儿七嘴八舌地表达探究到的不同物体滚动现象,良好的同伴互动环境有助于幼儿正确感受、理解科学现象和原理。

第三,梳理自身的探究结果。梳理环节时,我们可以发现孩子的表达并不流畅,总是在思考用什么样的语言可以概括自己在探究过程中的发现。其实,这个过程即是梳理探究结果,提升科学认知的过程。

（点评：重庆市九龙坡区机关幼儿园　胡广苹）

活动案例 4-9

大班科学活动：会跳舞的水娃娃①

会跳舞的水娃娃

活动目标

1. 喜欢科学实验，在水实验中体验成功的快乐。

2. 在猜想、实验探究中，发现不同物质遇水反应的不同现象。

3. 能根据电子白板提供的实验步骤，进行有序的操作，并得出结论。

活动准备

物质准备：

1. 电子白板课件、手机两部、小米盒子一台。

2. 水、泡腾片、盐、醋、油、杯子、盘子、勺子、毛巾、盆子。

经验准备：幼儿有玩过水实验的经验，以及油水分离实验的经验。

活动过程

一、舞会导入，激发兴趣

1. 听一听、猜一猜。

师：今天来了一位神秘的小客人，他就藏在红色的幕布后面，请你们听一听，猜猜他是谁？（幼儿通过听辨"流水"的声音，引出主题。利用幕布隐藏神秘的客人，给孩子们制造悬念，激发幼儿的兴趣。）

2. 出示图片，观察水的特性。

问：水是什么样子的？

（幼儿通过前期对水的经验了解，讨论水的特点"水是可以流动的、无色无味的、透明的"。）

师：水娃娃最喜欢跳舞了，谁愿意和水娃娃一起跳舞呢？

问：水娃娃跳舞是什么样子的呢？

（教师邀请幼儿摇动装有水的瓶子，幼儿发现水瓶里产生的气泡。）

师：这些气泡是哪里来的？

（水和瓶子里有空气产生了小气泡。）

小结：小朋友们观察得很仔细，水娃娃一跳舞就有许多小水珠、小泡泡，真好看！

师：今天水娃娃遇到一件特别高兴的事情，你们想不想看？

二、选择舞伴、操作实验

1. 观看视频，激发幼儿兴趣。

通过动画视频，将幼儿带入活动情景，水娃娃接到舞会邀请卡，邀请会跳泡泡舞的舞伴参加舞会，激发幼儿参与活动的兴趣。

2. 出示新材料，幼儿猜测。

师：今天来了几个小舞伴，他们好想和水娃娃一起参加这个舞会，我们一起来认识一下。（通过视频动画介绍，让幼儿形象、直观地认识科学操作的材料，盐、醋、泡腾片。）

---

① 本课例获 2017 年全国电子白板现场赛课一等奖。

师：他们三个都想跟水娃娃跳舞,到底谁才是真正的舞伴呢?

3. 幼儿分别尝试实验,个别幼儿记录答案。

师：(出示材料)瞧,杯子里的水娃娃已经迫不及待地想跟他们跳舞了,做实验用的所有材料都不可以食用哦,请小朋友用勺子分别将三个舞伴送到三杯水里,看看谁在跳舞,一会邀请每组小朋友将实验结果记录下来。(用量：一次一勺或一片)准备好了吗?

(请幼儿站立桌旁自主操作,教师巡视指导、提问、拍照)

师：请每组推选的朋友,将答案记录下来。(幼儿进行白板互动)

师：实验中,你发现了什么?(展示幼儿实验中,三种材料遇水现象的照片)

问：为什么水娃娃加泡腾片会有小泡泡?

小结：这一颗小小的泡腾片中藏着两种物质,就是酸和碱,酸碱融合遇水后会产生二氧化碳的气体,就是你们看到的那些充满气体的小泡泡。(解说泡腾片的原理)

4. 幼儿操作,第二次实验

师：水娃娃终于找到会跳泡泡舞的小舞伴了,还会有其他小舞伴来参加舞会吗?

(1)观看视频。

师：你们觉得油娃娃和他们能跳出更漂亮的舞蹈吗? 为什么?

(2)出示步骤图,学习操作步骤。

师：瞧,这是我们的实验步骤,你们来看一看要怎么做。(观察讲解实验步骤图)

师：谁来说一说：取多少水?(提示刻度线)怎么倒油?(用量多少)泡腾片加多少?他们跳舞的时候不喜欢被人打扰,请小朋友们不要用勺子去搅拌他们,能做到吗?(幼儿重点关注操作中取水的用量——刻度线;取盐的用量——勺)

(3)幼儿操作实验。

(将幼儿第二次实验中精彩的瞬间直播到大屏幕上,幼儿相互观察学习)

问：他们的舞蹈成功了吗?(好玩吗?)这一次你又发现了什么神奇的现象?(展示实验照片,幼儿讲述实验中的发现——气泡不停地向上翻滚再掉下来,有快有慢,气泡有大有小)

问：为什么会发生这样的现象? 猜一猜?

小结：因为水和油的密度不一样,所以中间会有一条明显的分界线,而泡腾片只和水发生反应,所以会沉到杯底,产生二氧化碳气体,气体上升会努力穿过这条界线,浮到油面,把气体放掉,水珠就一颗一颗落下来。

5. 欣赏舞会,总结延伸

(1)欣赏舞会、感受神奇现象。

师：水娃娃终于找到了舞伴,舞会马上就要开始了,你们想一起去参加舞会吗? 三位舞伴准备就绪,灯光、音乐。(完整欣赏视频,感受油和泡腾片在一起的神奇变化)

(2)结合经验,大胆猜测。

问：生活中,除了水和油,你觉得泡腾片还能和哪些东西一起跳出美丽的舞蹈呢?(白砂糖、彩虹糖、肥皂、可乐、牛奶等)

师：小朋友们回家后,和爸爸妈妈试试用其他物品和水娃娃做做有趣的实验,看看哪些东西还能跳出美丽的泡泡舞。(结束活动)

(重庆市沙坪坝区实验幼儿园　邓丽娟)

活动评析

活动中,教师使用电子白板笔,交流讨论贯穿全过程,结合问题提出—讨论—猜想验证—分享交流,幼儿集体观察中形象、直观地梳理总结实验答案,流畅讲述不同物质与水混合后的化学反应的效果,理解科学道理。

思考与练习

1.幼儿园集中科学教育活动主要有哪些类型?

2.观察类科学教育活动的价值有哪些?观察的方法有哪些?

3.实验操作类科学教育活动的设计原则是什么?阅读案例并分析其中体现了哪些设计原则。

4.技术制作类科学教育活动的分类及设计思路是什么?运用所学理论设计一份技术制作类科学教育活动计划。

5.交流讨论类科学教育活动的指导要点有哪些?结合见习观摩活动,对幼儿园教师组织的此类活动进行分析点评。

6.自选一种科学教育活动类型开展科学教育活动说课或试教。

7.案例分析题:

(1)扫码看视频,说一说大班系列科学探究案例"最受欢迎的地方"中交流谈论在活动中的作用。(案例来源:北京市清华大学洁华幼儿园　孙凌伟)

最受欢迎的地方

(2)扫码看视频,说说大班科学活动"小球进门"过程中,教师如何引导幼儿发现问题与交流分享?(案例来源:北京市清华洁华幼儿园　刘颖)

小球进门

8.幼儿园教师资格证考试保教知识与能力练习题

教师资格证
考试练习题

第五章

学前儿童数学类教育活动设计与组织指导

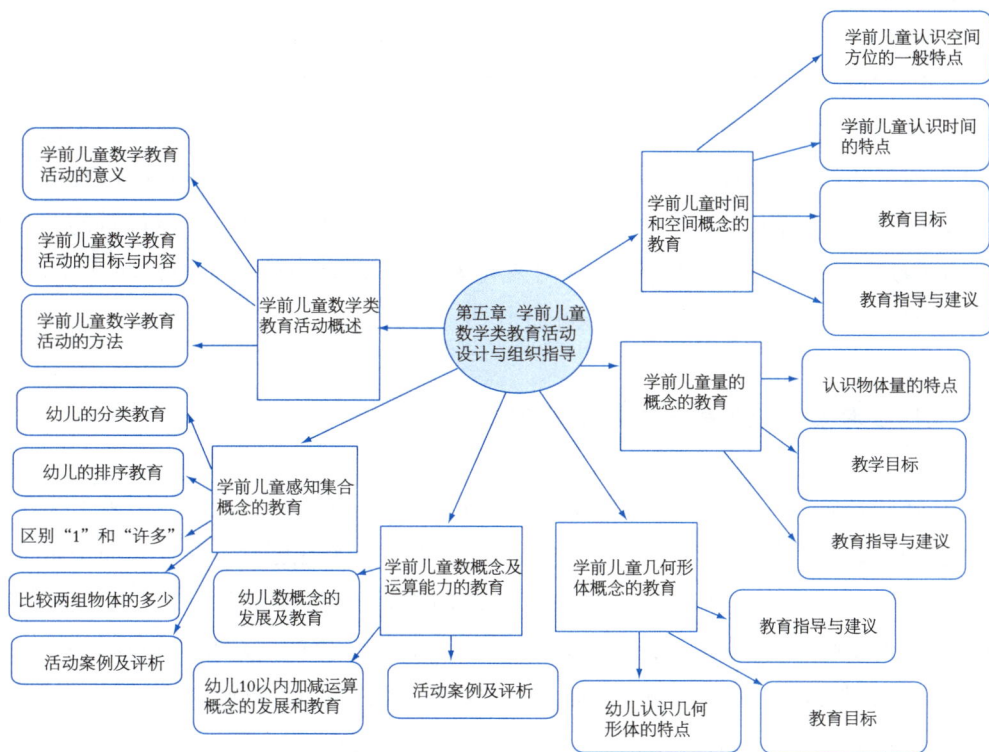

学前儿童认识空间方位的一般特点

学前儿童认识时间的特点

学前儿童时间和空间概念的教育

教育目标

教育指导与建议

学前儿童数学教育活动的意义

学前儿童数学教育活动的目标与内容

学前儿童数学教育活动的方法

学前儿童数学类教育活动概述

第五章 学前儿童数学类教育活动设计与组织指导

学前儿童量的概念的教育

认识物体量的特点

教学目标

教育指导与建议

幼儿的分类教育

幼儿的排序教育

区别"1"和"许多"

比较两组物体的多少

活动案例及评析

学前儿童感知集合概念的教育

幼儿数概念的发展及教育

学前儿童数概念及运算能力的教育

学前儿童几何形体概念的教育

教育指导与建议

幼儿10以内加减运算概念的发展和教育

活动案例及评析

幼儿认识几何形体的特点

教育目标

内容提要

本章主要介绍了幼儿园数学教育的意义、幼儿园数学教育的主要内容、幼儿园数学教育的基本方法和学习途径。学习中要重点了解幼儿园数学教育内容中的基本概念,掌握每个数学教育内容中幼儿数学学习的目标、核心经验以及常用的方法与步骤,初步学会设计与组织幼儿园的数学教育活动。

学习目标

1. 了解幼儿园数学教育的意义,知道幼儿园数学教育的内容、基本方法和教育途径。

2. 理解基本的数学概念和幼儿学习数学的核心经验。

3. 理解《指南》中科学领域数学认知目标。

4. 初步学会活设计与组织幼儿园的数学教育活动。

第一节　学前儿童数学类教育活动概述

科学与数学有着天然的联系。人们在认识物质世界的过程中产生了数学,科学探究是数学认知的基础;数学又能帮助人们更好地认识世界。因此在《纲要》中将数学融入科学领域,意在加强科学探究与数学的联系,使数学成为科学探究的工具,让幼儿在探究的过程中学习数学,运用数学解决实际的问题。

幼儿的数学学习不能脱离幼儿的现有发展水平。幼儿的数学学习要尊重幼儿的心理发展的特点和幼儿学习数学知识的特点。《指南》中数学认知目标表述为"1. 初步感知生活中数学的有用和有趣;2. 感知和理解数、量及数量关系;3. 感知形状与空间关系。"三个"感知"的出现意在强调要尊重幼儿的具体形象的思维特点。幼儿的具体形象思维决定了幼儿数学教育的方式是"直接感知、亲身体验、实际操作";幼儿学习的方式是"做中学、生活中学、游戏中学"。要坚决反对脱离幼儿身心发展特点的盲目拔高和"小学化"的数学教育方式。《指南》中再次强调了生活中的数学和数学在生活和游戏中的运用,以及幼儿对数学活动的兴趣的培养。反对脱离幼儿生活的抽象的学习与训练,强调培养幼儿受益终生的学习品质。因此我们的数学学习要认真贯彻《纲要》与《指南》的精神,对照《幼儿教师职业标准》,树立正确的教育观,提高自己的师德修养与文化素养,掌握相应的专业知识和技能,为幼儿的健康、全面和谐和富有个性的发展打下坚实的基础。

一、学前儿童数学教育活动的意义

众所周知,数学是研究现实世界的空间形式和数量关系的一门科学。这种来源于生活并高于生活的学科特点,使我们必须从两方面考虑:一方面,婴儿从呱呱落地起伴随着他对周围世界的不断认识而逐渐成长。那么,试想一下,如果幼儿没有数与形的概念,就会连家里有几个人、小猫有几条腿、自己有几只手,用的手帕、玩的皮球、搭的积木是什么形状这类简单的问题也弄不懂;如果没有一点度量的概念,就不会区别物体的大小、长短、粗细、高矮等;如果没有一点空间方位的概念,就分不清楚上下、前后、左右等;如果没有一点时间概念,就分不清昨天、今天和明天。很明显,数教育是幼儿认识客观事物的需要,生活不仅需要幼儿认识的事物外形特征、用途及相互关系,也经常遇到有关数与形的有关问题。也就是说只有让幼儿掌握一些粗浅的数学知识,他们才拥有了解与认识世界的工具,才有可能清楚地感知和正确认识周围的物体,才能较好地与人交往,较清楚地表达自己的思想,才能解决在日常生活中遇到的一些实际问题。另一方面,由于数学特有的精确性、抽象性、逻辑性可以帮助幼儿概括地认识生活中的各种事物及它们之间的关系,使幼儿获得一种思维方式,学会用数学的方法解决实际问题,促使幼儿的思维和智力得到较快的发展,为进一步学习打下良好的基础。我们知道数量关系是数学本身内在联系及其规律的反映,这也正是发展幼儿思维的积极因素的本质所在。例如,从1开始的依次排列的自然数列中,任意一个数都比前面一个数大1,比后面一个数小1,它体现了自然数列的本质特征及规律。如果幼儿理解了自然数列本质特征及规律,在此基础上,就能按照递增或递减的规律去认识20以内,甚至百以内乃至更大的数。这就是一种运用规律(原理、原则)进行推理的智力活动。帮助幼儿掌握了诸如此类简单的数量关系,我们就赋予了幼儿一种获取新知识的智力上的潜在能力。所以我们说,数学教育内容中蕴含的数量关系是促进幼儿思维发展的积极因素。掌握数量关系的同时思维能力也得到同步增长,同时也是幼儿抽象能力逐步发展的过程。

二、学前儿童数学教育活动的目标与内容

(一)学前儿童数学教育的目标

1.0—3岁儿童的数教育

幼儿数学概念的发展要经历一个复杂的过程,我们不要忽略婴幼儿数学能力的培养和发展。有资料表明,年龄在0—3岁的宝宝是数概念开始发展的重要时期,所以家长要在这个时期和宝宝玩各种数学游戏,让他们在游戏中玩乐,在游戏中接近、喜欢、学习数学。

0—1岁的宝宝已经能听数字、看物体,对声音和颜色的刺激有回应。那么,家长可以有意识地唱数字歌谣,"灌输"数字概念;1—1岁半的幼儿能进行简单的数数,笼统地知道多与少的概念,能从多个中拿1个;能识别物体的大小;能识别一些简单几何形状;能识别颜色,将同颜色的归类。经常教孩子数各种物品;让孩子从一堆颜色或形状不同的物品中拿出1个指定的物品。用实物教孩子认识常见图形(如圆形、三角形等)。

1岁半—2岁的孩子具备上下、里外、前后方位意识;能辨别多少,能比较高矮、大小;能够根据东西的大小、种类、颜色进行分类。多教孩子一些方位概念,如游戏时说"球在箱子里""小车在箱子外面",等等;让孩子辨别多少,比较高矮;用扑克牌或其他物品做一些分类、配对游戏。

2—2岁半的孩子能连续数数,并记住较为复杂的数字组合;能比较物体的形状,识别不同的几何图形,并懂得选择同样的图形进行匹配;能比较远近。教宝宝记门牌号、电话号码、历史年代等各种数字材料;用一些不同形状的积木或纸卡,教孩子学会认识抽象的圆形、方形、三角形等图形;用含远近的词引导孩子行为,加强对远近概念的意识,如"和妈妈靠近点"。

2岁半—3岁的孩子能理解数字代表的实际含义;能比较长短、厚薄,并能进行综合比较;具备独立解决简单问题的能力。让孩子按指定数目取物、拨电话号码等;用实物教孩子比较长短、厚薄,并引导孩子善于发现近似事物中的不同点和不同事物中的相似点;引导孩子去思考、推理并学会应当怎样做。

2.3—6岁儿童的数教育

《纲要》指出:幼儿园数学教育的目标是"能从生活和游戏中感受事物的数量关系并体验到数学的重要和有趣",其内容和要求是"引导幼儿对周围环境中的数、量、形、时间和空间等现象产生兴趣,建构初步的数概念,并学习用简单的数学方法解决生活和游戏中某些简单的问题"。这些表述中蕴含有丰富的新观念、新思想。主要有以下特点:

(1)对周围环境中事物的数量、形状、时间和空间等感兴趣,有好奇心和求知欲,喜欢参加数学活动和游戏。

兴趣、好奇心、求知欲等是幼儿学习数学的内部动力。幼儿对事物的数、量、形、时间、空间等产生了兴趣,这为幼儿所进行的数学活动提供了最佳的情绪背景,在积极探索活动中也可以逐渐培养起幼儿对数学学习的积极情感,幼儿有积极情感参加数学活动,才可能观察、感知到周围环境中事物的数、量、形、时间、空间现象,从而获得有关数、量、形、时间和空间的感性经验。

(2)能从生活和游戏中感受事物的数量关系,获得有关数、形、量、时间和空间等感性经验,体验到数学的重要和有趣。

让人们明确幼儿数学教育与其他年龄段的数学教育有根本的不同。幼儿获得的数学知识是经验性的、具体的知识,建构的是初级的数学概念,这种概念是幼儿在与环境的交互作用中获得有关数、量、形、时间、空间等的感性经验,是在具体的实际经验中归纳出来的,是建立在表象水平上的概念。

数学知识不可能由成人传授给幼儿,必须让幼儿在与环境的交互作用中学习和掌握。幼儿在感受数量关系、获得数学感性经验的过程中,也让他们体验到数学的重要和有趣。这说明幼儿在建构数学知识的过程中,也同时产生对数学的兴趣,形成对数学的情感和态度。

(3)学习用简单的数学方法解决生活和游戏中某些简单的问题,能用适当的方式表达、交流操作和探索问题的过程和结果。

该目标指出,在幼儿数学教育中要重视认知能力的发展,尤其是思维能力的发展。在当代,重视人的认知能力的发展远比获得知识重要得多。数学以其自身知识的抽象性和逻辑性对幼儿的认知能力特别是思维能力的发展有着特殊的价值。幼儿在构建一些粗浅的数学概念的过程中,需要对所操作的材料、环境中的有关数、量、形、时间、空间等数学关系进行充分观察,需要进行一番比较、分析、综合、抽象和概括,才可能将有关的数学概念的本质(或关键)属性从具体事物中抽象出来,这一过程对发展幼儿各种心理过程的有意性、自觉性十分重要,对促进幼儿观察力、注意力、记忆力、想象力,尤其是思维能力的发展有着十分积极的作用。学习解决问题,这不是简单地运用已知的信息,而是对信息的加工,在解决的问题中,需要对已掌握的知识、经验和方法再次思考和重新组合,找出能解决问题的方法;问题一旦解决了,幼儿的能力也随之得到了提高。一方面加深了对有关数量概念的理解;另一方面它要求相应的思维水平,从而促进了思维抽象能力和推理能力的发展。由此可以看出,引导幼儿感受事物中数量关系的过程,实质上也是促进幼儿思维发展的过程。幼儿能用适当方式表达、交流其操作、探索过程和结果,这实质上是幼儿将其在数学操作和探索活动中的感受、体验外化和具体化。这样的过程不仅巩固、加深了幼儿对数学现象、数量关系的感受和体验,而且也使其认识能力再次得到提高,同时幼儿之间在交流中互相能更好地学习。这一过程不仅促进幼儿认识能力的发展,它还将促进幼儿自主性、创造力、想象力的发展,因为在这过程中,每个幼儿都可采用自己认为适当的方式去表达和交流。

(4)会正确使用数学活动材料,能按规则进行活动,有良好的学习习惯。

这就是说,幼儿是通过与各种有关的数学材料发生相互作用而对其中蕴含的数学关系有所感受和认识的。幼儿只有掌握了有关的操作技能后,才可能正确地使用数学操作材料,才可能获得对有关数学关系的感知和认识。良好的学习习惯不仅对幼儿时期的学习有重要意义,而且对其日后的学习影响也是巨大的。幼儿的数学学习主要是通过幼儿的操作活动进行的,这里涉及幼儿很多的行为习惯,因此在数学教育中培养幼儿良好的学习习惯更具有重要意义。对于幼儿数学学习来说,除以上提到的学习习惯外,针对数学学习要求,还应养成幼儿按规则进行活动,克服困难,探索解决问题的办法,能与别人合作进行游戏等良好习惯。

(二)学前儿童数学教育的内容

学前儿童数学教育的内容面很广,大的可以分为数量关系、空间关系和时间关系三个方面;具体一些可以分为:分类、排序与对应;数、计数与数的运算;几何图形;量与计量;空间和时间五类。

数学知识以抽象性和逻辑性为特点,幼儿园数学教育内容构成了一个相互联系的知识体系。以数概念的学习为例,幼儿最初获得的是一些数前经验,如对应、排序、分类等经验,这是他们理解数的实际意义的逻辑准备。当幼儿能理解数的实际意义时,他们就能通过计数活动逐步获得数目守恒的观念,同时开始理解数与数之间的关系,如数序、相邻数之间的关系等。接着,他们有了"数群"的概念,开始把数理解为一个可分可合的集合,在此基础上,他们学会了数的分和合(或称数的组成),而这些知识又构成了理解加减运算的重要基础。由此说明,幼儿数概念建立的每一步都以前一步为基础,数学知识之间存在着严密的逻辑关系。由于幼儿对数的理解是一个渐进的、变化的和主动建构的过程,它依赖于感性经验,并在社会性交往过程中得到发展,所以幼儿对数的理解显然需要一个较长时间的自由探索和主动学习的过程,他们通过实物或动作的中介来建构对抽象的数与数之间关系的理解。

在引导幼儿学习具体数学内容时,应重点使幼儿初步关注和感知这些内容中蕴涵和揭示的数量关系,即"1"和"许多"的关系;对应关系;大小、多少关系;等量关系;守恒关系;等差关系和相对关系;可逆关系;互补关系;传递关系;包含关系。因为这些数量关系反映了数学知识间的内在联系及其规律。同时,在选取幼儿数学学习的内容时需关注四种经验的获得。即关于体验"连续量"和"非连续量"材料的经验;关于空间、形状和尺寸的经验;关于容量、匹配、测量的经验;关于语言和符号的经验。近年来的许多研究表明,幼儿在早期数学能力发展方面存在相当的潜力,我们不能低估幼儿早期的这种认知发展潜力,它对幼儿园数学教育提出了挑战,要求我们思考如何为幼儿的发展创造更有利的条件。

下面从数学的起源看幼儿园数学教育内容主要线索。

在人类的童年,当时我们的祖先认识水平还很低下,他们对事物的认识仅停留在直观的水平上,对事物数量多少的比较也仅限于直接的感知。"有"对原始人来说,就意味着捉到了野兽,采到了野果。而这些自然界的生物又总是以一个一个的个体形式存在的,一群野兽是由一只一只野兽组成的,一堆野果是由一个一个野果组成的。"有"既包含着一个一个的个体,又含着许多的个体。所以人类逐渐从"有"的概念中揭示出"1"和"许多"。随着社会的发展,人类在进行分配、交换等活动中进一步认识了"许多"。如狩猎前要将武器分给猎人,一人分一件结果可能出现三种情况:一是武器有剩余;二是武器不够分;三是分给每人一件武器不多不少。这样人类逐渐掌握了一一搭配(一一对应)的方法来比较两组物体的多、少、一样多。这实际上是最原始的"一一对应"观念。人类从此可以通过比较两个集合来比较数量多少。

人类在数概念的发展过程中,确实经历了这样一个阶段,那时的人类还不知道计数,但是他们会用一一对应的方法比较集合数目的相等和不相等。人类经历无数次类似以上这样的一一对应比较,认识到多和少是事物集合的一个重要特征并根据这一特征将集合归类。人们逐渐撇开以上各类各物集合的其他特征(种类、大小、形状、颜色)而抽象出其共同特征(个数一样等)。如:太阳、月亮、鼻子、嘴巴可以归一类;眼睛、耳朵、手、脚可以归一类。

原始人类发明了"结绳记事"的办法,如用绳结表示捕获的野兽数目,通过比较绳结的多少来比较野兽数目的多少。甚至可以借助于某个中介(如绳结)对两个相距较远的集合进行数量的比较。后来,人类又从中抽象出数的概念,即用数目来表示物体数量的多少。这样就形成了自然数。人们对世界的描述就更加方便,也更加精确了。

最初的数量比较是一种直接的判断,而基于"一一对应"的数量比较则已经是一种逻辑的判断。最初用绳结表示数量还带有某种直观的、形象的特点,而数则完全是一种抽象的符号了。从数学的起源来看它是对具体事物进行抽象的产物。自然数的实质就是一类等价的有限集合的标记,儿童数学概念的发生、发展过程实际上是人类数学概念发生过程的浓缩和复演。儿童刚出生时并不具有数学的概念。研究证实,2岁左右的儿童一般是通过笼统的感知来比较物体数量的多少。随着认知能力的发展,3岁以后的儿童逐渐形成了对应的逻辑观念,能够通过一一对应比较多少,到了5岁左右,儿童逐步抽象出初步的数概念,并能对数和数之间的关系进行逻辑的思考。对学前儿童来说,他们学习数学、掌握数学同样也是一个发明和创造的过程。

儿童对数的意义的理解也存在着从具体到抽象的发展过程。起初,儿童对数的理解还离不开具体的事物,随着儿童思维抽象性的发展,儿童也逐渐能脱离具体的事物,在抽象的意义上理解数。可见,儿童掌握数学概念的过程,并不是简单地学习某个具体知识的过程,而是一个不断抽象的过程。

所以,无论是从人类历史上数的起源还是儿童个体数概念的发生、发展,我们都能看到:数学是人类的发明,是抽象化的结果。

幼儿数教育的内容面很广，大的可以分为数量关系、空间关系和时间关系三个方面，具体一些可以分为集合的知识、数概念、10以内数的加减运算、简单的几何形体、度量、空间方位、时间几个部分。

数与形是幼儿数教育领域中的两个基本概念，所以，在内容的安排上要体现以数形概念为主的原则，各年龄段要注意以数概念为中心，数、形、时、空等有机结合，以及数概念形成的先后顺序，使各年龄段的教学内容重点突出，难点分散。

三、学前儿童数学教育活动的方法

数学教育的方法是完成教育目标所使用的工作方法。其方法包括教与学的方法，二者是密切联系的，显然，幼儿数概念的形成不可能脱离幼儿的实际生活和幼儿与周围环境相互作用的活动。但是，如果没有老师的指导，幼儿很难主动去观察周围环境中数、量、形的关系，更难将周围环境中数、量、形的关系直接转化为数概念；难以自觉地用数学方法解决自己碰到的问题，很难自动地体验到数学的重要和有趣。要充分调动幼儿的积极性，激发幼儿学习的兴趣，让儿童能较清晰地感知所教主要内容，取得较好的教育效果，选择恰当的教学方法是必不可少的。当教学目标和教学内容确定后，教学方法的选用就是一项十分重要的工作。下面具体介绍学前儿童数学教学中常见的几种教学方法。

（一）演示讲解法

演示讲解法是边讲解、边演示的一种教学方法。应用时应注意以下四点。

第一，讲与演必须同时进行。教师在演示、示范及范例的运用中，必须结合口语的说明或解释，才可能使幼儿对演示（或示范、范例）中所表达的数、量、形、时间、空间等数学知识，所要掌握的技能和活动规则有较清楚的了解和认识。使幼儿懂得了这是什么、需要做什么以及怎样去做。语言应准确、简洁、形象和生动。所讲内容要求教师与幼儿应具有共同的体验，这样相互间的信息交流才有可能让幼儿听懂。语言主要是用于说明幼儿能理解的内容，如果用它来说明一个还未被理解的概念，此时的语言只能让幼儿记住一些语词，对幼儿的发展是很有害的。

缺少实物或直观教具作为幼儿观察、思考的依托，幼儿往往难以理解教师口语表达的意思。演示、示范所用的教具、学具和范例应准确反映教学内容和数学概念的本质属性；教具、范例的大小要适中，色彩应鲜明，使幼儿能清楚地辨认数、量、形的特征。

第二，教师应充分运用实物、教具产生的情景氛围，激发幼儿的好奇心和学习兴趣。

第三，教师有时围绕教学内容和幼儿的学习情况，提出问题引导讨论。在运用演示、讲解法时，教师应配合提问，启发幼儿思考新情景中的新问题，让幼儿充分调动已有的知识、经验来解决教师提出的问题。问题解决了不仅使幼儿获得新的数学经验、新的数学知识和技能，同时也使幼儿的认知能力得到了发展。至于活动中提出的任务，教师应通过提问的方式，让幼儿经过自己的思考、大家的讨论，明确任务是什么、如何做才能完成这一任务。这一切都不应由教师直接告诉幼儿，以免剥夺了幼儿思考、尝试和探索的机会。这种谈话、讨论的方法在中、大班运用较多。

第四，所用的教具、学具和范例应该准确反映教学内容和数学概念的本质属性。

（二）观察比较法

观察比较法是指幼儿在教师引导下，对两个或两个以上的物体进行分析、比较，感知和找出它们在数、量、形等方面异同点的一种方法。

1. 比较的形式

（1）对应比较包括重叠比较与并放比较两种。

重叠比较：将一个集合中的元素逐一重叠在另一个集合相应元素上，形成两个物体之间一一对应的形式进行比较。

并放比较：将一个集合中的元素，按上下或左右方向，对应并放在另一个集合相应元素的附近，形成两个物体之间的一一对应的形式进行比较。

（2）非对应比较包括单排与双排比较两种。

单排比较：将物体按量或按数排成一行或一列进行比较。例如，3根木棍摆成一排比较其长短，3只皮球摆成一行比较其大小。

双排比较：将物体摆成双排进行比较。例如，将两组物体数量进行比较时，可以摆成异数等长、同数异长或异数异长。

2. 应用比较法应注意的问题

（1）在运用观察、比较教学方法时，教师应通过自己的语言引起幼儿的注意，并指导幼儿观察和比较。

（2）通过观察、比较可以使幼儿对物体在数、量、形等方面的相同点和不同点有清楚的感知，同时可促进幼儿观察力和思维能力的发展。

（3）在采用比较的方法进行教学时，所比较的两个物体（或两个以上的物体）之间确实具有联系，这样才可以进行比较。另外要在同一标准下进行比较。

（三）游戏法

游戏法是指使学前儿童数学教学活动游戏化的一种方法。

教师在组织幼儿的数学教学活动时，不仅要考虑让幼儿获得哪些数学经验，同时还应当考虑用什么样的方式方法可使幼儿更有效地获得这些经验。游戏是幼儿喜爱的活动，采用游戏的方法进行数学教学，可以引起幼儿学习的兴趣，提高幼儿智力活动的主动性和积极性，从而使幼儿有效地获得数学经验。

1. 游戏法的两种运用方式

第一种：教师为幼儿创设符合教学目标的数学环境，为幼儿提供多层次、多样化的数学活动材料，引起、支持和促进幼儿的数学学习行为。让幼儿在材料的相互作用中，在与同伴的交往中，获得丰富的数学经验。（操作游戏）

练一练

观看数学游戏"抗病毒小卫士"视频，说说教师是怎样增强幼儿数学经验的？（案例来源：重庆市渝中区机关幼儿园　陈婳）

抗病毒小卫士　　　　　　　　抗病毒小卫生

第二种：教师直接组织和带领幼儿玩各种数学游戏，使幼儿从所做的游戏活动中获得有关的数学经验。

2. 游戏的常用形式

（1）引导幼儿运用多种感官进行数学游戏（视觉、听觉、触觉、运动觉、语言）。例如，看数拍手，听铃声小白兔跳，奇妙的口袋（如按要求摸图形、按要求拿乒乓球等）。

（2）引导幼儿玩竞赛性的数学游戏，这类游戏一般在大班进行。例如，谁算得又对又快（教师出示加减式题，幼儿抢答得数）；开火车（复习加减运算的游戏）等。

练一练

扫码看视频，说一说游戏"抢数字"的主要目的是什么？（案例来源：重庆市渝中区机关幼儿园　张容）

抢数字　　　　　　　　抢数字

练一练

看视频数学游戏"青蛙运动会",说一说教师是如何组织数学游戏的。(案例来源:重庆市渝中区机关幼儿园　陈娅)

青蛙运动会　　　　　　　青蛙运动会

(3)引导幼儿结合音乐、体育活动形式进行的数学游戏。

练一练

观看游戏"小球别跑"视频,说一说:数学与体育结合的优点是什么?(案例来源:重庆市渝中区机关幼儿园　黄治娟)

小球别跑　　　　　　　小球别跑

(4)寻找就是让幼儿根据教学要求,在直接感知的基础上,运用记忆表象,寻找出相应数量的物体。寻找有三种形式:在老师布置好的环境中寻找,在自然环境中寻找,利用记忆表象寻找。

数学教学活动中的游戏与幼儿平时玩的游戏是不同的,数学教学中的游戏是完成一定教学目标设计而选用的。因此教师不能过分地追求游戏的趣味性,以免影响幼儿对数学关系的感知,影响幼儿有效地获得数学经验。

3. 运用游戏法的注意问题

(1)设计的游戏情节应有利于幼儿学习或巩固所学的数学知识,促进幼儿的智力发展。

(2)充分调动幼儿的各种感官,例如,视觉、听觉、触觉、运动觉等。

(3)各年龄班都可以应用游戏法,随着幼儿年龄的增长,可适当减少游戏情节。

(四)操作法

操作法即由幼儿动手操作学具,在与材料的相互作用的过程中进行探索和学习,获得数学感性经验、知识和技能的方法。

1. 操作法是幼儿学习数学的基本方法

(1)操作法的理论依据是瑞士心理学家皮亚杰的思维结构发展"内化"说,即外部动作"内化"为思维结构的理论。幼儿学习数学知识,首先应从外部形式的活动——对物体的操作开始,在操作和积极探索过程中促进思维活动的发展——由直接感知转为表象,进而构建起初步数学概念。

(2)数学操作活动与幼儿发展的关系:数学本身具有的抽象性、逻辑性和幼儿形象思维的特性,决定了幼儿数学概念形成需要以作用于事物动作的足够经验和体验为基础,通过自身活动的操作层次,借助被操作的物体获得感性经验,并从类似的多种经验中抽象概括而逐步建构起来。因此,数学操作活动是一种与幼儿生活紧密联系的知觉活动,是幼儿园数学教育的基本活动之一。

幼儿期基本处于前运算阶段,其思维有两个基本特点:一是思维的半逻辑性,二是思维的逻辑建立在对客体的具体操作的基础上。

从儿童学习知识的顺序和方式来看,至少有三层阶梯:行为把握,这是依靠动用手足去把握;图像把握,这是以印象的方式去把握;符号把握,这是以语言形式或数量形式去把握的高级阶段。

现代心理学认为:单纯地用眼睛看,并不能解决知识内化的问题,即使再用语言表达一下,也不能形成完善的认知结构,幼儿在相当程度上还要依靠直觉行动进行思维,需要实际操作物体,对物体施加动作,经过反复地摆弄和探索,把外部动作转化为内部智力的操作,使问题的解决过程在头脑中进行,解答那些需要逻辑思维的问题,发展数学能力。通过对儿童认知活动的研究,人们对动作在思维发展中的作用有了比较清楚的认识,幼儿的双手操作活动促进大脑积极思维,有利于促进他们智能和相应能力的发展,对幼儿素质的培养有着十分特殊的意义。

2. 教师指导幼儿的操作活动注意

(1)为幼儿提供合适的、充分的操作材料。

(2)提供的材料应紧紧围绕主题内容。

每一个主题活动都会有目标,要紧紧围绕主题目标和遵循数学知识内部的逻辑性来为幼儿提供相应的数学操作材料,把教师的教育意图和教学目标融入材料中,充分挖掘材料的潜能,使这些材料能实现多项目标,发挥最大的功效,使幼儿能获得多方面的发展。

(3)提供的材料能引发幼儿的兴趣。

教师应该充分考虑幼儿与物质材料的相互作用,注意促进幼儿积极主动去发现、去寻找、去探索数学奥妙的愿望。在教学过程中,教师要创设幼儿与材料相互作用的环境,让幼儿自己探究,同时防止让幼儿没有目的地摆弄材料。当幼儿展现出对数学材料的感受时,教师应该捕捉幼儿在操作活动中的信息,探寻幼儿的真实水平和需要,从而恰当地为幼儿调整或补充材料,促进区域活动的开展。孩子总是对富有新意的环境表现出特别的敏感和兴趣,因此,教师为幼儿提供的材料要有新颖感。

(4)提供的材料要有层次性,满足不同发展水平幼儿的操作需要,材料的来源要生活化、一物多用、安全卫生。

(5)教师在活动前,要向幼儿做必要的介绍;在幼儿操作后,要给予评价,及时肯定和鼓励幼儿学习上的进步。

3. 数学操作活动的基本类型

(1)验证性操作活动。教师先讲解、演示、归纳,再让幼儿通过实物或图片进行操作验证而获得数学知识的一种操作形式。其目的在于促进幼儿对已学知识的进一步巩固、理解,促进知识的内化。

(2)探索性操作活动。围绕某一数学问题,让幼儿通过自己对实物或图片进行摆弄、操作、尝试、探究,在动手实践的基础上发现有关规律的一种操作形式。其目的在于充分发挥幼儿学习的主动性,提高幼儿探索问题的能力与思维的目的性。

(3)创造性操作活动。

提供某一材料让幼儿自己设计出具有多种选择性结果的一种操作形式。其目的在于让幼儿充分地进行想象和多角度思考问题,培养创造能力。

4. 数学操作活动的基本组织形式

(1)集体操作形式:以教学班为单位,按照同一教学内容,使用同一操作材料、同一操作方式,在同一时间内进行操作的组织形式。

（2）分组操作形式：以教学小组为单位，各小组按教学内容的层次不同，使用不同材料、不同操作方式，在同一时间内并可以进行轮换操作的组织形式。

（3）个别操作形式：幼儿根据各自的不同情况，自由选择某一操作材料、某些操作伙伴、某种操作方式，不受时间限制的操作组织形式。

操作法对幼儿学习数学知识，培养儿童的想象力有十分明显的作用。所以，操作法应该应用到幼儿数教育的一切活动内容中，特别是将操作法与其他各种方法有机结合，互相贯通，能更好地促进幼儿思维的发展。

（五）类推法（发现法）

类推法（发现法）就是教师指导幼儿运用已有的知识、技能、经验，用判断和推理来求得新知识，做到举一反三。

发现法又称发现学习，是美国心理学家布鲁纳根据皮亚杰的理论提出的。幼儿数学教育的许多内容如数的守恒、相邻数、单双数、加法交换律、数的组成等，都可以用探索发现法来进学习。

（六）统计图表法

统计图表法，通过观察，特别是通过测验、调查，对所得到的大量数据材料运用统计的方法进行处理，从而把握事物的真相。

幼儿数学教育中常用的统计图表法有以下四种。

1. 统计表

把在日常生活中所得到的相互关联的数据，按照一定的要求进行整理、归类，并按照一定的顺序排列起来制成表格，叫统计表。

例如，让每个幼儿选择一种自己喜欢的颜色，然后用表格统计，幼儿根据表格就可以知道喜欢哪种颜色的人数是多少，如表 5-1 所示。统计表可以画在纸或者黑板上，也可以在贴绒板上用线拉出格子等。

表 5-1　统计表

黑色	白色	红色	绿色	蓝色

2. 统计图

统计数据还可以制成统计图，它比统计表更形象具体、一目了然、印象深刻。

幼儿数学教育中用的统计图主要是象形统计图。象形统计图是将统计资料用各种事物的形象（长短、高低、大小、特征）来绘制的统计图。用它来表明所研究对象在数量上的变化及其对比关系，例如图 5-1。

图 5-1　统计图

3. 估计

估计是对事物的量或大小进行有根据的推测。

例如，小朋友中谁最高？谁最矮（估计）？然后引导幼儿比较究竟谁最高，谁最矮（检验）。由于幼儿年龄较小，一般不能精确估计，但这并不重要，重要的是帮助幼儿学会合理地推测，使推测值逐步接近正确，以提高幼儿的估计能力。

4. 记录

记录就是把观察、测量、调查、实验等结果记录下来，进行分析和比较。培养幼儿收集、保存、展示信息的能力。并且让幼儿学习不同的记录方法如涂颜色、画点、记数字或者绘画，也可以用各种色块或者不干胶标签贴记录下任何有规律的日常活动。如某幼儿每次发言就在他的小盒子里加一小色块，也可以用不干胶标签贴在大门处记录某人进来的次数等。

以统计图表形式表示信息，是数量的直观的表示手段，也是幼儿感兴趣的方法。在幼儿科学教育中培养幼儿粗浅的处理信息的能力，使幼儿了解用统计方法可以计数、测量、分类、比较、寻找规律等，有利于幼儿积累经验、发展智力，掌握学科学的方法和技能，培养科学素养。幼儿在进行探究学习之后，都有一种表达出来的潜力和倾向。而统计正是梳理、表达与交流头脑中的信息的重要工具。同时，通过图表形式的统计方法把收集的信息进行分类排序，有利于幼儿一目了然地感知事物之间的数量关系，并对认知对象加以概括和区别，在具体的和抽象的观念之间建立联系，推断所收集信息的意义。这种方法有助于发展幼儿的观察、推理、分类、预测、交流的科学技能，有利于概念的形成。在科学教育中恰当地运用统计知识，可以初步培养幼儿信息处理的方法和技能，促进幼儿科学探究的方法和抽象思维能力的培养。一般情况下，幼儿园的数学教学是综合运用多种教学方法组织活动，引导幼儿探索和学习，以取得最佳教学效果。教学方法的运用与教师的教育素养有密切关系。教师不管运用何种教学方法，都应注意调动幼儿学习的积极性和主动性，启发、引导他们学习，让幼儿通过自己的探索获得知识，而不应从自己的主观想法出发，把幼儿看成是接受知识的容器，一味地向他们灌输知识，无视幼儿学习的主动性和积极性。教师采用什么样的教学思想进行数学教育，这反映了他的教育观和儿童观。学前儿童数学教学方法的选择和运用，还受数学学科特点的制约。

总之，幼儿园数学教育要转变重数学知识的传授、轻思维能力培养的观念；要尊重幼儿的发展特点，降低知识难度，注重数学关系的发现；既要重视专门的数学教育活动，又要重视渗透的数学教育活动；教育幼儿园数学教育的途径不仅仅是几节数学课，还要将融数学教育于生活和游戏中；精化集体性数学教育活动，提高集体性数学教育活动的有效性。开展数学选择性数学区域活动，满足不同层次和不同需求儿童的需要。利用各个领域的活动，积累幼儿的数学经验。多种手段并举，使幼儿获得丰富的数学经验，为幼儿抽象思维的发展和后续的学习打下坚实的基础。

第二节　学前儿童感知集合概念的教育

感知物体集合是幼儿学习数数的开始，即儿童数概念的形成是从感知物体集合开始的。"初步形成集合概念"是指幼儿能在经验的层面上对事物进行的一种概括和归纳。引导幼儿学习集合的要求主要在以下方面：体验事物的共同属性，学会求同和分类的技能，初步形成集合的概念并能对两个集合元素进行比较；体验集与子集的关系。幼儿集合概念的教育主要内容有：分类的教学、排序的教学、区别"1"和"许多"的教学、比较两类物体的多少的教学。

一、幼儿的分类教育

分类即按物体的颜色、大小、形状、用途、数量等不同的特征进行区分。可先按一个特征分，再逐步按两个或两个以上的特征分。

要学习点数物体的数目,知道数的含义,有必要先学会对物体进行分类。分类能力是幼儿学习数学的基础,日常生活中幼儿不可避免地会接触具有不同大小,不同颜色,或不同形状的各种物体,教幼儿从错综复杂的事物中,根据某一共同特征进行分析、比较,才能找到物体之间的异同点,然后才能对物体进行分类。才有可能对它们分别进行记数活动,从而认识数的实际意义。因此,它是一种智力活动,是培养幼儿逻辑思维的一个重要组成部分。

(一)教育目标

1. 小班

(1)认数以前会从一堆物体中把名称相同的物体拿出来(限于拿出一类物体)。

(2)按物体的一种外部特征(如颜色、大小、长短、形状)分类,每次分成一类或两类,每一类不超过4个物体。

2. 中班

(1)物体的一个外部特征(颜色、大小、长短、高矮、粗细、形状)分类,每次分成两类或三类。

(2)按物体的数量分类,每次分成两类或三类。

3. 大班

(1)按物体的一个外部特征(颜色、厚薄、宽窄、形状)分类,每次分成两类到四类。

(2)按物体的两个特征(大小和颜色、大小和形状、颜色和形状等)分类。

(3)按物体的数量分类,每一类不超过10个。

(4)按物体的用途分类,每一次不超过三类,每一类不超过3个物体。

(二)教育指导与建议

物体分类的教学,一般应按照由易到难、由简到繁的原则,围绕分类活动的关键经验进行,同时,要尽力结合已学的有关数、量、形等方面的知识。

1. 引导幼儿按物体的名称、物体的外部特征、用途、数量等进行分类

教小班幼儿进行分类时,首先要叫他们学会从一堆物体中找出相同名称的物体。开始教学时,可以给幼儿一些同样颜色、同样大小的物体,让幼儿找出相同名称的物体,以后,逐步教幼儿能排除物体的颜色、大小等干扰,而把相同名称的物体找出来并放在一起。

2. 利用各种活动进行分类练习

分类教育可渗透于日常生活中。吃饭之前分餐具:请孩子分发杯、盘、碗、筷,饭后再让他根据杯、盘、碗、筷的不同用途分别将它们归在一起。分家庭成员:请孩子按男女、老幼、戴眼镜与不戴眼镜、站着与坐着等不同特征区分家庭成员,然后再数出各类的数目。分桌上的东西:请孩子将桌上的东西按吃的、用的、玩的等不同用途进行分类,并数一数每一类的数量。

二、幼儿的排序教育

排序依据物体的差异如颜色、大小、长短、粗细、高矮、先后、多少等特征,按一定的规则或次序进行排列。排序是建立在对物体比较的基础上,需要有一定的判断推理能力。对幼儿来说,排序比对物体进行分类要困难一些。引导幼儿发现排列规律,遵循由简单到复杂、由明显到隐藏、由少数到多数的原则。排序对幼儿学习数学知识和发展智力有积极的意义和作用。

(一)教育目标

1. 小班

(1)使幼儿能对大小差别较明显的3—4个物体,按从小到大或从大到小的顺序排列。

（2）使幼儿能对长短差别较明显的 3—4 个物体，按从长到短或从短到长的顺序排列。

2. 中班

（1）使幼儿能对数量在 6 个以内的物体按大小、长短、粗细等顺序进行排列。会从小排到大或从大排到小，从长排到短或从短排到长，从粗排到细或从细排到粗。

（2）使幼儿能对 6 个以内的物体按数量逐一增加或逐一减少的顺序排列。

（3）使幼儿能按数字所表示的多少顺序，从 1 排到 6 或从 6 排到 1。

3. 大班

（1）使幼儿能对 10 个同类物体按不同差异排序。例如，能按从矮到高或从高到矮，从宽到窄或从窄到宽的顺序排列。

（2）使幼儿能对 10 个以内的物体按数量的递增或递减的顺序排列。

（3）使幼儿能对 10 以内的数字按从小到大或从大到小的顺序排列。

（4）初步教幼儿发现物体排列顺序的某些简单规律。

（二）教育指导与建议

1. 教小班幼儿按物体的大小、长短排序

（1）教幼儿给大小差别较明显的物体排序，可以和比较物体大小的教学结合起来。开始可引导幼儿从 3 个物体中找出最大的和最小的，然后再进行排序。

例如，教师出示大小差别较明显的三种颜色的皮球（红、黄、绿），打乱顺序以后，引导幼儿观察、比较，指出绿球最小，红球最大，黄球比绿球大些。然后教师指导幼儿按从小到大的顺序排列，同时让幼儿学说，"绿皮球最小，排在前面；黄皮球大些，排在它的后面；红皮球最大，排在最后面。"接着，教师供给每个幼儿 3 个大小差别较明显的塑料片，让幼儿按从小到大的顺序排列。边排边说哪个最小，哪个大些，哪个最大。

（2）教幼儿给长短差别较明显的物体排序，可以和比较物体长短的教学结合起来。教学方法和上面讲的基本相同。教学时，要注意让幼儿学会把物体的一端对齐，以便区别物体的长短。

2. 教中班幼儿按物体的高矮、粗细、厚薄排序

教中班幼儿按物体的高矮等特征排序，可以和比较物体高矮的教学结合着进行。

（1）教幼儿按物体的高矮排序时，可让幼儿把一组物体从矮到高或从高到矮排列起来。

例如，给幼儿 5 根不同高矮的小棒，让他们观察、比较后，从矮到高或从高到矮排列。同时让幼儿数一数，或者教师任意拿出一根，摆在桌上，指导幼儿以这根为中心，把其他 5 根按从矮到高或从高到矮的顺序排好，看谁排得对，排得快。

（2）教幼儿按物体的粗细、厚薄排序。教幼儿按物体的粗细、厚薄排序，可以采用类似上面的方法。

3. 教大班幼儿按物体的宽窄排序

（1）教大班幼儿按物体的宽窄排序时，可以和比较物体宽窄的教学结合着进行。

（2）教幼儿按物体的数量多少排序。

在大班教幼儿按物体的数量多少（不超过 10 个）排序，可以按数量逐一增加或逐一减少的规律排序，并按数字从小到大或从大到小的顺序排列。

例如，教师给每个幼儿一堆小石子、贝壳或树叶，让幼儿从 1 个开始，每行增加一个，直到最后一行排出 10 个为止，然后按每行的数量排出相应的数字卡片。

（3）指导幼儿按物体的特定规律排序。在大班指导幼儿去发现物体的排列规律并按这一特定规律排序，对于发展幼儿智力，初步培养幼儿的探索精神有一定的作用。

例如，教师先指导几个幼儿按照一个男小朋友再一个女小朋友的顺序排列。然后让其他幼儿继

续按这一规律往下排。或者让幼儿先摆一个圆形,再摆一个正方形,再摆一个三角形,这样,接着往下排。然后让幼儿再说一说刚才是按着怎样的顺序排列的。引导幼儿自己发现物体的排列规律,然后再按这一规律排列。

再如,教师按"正方形的数量不变,圆形逐一增加"这个规律排出几组,让幼儿观察、比较,找出排列的规律,然后让幼儿继续排下去。

三、区别"1"和"许多"

"1"是自然数的基本单位,"许多"是含有两个以上元素的集合。区别"1"和"许多"了解它们的关系,目的是幼儿学习数概念之前,使幼儿初步认识一组物体(集合)是由单个物体(元素)组成,初步形成集合的概念。为后面学习点数、了解计数的结果做准备。

(一)教育目标

(1)教会幼儿运用各种感官感知"1"和"许多"。如利用视觉区别一个物体和许多个物体;利用听觉区分一次声响和许多次声响;利用触觉感知一个物体和许多个物体,等等。

(2)使幼儿了解"1"(元素)和"许多"(集合)之间的关系。即任何"许多"都是由"1"组成的。

(3)让幼儿学会在日常生活中运用"1"和"许多"以及常用的数量词。

(4)培养幼儿的观察力、注意力和初步的归类能力。

(二)教育指导与建议

(1)用观察比较的方法教幼儿认识"1"和"许多"。教师利用实物或教具,引导幼儿边观察(或摆弄)边比较:什么物体是一个? 什么物体有许多? 初步理解"1"和"许多"都是代表事物的数量。教具的选择可用同类或不同类的。

(2)组织幼儿进行分合操作活动从中感知"1"和"许多"的关系。教师指导幼儿把许多物体(集合)分成一个一个物体(元素),再把一个一个的物体(元素)组成许多(集合),让幼儿在分合的实践中感知集合与元素的关系。分、合操作活动按由易到难进行。先是将同颜色(或同形状)的物体进行操作;然后过渡到不同颜色(或不同形状、不同大小)的物体进行操作。使幼儿认识到物体可以按形状、大小、颜色等分类,逐步扩大对集合范围的感知,培养分类能力。教具的选择用同类教具。

(3)教幼儿运用各种感官感知"1"和"许多"。

(4)引导幼儿在周围环境中寻找"一个物体"和"许多个物体"。有目的、有意识地引导幼儿用寻找法,可以帮助幼儿把注意力放到对周围环境中的各种物体进行数量分析上来。寻找活动有以下三种形式:一是在准备好的环境中寻找,二是引导幼儿在自然环境中寻找,三是教幼儿运用记忆表象寻找。

四、比较两组物体的多少

在幼儿初步了解集合和元素之间的关系,懂得"1"和"许多"的意义后,应进一步教他们比较两个集合中元素的多少。

(一)教育目标

(1)学会用重叠对应和并放对应比较的方法正确判断两组物体哪组多,哪组少或一样多。

(2)教幼儿掌握"一样多""不一样多""多些""少些""多一个""少一个"等词的含义。

(3)发展幼儿初步的分析比较的能力。

(二)教育的指导与建议

在教幼儿比较两组物体多少时,应注意从易到难、从简单的操作过渡到稍复杂的操作。

1. 幼儿进行重叠对应比较

重叠比较,就是将一个集合中的元素逐一重叠在另一个相应元素上。从有情节过渡到无情节的形式。从"一样多"过渡到"多些""少些"。

2. 幼儿进行并放对应比较

并放比较,就是将一个集合中的元素,按上下或左右方向,对应并放在另一个集合的附近。同样从有情节过渡到无情节的形式,但是并放时必须注意放的距离。

3. 幼儿选用自己喜欢的方法比较

教幼儿自己组合两组物体。可以是重叠或并放。可以和不同特征的分类结合进行。在教学中,只要求比较感知两组多数物体的数量,不具体多几少几(可多1少1)。

以上几种方法都可以采取游戏的形式进行,要重视儿童的动手操作并注意引导幼儿在日常生活中进行练习。

五、活动案例及评析

活动案例 5-1

小班数学活动:我和娃娃在一起

活动目标

1. 认知目标:知道物体的多少、一样多。

2. 能力目标:会用重叠对应的方法,比较两种物体的多少、一样多。会使用"一样多""不一样多""多些""少些""多一个""少一个"等词语。

3. 情感目标:体验数学操作活动的乐趣。

活动重点

会用重叠对应的方法,比较两种物体的多少、一样多。

活动难点

学会使用重叠对应的方法。

活动准备

1. 玩具娃娃 4 个,小椅子 4 把,娃娃用的帽子 3 个,小红花 3 朵。

2. 每人一个小盒(内装蓝圆片 5 个,黄圆片 4 个)。积木块,小汽车卡片,红色、蓝色、黄色圆点的头饰若干。

3. 与幼儿人数相同的小兔头饰和玩具萝卜,一个兔妈妈头饰,一个篮子,场景菜园子。

活动过程

一、开始部分

师:我们一起玩一个游戏,名字叫"小白兔拔萝卜"。

教师扮演兔妈妈,幼儿扮演小兔子们。兔妈妈带着小兔们一蹦一跳地进入了菜园(已布置好的菜园场景,即在教室的后方地上放着与幼儿人数相等的玩具萝卜)。兔妈妈说:"我在菜园里种了萝卜,萝卜现在都长大了,小兔子们,你们说地里有多少萝卜呀?"小兔子们回答:"有许多萝卜。"

师:回答得很棒。现在请小兔们帮兔妈妈拔 1 个萝卜回家,要求一个小朋友拔一个萝卜,同时要说:"我拔了 1 个萝卜。"小兔们把拔下的萝卜一个一个地放到篮子里去。

二、基本部分

1. 教师出示 4 个娃娃和 4 把椅子,请个别幼儿让每个娃娃坐一把椅子,要求幼儿回答:娃娃和椅子比,是一样多还是不一样多?你知道这是为什么吗?

师:娃娃和椅子比是一样多的,因为每个娃娃都有一把椅子坐。

2. 教师又出示 3 顶帽子,请个别幼儿把帽子戴在娃娃头上,请幼儿回答:娃娃和帽子比是一样多还是不一样多?哪个多,哪个少?为什么?

师:娃娃和帽子比,它们不一样多,娃娃多,帽子少,因为还有娃娃没有帽子戴。

3. 教师再出示 3 朵红花,请幼儿回答:娃娃和红花比一样多还是不一样多?哪个多,哪个少?为什么?

师:娃娃和红花比它们不一样多,娃娃多,红花少,因为还有娃娃没有得到红花。

4. 教师示范重叠的方法,将一个积木重叠放在另一个积木的上面。

5. 幼儿操作,教师重点检查幼儿叠放的方法。

(1)让每个幼儿各自从盒中先取出蓝圆片从左向右摆成一排,再把黄圆片叠放在蓝圆片上面,一个蓝圆片上放一个黄圆片。

然后请几名幼儿回答:蓝圆片和黄圆片比是一样多还是不一样多?哪个多?哪个少?为什么?

(2)教师让每个幼儿各自取出 4 块积木,从左向右摆成一排,再取出另外 4 个小汽车卡片叠放在积木的上面,一个积木的上面重叠放一辆小汽车卡片。

然后请几名幼儿回答:积木和小汽车比是一样多还是不一样多?哪个多?哪个少?为什么?

三、结束部分

游戏:"看谁站得快又对"。

游戏玩法:在地面上有序地画上圆圈,把幼儿分成每 4 人一组,随机戴上头饰,幼儿按照教师的要求(一样多或者多些、少些),站在圆圈中,哪组站得又快又对,哪组就获胜。

例如,分别让戴红色圆点头饰的幼儿,站在红色的圈中;戴蓝色圆点头饰的幼儿,站在蓝色的圈中;戴黄色圆点头饰的幼儿,站在黄色的圈中。

教师总结本次活动,对幼儿的表现给予评价,活动结束。

活动延伸

1. 语言活动:绘本故事"分果果"。

2. 体育活动:排一排。

活动评析

本活动从最基本的幼儿学习方法入手,将重叠比较很好地运用于活动中,设置多个系列情节让幼儿进行重叠比较,即将一个集合中的元素逐一重叠在另一个相应元素上,这是符合幼儿的直观具体形象思维特点的。

活动内容安排由易到难,循序渐进,从"一样多"过渡到"多些""少些"。使幼儿知道物体的一样多、多些、少些。

教师引导幼儿在学习知识的同时,关键是让幼儿掌握重叠比较的方法,动手、动脚、动脑,使幼儿在活动中学习,动静交替,体现了在数学活动中"做中学"的教育理念。

(活动设计:赤峰学院　陈海燕)

第三节　学前儿童数概念及运算能力的教育

引导学前儿童感知事物的数量及其关系，建构初步的数概念，是学前儿童数学教育的主要内容。同时，儿童数概念的形成和发展也是学前儿童思维发展的一个重要组成部分。但是学前儿童数概念的建构不是一时能够实现的，它是一个长期而且复杂的过程，同时也是一个连续的发展过程。整个过程可以分为若干阶段，各阶段之间既有区别又有联系，主要包括：基数能力的发展、对数序的认识、对数的守恒的掌握以及对数的组成的掌握等几个方面。

一、幼儿数概念的发展及教育

（一）幼儿数概念的发展特点

1. 幼儿计数能力的发展

计数（数数）是一种有目的、有手段、有结果的活动。要想知道一个集合中元素的个数就要进行计数。计数过程就是把要数的那个集合的元素与自然数列建立起一一对应的关系。在计数过程中，无论按什么顺序去数，只要没有遗漏、没有重复，所得的结果总是一致的，计数的结果与计数的顺序无关。

幼儿计数能力的发展顺序：口头数数，按物计数，说出总数，按数取物。

（1）口头数数。

3—4 岁的幼儿一般能从 1 数到 10，带有顺口溜的性质，并没有形成每一个数词与实物间的对应联系。幼儿尚不理解数的实际意义。这个阶段幼儿的口头数数表现出以下特点：

① 幼儿一般只会从"1"开始，顺序地往下数，如果遇到干扰就不会数了。

② 幼儿一般不会从中间的任意一个数开始数，更不会倒着数。

③ 在口头数数中，常会出现脱漏数字或者循环重复数字的现象。

5 岁以后，有部分幼儿能从中间任意一个数接着往下数。这说明他们在数词之间逐渐地建立了较牢固的联系，但是一般还不会正确进位。每逢从 9 数到 10 时，常会发生错误，往往又会从头数起。因此，口头数数只是一种机械的记忆。幼儿的这种数数实际是一种"唱数"。

（2）按物点数。

要求儿童在口头数数的基础上，将数字与客观事物的数量联系起来，建立数与物之间的一对一的联系，做到口手一致地点数。

幼儿在按物点数时，常常会出现种种手口不一的现象，表现在：

① 口能从 1—10 顺数，但手却不能按实物一个个地数，而是乱点。

② 虽然能够按实物的顺序一个个地点，但是口却乱数。

③ 口与手虽然能够有节奏地配合，但不是一对一的配合，即不是数一个数点一个实物，而是数两个数点一个实物，或相反地数一个数点两个实物。

（3）说出总数。

说出总数即幼儿按物点数后，能够说出所数物体的总数。能够说出总数，这是幼儿计数能力发展的关键。这表明幼儿能够运用数目和理解数目的实际意义。

（4）按数取物。

按数取物即按照一定的数目拿出同样多的物体，这是对数概念的实际运用，按数取物首先要求幼儿能记住所要求取物的数目,然后按照数目取出相应的物体。

2. 幼儿对数序的认识

数序,即自然数的顺序,每个数在自然数列中的顺序,都是按照后面的一个自然数比前面的一个多"1"的顺序排列起来。也就是说,数序指的是每个自然数在自然数列总的位置以及与相邻两数之间的大小关系。

(1) 幼儿计数能力的发展,为其学习数序、形成数列概念做了最初的准备。

幼儿最初模仿成人进行口头数数,虽然这大多是一种顺口溜式的唱歌,但它是按自然数的顺序来背诵的,因而这种口头数数活动可以帮助幼儿感知自然数列中数的顺序。幼儿学习按数点物,这也是按照数序来点数物体的。由此可以看出,幼儿的计数活动为幼儿数序的学习积累了最初的感性经验。

(2) 认识数序,即要能按序的观念排列10以内的自然数列。

幼儿要能比较10以内数的多少,理解10以内数与数之间的等差关系,即幼儿能把握每一个数同其前后两数的关系。

幼儿比较数的多少能力比计数能力发展要晚一些。3—4岁的幼儿只能看着实物,在对应的基础上,依靠数数来比较数量的多少。他们还没有建立起抽象的数的顺序和数的多少的明确关系。例如,成人问3多还是4多,他们往往不能回答,而如果让他们看两组——对应排列好的娃娃,他们就会说出4个娃娃多,3个娃娃少。5岁半以后,幼儿一般都能较顺利地比较10以内数的多少。

幼儿往往能点数实物并说出总数,但不一定能正确排列10以内数的先后。因为正确排列10以内数的先后,这里不仅要认识数,而且对"序"也要有所认识。例如,要求幼儿排列分别画有1—10个圆点的10张卡片,结果3—4岁的幼儿一般都不会排列,到了5岁,能排列的卡片数目平均也不超过5张。这是因为按序排列圆点卡片是一个比较复杂的过程,幼儿要能正确排列卡片,他们不仅要知道每张卡片上的圆点数量,同时还要能比较数的多少,知道每个数在序列中的位置。调查表明,4岁以下幼儿大都没有排序能力,4—5岁的幼儿,排序能力明显提高,但是也有少数幼儿不能完成。到6岁以后,一般都能按照数的顺序比较顺利地排出20以内的顺序关系,说明此时大多数儿童掌握了20以内数的顺序关系。

(3) 幼儿对数的序列的认识,还包括对序数的认识。

幼儿理解和掌握数的序数含义,一般比较晚。因为这要求幼儿能一一对应地点数物体;有给物体或者数目排序的经验;还要掌握数的顺序。研究表明,幼儿最初分不清基数和序数,二者常发生混淆。例如,当问到"这是第几个"时,2—3岁的幼儿常不能回答,或者用基数回答"3个""5个"。要求他们按指定的序数取物更困难些,大多数幼儿去拿第1个或最后一个,有的随便拿1个或者2个。4—5岁的幼儿,序数观念有了较快的发展,多数能指出5个以内物体的排列顺序,但还有少数幼儿对基数与序数发生混淆。

3. 幼儿对数的守恒的掌握

数的守恒指幼儿对数的认识能不受物体的大小、形状、排列形式的影响,正确认识10以内的数。数的守恒标志着儿童概念发展水平,也是儿童思维过程结果的一种表现。

3岁半以前很少有人达到数的守恒,4岁以后达到数的守恒人数逐渐相应增加,6岁以后大多数幼儿能基本掌握。

幼儿不能达到守恒,一般是因为儿童分辨物体的多少是根据空间排列长短、分散或聚拢后所占体积或面积来判断,而不是根据物体本身的多少来判断。年龄越小,受空间排列形式的影响越大,随着年龄的增长,受空间排列的变化的影响逐渐减弱。

空间排列形式变化的影响大小、客观刺激物的不同、数目大小的不同以及两组数比较中的两数差别的大小不同等,都会影响儿童的守恒能否达到。

观察图5-2,说说哪些因素会影响幼儿掌握数守恒。

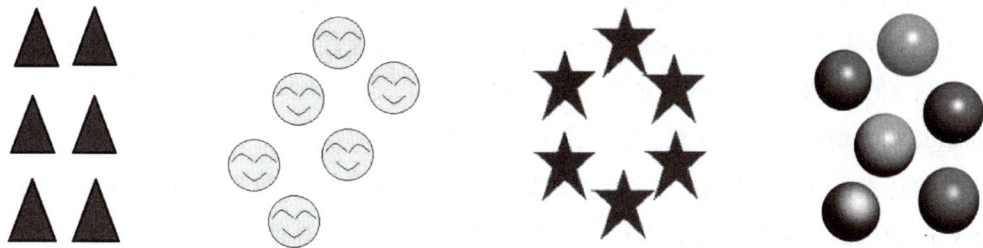

图5-2　数的守恒

儿童达到守恒的途径各有不同。有的儿童借助知觉的帮助,靠观察物体排列的疏密来达到。这在4—7岁各年龄都有。另一些儿童是通过计数来判断数量。这在5岁儿童中占大多数。还有的儿童能根据"没有拿走""没有添上"这种事物恒等关系的推理,来判断物体数目没有改变。这在6岁以后的儿童中较多。

4.幼儿对数的组成的认识

数的组成包括数的分解与组合,故又可称作数的分合,它是指一个数(总数)可以分成几个部分数,几个部分数又可以合成一个数(总数)。幼儿学习数的组成只是学习将一个数分成两个部分数,理解总数与部分数之间的分合关系。

幼儿学习数的组成有如下意义。

(1)数的组成的学习,有助于幼儿对数的组成蕴藏的数量关系的感知和理解。

数的组成实质上是数群与子群之间存在着等量关系、互补关系、互换关系的反映。总数可以分成相等或不相等的两个部分数,两个部分数合起来等于总数,这是总数和部分数之间的等量关系。

(2)数的组成的认识是理解加减运算的基础。

数的组成中数群之间的等量、互补和互换关系本身就包含了简单的加减运算。幼儿掌握数的组成,可以为学习加减法积累感性经验。他们在抽象概念水平上掌握数的组成之间的数群关系,也直接成为掌握加减运算中数群关系的基础。

(3)数的组成的学习促进了幼儿思维能力的发展。

研究表明,儿童掌握数的组成,在心理上是对总数和部分数之间三种关系的综合反映。所谓综合反映是指儿童必须同时掌握并运用群与子群、子群与子群之间的关系,才能完全掌握数的组成。幼儿在感知、理解并能运用这三种关系时,其思维能力也就得到了相应的发展。

(二)幼儿数概念发展的阶段

儿童数概念的发展,不仅有一定的连续性,而且表现出一定的阶段性。也就是在儿童数概念发展的某一阶段,一般都具有普遍的、共同的区别于其他阶段的质的特点。儿童数概念的发展阶段和儿童的年龄大体相对应,但不完全一致。一般说来,年龄越小,这种一致性越明显。

我国心理学工作者根据各地对幼儿数概念的发展的研究结果,将3—7岁幼儿数概念的发展大体上分成三个阶段。

1.对数量的感知阶段(大致相当于3岁左右)

这个阶段的特点是:(1)对多少的笼统感知,对明显的多少的差别能区分,对不明显的差别,只说"这个多,那个少""两个都差不多,合起来才多",等等;(2)会唱数,但范围一般不超过10;(3)逐步学会口手协调地小范围(1—5)点数(数实物),但点数后说不出物体的总数,个别儿童能做到伸出同样多的手指来比划。

2. 数词和物体数量间的联系建立阶段(大致相当于 4—5 岁)

这个阶段的特点是:(1)点数后能说出物体总数,即有了最初的数群(集)的概念,末期开始出现数的守恒现象;(2)儿童在这个阶段的前期,能分辨多少、一样多,到中期能认识第几、前后顺序;(3)能按数取物;(4)逐步认识数与数之间的关系(如有了数序的观念,能比较数目多少,能应用实物进行数的组成和分解);(5)末期开始能做简单的实物运算。

3. 数的运算初期阶段(大致相当于 5 岁以上)

这个阶段的特点:(1)对 10 以内的数大多数幼儿能保持守恒;(2)计数能力发展较快,大多数幼儿从表象运算向抽象数字运算过渡;(3)序数概念、基数概念和运算能力的各个方面都有不同程度的扩大和加深。

这是发展的一般趋势。由于发展的不平衡,儿童数概念形成中的个别差异是很大的。文化教育对儿童数概念和运算能力的发展也有重要影响。

研究表明:在儿童数概念发展过程中存在着某些上升较快的迅速发展时期。从一般的发展趋势看,5—6 岁阶段是儿童数概念发展的转折点(或明显的飞跃期)。此时幼儿的计数能力,对基数、序数的掌握及运算能力都呈现飞跃上升的趋势。

研究还表明,教育对这种转折点的出现有着直接的影响。

(三)教育目标

1. 小班

会手口一致地点数 5 以内的实物,并能说出总数。

2. 中班

(1)会正确点数 10 以内的实数,并能说出总数。

(2)学习不受物体的多少、形状和排列形式的影响,正确判断 10 以内物体的数量。

(3)感知和体验 10 以内相邻两数的等差关系。

(4)认读阿拉伯数字 1—10。

3. 大班

(1)会 10 以内的倒着数,能注意生活中运用顺接数、倒着数的有关事例。

(2)感知和体验 10 以内相邻的 3 个数之间的等差关系。

(3)知道除 1 以外,10 以内的任何一个数都可以分成两个较小的数,两个较小的数合起来仍是原来的数。感知和体验两个较小的数之间的互补、互换关系。

(四)教育指导与建议

幼儿虽然还没有建立数的概念,但他们对身边的数量感已在有意和无意之中开始了。一个数就是一个集合,幼儿感知每个集合中各元素的数量,就是幼儿对数的最初学习,这也可以说是他们进入数学习的基础或者说是前奏。设计感知 10 以内自然数基数的教育活动,关键在于引导幼儿发现物体与物体之间数量等同性的存在,让幼儿运用类的概念对物体集合进行按相等数量的求同。例如,当孩子发现布娃娃有两只眼睛的时候,可让他找一找布娃娃身上还有什么是两个的,从而抽象出数的实际意义。由此我们可以按以下三个步骤来有序设计与组织幼儿的学习活动。

1. 按数量求同和分类

"按数量求同和分类"是两个有关联且有层次关系的活动,它们都要求将相同数量的物体放在一起。其活动的目的是要引导幼儿关注事物的数量特征,发现数量等同性。为此,教师可以利用日常生活的一切机会,启发幼儿到周围环境中找一找,看看哪些东西只有一个,哪些东西是成双成对的,还有哪些东西是三个一组或三个以上的,鼓励幼儿用自己喜欢的符号在卡片上记录每种物体的数量,发展幼儿对事物数量特征的敏感以及用符号表征物体数量的能力。

教师在幼儿的游戏活动或生活中要注重渗透关于按数量求同和按数量分类的教育要求。幼儿在解决问题的过程中,不仅得到了从物体中抽象出数的经验,还得到了关于表达不同数量属性的经验。这虽然是对个别幼儿随机的教育活动,教师也应该把握住教育的契机。通常在面临组织众多幼儿学习时,教师还可以通过另一种专门的预成性操作活动来实现目的。例如,提供每套 1—10 的点卡标记和从 1—10 各个数量集合的实物卡(如数量是 1 的各种动物,数量是 2 的各种植物,数量是 3 的各种日用品……)每个数有 4—5 张。让幼儿根据点卡标记挑选出相同数量的实物卡片(即按数量求同)或按相同数量将实物卡进行分类后再用点卡来表示(即按数量分类)。

在组织"按数量求同"和"按数量分类"的活动时,教师提供的操作材料应体现数量上的难度层次。例如,可将实物卡分为 1—5 数量的一套;3—7 数量的一套;6—10 数量的一套,分步向幼儿提供。以满足不同发展水平的幼儿根据自己的能力来选择材料的需要。一般来说,1—5 数量的材料可提供给小班幼儿练习,而对中班幼儿则不必做限制,可将 3 套材料都拿出来让他们自己做出选择。另外,在幼儿最初做这个练习时,教师关注的重点要放在看幼儿能不能将一样多的实物卡和相同数量的点卡放在一起,而不必要求幼儿再将实物卡按顺序排列,因为处于这一学习阶段的幼儿难以在头脑里同时进行"按数分类"和"按数排序"两个问题的思考,教师可以在他们掌握了"按数分类"后再提出"按数排序"的建议。如果幼儿无意间已经自发地将材料做了"按数排序",教师则要及时给予肯定,以增强幼儿的"数序"意识。

2. 认识数字

大多数 4—5 岁的孩子对数字都不易理解。因为数字符号比数目更为抽象,我们使用数字的时候,就意味着是在"抽象地"运用数目。四只小猫是看得见的,是可以数清楚的。而"4"则是一个数字,既不是四只小猫,也不是四个别的什么东西。幼儿是按具体的概念"四只小猫"来思维,而不是用一个抽象的数字"4"来思维的。有些孩子虽然能够读出"4",但他仅仅知道这个数字的发音,而不是对这个数字所代表的意义有所认识。因此,我们在设计数字的活动时,一定要将数目与数字紧密联系在一起。例如,有关认识数字的活动可参考以下方法来设计。

(1)体验数字与物体数量的关系,并认读数字。

体验数字与物体数量的关系,是设法将抽象的数字与实际事物数量联系起来帮助幼儿认识数字的活动。

(2)建立数字外形与数量的联系。

上述活动的操作材料利用了镶嵌或拼图的设计形式,在抽象的数字与物体实际数量之间建立了一种联系,有助于幼儿的自主探索学习。教师在利用这两种材料指导幼儿认识数字时,要充分发挥材料所具有的潜在自学功能。例如,可以鼓励幼儿先猜一猜数字的读音,然后再通过镶嵌或拼合来验证数字是几,使幼儿自己学会认识数字。

(3)体验数字表示的基数意义,并用数字来表征数量。

当我们用数字来表示某物体集合的数量时,我们就是在基数的意义上使用着数字。但是数字本身并不具有数量的特征,一个数字也不仅仅代表某一个具体的数量,就像数字"3"并不仅仅代表三个苹果,它还代表着所有数量为 3 的事物。那么,我们如何帮助幼儿来体验数字的这种能广泛运用的基数意义呢?最好的方法是带幼儿去观察周围的世界,结合日常生活让幼儿找一找什么地方有数字,启发幼儿去了解这些数字所代表的数量意义是什么。

幼儿在认识了数字并理解了数字所代表的实际意义之后,要抓住一切机会为他们提供使用数字的时机。例如,当幼儿完成某一活动的操作后,让他们说一说是怎么做的,还应鼓励他们用图画、符号将活动的结果表示出来。总之要提供大量的数字表征练习活动,加深他们对数字的理解。

3. 数序

这里所谓的数序是指1—10数目或数字的顺序,而等差关系则是指自然数相邻两数之间多1或少1的关系。学习数序与等差的活动有一定的内在联系,可以通过如下步骤来设计和组织。

(1)学习按顺序念数词。

现在大多数幼儿在没有理解所有的数词之前就已经习得了运用一些数词来计数,这可能是源于幼儿早期在家庭或托育机构接受的教育。

(2)理解数与数之间的关系。

数的顺序和数字的顺序,从根本上说是和"多一个"的概念联系在一起的。数字"4"在数字"3"的后面,是因为数目4比数目3多了一个。帮助幼儿感知10以内的等差关系和数的顺序,实质是引导幼儿感知、认识在1—10的自然数列中,任意相邻两个数的大小关系。活动设计可遵循"从整体到局部"的设计思路,即先引导幼儿从整体上感知10以内自然数列着手,然后再截取该数列中任意一段连续数来判断其等差关系以及前后顺序。

(3)体验数字的顺序。

由于数字是比数目更抽象的符号,帮助幼儿理解数字的顺序还须借助数目的提示以及口头计数的习惯。"数序拼板"是一种供幼儿研究数序的学具,适合给初学顺序的孩子使用,而"数字连图"则可以给已具有数序概念的幼儿练习,既可以提高他们的学习兴趣,同时也可以巩固他们获得的概念。

4. 序数

(1)事物次序的表示。

幼儿认识的数是10以内的自然数和0。自然数可以用来表示事物的数量,也可以用来表示事物的次序。表示数量多少的数是基数,表示实物次序的数是序数。

引导幼儿理解自然数的序数意义,可以结合日常生活需要让幼儿把物体(或事件)与数词进行"配对"。

利用散步时间带领幼儿到居民小区走走看看,按某一地址找找第几栋楼在哪里;到停车场去看看,说说第几部车是什么颜色的灯。

组织幼儿玩排队游戏:教师有节奏地敲小铃时大家四散走,铃声一停大家立刻按小组排成若干个"一"字队形,然后通过报数说说自己排在小组第几个。

让幼儿排列各种物体为一排,然后说说第几个是什么物体,并用一个数卡来表示该物体的位置。

总之,要让幼儿在活动中来体会"第几"的含义。例如,从小到大排,第一是指最小的那一个,如果从大到小排,则第一就是指最大的那个了。

(2)基数与序数相联系的活动。

前面说过,当我们把物体和数词"配对"的时候(一一点数),我们是把数词当作序数来用的,例如,有小熊、娃娃、皮球、飞机这几样玩具,我们从小熊开始数"1",数到飞机是"4",表示飞机在第四个位置上。但是我们说"一共有4个玩具"时,我们已经把"4"从飞机上悄悄地取下来,并把飞机归入这一组玩具之中,而把"4"作为基数来使用了。对于数的基数意义与序数意义的转换,幼儿往往难以理解。

因此,我们还可以让幼儿反复经历从不同数目开头的排列和计数活动,特别是变换次序地点数与确定总数的活动,帮助幼儿理解任意一个数量的物体都可以排在序列的第一位。

5. 组成(数的分合活动)

数的分合实际上反映的是集与子集之间存在的等量关系、互补关系、互换关系。当然这需要教师为幼儿策划安排好循序渐进的系列活动,引导他们自己构建起相应的认识结构,幼儿才能真正自如地解决数分合的实际问题。

（1）领会数的分解规律。

在幼儿学习 5 以内数的分合经验基础上，从学习 6 的分合开始，教师就应引导幼儿进入一个新的规律性学习之中，这就是要帮助幼儿归纳先前分合学习的经验，解决下列问题：每个数的分合顺序是怎样的？每个数的分合方法各有几种，和它自身比有什么规律？2、3、4、5 四个数分合方法的递增规律是什么？

（2）掌握数的分合关系。

当幼儿已经熟练进行 10 以内的分合后，教师再一次打破他们的认知平衡，把他们带进新的学习任务之中，即脱离按规律分合的思路，引导幼儿根据数分合的包含、互补、互换的关系，随机填出某一数的分合或其中一个部分数，掌握数的分合关系。

二、幼儿 10 以内加减运算概念的发展和教育

（一）幼儿加减运算概念发展的三种水平

幼儿加减运算概念的发展，总的来说是从具体到抽象，从逐一加减到按群加减这两方面进行考察的。这实际上反映了幼儿思维抽象性逐渐发展的过程和水平。这一发展过程可划分为三个水平层次：动作水平的加减、表象水平的加减和概念水平的加减。

（二）幼儿加减运算能力的发展

1. 3—4 岁

3 岁半以前的幼儿面对实物，却不知道用它来帮助进行加减运算。他们要依靠成人将实物分开、合拢给他看，才能说出一共有几个或还剩下几个。他们不理解加减的含义，不认识加减运算的符号，数的运算对这个年龄段的幼儿来说是很困难的。

2. 4—5 岁

4 岁幼儿一般会自己运用实物进行加减运算，但在进行运算时，需要将表示加数和被加数的两堆实物合并，再逐一点数后说出总数（即得数）。在进行减法运算时，也一定要把减掉的实物部分拿掉，再逐个数剩下的物体个数，得到剩余数。这时幼儿完全依靠动作思维，是在最低的思维水平上学习数的运算。幼儿是凭借生活经验和应用题中熟悉的情境而引起积极的表象活动，使问题得到正确解答，这虽然不是真正意义上的加减运算，但可以看出口述应用题在幼儿学习加减运算中的作用。

3. 5—6 岁

5 岁以后，幼儿学习了顺接数和倒着数，他们能够将顺接数和倒着数的经验运用到加减运算中去。此时，多数幼儿可以不用摆弄实物，而是用眼睛注视物体，心中默默地进行逐一加减运算。5 岁半以后，随着幼儿数群概念的发展，特别是在学习了数的组成以后，他们在教师引导下，开始运用数的组成知识学习加减。例如，有的大班儿童在遇到困难时，还会伸出手指进行逐一点数。对这一情况，教师不要硬性禁止，而应引导幼儿用顺接数、倒着数的方法进行加减运算，再逐步地引导他们学习用组成知识进行加减运算。

（三）幼儿学习加减运算的特点

1. 学习加法比减法容易

加法不是增加，而是合并，并且是一种可逆运算。减法作为加法的逆运算，它应该需要和加法同样的逻辑基础，也就是说，加法和减法应该能同时掌握，但实际情况却是幼儿学习加法比减法容易。原因如下。

幼儿受生活经验的影响，在生活中接触加法先于减法，如计数就是从小到大；受运算方法的影响，在进行加法运算时，幼儿可运用顺接数的方法来解决，而进行减法运算时，要运用倒着数的方法才能

解决，幼儿运用倒着数的方法要困难一些；更主要的是，加法是把两个数群合并为一个新数群，在被加数（第1加数）和加数（第2加数）之间无须进行比较，仅在判断"和"的正确性时才涉及三个数群的关系；而减法在一开始就需要对被减数与减数两个数群进行比较，然后又涉及被减数、减数与差三个数群关系。可见减法中数群的比较和关系比加法复杂。实验表明，幼儿掌握数群之间的逆反关系要难于等量关系。减法是加法的逆运算，幼儿在运用数的组成知识学习减法时，须具备两个数群关系的逆反能力，须将两个部分数合起来等于总数，同时还须再转换为总数减去一个部分数，等于另一个部分数。在解决减法问题时，很多幼儿常是做减想加。

2. 幼儿学习加小数、减小数的问题容易，学习加大数、减大数问题困难

幼儿在学习加法时，大数加小数容易掌握，而小数加大数则感到困难。在学习减法时，减数小容易掌握，减数大较难掌握，出现错误较多。这可能与幼儿已有的数概念经验有关。幼儿在认识基数和序数时，对相邻两数的数差关系，10以内数序的已有认识，以及顺接数、倒着数的学习，等等，这些经验都可以帮助幼儿解决加小数、减小数的问题。

3. 幼儿理解和掌握应用题比算式题容易

应用题是用文字或语言叙述生产或生活实际中一些已知数量和未知数量的关系，而求得未知数量的题目。应用题包括三个组成部分：一是内容，反映生产或生活的实际事实；二是条件，已知数量及它与未知数量的相互关系；三是问题，要求解答的未知数量。幼儿学习的应用题是语言叙述的应用题。

（四）教育目标

会解答生活和游戏中简单的加减应用题，理解加减的含义，认识加号、减号、等号，初步认识加减算式并知道算式表示的含义。

（五）教育指导与建议

这一部分的活动设计与组织主要在于帮助幼儿理解加减法的含义，运用数的分合（或者接数计数）作支撑来掌握10以内整数的加减运算，解决日常生活以及游戏中遇到的实际问题。在解决问题的过程中，帮助幼儿理解加减互逆关系和加减交换关系，发展幼儿的可逆性思维。

1. 体验加减法含义

（1）通过生活中的实例来体验加减法含义。

我们可以引导幼儿融入生活、游戏、劳动等活动之中，创设产生加减运算的问题情境，激发幼儿学习的内在需要，使幼儿在"意义学习"的氛围中掌握解决问题的方法。

（2）迁移已有操作活动的经验来理解加减法含义。

在学习数分合时，我们曾引导幼儿通过各种求并集和求补集的操作活动来解决所遇到的问题。现在，我们要帮助幼儿去理解加减法的含义时，仍可以照此办理。因为幼儿所学的加减就是另一种形式的数分合运算，只是幼儿现阶段的思维发展还不能达到洞察数分合与数加减之间对应联系的水平。幼儿在学习加减时，一般不会主动运用数分合的操作经验，但这并不等于我们可以怀疑前面为幼儿提供的数分合学习的必要性。我们应当加强这两部分学习内容的有机联系，创设幼儿迁移数分合操作经验的机会，促进幼儿思维的发展。加强这样的联系，操作起来是很容易的，只要把幼儿前面玩过的"走棋""接龙""合起来是几""实物填补数"等活动规则稍加改变，就可成为有效帮助幼儿理解加法含义的活动了。例如，玩"走棋"时，让幼儿改为按两个骰子掷出的总数走。玩"接龙"时，规定相接的两个数加起来必须是一预先商定的数即可。使幼儿在反复操作中领悟"合起来"与"相加""填补数"与"推测另一个数"的同一性。

2. 学习列加减算式

幼儿初步掌握了实物口头加减运算后，我们就可以提出如何把运算过程用简单的符号记录下来

的问题,借此引入"加号""减号""等号"的表示方法,教幼儿用算式将活动的过程和结果记录下来。

幼儿初学加减列式时,不要让他们脱离现实情景,要帮助他们通过自身的活动来理解算式中每个数字及运算符号的意义,否则幼儿学会的仅仅是一种列式的技巧,而不是我们期望的对数运算的理解。

3. 学习编应用题

引导幼儿学习自编应用题,有助于发展幼儿对生活中简单数量关系的理解。幼儿学习编应用题的重点是引导他们掌握应用题的结构,难点是如何根据两个条件提出一个问题。设计和组织这一类活动可以按下列步骤进行。

(1)教师可利用有数量关系变化的三幅图引导幼儿理解题意,可向幼儿指出三幅图讲的是同一件事,然后通过提问:有谁? 在干什么? 是怎么干的? 引导幼儿给每幅图小结成一句话(即说出题意)。例如,"东东擦了 3 张桌子,东东又擦了 2 张桌子,东东两次一共擦了 5 张桌子。"教师可以让幼儿反复套用这一句式来说说自己或同伴在生活、游戏、劳动等活动中的事情,以此让幼儿了解应用题的基本结构。

(2)教师示范如何提出问题,引导幼儿比较疑问句和陈述句的区别。例如,引导幼儿听下面两句话的区别:"东东一共擦了几张桌子?"和"东东一共擦了 5 张桌子。"使幼儿明白疑问句中没有问题的答案,然后让幼儿模仿提问。教师还可以说出题目的两个条件,让幼儿尝试提出一个问题将应用题补充完整。

(3)教师可以让幼儿自己看图编题。让幼儿两人一组,一人出题一人答题,最后两人一起写出所编题目的算式。

组织幼儿编题的素材可以直接选用幼儿身边发生的事。例如,带领幼儿逛超市,让幼儿实际参与购物活动,并计算一下自己的花费,这样幼儿会真切地感受到加减运算与我们生活的关系和它的作用,从而提高学习的内驱力。

三、活动案例及评析

活动案例 5-2

大班数学活动：6 的组成

青岛市崂山区金钥匙幼儿园　崔顺

设计意图

大班幼儿已经学过 5 的组成,对组成的含义有了一定的理解,同时对组成中互补、互换关系也有了初步的了解,本次活动就是在此基础上,引导幼儿通过掌握 6 的 5 分合方法,理解互补、互换的关系,也为之后学习加减打下基础。《指南》中指出,教师要最大限度地满足幼儿通过直接感知、实际操作、亲身体验获得经验的需要。因此我组织了本次活动,将创设"参观海底世界"的情景,让幼儿采用集体动手分—个人动手分的方式,引导幼儿在探索、操作中掌握 6 的 5 分合方法,理解互补、互换的关系,用所学的数学知识去解决生活中的实际问题,使学与用结合起来。

活动目标

1. 掌握 6 的 5 种分合方法,会书写数字 6。

2. 能在对比观察中,发现 6 的互补、互换规律。

3. 在与同伴探索闯关游戏中,感受数学活动的乐趣。

活动重难点

1. 活动重点：掌握 6 的 5 种分合方法，会书写数字 6。

2. 活动难点：能在对比观察中，发现 6 的互补、互换规律。

活动准备

1. 经验准备：掌握 5 以内的组成；会正确书写 1—5；认识田字格。

2. 物质准备：海豹视频、PPT、操作卡等。

活动过程

一、创设"参观海底世界"的情景，激发幼儿参与活动的兴趣〔见视频"6 的组成（1）"〕

导语：春天是适合旅游的好季节，海底世界里有精彩的海豹表演，我们一起去看看吧！

6 的组成（1）   6 的组成（2）

二、游戏"分贝壳"，知道把 6 分成两部分有五种不同的分法〔见视频"6 的组成（2）"〕

关键提问：请你数一数一共来了几位贝壳明星？

把 6 位贝壳明星全部分到两个水池当中，每个水池都要分到贝壳，有几种不同的分法？

教师小结：原来，把 6 分成两部分一共有 5 种不同的分法。

三、游戏"海豹吃鱼"，知道 6 的 5 种分法，学习互补规律，学写数字 6

关键提问：把 6 条小鱼全部分给两只海豹，每只海豹都要吃到小鱼，可以怎样分？

1. 交流分享，学习 6 的五种不同分法〔见视频"6 的组成（3）"〕。

关键提问：你是怎样分的？

教师小结：6 可以分成 1 和 5，1 和 5 合起来正好是 6；6 可以分成 2 和 4，2 和 4 合起来正好是 6；6 可以分成 3 和 3，3 和 3 合起来正好是 6；6 可以分成 4 和 2，4 和 2 合起来正好是 6；6 可以分成 5 和 1，5 和 1 合起来正好是 6。

6 的组成（3）   写数字 6   找规律

2. 学习数字记录法，学写数字 6（见视频"写数字 6"）。

关键提问：刚才我们是用图案的方法进行记录，那有没有又简单又清楚的记录方法呢？那怎样用数字来记录呢？一共有 6 条小鱼，我们可以用数字几来表示？

教师小结：6 条小鱼我们可以用数字 6 来表示，伸出小手我们一起来写数字 6。用数字记录真是又快又清楚。

3. 观察比较，学习互补规律（见视频"找规律"）。

关键提问：你有没有发现记录表里面有什么规律？

教师小结：6 分成的两部分数字，左边是从 1 到 5 顺序排列一个比一个大，逐一递增，右边是从 5 到 1 倒序排列一个比一个小，逐一递减，两边合起来都是 6。这样的规律我们叫它互补规律。

四、游戏"驯兽师的秘密",巩固6的组成,学习互换规律

1. 幼儿操作,用数字的形式记录6的组成〔见视频"驯兽师的秘密(1)"〕。

关键提问:6位驯兽师有什么不同?

教师小结:请你把发现的秘密用数字的形式记录在表格当中。注意要选择好记又有规律的方式进行记录。

驯兽师的秘密(1)　　　　驯兽师的秘密(2)

2. 交流讨论,学习互换规律〔见视频"驯兽师的秘密(2)"〕。

关键提问:请你根据记录表,说一说你都用数字记录了哪些秘密?

教师小结:帽子的秘密是6可以分成1和5;上衣的秘密是6可以分成5和1;裤子的秘密是6可以分成2和4;鞋子的秘密是6可以分成4和2;圆台的秘密是6可以分成3和3。

关键提问:记录表有什么规律?黄色部分有什么相同?有什么不同?

教师小结:6分成的两部分数字互相交换位置就变成另一种不同的分法,这样的规律我们叫它互换规律,有了互换规律,只要我们找到了一种分法,运用互换规律就可以直接想到另一种方法,快速又好记。

五、游戏"找朋友看表演",进一步巩固6的组成

规则:两个人身上的数字合起来是6。

关键提问:你是怎样组成6的?

教师小结:1和5合起来是6;2和4合起来是6;3和3合起来是6;4和2合起来是6;5和1合起来是6。

教师:一起去观看海豹表演吧!

活动评析

1. 提供学具,引导幼儿在探索、操作中学习。

在本次活动中,教师践行陈鹤琴先生"做中学"的理念,为幼儿提供了丰富的学具,通过分贝壳、喂鱼的操作引导幼儿在主动学习的过程中掌握6的5种分合方法,将学习过程化被动为主动。

2. 创设情境,寓教于乐。

游戏是幼儿一日生活的基本活动,教师充分发挥游戏在教育中的作用。在本次活动中,教师通过创设"参观海底世界"的情景,最大限度地激发幼儿参与活动的兴趣。通过"分贝壳""海豹吃鱼""找朋友看表演"等一系列的游戏活动,将活动变得生动有趣,在游戏中促进学习。

（活动设计由赤峰学院陈海燕略作修改）

活动案例 5-3

大班数学活动：10 的加法

（赤峰学院　陈海燕）

10 的加法

活动案例 5-4

大班数学活动：5 的减法

（赤峰学院　陈海燕）

文案

5 的减法

第四节　学前儿童几何形体概念的教育

数学是研究现实世界的数量关系、空间关系和时间关系的科学。数、量、形是幼儿园数学教育的重要内容,而且数与形是密切联系在一起的。几何形体是对客观物体形状的抽象和概括,是人们用来确定物体形状的标准形式,具有普遍性和典型性。认识几何形体是幼儿园数学教育的重要内容,它不仅能帮助幼儿更好地认识客观世界,而且能发展幼儿的观察、比较、归纳、概括、空间知觉和空间想象力。对幼儿来说虽然不要求他从抽象的意义上来认识几何形体,但作为幼儿教师,要教幼儿认识几何形体,首先要对常见的几何形体有初步的认识,这样才能做到准确地表述和选择恰当的教具。

一、幼儿认识几何形体的特点

(一) 常把物体与形体相混淆,常用物体名称取代形体名称

我们周围的环境中充满了大量的具有各种形状的物体,儿童从小就在这样的环境中认识世界。数学意义上的几何形体是对物体形状的高度抽象和概括的结果,而幼儿在生活看到的是具有各种形状的实物而非抽象的形体,幼儿能直呼的是物体的名称,而非数学意义上的几何图形的名称。幼儿对物体比较熟悉,而对几何图形则较陌生。因此,幼儿在认识几何图形时常常出现用物体名称取代形体名称的现象。如把圆形叫作"皮球""太阳"等,把正方形称作"手帕"等。我国曾有学者对儿童的形状辨认能力调查后发现,学前各年龄阶段儿童对形状的辨认活动中成功率最高的是配对活动(即按范例取图形),其次为指认活动(即按名称取图形),最后为命名活动(即看到图形说出图形的名称)。因此,教师在教幼儿认识几何形体时要注意引导幼儿观察比较物体的形状并告诉幼儿几何形体的名称,帮助幼儿从物体的形状中抽象概括出几何形体。

(二) 平面图形与几何体相混淆

我们周围的环境中充满了大量的具有各种形状的物体,而这些物体都是几何体。平面只是几何体的一个部分。幼儿对物体的认识是整个的,是从整体开始的,而幼儿园数学教育活动中对形体的认识是先学习平面图形,再学习几何体。因此在幼儿认识平面图形时,要求他寻找周围环境中什么样的物体具有什么形状,幼儿常常以体代面。例如,寻找正方形时幼儿会说"桌子是正方形的",认识圆形时幼儿会说"桌子是圆形的",等等。对此,教师要注意引导幼儿观察二者的差异。

(三) 幼儿对几何形体的认识与幼儿的生活经验有关

生活中常见物体的形状幼儿容易认识,反之,少见的物体的形状幼儿认识起来较困难。因此幼儿认识平面图形的顺序是：圆形—正方形—三角形—长方形—椭圆形—梯形。幼儿认识几何体的顺序是：球体—正方体—长方体—圆柱体。

（四）没有形成形体守恒的观念

幼儿对形体的认识会受到几何形体的大小和摆放位置的影响,如正方形转 45°摆放,幼儿就不能认识,长方形转 90°幼儿就不能认识。因此在教幼儿认识几何形体时教师要强化幼儿对形体特征的认识,并注意对幼儿进行形体守恒和面积守恒的训练,帮助幼儿形成物体的形状和面积守恒的观念。

二、教育目标

1. 小班

认识圆形、正方形、三角形,看到图形叫出名称,按名称取出图形,掌握图形的基本特征。能在周围环境中找到与图形相似的物体或指出物体某个部分的形状。

2. 中班

认识长方形、梯形、椭圆形,看到图形叫出名称,按名称取出图形;能区别平面图形间的差别,能找出图形间的相同点和不同点,能概括出同类图形的共同特征,体验平面图形之间的关系。能在周围生活中找到与图形相似的物体或指出物体某个部分的形状。能利用几何形体进行拼搭和建构活动。

3. 大班

认识常见的立体图形,看到图形能叫出名称,能按名称找出图形,掌握图形的基本特征。体验平面图形与立体图形之间的关系,能区别立体图形之间的相同与不同。能在周围生活中找到与图形相似的物体。能利用几何形体进行拼搭和建构活动。学习等分实物或图形,形成形体守恒的观念。

三、教育指导与建议

（一）观察比较,认识图形,掌握图形的基本特征

数学意义上的平面图形生活中是不存在的。生活中存在的是具有各种形状的物体,而物体都是几何体,平面只是几何体的一个部分。为了使幼儿分清平面与几何体,在教幼儿认识平面图形时可以选择尽量接近平面图形的物体作教具。观察比较的基本步骤如下:

(1) 观察 2—3 个实物,找出它们的相同与不同;

(2) 观察图形与实物,找出其相同点;

(3) 告诉幼儿这种图形的名称;

(4) 讲解图形的特点。

（二）讲解演示,初步认识图形,掌握图形的基本特征

认识形状还可以用讲解演示的方法。基本步骤如下:

(1) 出示 2—3 个某种图形,告诉幼儿图形的名称;

(2) 认识图形的边、角,并数一数有几个;

(3) 总结图形的特点;

(4) 寻找周围的环境中哪些物体是某种形状或指出某种物体的某个部分是什么形状。

（三）比较性操作

为幼儿提供有共同特征的不同的图形,如正方形与长方形,圆形与椭圆形,长方形与梯形,让幼儿观察比较,找出它们的相同点和不同点,最后告诉幼儿图形的名称。这种方法可以在中班使用。中班幼儿已经认识了圆形、正方形、三角形,在此基础上认识长方形、椭圆形、梯形时可以用比较性操作的方法。例如,认识长方形时为幼儿准备一个正方形和一个长方形(注意正方形的边长与长方形的短边

一样长,两种图形的颜色最好不同,这样便于幼儿观察),引导幼儿将两个图形进行比较,先看看它们有什么相同,再看看它们有什么不同。这样可以突出长方形的特征,使幼儿更好地认识长方形。

(四) 操作活动

操作活动是幼儿认识几何形体的主要方法。以下是一些常用的操作方法,可以在幼儿进一步认识几何形体时使用。

1. 按名称取图形

幼儿根据教师口头的指令,取出相应的平面图形。如认识三角形时,教师可以为幼儿准备三角形和其他图形,从中让幼儿取出三角形。根据幼儿接受的程度不同,为幼儿准备的三角形可有不同的难度。最简单的是提供同样形状、同样大小、同样颜色的三角形;其次可以是同形状,但大小、颜色不同的三角形;最后是不同颜色、不同大小、不同形状的三角形。使幼儿能在观察比较的基础上概括出三角形的特点即不管图形的颜色、大小、位置、形状如何,只要它有三条边、三个角就是三角形。

2. 拼合图形

教师将一个完整的图形分成2—3个部分,打乱位置后,要求幼儿根据各个部分的特点,又拼合成一个完整的图形。此活动可以发展幼儿的观察比较能力。

3. 给图形涂色或连线活动、盖图形印章

教师在作业纸上画出几种图形,请幼儿将指定的图形涂上颜色或将同样的图形用线连接起来。为幼儿提供印章和印泥、作业纸,幼儿在纸上按要求印出各种图形。

4. 给图形分类

教师为幼儿准备几种不同大小、不同颜色、不同形状的图形,请幼儿将形状相同的图形放在一起。通过这样的操作,可以了解幼儿能否排除颜色、大小的干扰,正确地认识形状的特征。

5. 拼图活动

教师为幼儿准备几种平面图形,请幼儿用所给的一种或几种图形拼出动物、植物或其他物体的形状粘贴在作业纸上,并数数用了几种图形? 每种图形用了多少个? 这种活动能将数形结合,培养幼儿的想象力和创造力,深受幼儿的喜爱。

6. 分解与组合图形

教师引导幼儿将一个完整的图形用折叠或剪裁的方法,以不同的方式分成几个部分,然后再将所分的几个部分组合成原来的图形,以此帮助幼儿了解图形间的关系。

7. 画、撕图形

先在作业纸上画出平面图形,让幼儿用钝头针沿平面图形的边刺上齿孔,然后再让幼儿沿齿孔撕下平面图形贴在另外的作业纸上。此活动不仅可以使幼儿了解平面图形的特点,而且可以发展幼儿手部的精细动作,训练幼儿手眼协调能力。

为幼儿提供模具,让幼儿比着画。一种是凸画,一种是凹画。或用笔、尺子在纸上画出图形。

8. 制作图形、几何体

为幼儿提供各种形体的印模和橡皮泥,让幼儿用各种模具做出几何形体。为幼儿提供几个平面图形,让幼儿拼出几何体。如用6块一样大的正方形橡皮泥做成正方体,用6块长方形橡皮泥拼出长方体。用橡皮泥塑造几何体。

9. 穿、绷、绣图形

幼儿用胶线或鞋带在打孔的布上穿出各种图形。在钉子板上用橡皮筋绷出常见的平面图形。用塑料纱窗布、细毛线、秃头针绣出平面图形。

(五) 游戏活动

游戏是幼儿喜欢的活动。在形体教学中教师可以设计大量的游戏,让幼儿在玩中学习。

游戏：赶 小 猪

[**目标**] 感受体验几何体的差异,发现几何形体的不同,培养幼儿主动学习探究的精神。

[**准备**] 正方体、长方体、球体、圆柱体小猪若干,小羽毛球拍若干;教师在操场上预先画上几个圈表示猪舍。

[**玩法**] 教师请小朋友当小饲养员把小猪赶到某种标记的猪圈中。游戏结束后,请小朋友说说什么样的小猪容易赶？想一想为什么？

游戏：小 搬 运 工

[**目标**] 复习学过的平面图形,培养幼儿对活动的兴趣。

[**准备**] 中大型积木若干,教师在操场上预先画上需要幼儿认识的平面图形。

[**玩法**] 教师请幼儿当小搬运工,把某种形状的货物送到某种形状的仓库中,或贴有某种标记的仓库中。

游戏：过 河

[**目标**] 复习平面图形,了解图形的基本特征,培养幼儿对活动的兴趣。

[**准备**] 在操场上画上两条线表示小河,河中画上一些平面图形。

[**玩法**] 教师要求幼儿只能踩着某种形状的石头过河,否则会掉进河里,取消游戏资格。

游戏：奇 妙 的 口 袋

[**目标**] 复习学过的平面图形,培养幼儿对活动的兴趣。

[**准备**] 幼儿学过的各种平面图形若干,布口袋一个,磁性黑板一块,磁钉若干。

[**玩法**] 教师请幼儿轮流摸出一个图形并说出图形的名称。或请幼儿按老师的要求从口袋里摸出某种图形来把它贴在黑板上。

(六) 观察图片

教师预先用几种平面图形拼出有情节或无情节的图画,请幼儿认真观察后说说：拼的是什么？用了几种图形？每种图形有几个？

(七) 寻找活动

在幼儿初步认识了某种图形后,教师可以引导幼儿在周围环境中寻找具有某种形状的物体或指出某种物体的某个部分的形状是什么。寻找活动可以由近及远地进行。先在孩子身边找,再在家里找,最后可以通过回忆,在记忆中寻找物体的形状。

第五节 学前儿童量的概念的教育

量是指客观世界中物体或现象所具有的可以定性区别或测定的属性。量分为连续量和不连续量。不连续量是表示集合中元素多少的量;连续量是表示物体属性的量,如物体的面积、体积、长度、重量等。物体量的测量结果可以用数来表示,即数量。学前儿童认识的是一些基本的常见的量,如大小、长短、粗细、高矮、宽窄、厚薄、轻重、远近等。教幼儿认识物体的量,首先要弄清有关量的基本概念和基本属性,这样才能正确地选择教具,正确地作出示范和进行正确的讲解。

一、认识物体量的特点

物体的量是物体固有的特性,是客观存在的。物体常见的量是我们通过感觉器官可以直接感知到的。儿童从出生起就感知并积累了大量的有关物体量的感性经验。但由于幼儿语言能力的发展晚于感知觉能力的发展,因此幼儿常常不能用恰当的词来表示物体的量。

一般来讲,各年龄阶段幼儿认识物体的量有以下的特点:

3—4岁的幼儿只能对大小、长短差别明显的物体加以辨别。随年龄增加才能对差异不明显的量进行区分。幼儿在感知和区分量的特性时,对量的概念的理解常常绝对化。

4—5岁幼儿感知物体量的能力得到进一步的发展,他们不仅能区别差别明显的物体,而且开始区分差别不太明显的物体。他们能对不同大小的物体作出区分和排列,能从一组物体中找出相同大小的物体,比较出一样大的物体,但他们在判断物体的大小、长短时会受到物体的位置和形状变化的影响,还没有形成量的守恒概念。

5—6岁的幼儿对量的感知的精确性进一步发展,他们能准确熟练地感知物体的量并且能用语言准确地表述物体的量,他们认识到物体的量是相对的、可以测量的,并掌握了简单的测量方法。这个阶段幼儿开始形成量的守恒概念,逐步理解物体序列间的各种关系。

二、教学目标

1. 小班

区别物体的大小、长短,学习按物体的大小、长短的差异进行4以内物体的排序;学习按物体的某一特征进行排序;体验物体序列的传递性和相对性。

2. 中班

区别物体的粗细、高矮、厚薄,引导幼儿学习按粗细、高矮等的差异进行7以内的正逆排序,学习按一定的规律排列物体。

3. 大班

认识远近、宽窄,启发幼儿按量的差异和数量的不同进行10以内的正逆排序,初步体验序列间的传递性、双重性和可逆性。学习自然测量,体验测量工具与量数间的函数关系。

三、教育指导与建议

(一)认识物体量的教育活动设计与建议

1. 讲解演示、(观察比较)认识某个量

物体的常见的量是人的感觉器官可以直接观察到的,因此,教幼儿认识物体的量的时候可以通过视觉、触摸、运动等多种方式引导幼儿感知比较物体量的特征。基本步骤:第一,通过2个物体的比较,认识和区别物体的某个量。在这个过程中教师可以示范并告诉幼儿相应的量词。第二,通过3个以上物体的比较,认识量的相对性。

2. 操作活动,巩固认识某个量

让幼儿通过目测或自己动手比较物体的量。提供的材料要条件单一,如比较粗细时要选择柱状的物体,而且要一样长,只有粗细的不同,这样幼儿易于比较。演示时要注意物体的摆放位置,如比较长短时最好选择条状的物体并呈水平方向放置,让幼儿意识到长短指的是物体水平方向上两端的距离;比较高矮时可选择有一定体积的物体并作垂直放置,使幼儿意识到高矮指的是物体垂直方向上物体两端的距离。操作后要求幼儿讲述操作的过程和结果。

3. 寻找活动

教师可以引导幼儿在周围环境中寻找并比较哪些物体大些,或哪些比哪些小些的物体。可以先在教师预先准备好的环境中寻找,然后在自然环境中寻找,最后可以让幼儿通过回忆,回想熟悉的物体的量的相对情况。

（二）学习自然测量的教育活动设计与建议

1. 讲解演示,教幼儿学习自然测量

首先引导幼儿通过目测判断物体的量,谁大谁小、谁长谁短,等等,然后引导幼儿学习用自然物对物体的某一量进行测量。示范测量时要注意演示清楚以下四点。（1）如何开始测量:测量工具的一端与被测量的量的一端对齐。（2）如何做测量标记:每次测量时在测量工具的一端做个记号。（3）如何移动测量工具:测量工具要做水平方向移动。（4）如何统计测量的结果:测量完后记数测量的标记有多少。这是测量的四个要素。

2. 操作活动,幼儿自己动手学习测量

幼儿了解了测量的基本方法后,可以让幼儿亲自动手学习测量物体。在幼儿的操作活动中,教师也要注意以上四点的检查。学习自然测量也可以幼儿自己先动手操作,针对幼儿测量中出现的矛盾和问题教师再进行示范讲解,这样幼儿的理解会更深刻。在幼儿学习测量时可以先让幼儿用同样的自然物测量不同量的物体,使幼儿发现量的测量中存在的正函数关系。之后可以让幼儿使用不同大小的测量工具测量同一个量,引导幼儿发现测量工具与物体量之间的反函数关系。

练一练

扫码看小班数学活动"比较长短",说一说教师是如何组织数学教学活动的。（案例来源:赤峰学院陈海燕）

比较长短

第六节　学前儿童时间和空间概念的教育

客观世界中的任何一个物体都存在于一定的空间之中,都占有一定的位置并且与周围的物体间存在着相互的位置关系,空间方位是指对于物体的空间位置的辨别和物体之间的相互关系的了解,也叫空间定向。物体在空间的定向有三种情况:（1）主体对他周围客体的相对位置;（2）周围物体对主体的相对位置;（3）各个物体之间的相对位置。物体在空间的位置一般用上下、前后、左右的词汇表示。

一、学前儿童认识空间方位的一般特点

（一）先上下再前后、左右

儿童在掌握空间方位的过程中最早分出的是垂直的上下方，然后是水平方向的前后和左右。这是由于儿童身体的垂直位置所决定的。不管儿童的身体位置怎么移动，儿童的上下方位的位置是不会改变的。所以儿童认识上下方位较易。

前后、左右的方位具有方向性和可变性，前后、左右的方位会随儿童身体的位置的变化而变化。如原来的前面一转身会成为后面，而原来的左面也会成为右面。因此，前后、左右方位的辨别较上下方位的辨别要困难些。前后方位的辨别可以以儿童的脸的方向为参照，因此儿童对前后方位的辨别较左右容易。一般说来，3—4 岁左右的儿童只能辨认自身的上下、前后，以自我为中心确定物体的上下前后。

（二）从以自我为中心到以客体为中心

辨别空间方位有两种参照体系：一种是以自我为中心来判断客体相对于主体的空间关系，另一种是以客体为中心判断客体与客体之间的空间位置关系。儿童在辨别空间方位的过程中经历了以自身为中心到以客体为中心的定向过程。幼儿首先以自己的躯干为中心来确定自己身体各部位的方位，如身体的上面是头，下面是腿和脚；身体的左边是左耳、左手、左脚，身体的右边是右耳、右手、右腿、右脚；前面是脸，后面是背等。在此基础上儿童再学习以自身为中心来确定周围客体的空间方位。最后学会从客体出发确定与其他客体之间的相互位置关系。以客体为中心确定左右时，儿童要站在客体的位置上才能确定。5—6 岁的儿童只能以自我为中心区别左右，不能区别客体的左右。

（三）儿童辨别空间方位的区域逐渐扩大

儿童辨认空间方位的区域是随他们年龄的增长而不断地扩展的。开始时，幼儿辨别空间方位的区域是有限的，只能辨认眼前的、近距离范围内的物体的范围，而对那些距离远些的物体的位置则难以做出正确的判断。随儿童年龄的增长，在正确的教育下 5 岁以后的儿童不仅可以辨认离自己近的物体的方位，而且可以辨认离自己较远物体的方位，甚至可以判断物体的运动方向。

二、学前儿童认识时间的特点

时间是物质运动变化过程的持续性和顺序性的反映。时间是一种可以测量的连续量，是数学学习的范畴。时间具有以下的特点：（1）时间具有流动性和不可逆性。"逝者如斯"，时间就像滚滚东流的江水，一去不回头。我们每天都会感受到时间在流逝，我们一天一天地长大、成熟、衰老。（2）时间具有周期性。时间虽然是流动的，不可逆转的，但时间又具有周期性。日复一日，每天都经历早上、中午、晚上，日出日落；一年有四季，春夏秋冬，周而复始；计时的钟表一圈 12 小时一天 2 圈，每天重复着。（3）时间没有直观形象。时间没有直观的形象，它看不见也摸不着，但它是客观存在的，同时时间又总是与某种自然现象联系在一起的。由于时间没有直观的形象，因此幼儿认识时间比较困难。再现往往趋于缩短。

三、教育目标

1. 小班

认识白天、晚上、早晨、夜里。

2. 中班

认识昨天、今天、明天。

3. 大班

知道一周有几天及它们的顺序，知道一年的月份及顺序；认识时钟，会看整点和半点。

四、教育指导与建议

（一）教幼儿认识时钟的方法

1. 讲解演示（观察讲解）

教幼儿认识时钟首先要认识钟面的结构。钟面的 12 个数字及排列方向、分针与时针、两根针的运动方向及速度，这三个因素叫时钟三要素，讲解时这三个要素一定要讲清楚。在幼儿认识了钟面的结构及关系，能初步认识正点或半点后，可以用下面的几种方法进行巩固和强化。

2. 操作活动

教师报时间，幼儿拨钟点或画出时间点；幼儿报时间，教师拨钟点。

3. 观察活动

出示不同时间的时钟挂图，让幼儿辨认。观察各种类型的钟表图，了解时钟的种类。

4. 游戏活动

例如，游戏"时钟"：12 个幼儿做数字围成圈，2 个幼儿做时针和分针指点时间，其他幼儿报出时间。如其他幼儿报 3 点钟，扮演分针和时针的幼儿要用手臂表示出时间，其他幼儿检查是否指对。

（二）认识空间方位的教学方法

1. 以自身为中心认识上下、前后、左右

幼儿对空间方位的认识是从对自己身体部分的方位的认识开始的。教师在教幼儿认识空间方位时可以先让幼儿认识自己身体各部分的位置关系。例如，身体的上方有头，或头的下方有身体；身体的下面有腿，腿的上面有身体等。在幼儿直接感知的基础上将表示时间的词与幼儿的身体部位相联系，使幼儿理解方位词的含义。同样，教师可以通过讲解告诉幼儿身体的前面、后面、左面、右面是哪个方位，并请幼儿在直接观察的基础上说说：自己身体的前面有什么？后面有什么？左面有什么？右面有什么？

2. 以客体为中心认识上下、前后、左右

幼儿认识了自身的上下、前后之后，可以教幼儿认识客体的上下、前后。在认识客体的上下、前后时教师可以先进行讲解示范，告诉幼儿某个物体的上下、前后的方位，还可以让幼儿站到物体的位置上去感知。

3. 操作活动

在幼儿初步认识了自身或物体的上下、前后、左右后，可以通过操作活动使幼儿进一步认识空间方位。在操作活动中可以要求幼儿按教师的指令将某种物体放到指定的位置，或请幼儿自己将某物随意放在一个位置后，自己说出物体放在什么地方。

拼合图案。教师准备两幅有情节或无情节的图画，将其中一幅留做拼图范例板，将另一幅分成几个部分。将部分打乱顺序后，引导幼儿利用拼图范例板，在观察各部分图案细节特征的基础上，将几个部分拼成一幅完整的图画。要注意的是，为小班幼儿提供的拼图可以简单一些，如无背景由单独物体构成的图画；而为中、大班幼儿提供的图画可以稍微复杂一些，可以有简单背景和主次物体。

4. 游戏活动

常见的认识物体空间范围的游戏有许多。如游戏"指鼻子眼睛"。教师发出指令，幼儿按要求指点自己身体的有关部位。又如游戏"摸耳朵",教师发出指令"请小朋友用你的左手摸你的右耳,用你的右手摸你的右腿"等。再如游戏"捉迷藏",游戏开始,幼儿自选地方躲藏起来,之后老师和其他幼儿来寻找,找到后要求幼儿说出自己藏在什么地方,或要求找的小朋友说出在什么地方找到了谁。

练一练

扫码看数学游戏"家中寻宝",说一说这个游戏主要的目的是什么。(案例来源:渝中区区级机关幼儿园 徐安麟)

家中寻宝

家中寻宝

5.寻找活动

幼儿认识空间方位,从某种意义上说就是认识地点,认识环境。所以,在日常生活中教师可以有意识地带领幼儿认识幼儿园,认识幼儿园的某个建筑或设施在幼儿园的位置或与其他物体的空间位置关系。

思考与练习

1.幼儿数学教育的目标与内容是什么?

2.怎样形成幼儿10以内的数概念?

3.怎样教幼儿认识10以内数的组成?

4.教幼儿进行10以内数的加减运算有哪些要求?

5.怎样教幼儿进行10以内的加减运算?

6.制定一份"5以内数的加法"教案。

7.怎样教幼儿认识几何形体?

8.制定一份"认识立体图形"的教案。

9.度量教学有哪些要求?

10.怎样进行度量教学?

11.怎样教幼儿学习"等分"?

12.如何引导幼儿在日常生活和游戏中辨别时间?

13.幼儿园教师资格证考试保教知识与能力练习题

教师资格证
考试练习题

第六章

学前儿童区域科学教育活动设计与指导

```
                                                    数学角科学教育
                                                    活动概述

区域活动的含义                                       数学角科学教育
                                                    活动的设计
区域科学教育        区域科学教育
活动的特点          活动概述         第六章 学前儿童    数学角科学     数学角科学教育
                                    区域科学教育活动   教育活动的     活动的组织指导
区域科学教育                        设计与指导        设计与组织
活动的价值                                           指导          活动案例及评析

区域科学教育
活动的类型
                    自然角科学教育                   科学活动区科学
                    活动的设计与组                   教育活动的设计
                    织指导                           与组织指导

自然角科学教育                                       科学活动区科学
活动概述                                             教育活动概述

自然角科学教育        自然角科学教育                 科学活动区科学     科学活动区科学教育
活动的设计            活动的组织指导                 教育活动的设计     活动的组织指导
```

内容提要

前两章论述了学前儿童集体性科学教育活动,这是一种最普遍的教学组织形式。而另一种教学组织形式——区域活动(也称区角活动、活动区活动)则可以为幼儿提供更加宽松、自由的活动空间。在这类活动中,为幼儿的探究创造了宽松的环境,使每个幼儿都有机会参与尝试,他们可以按照自己的需要、兴趣、学习水平和学习方式自主选择活动内容和活动伙伴,自主地探索,在活动中感受科学探究的过程和方法,体验发现的乐趣。

区域活动是幼儿进行个性化的学习并获得发展的教育活动,是一种幼儿自由探索的活动、自主操作的活动,也是一种教师成为隐性要素的活动。根据区域科学教育活动的内容,把区域科学教育活动划分为自然角科学教育活动、科学活动区教育活动和数学角教育活动。

学习目标

1. 掌握并理解区域科学教育活动的特点、价值和类型。

2. 具有设计与组织幼儿园自然角教育活动、科学活动区教育活动、数学角教育活动的基本能力。

第一节 区域科学教育活动概述

一、区域活动的含义

区域活动是指教师从幼儿的需要、兴趣出发,融合教育目标和正在进行的各种教育活动的要求,将活动场地划分为若干不同的区域,如阅读区、表演区、自然角、科学活动区或专门的活动室等,在其中投放各类活动材料,制定相应的活动规则,让儿童自由选择活动,在不同的区域内幼儿通过与材料、环境及同伴的相互作用,进行个性化的学习并获得发展的一类教育活动。区域科学教育活动,一般是指在自然角、科学活动区或专门的科学活动室中组织的科学教育活动。由于近年来数学教育被纳入科学教育范畴,所以在数学角中组织的活动也属于区域科学教育活动。但是教师应当明确,区域科学教育活动不仅仅支持幼儿在科学领域内的发展,它对幼儿综合素质的提高有着显著作用,这一点将在下文中详述。

二、区域科学教育活动的特点

区域科学教育活动是幼儿园不可或缺的一种教育活动形式。它凸显了幼儿个别化学习的基本特征,具有以下一些显著的特点。

(一)区域科学教育活动是一种幼儿自由探索的活动

在区域科学教育活动中,幼儿完全可以在其中寻找适合他(她)的问题情境,自主、自信地开展活动,幼儿可以自由支配面前的一切,不用关注教师的态度,其自尊和安全的需要得到满足。在区域科学教育活动中幼儿完全能够按照自己的意愿参加小组或个人的探索活动,自主地决定活动的内容和方式,它是一种宽松的共同学习或个人学习的活动。

(二)区域科学教育活动是一种幼儿自主操作的活动

区域科学教育活动更强调一种个性化的学习方式,而非接受式的学习。它是将学习的目标和内容以活动材料的方式呈现给幼儿,让幼儿自主选择材料,对操作材料的摆弄时间、速度、次数都由幼儿自己决定。幼儿在整个学习活动中都有一种主人翁的感受,他们通过对各种材料的操作摆弄完成动作的内化,获取相关的学习经验,发展认识结构,提高发现问题、解决问题的能力,以自己的方式向教师设定的学习目标迈进。他们自己对学习过程和结果负责,更多关注的是从学习活动中获得乐趣,外在压力较小。

(三)区域科学教育活动是一种教师成为隐性要素的活动

《纲要》中指出"教师应成为幼儿学习活动的支持者、合作者、引导者"。在区域科学教育活动中教师成了隐性要素,由过去的显性地位退居到隐性地位。在这里教师成为活动的观察者和间接的指导者,教育的要求不再由教师直接向幼儿提出,而是以问题情境的方式呈现在幼儿面前,教师的作用转化为问题的设置和结构材料的提供,也就是说,将教师的指导隐藏在活动材料的设计之中,而较少有直接的言语指导。教师基本上不干预幼儿的操作,只是在幼儿遇到困难,需要帮助时给予一定的引导,或者在其不遵守活动区规则、妨碍了他人活动、可能发生危险等情况时,才会出面干涉。

在区域科学教育活动中,我们固然十分强调儿童学习的主体地位,但教师的作用是非常重要的,因为此类活动仍是由教师发起、设计和组织的,只是教师是隐性地教,幼儿是主动地学。

三、区域科学教育活动的价值

由于区域科学教育活动具有自己特殊的教育优势,它对于促进幼儿的发展具有十分重要的价值。主要表现如下:

(一) 有利于幼儿自主性的发展

只有当幼儿把自己看成一个能产生思想及支配时间的人,一个自由行动和解决问题的人,产生了去进行发现的要求时,他们才会因此而怀有极高的热情,并专心致志地从事活动,这将有利于幼儿获得教育所期望的人格品质和智慧能力。而区域活动恰恰具有这样的功能。在区域科学教育活动中,材料与环境是引发幼儿主动探索的刺激物,又是幼儿主动建构对周围物质世界认识的中介和桥梁。由于区域活动为幼儿提供了自由活动的时间、空间,并赋予他们自由选择活动的权利,幼儿在与生俱来的好奇心和探究兴趣的驱使下,特别乐意选择适合自己需要的活动材料与内容,积极地投入各种活动之中,并对自己的探究活动进行自我调控,这时他们才真正地成为自己学习的主人。

(二) 有利于提高幼儿的学习能力

较之集体性教学活动,区域活动更强调幼儿的“学”。教师应转变自己的教育观念,把幼儿看成是主动的学习者,从区域教育的特点出发,把教育的重点放在为幼儿的自主学习活动创造良好条件的基点上,支持和引导幼儿根据自己的需要与兴趣,主动建构自己对周围环境的认识与理解,不断地提高自主学习能力。为此,教师应相信幼儿,放手让他们在与环境和材料的相互作用下,在一个宽松、悠闲而不追求当前学习结果的探究过程中得到满足,获得宝贵的个人经历和体验,从而提高学习能力,不断激发和保持学习兴趣。

(三) 有利于促进幼儿个性的发展

任何知识经验、行为习惯等都必须经过幼儿自己的思考、体验和练习才能成为幼儿自己的东西,而幼儿之间在天资、个性、生活环境等方面存在着广泛差异,因此每个幼儿都有最适合于自己的学习与发展方式。在区域科学教育活动中,教师应从教育公平性和促进每一个幼儿发展的角度出发,来设计和投放适应不同发展阶段和不同兴趣爱好的孩子需要的各类材料。要促进每一个幼儿富有个性的发展,教师应了解并尊重幼儿的个性和学习风格,鼓励他们采用自己喜欢的方式去主动学习和发展,使其真正成为个性鲜明的健康发展的人。

四、区域科学教育活动的类型

目前,关于区域活动的命名和分类还没有统一的规定,根据区域科学教育活动的内容,我们在这里把科学教育活动划分为自然角科学教育活动、科学活动区科学教育活动和数学角科学教育活动。

第二节　自然角科学教育活动的设计与组织指导

一、自然角科学教育活动概述

（一）自然角的含义

自然角是在幼儿园活动室内向阳的角落、廊沿，安放一张桌子或设置一个分层木架，将一些适于在室内生长和照料的动植物，或收集来的非生物，有秩序地布置在上面的场所。[①]　自然角是大自然的一个缩影，可使幼儿了解自然世界，建立对自然科学的兴趣，培养他们的观察能力和积极的学习态度。

（二）自然角的功能

自然角是幼儿学科学的一种重要而特殊的场所。它具有如下功能：

1. 自然角是幼儿了解自然界的窗口

自然角中摆放的物品，可以集中再现自然界中的某一类事物，如鱼缸、水草、美丽的小鱼，或各种各样的种子、树叶、粮食；也可以是孩子们收集来的各种"宝贝"，比如一只贝壳或卵石，或是种植孩子们喜欢的花草、蔬菜和奇异的植物等。它能给活动室带来大自然的气息，使孩子们感受到大自然的生机和活力，了解自然界的奥秘。

2. 自然角能使幼儿萌发探究的欲望

幼儿在自然角中，不像在集体教学活动中那样要在教师的统一计划和指导下进行，他们随时都有观察、触摸和探索各种物品的机会，而且还可以对自然角中的对象进行长期系统的观察。因此，自然角这一富有教育意义的环境为幼儿提供了观察自然、认识自然与亲自实践的广阔空间，能使幼儿萌发探究欲望，增强探究精神，提高探究能力。

3. 自然角能增强幼儿对周围事物的责任感

幼儿每天和自然角中的物品相处，并且可以自由地接触和观察这些物品，在潜移默化中，幼儿会把自然角中种植的植物、饲养的小动物看成自己不可缺少的小伙伴，从而倍加关注和照顾，它们每一个细小的变化都会引起幼儿的注意，从而培养幼儿对事物的观察力和关爱自然、保护生命的责任感。

二、自然角科学教育活动的设计

（一）自然角的内容要具有丰富性

应在自然角中设置丰富多样的内容，从而为幼儿在活动室内营造出"自然美景"。一般来讲，应安排如下基本内容：

1. 动物

自然角养殖的动物主要是作为幼儿进行观察的材料，通过活动使幼儿养成观察的习惯，学会简单的技能。因此，自然角的动物应选择个体小、管理方便、无危险、便于喂养、幼儿感兴趣而且便于幼儿观察的种类，最好随季节的变化经常更换种类，使幼儿能接触到更多的小动物。例如，美丽的

[①]　张俊.幼儿园科学教育［M］.北京：人民教育出版社，2004.

热带鱼类,可爱的乌龟,漂亮的小鸟,外形特征变化明显的蝌蚪,也可以是泥鳅、蚯蚓、蚂蚁、蜗牛等小动物。

2.植物

自然角种植的植物应该既可美化环境,陶冶情操,又是幼儿十分喜爱的种类。自然角放置的植物以适宜盆栽的品种为主,不宜过分高大,宜选择颜色鲜艳美观、生命力顽强、具有较高观赏价值的常见植物,而且应该无毒、无刺,不会对幼儿产生不良影响。一般常用的品种有以下几类:常见的观花植物如石竹、金盏菊、一串红、菊花、水仙等;常见的观叶植物如吊兰、文竹、含羞草、天门冬等;常见的观果植物如金橘、石榴、盆栽葡萄、佛手等。除盆栽植物外,还可以选择各种各样的种子、水果,幼儿自己用废弃的盒子种植的萝卜、青菜、葱、蒜等都可以放置在自然角中。

3.非生物及工具

自然界中除了生物,还有许许多多的非生物,它们共同构成了美丽的大自然。所以作为"大自然缩影"的自然角内还可适当放置一些非生物,如土、沙子、石头、贝壳、各种植物的种子、各种动植物的标本等。此外,还应提供一些可供幼儿在自然角内进行观察和劳动的工具,如提供放大镜,便于幼儿对自然角内的物品进行精细观察;提供小水杯,便于幼儿用来给植物浇水;提供扫帚、簸箕、抹布等清洁工具,便于幼儿对自然角进行整理和打扫等。

4.学习档案

教师还应为每组幼儿准备一本"学习档案",挂在自然角内便于幼儿取放的地方,以帮助幼儿用自己的方式如图画、符号等记录和思考他们在自然角中获得的知识经验。此外,还可引导幼儿将自己观察到的自然界的各种变化,如四季更替、天气变化、小草发芽、小花开放、蔬菜丰收等自然界现象记录下来,并记下日期。如此便形成了形象生动的图画记录如"小蝌蚪变青蛙的过程""蒜苗的生长过程"等以及一目了然的符号记录如"三月份天气变化情况"等。学习档案可以帮助幼儿学习记录、统计的方法,以培养其责任感和坚持性,还能激励幼儿思考自己的学习,使其在事物变化现象与个人知识经验之间建立强有力的联系。

（二）自然角中物品的种类要体现儿童的年龄特征

小班幼儿观察力较差,为他们提供的观察物,应以具有明显特征的物体为主,例如,可提供兔子、乌龟、大蜗牛、鱼等特征明显的动物;体型较大且色彩鲜艳的蝴蝶、蜻蜓等标本;孩子们在生活中常见的苹果、梨、香蕉等水果;金橘、含羞草等极富特点的植物。

中班幼儿观察力、思维能力都有所提高,在尽可能保证物品完整性的同时,可提供一些外观上具有相似之处的物品,并注意其多样性的特点,以发展幼儿的求异和求同思维能力,例如,可提供金鱼、平鱼、鲤鱼、草鱼等多种不同特征的鱼供幼儿比较异同。

大班幼儿好奇心强、求知欲旺盛,独立活动能力增强,可以提供能引起他们深入研究或细致观察的物品。例如,引导幼儿观察常青树和落叶树,深入探究其生长条件和特性;饲养小蝌蚪、蚕、蚯蚓等小动物,对小蝌蚪变青蛙的过程进行长期观察;发现蚕宝宝吃了什么颜色的食物,身体就会相应变成那种颜色;了解蚯蚓身体的再生功能等。另外,自然角中的物品还要具有广泛性和启蒙性,因为只有浅显易懂、生动有趣,让幼儿看得见、摸得着的内容,才能真正对幼儿起到科学教育的启蒙作用。

（三）自然角的变化要体现季节性

自然角是大自然的一个"微缩"景观,必须适应和反映季节变化。教师应针对幼儿发展的实际,结合四季的变化,精心制定自然角科学教育计划,发动幼儿及家长认真选择自然物品、相对集中地布置一些内容。比如,春天是生机勃勃的季节,可以投放各种鲜花;可以与孩子一起播下种子,观察种子的发芽和生长过程;可以饲养可爱的小蝌蚪,引导孩子观察小蝌蚪变青蛙的过程。秋天是硕果累累的季节,可以投放各种植物的果实，如石榴、柑橘、柿子、梨等应季的水果和核桃、杏仁、葵花籽等干果。总之，自然角的内容一定要随季节时常更新，这样才能使自然角充满活力，保持和发展幼儿关注自然的情感。

三、自然角科学教育活动的组织指导

《指南》中指出幼儿科学学习的核心是激发探究兴趣，体验探究过程，发展初步的探究能力。在自然角活动中教师要善于发现和保护幼儿的好奇心，充分利用自然和实际生活机会，引导幼儿通过观察、比较、操作等方法，学习发现问题、分析问题和解决问题；帮助幼儿不断积累经验，并运用于新的学习活动，形成受益终身的学习态度和能力。具体而言，应该做到以下三个方面。

（一）自然角中物品的摆放要做到整洁、美观、安全

自然角中的物品是幼儿园隐性教育环境的组成部分，因此各种物品应分类摆放，力求做到整洁、美观，教育幼儿观察或摆弄后归放原处。注意在自然角中不要安放易使幼儿发生意外的物品，如有尖锐棱角的铁架、带刺的植物等，以免发生磕碰甚至划伤。

（二）教师的组织指导方式要符合幼儿的认知特点

在自然角中，虽以幼儿的自由探索、自主操作活动为主，但教师的指导作用不容忽视。由于不同年龄班幼儿的认知特点不同，所以教师指导的侧重点亦有所不同。小班幼儿独立观察能力较差，所以自然角里的观察活动需要在教师组织下进行，重点是引导孩子获得对自然角中物品特征的充分感知。中班幼儿观察能力明显提高，教师可多为他们设置一些问题，如"小乌龟长得什么样子？是怎样爬行的？乌龟的壳有什么作用？"等，以激发幼儿有目的地观察。大班幼儿思维活跃，好奇心强，他们需要更多的动手操作和实验机会，所以教师应为幼儿创设条件，提供丰富的材料和工具，让他们自由探索，在充分探索中提高能力，获得自信。

（三）让幼儿做自然角日常管理的主人

教师要将自然角变为幼儿喜欢的活动场所，就必须让他们参与自然角的设计和管理工作。为此，在布置自然角时教师可以组织幼儿进行讨论，充分听取他们的意见，鼓励他们把自己家里的好东西带到幼儿园的自然角，安排他们参与力所能及的管理活动，轮流照料和看管自然角的物品，如小班幼儿可做一些简单的清理工作，中、大班幼儿可以建立值日生制度，轮流负责对动植物的照料、记录，如此一来，自然角就成了他们长期关注的重点。这样不仅可以培养幼儿的良好习惯，还能加深幼儿对自然角的兴趣及责任感。

对于面积较小，尤其是室外场地不足的幼儿园，更要精心布置和创设自然角这一环境，以保证幼儿有更多的机会接触大自然。

第三节　科学活动区科学教育活动的设计与组织指导

一、科学活动区科学教育活动概述

幼儿园的科学活动区按用途、场地及管理归属等的不同，可分为班级的科学活动区（角）和全园共用的科学活动区等。所谓班级科学活动区是指在班级的活动室内，划出一定的区域和角落，利用柜

子、桌子等构成活动场地,向幼儿提供操作或制作材料的环境,让幼儿在其中进行操作、实验、探索等活动。班级科学活动区(角)为幼儿提供丰富的物质材料,能够保证幼儿自由地、独立地选择各种材料进行操作活动,使他们有更多的体验机会。所谓全园共用的科学活动区,是指幼儿园专门为幼儿进行科学探究而建立的活动场所。它为培养幼儿科学兴趣和创新精神开辟了更广阔的天地。目前许多幼儿园都建有全园共用的专门的科学活动区,它们称"科学探索室"或"科学发现室"等。无论名称有何区别,它们都是幼儿园开展非指导性学习活动的场所。在这类科学活动区中,教师为幼儿提供各种科学活动的设备和丰富多样的结构性材料,幼儿可以按照自己的兴趣和意愿来选择活动内容,决定活动时间,并用自己的方法进行真正自主的科学探究活动,有助于培养幼儿的独立性和自信心。由于在科学活动区中没有追求结果的紧张压力,幼儿可以更从容地沉浸于科学探究的过程,尽情享受探究过程所带来的乐趣,有利于培养幼儿对科学活动的兴趣,发展思维能力,提高动手操作技能。在科学活动区中的活动形式也是由幼儿自己决定的,可以独自探索,也可以和小伙伴共同探索,在这种宽松、和谐的心理氛围中,幼儿的个性、合作精神和交往能力都将得到发展。因此,它对幼儿学习科学具有特殊的作用。

二、科学活动区科学教育活动的设计

(一)科学活动区的材料内容(材料的分类或类别)

一般而言,科学活动区中投放的材料应有助于提升幼儿的科学素养,让幼儿初步了解一些自然科学现象和现代科学技术,激发他们动脑思考、动手操作的愿望,所以科学活动区域中投放的材料应是多种多样的。其投放的材料一般可分为以下四大类。

1. 观察阅读类

此类内容通过观察阅读的方式呈现。主要适用于那些无法提供实物让幼儿操作和实验,但对幼儿而言又是必要的科学经验。有以下几种呈现方式。

(1)模型:如地球仪、地图拼图等。

(2)挂图:悬挂或张贴在墙上的有关科学内容的画面。如"神舟"七号飞船飞天成功,磁悬浮列车高速行驶,美丽的四季景色,迷人的海底世界等。

(3)图书及音像资料:科学知识类丛书如《小雨滴去旅行》《回家》《藏起来的能量》等,以及可让幼儿听的科普类录音故事和既可听又可看的视频资料。

2. 科学玩具类

(1)买来的蕴含一定科学原理的成品玩具:如电动玩具、声控玩具、遥控玩具、磁性玩具等。

(2)利用废旧物品自制的玩具:如利用薯片盒子、可乐瓶和笔杆制作的天平,利用塑料积木、笔杆、小雪花插片和冰糕棒制作的小水车,利用泡沫板、水彩笔后堵头制作的齿轮咬合玩具等。

3. 操作实验类

这类材料可供幼儿观察、实验、操作和探索,是幼儿最喜欢的一类材料,因而种类十分丰富,根据所涉及的领域不同,我们将其划分为十类。

(1)光:让幼儿了解光的直射、反射和折射等作用的材料。如平面镜、凹凸透镜、放大镜、显微镜、三棱镜、多棱镜、万花筒、潜望镜等。

(2)热:让幼儿感知热能的材料。如蜡烛、酒精灯、小铁棒、小勺等。

(3)电:让幼儿探索电路的材料。如电池、电线、小灯泡、小电珠、小电扇等;让幼儿探索摩擦生电的材料,如塑料棒、玻璃棒、皮毛、丝绸、纸屑、木屑等;让幼儿探索电的功用的材料,如手电筒、遥控汽车、电子小狗等。

(4)磁:让幼儿了解磁铁的相吸相斥现象,由磁力产生的悬浮和摇摆等现象的材料。如磁铁、铁钉、曲别针、铁砂、非铁质金属材料、磁性滑动玩具(走迷宫)、磁飞镖、钓鱼等。

(5)声:让幼儿体验发声、传声、声控等作用的材料。发声玩具如风铃、编钟、哗铃棒、音叉、捏气发声的塑料小动物等;传声玩具如电话、传声筒等;声控玩具如声控小台灯、声控小鸟、声控拉小提琴娃娃等。

(6)力:让幼儿体验重力、浮力、弹力、惯性、力的传动作用等的材料。重力材料如沙漏、液压计时器、斜坡和可滚动的各种物体等;浮力材料如容器、水、可沉浮的各种材料等;弹力玩具如弹簧秤、皮球、皮筋等;惯性玩具如轨道车、惯性船、惯性坦克等;力的传动材料如齿轮传动玩具等。

(7)空气:让幼儿了解空气的作用和风的形成及作用的材料。如气球、风筝、小风车等。

(8)水:了解水的特性、水的三态变化等现象的材料。如小杯子、底部有孔的容器、冻冰块的器皿、酒精灯等。

(9)化学:体验溶解的材料。如糖、盐、果珍、土、沙子、石头、水等;体验材料之间因发生相互作用而产生变化等现象的材料如简单去锈、巧去墨渍、醋泡软蛋壳、醋泡软鱼刺等。需要注意的是,化学类材料不能散发有毒气味,不能有腐蚀性,必须确保幼儿在操作中不会有危险发生。

(10)天文:观察星空、气候变化等现象并作记录的材料。如天文望远镜、观察记录册等。

4.制作创造类

这类内容是幼儿进行各种科技小制作所需的材料。

(1)某一种制作所需的特殊材料,如制作风车、风筝、沙漏的材料。

(2)用于各种制作创造活动的必备通用材料。

* 安全护目镜;

* 工作裙或罩衣;

* 放大器械,如放大镜、手持透镜和三脚架;

* 取材料的工具,如勺子、滴管和镊子;

* 盛材料的容器,如碗、瓶子、杯子和装食用油的桶等;

* 用来分类和储存的容器,如纸质餐盘、鸡蛋盒和有盖子的透明塑料小瓶;

* 用来测量的非标准化工具,如双盘天平、计数器、自制折尺等;

* 清洁工具,如抹布、海绵、纸巾、扫帚和垃圾盘;

* 用来做标记或画图表的纸张等。

(二)科学活动区的设计原则

我们从两个方面来分别介绍科学活动区教育活动的设计。

1.班级科学活动区的设计原则

班级科学活动区的特殊性决定了它的设计应该"以材料为中心"展开,活动目标和过程的设计应该蕴涵于材料之中。也就是说,这类活动设计应满足以下七方面的要求。

(1)为幼儿提供丰富多彩的活动材料。

丰富多彩的材料是幼儿自主学习的基础,也是幼儿获取丰富科学经验的物质保证。这里要注意的是材料多样化与同一化的关系,即除了要有丰富多彩的探究内容外,针对某一探究内容还应有丰富多彩的材料作支持,以满足不同幼儿对材料的兴趣与需求。例如,在探究"沉浮"的活动中,教师可以为其提供铁块、木块、石头、泡沫、塑料、胶泥、牙膏皮等,既可让幼儿了解什么东西沉或浮,又可探究怎样使沉下去的东西浮上来,这样的材料可以满足不同幼儿的需要。

（2）为幼儿提供多功能性的材料。

多功能性体现了材料的内在教育容量，具体表现在同一种操作材料要有不同的操作方法，能让幼儿自由地用自己的方式操作、改变、组合它们；材料有比较广的操作余地，使幼儿能用许多方法进行研究探索，并获得不同的发现。这是幼儿主动探究、学习的重要前提和基本条件。

（3）为幼儿提供有层次性的材料。

在科学活动区中，教师应允许幼儿个体在操作同一份材料时所表现出来的速度、精确度上的差异，允许先操作完的幼儿尝试更深层次的探索，这就需要为幼儿提供有层次性的材料。材料的层次性是指要为幼儿提供符合不同层次需要的材料，以便于不同水平的幼儿按照自己的需要进行选择。[1] 具体而言即教师要认真分析每一份材料的难易等级和幼儿的个体差异，把同一份材料划分成难易不同的若干个等级投放于区域之中。分层次投放材料可以发挥有效的"引导"作用，通过不同层次材料的提示和引导，使具有不同认知和操作水平的幼儿均得到发展。例如，在"小灯泡亮起来"的一组材料中，教师为幼儿提供了多根电线、多节电池、多个小灯泡、两头有塑料绝缘层的电池、金属片、木片、塑料片等，那么这组材料就有了较强的层次性。第一层，幼儿只需用电线将电池的正负两极同时连接在小灯泡上，小灯泡就亮了；第二层，幼儿发现两头有绝缘层的电池无论如何也不能使小灯泡发光，必须把绝缘层去掉；第三层，在电池两端垫上金属片，一样可以使小灯泡发光，但如果垫上木片、塑料片等却不能达到目的，说明金属片可以导电，而木片、塑料片却是绝缘材料。这三层之间难度依次加深，幼儿可以根据自己的现有水平，在多层次的材料中选择适合自己的层次进行操作，同时比其现有水平稍高的层次又为幼儿提供了最近发展区，从而促进幼儿不断得到发展。

（4）为幼儿提供有序列性的材料。

序列性表现在材料的内容应由浅入深，反映幼儿认知的年龄特点；操作方法应由简到繁，反映幼儿动作发展的特点；操作时间应由少到多，反映幼儿注意力的稳定和兴趣的持续特点。

（5）为幼儿提供有结构性的材料。

科学发现室里幼儿的活动是自由探索的，教师要为幼儿提供"有结构"的材料，以保证活动过程的可探索性。有结构性的材料，指的是材料在被使用时能揭示自然现象间的某种关系。[2] 或者说，要将科学的原理蕴藏在材料和对材料的探索之中。例如，教师为幼儿提供有关磁力的材料：磁铁、铁片、木片、塑料、纸片、回形针等，幼儿通过操作，可以发现其中蕴涵的多种关系：磁铁能吸住铁片、回形针，却吸不住木片、塑料、纸片；磁铁能在不接触到铁片和回形针的情况下使它们运动；两块磁铁同极相斥，异极相吸等。这组材料就是有结构性的材料。在科学活动区中提供的材料都应该是有结构性的，教师自己必须研究各种材料的结构及其蕴涵的关系，才能有效地引导幼儿在操作材料时发现这些关系，获得各种经验。

（6）为幼儿提供有滚动性的材料。

有滚动性的材料表现在投放每一批新材料时，要逐步减少原有的材料，或者是将同一品种的材料合并，使之既给一部分孩子以第二次操作的机会，也给一部分孩子选择新材料的机会，或者将同类材料合并，使材料的难度有所提高。

（7）让每个幼儿有足够的材料。

为了保证幼儿探究活动的顺利开展，活动区中应备有足够的活动材料，使参加活动的幼儿不会因材料的不足，而影响自己操作学习的过程。那么何为"足够"呢？并不是要求每一种材料的数目都必须与班里幼儿的人数相等，而是指在探索过程中起关键性作用的材料必须每人至少一份，起辅助性作

---

①　施燕.学前儿童科学教育［M］.第 2 版.上海：华东师范大学出版社，2006.

②　刘占兰.幼儿科学教育［M］.北京：北京师范大学出版社，2000.

用的材料每组一份即可。例如,在探究物体的吸水现象时,如果这项内容可容纳 6 名幼儿同时进行,那么一盆水足矣,但关键性的材料必须数量充足,能吸水和不能吸水的东西起码应该各有七八种。这样,每个幼儿都有材料可以尝试,而共用一盆水又便于他们互换材料,合作探索。

2. 全园共用的科学活动区(科学发现室)的设计原则

这类活动区的空间更大、材料更多、教师的指导更少。教师在设计这类区域时,除考虑上述七条原则外,还应考虑活动区的空间布置。布局合理,可以充分利用室内空间,使每个幼儿都能专注于自己从事的事情,而不受外界的干扰。在进行空间布置时,要注意以下原则。

(1) 动静分区合理,如图书区可以和安静的桌面操作区临近安排,而不要和比较热闹的操作实验区靠近;

(2) 同类材料靠近摆放,这样便于幼儿有目的地选择材料,相互交流,共同探索,认识材料之间的联系;

(3) 要保证幼儿进行桌面操作的空间,桌面大小要适宜,避免互相干扰;

(4) 要考虑到室内和室外空间的有机结合和充分利用;

(5) 要根据材料的性质考虑摆放位置,如在化学类材料中提供的糖、盐、果珍等应放在避光处;

(6) 要避免"死角",确保科学发现室内每一个角落都在教师的视野范围内,以免幼儿在活动中出现紧急情况或发生意外,教师无法及时发现和处理。

三、科学活动区科学教育活动的组织指导

(一) 班级科学活动区的组织与指导

区角科学教育活动的指导和集体教学有所不同。其中显著的差别在于:区角科学教育活动中教师的组织指导具有隐性或间接性的特点。具体而言,教师在区角科学教育活动中的指导应符合以下要求:

1. 使幼儿获得乐学的态度,而不强求获得知识技能

皮亚杰说:"你教给儿童的越多,他自己发现的机会就越少。"在区角科学教育活动中,教师的主要目标就是使幼儿获得乐学的态度。教师要尊重幼儿的兴趣、愿望、需求,尊重幼儿的年龄特点和认知特点,让他们按照自己的方式学习。因此,教师的指导要从过去的"目标导向"变为"过程导向"。也就是说,我们倡导情感、态度优先考虑,探求知识和解决问题的过程和方法比知识本身的多少更重要。不强求幼儿在短时间内通过教师的指导就能掌握某一知识技能,而是要尽可能地让幼儿通过体验性的学习经历一个自我发展的过程。

2. 让幼儿探究学习,重视个别化的启发引导

集体科学教学活动中,教师的语言讲授较多,而在区角科学教育活动中,教师的指导注重发挥幼儿的主体性,激发幼儿内在的学习动机和构建过程。教师要不断引起幼儿的认知冲突,使幼儿不断感到挑战性和成功的可能性。这就要求教师应该更多地关注幼儿的不同需要,在指导的方式上要避免集体教学中的讲解法、讨论法等,而应该更多地了解幼儿的不同需要,并根据幼儿的不同情况给予满足。如幼儿探索如何接亮电珠时,需要某种东西把电池、电线和电珠固定时,教师为他们提供胶带、绳子等供其选择使用;幼儿自由探索可沉浮的东西时,教师可以提供空牙膏皮和卷好的空牙膏皮,以使幼儿进一步深入思考和实验。

3. 营造和谐安全的心理环境,促进探究性学习活动的开展

满足幼儿心理上的安全需要是使幼儿产生认知和理解需要的基础。没有一个安全的心理环境氛

围,主动学习和探究就不可能发生。在区角科学教育活动中,心理环境的创设比直接的指导更为重要。教师应该创设一个什么样的心理环境才有利于幼儿的科学探究呢?

(1)给幼儿出错的权利,接纳幼儿的错误认识。

教师要意识到幼儿的错误代表着幼儿当前的认识水平。那些在成人看来是错误的认识,在幼儿的认知结构和水平上却可能是合理和"正确"的。教师要给予幼儿出错的权利,并应把幼儿的错误作为了解他们思维线索的机会和背景,尽量采取一种宽容和理解的态度。教师如果不接纳幼儿的错误,往往使幼儿不敢做出诚实的回答,幼儿永远也不会显露他真实的思想,教师也永远接触不到幼儿的真实水平,也就无法有效地促进幼儿的发展。而对于幼儿来说他很快就会怀疑自己的能力,相信正确的答案只存在于教师的头脑中,而不是从探索结果和事实中寻找答案。这不利于幼儿养成尊重事实、依据事实得出结论的科学精神和品质。

(2)鼓励和支持幼儿的探索行为,使幼儿进一步思考。

教师要善于挖掘每一个幼儿探究活动过程和结果的价值,使每一个幼儿在每一次的探究活动中都有所发现,有成功的体验。尤其是那些表面上看"失败了的幼儿",教师更要给予支持和鼓励,并培养他们乐于探究和从不同角度看问题的态度和品质。幼儿的科学探索活动需要教师的支持,如果教师对幼儿的行为加以鼓励,幼儿就能够毫无疑虑地进行探索和尝试。相反,幼儿的行为由于得不到教师的及时强化,就不能充分认识自己科学探索行为的价值所在,从而熄灭自己对世界的探究欲望。因此,教师对幼儿的科学探索行为要给予鼓励和支持。而且这种支持应该自始至终贯穿于幼儿学习的全部过程。值得注意的是,教师在激励幼儿时,评价语言不要过于空洞,使幼儿无法从中获得具体的关于探究本身的信息。而应表扬幼儿的探究和操作,肯定幼儿的发现和独创性,而不是表扬幼儿自身。

(3)少干涉,但给予必要的帮助。

幼儿的科学探索活动应该由幼儿自己通过亲身经历去发现,而不是按着教师告诉他的结果或步骤去做。教师不要总是在幼儿旁边转来转去,提一些明知故问的问题,以免打断幼儿的思路。教师要学会保持必要的沉默,学会尊重幼儿的想法和做法,接纳和听取幼儿的解释。教师的指导如果应用不当会变成对幼儿的一种限制,会使幼儿终止或怀疑自己的探究。但是,教师在幼儿探索时又不能袖手旁观,而应观察、思考、判断幼儿的需要和已经达到的水平,并给予必要的帮助。当幼儿发生感情危机或遇到挫折时,教师要马上给予情感上的支持和适时的帮助,以保持幼儿探究的兴趣和积极性。教师要给幼儿充分的行动自由,在不影响其他人的情况下,尽量不要制定太多的行为规则。但是,可以有一些适宜的规则,如材料取放、使用的规则、进区人数的规则等。我们可以鼓励幼儿一起参与规则的制定,这些规则的根本出发点和归宿必须是促进幼儿在活动区中自由、自主和顺利地开展活动,而不是任何其他外在的目的。

总之,营造和谐安全的心理环境是组织指导区(角)科学教育活动的一项基本要求,它发挥着"润物细无声"的重要作用。

(二) 全园共用的科学活动区(科学发现室)的组织与指导

与班级科学活动区一样,在科学发现室中教师一般不对幼儿的科学探究过程做直接指导,而是为幼儿创设宽松的心理环境,提供各种丰富的科学探索材料,通过材料本身吸引幼儿主动探索。

由于这类活动区是全园共享性的科学活动场所,拥有大量的科学仪器、标本、工具及专用设备设施,所以一般需要一名专(兼)职教师负责活动的组织和科学发现室的日常管理。在组织活动方面,教师的作用主要体现在激发幼儿的自主探究愿望,维护科学发现室的良好秩序,以保证幼儿最大限度的自由活动。

第四节　数学角科学教育活动的设计与组织指导

一、数学角科学教育活动概述

数学角是指在幼儿园活动室的一角,摆放各种数学材料、玩具、棋类、牌类等,供幼儿自由选择、操作、探索数学奥秘的场所。数学角为幼儿提供了自由学习的空间,使幼儿在轻松愉快的氛围中摆弄、操作、玩耍各种数学材料、玩具,自然而然地接受数学知识的熏陶,逐步积累数学经验,促进抽象逻辑思维能力的发展。

二、数学角科学教育活动的设计

数学角是幼儿自主学习数学知识的重要场所,教师要想充分发挥数学角的作用,就要科学合理地提供数学角的材料。

(一)数学角的材料内容

(1)分类、排序的活动材料。如不同颜色、形状、质地的瓶盖、弹珠、积塑片,不同大小、长短、粗细、厚薄的围巾、卡片、小棍、铅笔等。

(2)有关数和数的运算的活动材料。如各种自然物、小型玩具、日常用品、模型、图片、卡片等。

(3)认识几何形体以及整体与部分的关系的材料。如三角形、正方形、球体、圆柱体等各种平面和立体图形的模型,各式积木、拼图、七巧板、图形嵌板等。

(4)量与计量的工具材料。如小棍、绳子、弹簧秤、尺子、天平、量杯等。

(5)有关认识时间的材料。如时钟、星期表、年历表等。

(6)棋类、牌类玩具。如跳棋、军棋、五子棋、掷骰子棋、扑克牌等。

(二)数学角材料的基本要求

为了更好地激发幼儿学习数学的兴趣,促进幼儿探索数学活动行为的出现,我们要为不同年龄段的幼儿提供丰富多彩的操作材料,不仅种类多样,而且数量充足,以引发幼儿丰富的思维活动。根据2012年教育部下发的《指南》要求,数学角可以提供以下材料[①]:

1. 让幼儿初步感知生活中数学的有用和有趣的材料

可以为3—4岁幼儿提供感知和发现周围物体的形状是多种多样的材料,使幼儿对不同的形状感兴趣。提供生活中蕴含数量关系的材料,使幼儿体验和发现生活中很多地方都用到数。

可以为4—5岁幼儿提供在教师指导下能够感知和体会到的事物,让幼儿可以用形状和数量来描述的材料。

可以为5—6岁幼儿提供能发现事物简单排列规律,并可以尝试创造新的排列规律的材料。让幼儿能发现生活中许多问题都可以用数学的方法来解决,体验解决问题的乐趣。

---

① 李季湄,冯晓霞.《3—6岁儿童学习与发展指南》解读[M].北京:人民教育出版社,2013.

2. 让幼儿感知和理解数、量及数量关系的材料

可以为 3—4 岁幼儿提供能感知和区分物体的大小、多少、高矮、长短等量方面特点，并能用相应词语表示的材料；能通过一一对应的方法比较两组物体多少的材料；能手口一致地点数 5 个以内物体，并能说出总数和按数取物的材料。

可以为 4—5 岁幼儿提供能感知和区分物体的粗细、厚薄、轻重等量方面的特点，并能用相应词语描述的材料；能通过数数比较两组物体多少的材料；能通过实际操作理解数与数之间关系的材料。

可以为 5—6 岁幼儿提供初步理解量的相对性的材料；借助实际情境和操作理解"加"和"减"实际意义的材料；能通过实物操作或其他方法进行 10 以内加减运算的材料；能用简单的记录表、统计图等表示简单数量关系的材料。

3. 感知形状与空间关系的材料

可以为 3—4 岁幼儿提供能注意到物体较明显的形状特征，并能用自己语言描述的材料；能感知物体基本的空间位置与方位，理解上下、前后、里外等方位词的材料。

可以为 4—5 岁幼儿提供能感知物体的形体结构特征，画出或拼搭出该物体造型的材料；能感知和发现常见几何图形的基本特征，并能进行分类的材料；能使用上下、前后、里外、中间、旁边等方位词描述物体位置和运动方向的材料。

可以为 5—6 岁幼儿提供能用常见的几何形体有创意地拼搭和画出物体造型的材料；能按语言指示或根据简单示意图正确取放物品的材料和有助于辨别自己的左右的材料。

三、数学角科学教育活动的组织指导

数学角的操作探索活动与数学教学活动二者是相辅相成的。教师要根据本班数学教育的计划和幼儿在数学活动中的表现，随时投放活动材料，并对幼儿的探索活动给予及时的、适宜的指导。

（一）及时提供并补充调整操作材料

幼儿数概念是在与环境材料的相互作用中不断积累而建构的，操作性、探索性是幼儿学习数学的重要特征，操作活动是幼儿学习数学的重要形式。教师要根据数学教育内容及幼儿在数学活动中的表现，在数学角中及时投放数学操作材料，以满足幼儿反复摆弄、操作和体验的需要，适应不同发展水平幼儿的需求，并根据幼儿活动情况及时调整和补充材料。此外，教师也可发动幼儿亲自动手参与材料的制作，以增强幼儿的主人翁意识，更有效地激发他们对数学角的兴趣。

（二）使幼儿明确活动的规则

活动前，教师要向幼儿明确提出活动要求和规则，讲清新材料的使用方法，一些需要指导的玩具，如棋类、牌类等，教师可事先通过小组活动的方式向幼儿介绍清楚玩法。此外，还要引导幼儿观察清楚各种材料的摆放位置，教育幼儿爱护材料，活动后注意收拾整理材料，养成良好的习惯。

（三）观察和适时指导幼儿活动

数学角活动中教师必须从显性的主导地位适时适当地退至隐性的引导地位。幼儿是通过自己的实际操作来学习和解决问题的，教师应成为站在幼儿背后的慈爱、沉静的观察者，真正从观察中获取准确信息，以便为指导幼儿做好充分准备。教师的指导要掌握好"度"的问题，应在幼儿遇到困难，希望得到成人支持帮助时进行，绝不要做替代者。指导时还要注意因材施教，加强对个别幼儿的指导，切实促进每一位幼儿的发展。

（四）增进幼儿间的相互交流

数学角活动中幼儿彼此间地位平等，他们可以无拘无束地自由交流、讨论，在这样的交流互动中，

幼儿既放松,又保持了独立性,这是教师指导所达不到的,它不仅对幼儿学习数学具有一定的支持作用,而且还拓展了幼儿的学习途径和方法,使其在实践中学会相互协调和帮助。因此,数学角中幼儿间的交流与合作是非常有价值的教育资源,教师在指导时应捕捉良好时机,促进幼儿互动,引导幼儿合作学习。

四、活动案例及评析

活动案例 6-1

大班区域科学教育活动设计方案

(河北省直机关第四幼儿园　刘树欣、田轶男、杨巧妹)

活动一　游动的小鱼

一、活动目标

1. 了解鱼的生活习性。

2. 制作小鱼,能通过实验使小鱼在水中游动。

3. 激发爱护水源、保护小动物、亲近大自然的意识。

二、活动重点

1. 在实验过程中,自制小鱼的尾部要留有凹槽,方便滴入洗洁精。

2. 滴入洗洁精后注意观察小鱼的游动。

三、活动准备

彩纸、水彩笔、水盆、水、洗洁精。

四、活动过程

1. 指导幼儿用水彩笔在纸上画出小鱼的轮廓,大小合适即可,然后涂色装饰。注意在鱼尾处留一个凹槽。(图 6-1)

2. 幼儿用剪刀沿边将小鱼剪下,放入准备好的水中,观察小鱼是否游动并进行记录。

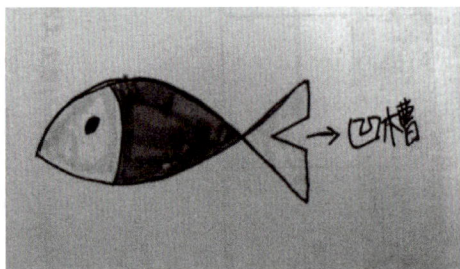

图 6-1

3. 请幼儿尝试用滴管将洗洁精滴在小鱼尾部凹槽处的水中,观察小鱼的动态,并记录。

注:幼儿将洗洁精滴入小鱼尾部凹槽处的水中,小鱼方可移动。如果幼儿将洗洁精滴在别处,可鼓励他们进行多次尝试,并做观察和总结,看洗洁精滴在哪个位置小鱼游得最远。

4. 活动结束后请幼儿根据记录表进行描述,分析实验结果。

五、活动延伸

和父母再次进行"游动的小鱼"游戏,请爸爸妈妈解释水的张力这一科学现象,并观察生活中哪些现象也是水的张力的表现。

六、活动测评

1. 在实验过程中仔细操作,观察分析,多次尝试。

2. 能用语言简单描述实验现象。

七、背景知识

洗洁精中含有表面活性剂,可使水的表面张力下降。当洗洁精点在小鱼尾部的凹槽处时,减小了小鱼尾部的水面张力。随后在小鱼的前方较大的水面张力收缩拉近的作用下,小鱼被拉向前方。

活动二　白菜"喝"水

一、活动目标

1. 初步了解植物的"毛细现象",知道白菜茎叶部具有输送水分的功能。

2. 能用自己喜爱的方式记录并表达观察到的科学现象。

3. 萌发对蔬菜"喝"水现象的探究热情,初步感受科学实验的奇妙。

二、活动重点

通过实验,了解白菜"喝"水的秘密,能准确记录并表达自己观察到的科学现象。

三、活动准备

1. 四种不同颜色的食用色素、四个透明玻璃杯子、纯净水。

2. 安全剪刀、新鲜的白菜叶子。

四、活动过程

1. 请幼儿分别为四个杯子注入小半杯清水,使杯中水量保持一致。之后使用吸管将四种色素分别加入杯中,并用玻璃棒轻轻搅拌至色素完全溶入清水。

2. 将新鲜白菜叶子剪去下端的一小段,观察切口,观察员记录切口形状,也可鼓励幼儿用手撕白菜进行对比实验(平整的切口有助于吸水)。

3. 将白菜切口浸入杯子里的彩色液体中,观察白菜叶颜色变化情况。一段时间后,幼儿将观察到如下现象:

(1) 白菜叶上出现了一块块与杯中液体相同的淡淡色彩;

(2) 茎部切口不同,白菜吸水速度与色彩呈现效果不同,茎部切口整齐,吸水速度更快,色彩更均匀。

4. 鼓励幼儿用图画或记录表等方式记录观察结果。

五、活动延伸

回家后与家长一起尝试砖块吸水、毛巾吸汗、粉笔吸墨水、白花变色等科学小实验。

六、活动测评

1. 能仔细观察,并准确表达观察到的科学现象。

2. 知道植物和一些常见物品有"毛细现象"。

七、背景知识

植物的毛细现象:植物的茎叶内部有很多细小的"管道",水吸附在这些细小的管道内侧,由于内聚力和附着力的差异,色素水就慢慢地输送到叶子里的小管道中。

活动三:植物"泉水"

活动四:神奇的水中花

活动五:绿色牛奶

活动六:植物也"出汗"

练一练

扫码看视频,看一看教师如何介绍大班科学活动区材料及规则的。

扫码看视频,看一看大班科学区域活动中教师如何有针对性地进行指导。

扫码看视频,看一看大班区域科学活动后教师如何进行评价。

如何介绍大班
科学活动区
材料及规则

大班区域科学活
动中教师如何有
针对性地指导

大班区域科学
活动后教师
如何评价

思考与练习

1. 区域科学教育活动有哪些特点?

2. 如何设计自然角科学教育活动?

3. 如何设计科学活动区科学教育活动?

4. 如何设计数学角科学教育活动?

5. 结合本章区域科学教育活动设计案例,思考以下问题:

(1) 教师在区域科学教育活动中承担着怎样的角色,发挥了怎样的作用?

(2) 幼儿园班级科学活动区科学教育活动的组织指导要点有哪些?

(3) 案例中,教师从哪些角度对幼儿的区域科学活动情况进行了小结和评价?

第七章

学前儿童科学游戏活动设计与指导

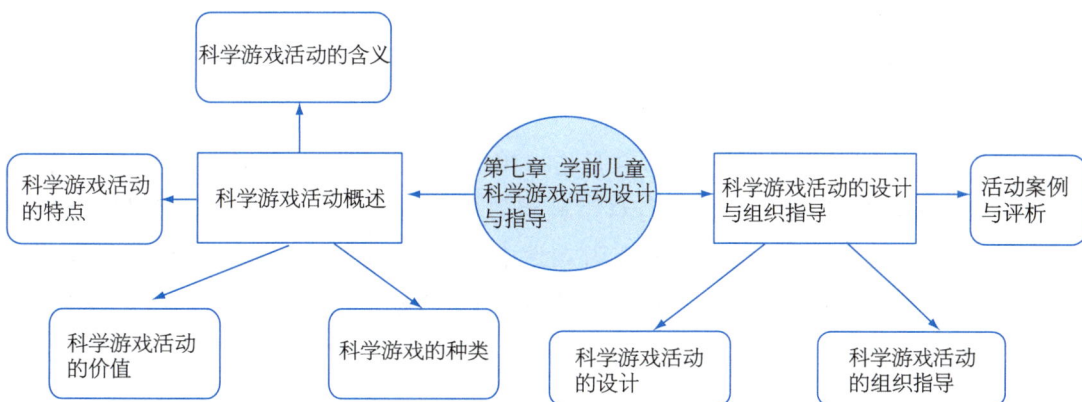

```
科学游戏活动的含义

科学游戏活动          科学游戏活动概述          第七章 学前儿童          科学游戏活动的设计          活动案例
的特点                                      科学游戏活动设计          与组织指导                与评析
                                           与指导

        科学游戏活动          科学游戏的种类              科学游戏活动          科学游戏活动
        的价值                                        的设计              的组织指导
```

内容提要

　　科学游戏活动是科学教育的途径之一,是对幼儿进行科学教育的一种有效方法。科学游戏能满足幼儿的自主需要、情绪的需要和探索的需要。教师选择与设计科学游戏时要遵循科学性等原则。同时要有正确的角色意识,成为科学游戏环境的创设者、游戏进展的支持者和游戏过程的观察者。在组织科学游戏活动时,教师要营造游戏氛围,帮助幼儿理解游戏规则,组织游戏活动,参与游戏过程,同时要评价游戏活动。

　　幼儿园科学课程实施的途径很多,但是科学游戏却发挥着举足轻重的作用。在当前一些幼儿园课程中,仍存在着重教学、轻游戏的倾向,这种倾向严重影响了幼儿园科学教育目标的实现。科学游戏的特点和教育价值是什么? 如何通过科学游戏对幼儿进行科学教育? 这是本章探讨的主要问题。

学习目标

　　1. 了解科学游戏的特点和价值。

　　2. 掌握科学游戏的类型、设计与指导的基本方法。

　　3. 具有设计与组织幼儿园科学游戏的基本能力。

第一节　科学游戏活动概述

谢尔曼认为科学是有规则的游戏，可以把科学变成好玩的游戏。霍金斯认为儿童科学学习的阶段之一，就是"任意摆弄科学器材"。在游戏过程中，儿童探索事物的性质，依据自己已有的经验提出问题，并努力寻找问题的答案，这样的过程有益于他们成人后以科学家的方式进行科学研究。游戏是幼儿最喜爱的活动形式，是幼儿探究、认识世界，促进身心全面发展的重要手段和基本活动，是幼儿身心发展的客观要求。因此，把科学变成好玩的游戏，让幼儿完全像做游戏一样，在富含科学内容的游戏中学习科学，能够使幼儿更多地感受到科学的乐趣，保持和激发幼儿对科学的强烈好奇心。幼儿像"玩游戏"一样"做科学"，使得他们获得的不仅仅是理解内化了的知识经验，还有科学的思维方式、科学的态度和精神。

一、科学游戏活动的含义

科学游戏活动是科学教育的途径之一，它是指运用自然物质材料和有关的图片、玩具等物品，进行带有游戏性质的操作活动，是对幼儿进行科学教育的一种有效方法。例如"奇妙的口袋""接龙游戏"等。科学游戏主要是将科学教育目标寓于游戏之中，幼儿通过参与有一定规则的、有趣的玩耍和操作活动，获得相关的科学经验，复习巩固所学的科学知识，激发好奇心和探究欲望，发展观察力和思维能力等。

二、科学游戏活动的特点

科学游戏活动与教学活动在幼儿科学实践中往往是相互结合、相互渗透的，但二者又有所不同。幼儿科学游戏具有以下四个特点。

第一，科学游戏是由孕育在活动中的能引起幼儿个人动机的因素而发起的，而不由基本需要和动机或者社会要求所控制。科学游戏完全是幼儿自主选择参与的活动。幼儿参与活动完全是出于自己好奇心强、活泼好动的需要，常常是为了好玩而去做游戏。

第二，在科学游戏中幼儿往往是在对熟悉的或不熟悉的对象进行探索后，给予游戏以他们自己的意义，并由自己控制游戏。在游戏过程中，幼儿是自主的，他们可以自己决定游戏进行的内容、方式和游戏终止的时间。

第三，科学游戏中幼儿的情感是积极愉悦的，这是科学游戏娱乐功能的体现。由于幼儿是自觉自愿地参加科学游戏，因此，幼儿在科学游戏中始终伴随着愉快的情绪体验。

第四，科学游戏中幼儿在不断地重复动作。幼儿在科学游戏中的操作往往是重复性的动作，而不是尝试性、探索性的操作，他们常常满足于简单的动作重复。

以上四个特点决定了幼儿在科学游戏中的学习完全不同于在教学活动中的学习。科学游戏是没有社会功利性的，它强调的是"过程""表现"和儿童自主的活动，它能够最大限度地顺应儿童的发展。二者的本质特征决定了它们是两种不同活动，不可相互替代。

三、科学游戏活动的价值

（一）科学游戏中幼儿是活动的主人，能满足幼儿的自主需要

科学游戏是一种建立在幼儿内在动机基础上的活动，幼儿从事科学游戏完全是出于自己的兴趣和愿望，这在最大限度上保证了幼儿学习的自主性。幼儿在科学游戏中几乎没有什么限制，他可以自主地充分活动，按照自己的意愿、体力、智力来游戏。例如，在玩沙活动中，幼儿可以任意探索，使用他们喜爱的方法来玩。他们可以随意用手去拍打沙堆或拨弄沙粒，还可以用脚去踩，这满足了幼儿自主发展的需要。

需要指出的是，有很多科学游戏属于有规则游戏。幼儿在参与有规则游戏时，往往要接受规则的约束，尽管此时幼儿的"自由"受到了一定的限制，却给幼儿带来了更多的挑战和乐趣，他们的心态仍然是快乐的。

（二）科学游戏使幼儿"玩中学"，能满足幼儿情绪的需要

趣味性是科学游戏自身固有的特性，科学游戏给幼儿精神和身体都带来了舒适和愉快，激发了幼儿学科学的兴趣。幼儿投身科学游戏的主要动因就是觉得"好玩"，或是新颖、有趣的游戏材料激发了幼儿的好奇心，或是游戏中出现的奇妙现象引起了幼儿的兴趣，或是游戏的方式满足了幼儿交往的需要，等等。

例如，在玩沙活动中，幼儿在无拘无束的情况下随意活动，可以宣泄情绪，心情愉快。幼儿也可以用沙塑成不同的形状或堆出自己喜爱的东西，从而产生一种能控制身边事物的愉悦感觉。对于一个胆小的幼儿，玩沙可以使他悠然自得；而对于一个急躁的幼儿，玩沙可以使他松弛、平和。在玩沙过程中，幼儿可以自由选择怎样玩，堆沙还是随意摆弄都可以，因为玩沙的形式和方法是没有对或错的，这样能使他们尽情享受愉快的过程。总之，科学游戏能使幼儿在玩的过程中，不知不觉地获得一些科学经验，解决一些科学问题，改变以往科学的"严肃"面孔，使幼儿乐意学习科学，真正做到"寓教于乐"。

（三）科学游戏中幼儿不断同化与顺应，能满足幼儿探索的需要

皮亚杰将游戏看成是一种不平衡状态，他强调同化，提出游戏可以是"纯粹的同化"，但是他将同化大于顺应的活动看作游戏。幼儿的游戏行为往往表现为重复性的动作，这种重复性的操作和摆弄，对于成人来说也许没有什么意义，但是对于幼儿来说却是一种必要的练习，因为幼儿能够在重复动作中积累科学经验。而且，幼儿的重复操作也不完全是简单的重复，其中包含着一些尝试性的操作，甚至还会孕育出探索性行为。例如，在"沉浮"游戏中，幼儿反复地把不同操作材料投放到水中，每一次操作都有新发现，当他发现大的东西会沉下去后，他就会尝试着把皮球放在水中，结果皮球却浮在水面上，于是他又会产生疑问：大的东西不一定都沉到水下面，什么样的大东西才会沉下去？幼儿会继续探索。

总之，科学游戏能使幼儿在一种没有压力的状态下学习科学，幼儿完全不会感受到学习的任务，在轻松愉悦的氛围中就能获得科学经验，掌握科学方法，养成科学精神和实事求是的科学态度。

四、科学游戏的种类

幼儿科学游戏内容丰富，根据游戏对幼儿发展的作用不同，可划分为如下几种类型。[①]

---

① 张俊.学前儿童科学与数学教育［M］.苏州：苏州大学出版社，2001.

（一）感知游戏

这种游戏是指幼儿通过感觉器官来感知物体而开展的游戏。其目的在于促进幼儿感知能力的发展，又可细分为视觉游戏、听觉游戏、触摸觉游戏等。如"摸箱"游戏，在一个上面开有洞而四面封闭的箱子里放入多种水果，让幼儿通过用手触摸来判断里面有哪些水果，这就是典型的触摸觉游戏。

（二）操作性游戏

这种游戏是指幼儿在遵循一定规则的前提下，通过操作材料或玩具来获得科学经验和技能的游戏。这类游戏又可细分为如下几种类型。

（1）分类游戏。这是指将一组材料按颜色、大小、数量等属性分作几组的游戏。

（2）排序游戏。这是指按材料的某一特征如大小、粗细、轻重、厚薄等的差异来排列材料的游戏。例如，幼儿将用牙膏盒做的机器人按照高矮排序。

（3）配对游戏。这是根据物体与物体之间的关系进行的一种匹配活动。包括相同关系、相关关系、从属关系等。如"给小动物找食物"，游戏由两名幼儿配合来玩，一名幼儿手持多张小动物卡片，另一名幼儿手持多张食物卡片，当第一名幼儿出示一张小动物卡片时，第二名幼儿用最快的速度找到相应的食物卡片与之相匹配。

（4）接龙游戏。此类游戏又可分为两种：第一种是把一张卡片折成对等的两部分，在两部分上各绘制一种物体的一半，另一半绘制在另一张卡片上，游戏时要求幼儿把两半物体接在一起成为一个整体。如此接下去，就会形成一条"长龙"。第二种是按事物的发展变化过程来接龙。例如，按照小蝌蚪变青蛙的过程进行接龙。

（5）拼图游戏。这是指把绘有科学内容的整幅图片分割成若干部分，游戏时将部分拼成整体。

（三）情景性游戏

这种游戏是指教师根据科学教育的要求，创设特定的情景，让幼儿观察、思考，从中发现事物之间的联系，并运用已有的知识经验反映他们对事物的认识，处理特定情景下遇到的问题。如"四季"游戏，教师自制一个四季转盘，转盘上画有四季景象。游戏时幼儿自己转动四季转盘，等停下后，转盘上的指针指的是哪个季节，就请他讲一讲这个季节的气候特征、景物现象、人们穿什么衣服、吃什么应时水果等。

（四）运动性游戏

这种游戏是指寓科学教育于体育活动中的游戏，幼儿通过身体的活动，加深对事物及科学现象所产生的因果关系的理解。例如玩风车，幼儿在手持风车奔跑的过程中，了解到奔跑速度、风量大小与风车转速之间的关系。再如"捉影子""拍球计数"等游戏均属于此类。

（五）竞赛游戏

这是指通过竞赛判别输赢的科学游戏，其目的是发展幼儿思维的敏捷性和灵活性。如游戏"给小动物喂食"，教师准备贴绒板一块，各种动物头像卡片一套，各种动物食物卡片若干，小篮子一只，平衡木一个。将动物头像粘在贴绒板上，将动物食物卡片放在小篮子中。游戏开始时，将幼儿分成人数相等的两组，教师发出信号后，每组第一位幼儿向前跑出，走过平衡木，到贴绒板前，从篮子里取出一张食物卡片，贴在绒布上相应的动物头像下面，表示喂食，然后跑回本组，第二名依次进行，直至最后。贴得对、跑得快的一组为胜，这就是一个竞赛性科学游戏。再如，各种棋类游戏（跳棋、掷骰子棋等）也属于典型的竞赛性游戏。

（六）智力游戏

运用科学知识促进幼儿智力发展的游戏。这类游戏通常以智力题的形式出现，幼儿在解题的过程中体味其巧妙和乐趣。例如，游戏"看谁拼得快"，发给幼儿11根火柴或小木棍，请幼儿思考用11

根火柴棒最多能拼出几个正方形、三角形等。

此外,也可根据科学游戏所涉及的学科不同,将幼儿科学游戏划分为数学类游戏、物理类游戏、天文类游戏、地理类游戏、生物类游戏等。

在实际操作中,各种类型的游戏并非界限明晰、截然分开的,而往往是相互融合在一起的。如"图片接龙"既属于接龙游戏又属于智力游戏,"拍球计数"既属于运动性科学游戏,也带有竞赛的性质。所以教师不能孤立地看待和设计上述游戏类别,而应将它们有机地融合在一起,才能设计出内容丰富、对幼儿有吸引力的科学游戏。

第二节 科学游戏活动的设计与组织指导

在幼儿园实践中,教师可以组织灵活多样的科学游戏。可以面向全体儿童进行,也可以在科学活动区进行,还可以作为集体教学中的一个环节。作为幼儿园专门性的科学游戏活动,可以采取以下设计与组织领导方法。

一、科学游戏活动的设计

(一)选择与设计科学游戏的原则

1. 科学性原则

教师在选择和编制科学游戏时,要保证游戏中蕴含的科学知识内容正确、难度适宜,符合科学教育的目标要求和幼儿身心发展特点和规律。正确的科学知识有助于幼儿形成对事物的正确态度,如果仅仅是为游戏而游戏,缺少科学性,也就失去了科学游戏的意义。同时,我们也应该考虑到科学经验与概念应该隐含在游戏的材料和游戏的规则之中,而不能变成生硬的说教。

2. 趣味性原则

科学游戏好玩有趣,正是这一特征,给幼儿的身心带来舒适、愉快,使他们喜欢游戏。科学游戏与其他活动不同,它不是强制性的社会义务,也没有实用的社会生产价值,它是一种娱乐活动,它以本身的趣味性吸引幼儿主动参加,并使幼儿在游戏过程中获得愉快和发展。所以,科学游戏的内容和过程一定要生动、有趣,有一定的难度,这样才能增强游戏的价值和对幼儿的吸引力。

设计科学游戏,要考虑幼儿的兴趣特点。在设计游戏时,教师应该尽可能多地融进幼儿感兴趣的成分。让幼儿在游戏的快乐中体会到学习的愉悦。教师要设计丰富多样的活动形式,要让幼儿亲自动手操作,运用感官参与活动;要注重挖掘游戏内容自身的趣味性;重视游戏过程的吸引性,使幼儿产生向更高层次探索的欲望。总之,科学游戏的设计要能满足幼儿的好奇心,促使幼儿不断产生新的好奇。

3. 活动性原则

活动是人心理发展的基础与源泉。幼儿的科学学习离不开活动。而且,孩子的天性活泼好动,总是处于不停的活动中,对什么都充满好奇,动作灵活,思维活跃,但自我控制能力还不强。所以,幼儿园的孩子让老师觉得"不好带"。而游戏活动能让幼儿充分地自主动手操作,是满足幼儿天性的最好活动。在科学游戏中,既要有外部的操作感知和身体运动,又要有内部的智力活动,这样才能既满足幼儿活动的需要,又要求幼儿进行思考。科学游戏符合幼儿的年龄特点,又能达到游戏的目的。例如,"玩水"游戏深受孩子们的喜爱。在游戏中,幼儿既需要动手操作各种玩水材料,又需要积极动脑,思考各种玩水的方法,从中亲身体验水的性质和用途。幼儿在玩中获得了丰富的科学经验,促进了智力发展,培养了对科学探索的浓厚兴趣。

4. 发展性原则

科学游戏活动的设计要符合幼儿的年龄特点,难度适宜、环节清楚、层次分明、规则明确,选择的内容要贴近幼儿生活,有助于丰富幼儿的科学知识、提高科学能力和培养科学品质。游戏活动的设计,应在孩子力所能及的范围之内,使孩子通过努力能够完成。不能让孩子一而再,再而三地失败。多次的失败,会使幼儿丧失自信心,产生自卑和畏缩心理。

5. 安全性原则

快乐的科学游戏在丰富幼儿科学知识、培养幼儿科学能力、养成幼儿科学品质的同时,还要将幼儿的安全放在第一位,可以制定一定的游戏规则来约束幼儿的行为,保证其安全。

6. 差异性原则

由于每个幼儿之间都存在着差异性,他们对科学游戏的内容、活动方式等都存在着不同的要求。教师要根据幼儿学科学的特点、兴趣、需要和水平,设计不同的科学游戏活动,提供不同的科学活动材料,采取不同的科学活动方法,提出不同的科学活动任务和要求。

7. 多样性原则

在科学游戏形式上,教师要注意将集体游戏、小组游戏、个别游戏相结合。培养观察力、思维能力、想象力、独立性、自信心的游戏,以小组、个别活动的形式为佳。这样,可以使教师与幼儿之间的互动频率增加,让每个幼儿都得到充分表现的机会,获得长足的发展,而且还可避免同伴间的互相影响。

(二) 科学游戏中教师的角色与作用

《纲要》中明确指出"教师应成为幼儿学习活动的支持者、合作者、引导者"。

1. 游戏环境的创设者

教师要满足幼儿科学游戏的需要,体现选择的自由度,创设有利于幼儿自主选择的环境。

2. 游戏进展的支持者

教师介入游戏的时机和出发点是幼儿自己内在的需要,而不是教师出于教育的意图,即教师在幼儿需要的时候介入,且这种介入能使幼儿更好地实现其游戏的愿望。教师要运用语言和自己对科学的态度等来营造支持性心理氛围,创设有趣的问题情境引发幼儿探究,支持幼儿发起的探究行为,让幼儿用自己的方式探究解决问题,允许幼儿经历探究和试误的过程,运用富有智慧的引导策略。

3. 游戏过程的观察者

观察是教师介入游戏的前提,通过观察得到的信息也能成为教师预设教育活动的依据,更是评价幼儿发展水平的基础。

二、科学游戏活动的组织指导

教师要从本地、本园的条件出发,结合本班幼儿的实际情况,制定切实可行的工作计划并灵活地执行。对于集体性的科学游戏活动,一般情况下,教师可以按以下五个步骤来组织。

(一) 营造游戏氛围

游戏开始时,教师要努力缩短与幼儿的心理距离,使幼儿觉得亲切好奇,而非拘谨畏惧,从而营造出宽松和谐的人际环境和心理氛围。如教师可以用神秘的语气告诉幼儿:"今天我们班要玩一个十分有趣的新游戏,游戏中有各种下沉的东西和漂浮的东西,小朋友要认真看一看,谁看得最仔细老师就请他来一起做游戏。"这样幼儿就会立刻安静下来,激起了参与游戏的兴趣,以充满期盼的心理来接受游戏。

(二)理解游戏规则

教师帮助幼儿理解游戏的玩法和规则是发挥科学游戏教育作用的基础。根据科学游戏的需要和幼儿的实际水平,教师可以示范讲解一次游戏的玩法和规则,在幼儿完全理解和掌握这些规则后,再正式开始游戏活动,从而减少盲目性,使游戏活动顺利进行。如"奇妙的口袋"游戏,目的是让幼儿了解物体的属性,发展触摸觉,因此要求幼儿在触摸口袋内物体时,必须闭上眼睛,直到辨别出物体的属性,讲出名称后才能睁开眼睛。"闭上眼睛",就是要求幼儿执行的规则。幼儿如果不遵守规则,游戏将无法进行下去。

(三)组织游戏活动

游戏过程中教师以组织者、指导者的身份调控幼儿的行为,发挥出显性教育影响的作用。教师既要关注游戏的进展,激励幼儿交流与实践,给予启发性的提问或建议,推动游戏的进行,又要关注幼儿在游戏中的表现,根据幼儿的不同需要给予适当的帮助。但要注意让幼儿有充分活动的机会,不要急于求成甚至包办代替。

(四)参与游戏过程

教师不仅仅是游戏的组织者,而且是游戏的参与者、合作者、观察者、服务者。游戏开始后,教师主要是以游戏伙伴的身份与幼儿共同游戏,作为大朋友以一种肯定、积极支持的态度出现在幼儿面前。教师的参与可以提高幼儿学习科学的兴趣,但应注意的是教师不要身陷其中,自己玩得不亦乐乎,却忘记了组织指导游戏的责任。当幼儿在游戏中出现停顿、玩不下去,或是情节贫乏、玩法单一的情况时,教师要及时加以引导,从而提高游戏活动的质量。

(五)评价游戏活动

游戏结束时,教师需要对幼儿的游戏活动进行评价。可以对幼儿执行游戏规则的情况作小结,表扬肯定积极的行为,也可以对游戏活动的质量予以评价鼓励,如幼儿的新玩法、新创意等,还要注意进一步提出深入开展游戏的新要求,激发幼儿的新需要。如果是集体游戏,教师还要感谢幼儿为游戏的成功开展所付出的努力,培养合作意识。

科学游戏除集体性游戏活动外,还有幼儿自发的个别游戏活动和小组游戏活动,教师应支持和引导这些活动,集体性游戏活动也可以在此基础上扩展和生成。此外,在教学实践中,科学游戏往往融合在科学教学活动当中,成为教学活动的一部分,或有效补充,使教学活动更加生动有趣,对幼儿更有吸引力。

三、活动案例及评析

活动案例 7-1

大班科学游戏:电动"小汽车"

(河北省直机关第四幼儿园 刘栋)

视频

电动"小汽车"

游戏目标

1. 感知塑料棒可摩擦起电,静电可促使物体运动。

2. 萌发对摩擦起电这一科学现象的兴趣,体验与同伴游戏的快乐。

游戏准备

1. 塑料棒（或吸管），干燥的 200 ml 易拉罐，呢绒毛巾或毛领。

2. 在桌面上用即时贴布置两个车道，并标注起点和终点。

游戏玩法

1. 两名幼儿分别用毛巾（或毛领）摩擦塑料棒，产生静电。

2. 将易拉罐即"小汽车"放置在车道起点，幼儿用带电的塑料棒在易拉罐前面通过静电吸引"小汽车"前进，"小汽车"先到达终点的幼儿获胜。

3. 教师可根据幼儿的游戏情况适当做出调整，在车道中设置几个小站点，如青山站、绿水站等，通过阶段性胜利激励幼儿继续游戏，同时增加游戏的趣味性。

4. 教师小结：在游戏过程中，小朋友能基本遵守游戏规则，通过努力使"小汽车"向终点前进，表现出了坚持不懈的好品质。有的小朋友还尝试通过增加摩擦时间来延长小车前进的距离，非常棒！但是也有的小朋友由于车道比较长，求胜心切，在游戏中略显急躁，还需要培养自己的耐心。

游戏规则

1. 在"小车"运动过程中，幼儿需全程使用塑料棒吸引易拉罐前进，不能用手碰触易拉罐。

2. 塑料棒在中途静电消失时，可再次进行摩擦使之产生静电，拉动"小车"继续行进。

3. 可根据幼儿人数适当增加材料和赛道的数量，进行小组赛、接力赛等。

活动案例 7-2

中班科学游戏：图片配对

（石家庄市第一幼儿园　冯小丽、任金素）

视频
图片配对

游戏目标

1. 观察图片，发现图片中呈现的事物间的关联性。

2. 尝试根据图片间的关联进行配对。

3. 感受合作探究与分享交流带来的快乐。

游戏准备

1. 托盘若干（用来放操作卡）。

2. 教师演示的配对卡片一套，均为可摆放的图片。其中，操作卡四张：围巾、餐盘、牙膏、雨伞；答案卡四张：手套、餐勺、牙刷、雨鞋。

3. 幼儿操作的配对卡片若干套。例如，不同动物图片和与其对应的皮毛、花纹图片；不同动物图片和与其对应的鼻子、尾巴等身体部位图片；不同植物图片和与其对应的果实、叶子图片；不同季节图片和与其对应的植物图片；不同场景图片和与其对应的服装图片……

游戏玩法

1. 教师拿出一张操作卡在托盘中放好，引导幼儿甲找出对应的答案卡与之匹配，并说出配对理由。

2. 幼儿甲拿出一张操作卡,任意邀请一名幼儿找出答案卡配对摆放,并阐述配对理由。

3. 幼儿自由结合,几人一组,随意取一套备用配对卡片进行游戏。

4. 教师小结:小朋友们在游戏过程中,都能认真观察图片,根据图片之间的对应关系进行配对,并能清楚地讲出配对过程中用到的多种关联性,例如:同种类的餐具、雨具;动物与其局部身体特征;植物与其对应的果实、叶子等。此外,有的小朋友不仅能根据手里的图片进行配对思考,还能根据整套图片的内容进行关系分析与判断,提高了配对的速度和准确率,这真是个好办法!如果请你们自己设计图片进行游戏,你会设计哪些内容?又怎样邀请小伙伴们来玩你设计的配对游戏呢?

游戏规则

1. 幼儿每次进行配对操作都要说出配对理由。

2. 若每个游戏小组达 3 人及以上,要轮流进行游戏。

活动案例 7-3

大班科学游戏:颜色圈圈乐

(石家庄市第一幼儿园 逯娜、庄向荣)

文案 颜色圈圈乐

视频 颜色圈圈乐

活动案例 7-4

大班科学游戏:垃圾分类大比拼

(河北省直机关第四幼儿园 习甜、陈爱敏、张佩佩)

文案 垃圾分类大比拼

视频 垃圾分类大比拼

活动案例 7-5

中班科学游戏:调皮的影子

(石家庄市第一幼儿园 赵寒冰、冯寒)

文案 调皮的影子

视频 调皮的影子

活动案例 7-6

中班科学游戏:钓鱼

(石家庄市第一幼儿园 郑金萍、殷瑛)

文案 钓鱼

视频 钓鱼

活动案例 7-7

中班科学游戏：我是小小药剂师

（河北省直机关第四幼儿园　常玲）

我是小小药剂师

我是小小药剂师

活动案例 7-8

中班数学游戏：投掷纸球大比拼

（河北省直机关第三幼儿园　赵欣怡、李克）

投掷纸球大比拼

投掷纸球大比拼

活动案例 7-9

小班科学游戏：树叶宝宝找大树妈妈

（河北省直机关第四幼儿园　郭梅、孙松静）

树叶宝宝找
大树妈妈

树叶宝宝找
大树妈妈

活动案例 7-10

小班数学游戏：拼鸡蛋

（河北省直机关第三幼儿园　辛艳玲）

拼鸡蛋

拼鸡蛋

活动案例 7-11

"废旧彩笔的百变玩法"系列科学游戏

（石家庄市第三幼儿园　冯静芝）

废旧彩笔的
百变玩法

废旧彩笔的
百变玩法

思考与练习

1. 什么是科学游戏？

2. 科学游戏的特点是什么？

3. 科学游戏的价值有哪些？

4. 科学游戏的种类有哪些？

5. 结合大班科学游戏"电动'小汽车'"和中班科学游戏"图片配对"思考,教师应如何组织指导幼儿园的科学游戏活动?

6. 在中班数学游戏"投掷纸球大比拼"和小班科学游戏"树叶宝宝找大树妈妈"中,教师分别从哪些角度对幼儿的科学游戏活动进行了评价?

7. 结合所学理论设计一个幼儿园的科学游戏,年龄班自定。

8. 在案例"废旧彩笔的百变玩法"中,石家庄市第三幼儿园的冯老师用废旧彩笔设计出了系列科学游戏。请你也开动脑筋,尝试以日常生活中一种废旧物品为主要材料,适当加入辅助材料,设计出适合幼儿的趣味系列科学游戏吧。

第八章

学前儿童科学教育活动统整

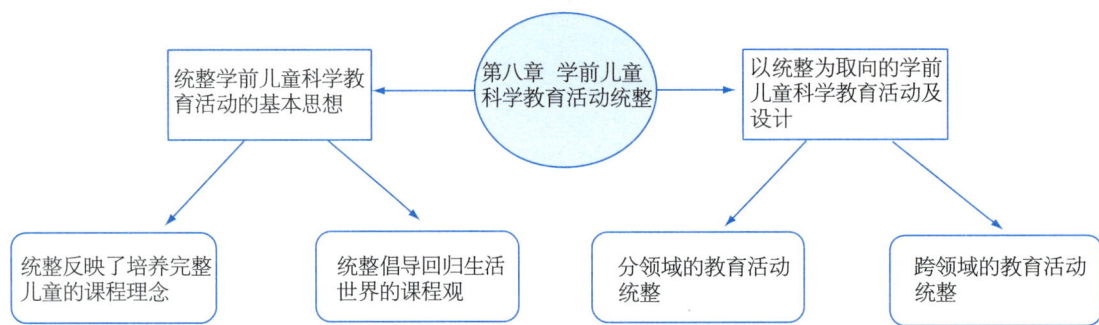

```
统整学前儿童科学教        第八章  学前儿童        以统整为取向的学前
育活动的基本思想    ←    科学教育活动统整    →    儿童科学教育活动及
                                                 设计
```

```
统整反映了培养完整        统整倡导回归生活        分领域的教育活动        跨领域的教育活动
儿童的课程理念            世界的课程观            统整                    统整
```

内容提要

　　"促进幼儿身心全面和谐发展"是贯穿《纲要》《指南》的一个核心教育理念。《指南》明确指出,要关注"各领域之间的相互渗透和整合,从不同的角度促进幼儿全面协调发展,而不要片面追求某一方面或几方面的发展"。在实施幼儿园科学教育时,应坚持"以幼儿发展为本"的教育理念,加强领域内部及不同领域之间的联系、渗透与整合,应关注教育环境、教育方法手段及教育资源的整体运用,从而使科学教育与各领域教育有机联系,形成一个完整的育人体系,给幼儿施加整体教育的影响,促进幼儿全面协调健康的发展。本章将在前几章学习的基础上,用统整理念来讨论学前儿童的科学教育活动的改革与实践。

　　本章遵循学前儿童学习与发展整体性的规律,以统整课程的教育理念为指导,以儿童的生活为基础,阐述了科学领域内活动的统整、跨领域活动统整的基本思想与方法,重点介绍了主题单元活动和项目活动的设计与组织指导方法。

学习目标

　　1.了解统整含义及统整学前儿童科学教育的基本思想。

　　2.了解以统整取向的科学教育活动基本类型以及相互间的联系与区别。

　　3.掌握主题单元活动、项目活动基本含义、特点及实践策略,开展有关活动设计实践。

第一节　统整学前儿童科学教育活动的基本思想

统整课程并非现代才有的，自 19 世纪就已经萌芽。比恩在其著作《统整课程：设计民主教育的核心》中曾对统整课程理念萌芽的历史背景作过描述。什么是统整呢？从词义上讲，统整（integrate）有"结合、使成整体"的含义。从哲学意义角度来看"是指由系统整体性及其系统核心的统摄、凝聚作用而导致的使若干相关部分或因素合成为一个新的统一整体的建构、序化的过程"①。将统整理念用于幼儿园课程改革中，它与整体、整合、综合、融合等具有相似的意义，其核心内涵是指联系的建立。统整课程是一种采用各种有机整体的形式，使学校的教育教学中分化了的各要素及其各成分之间形成有机联系的课程形态，旨在改善现有课程因学科分化而产生的隔离，以及与现实生活相脱离的现象，使学生获得完整的经验②。它超越学科课程，是一种"受探究驱动的、跨学科的和整合的，基于关联、完整、多维存在等明显假设的课程"。从 20 世纪 80 年代以来，国内外幼教工作者和理论工作者在课程改革中经过不断的探究与反思，逐步认识到将统整作为一种教育理念和活动方式应用于幼儿园课程改革实践中，为儿童提供整合的课程，对儿童学习与发展具有重要的意义。统整课程为课程改革提供了一种系统性与背景性的思维方式，其价值追求具体说有以下几个方面：关注儿童的生存方式，满足儿童成长的需要和社会发展的需要；转变儿童的学习方式，发展终身学习的愿望、创新精神与实践能力的培养；面向儿童的"生活世界"，珍惜其童年生活的独特价值，密切儿童与自然和社会的联系；尊重幼儿合法权利，重视家园共育，提升幼儿生活与学习的品质。

一、统整反映了培养完整儿童的课程理念

《纲要》指出："幼儿园教育应尊重幼儿的人格和权利，尊重幼儿身心发展的规律和学习特点……关注个性差异，促进每个幼儿富有个性的发展。"这一要求反映在课程目标上就是要将幼儿发展为"完整的人"。杜威认为："'整个儿童'这一概念含有实质上是一致的两种含义：一种含义是我们希望无论在什么时候都不忽视儿童生活的各个方面；另一个含义是把儿童看作是一个有机体，这个有机体是作为一个整体来作出正确反应的③。"在幼儿的眼中，生活是整体的，世界是整体的。他不会将自己的生活分解为不同领域的、零碎的知识点与面。比如，幼儿在仔细观察一只美丽的蝴蝶时，只是在观赏自己喜欢的一个小动物，没有任何一个幼儿观赏蝴蝶时是按照领域来划分为"语言"的蝴蝶、"科学"的蝴蝶、"艺术"的蝴蝶而进行分割观赏的。幼儿的学习与发展是整体的，任何片面割裂的教育要求只能导致畸形的发展，所以，幼儿教育应当是一种整体的教育，是相互联系、和谐发展的教育。

从本质上讲，人是一个智力与人格和谐发展的有机整体。人的完整性源于生活的完整性。杜威指出："只有当相继出现的经验彼此结合在一起的时候，才能存在充分完整的人格，只有建立起各种事物联结在一起的世界，才能形成完整的人格。"④课程统整能使课程与幼儿的自我相联结、避免由片面的分科课程所导致的儿童自我分裂与损伤。幼儿作为一个正在迅速成长发展中的个体，其身心发展

---

① 黄宏伟.整合概念及其哲学意蕴[J].学术月刊,1995(06).
② 李子健等.中国大陆幼儿园统整课程的理念与设计[J].西南师范大学学报,2005(01).
③ ［美］克伯屈.活动课程要素[J].进步教育,1934,11(10).
④ ［美］杜威.我们怎样思维——经验与教育[M].姜文敏译.北京：人民教育出版社,1991.

与学习特点决定了幼儿教育必须是整体性的教育。幼儿心理发展水平决定了幼儿对事物的理解往往是粗浅的、表面的，他们的概括能力弱，对其进行教育一般不宜太过于分化。同时，他们又是通过生活和不同的活动来学习的，而生活活动具有丰富多彩的和综合性的特点，渗透着多个领域的学习内容，涵盖多方面的教育价值。因此，幼儿园课程改革要求幼儿园为幼儿提供完整学习生活，而不是被动地过着成人为其预设的学习生活，这就要求我们确立一种统整的教育理念，将儿童完整的生活要素整合于幼儿园各学科领域活动中，才能促进幼儿完整健康和谐发展。所以，幼儿园课程必须以儿童生活完整性为基础，针对儿童认识事物整体性的特点，统整自然、社会、自我三者的关系，以完整的教育目标要素统率幼儿园课程，才能致力于幼儿的自然性、社会性、自主性的和谐健康发展，培养人格统整的儿童。

从当前幼儿园课程改革实践看，强调教育的整体性，以统整的思想指导幼儿园课程改革，在我国幼教界已无更多的歧义。但人们对统整理念的理解却有狭义与广义之分。从狭义角度看，统整主要是针对原有各领域课程的具体局限，在不同领域间进行整合。这种看法具有一定普遍性的影响。此类统整又以其整合的基础不同划分为不同形式，其一是以某一领域为主，适当地与其他领域进行综合；其二是以问题或活动为中心，淡化领域的界限，使五大领域融合为有机联系的课程体系。从广义的角度看，统整应从制约课程的各主要因素的关系出发构建新的课程体系。有的学者认为，此类统整应包括各领域与社会和学习者三方面相互间的有机联系。广义的统整，既要关注课程内容的统合，又要从整体上分析把握课程的目标、内容和学习活动方式，还要考虑课程教学的组织方式[①]。两相比较，由于狭义统整具有更明确的目的性、可操作性，它在目前幼儿园课程结构改革中发挥着积极的作用。但是，从幼儿园课程改革与社会发展的长远趋势来看，广义统整具有更加全面系统的特点。无论是从哪种角度来思考课程统整的含义，其实质都是从培养完整儿童的层面，强调课程的综合性、选择性、平衡性，力图恢复幼儿生活的完整性，克服课程脱离幼儿自身生活和社会生活的倾向，帮助幼儿在生活世界中选择感兴趣的探究主题，过自己有价值的生活。

发展完整儿童的课程观启示我们：要构建统整性的幼儿园科学课程，不能只重视课程组织形式上的统整，即将科学活动与语言、社会、健康、艺术等学科领域活动之间相互交叉、联合，借助不同领域活动的内容、形式或手段来开展科学教育活动，更重要的需要是建立起一种系统性、整体性的思维方式，使我们能从促进儿童整体、全面发展的高度，以儿童活动为基础，对科学教育进行跨学科领域的统整，软化学科边界，重建幼儿园课程体系。在当前幼儿园课程改革实践中，不少地区幼教工作者在这些方面进行了有益的探索，如《幼儿园活动整合课程》《主题统整课程》等。在这些课程改革实践中，幼儿园课程改革的探索者以教育观念的统整为先导，力图实现科学活动内容与幼儿生活世界交融，理性认识与感性认识的交融，在活动目标上将学科目标与全面发展目标相结合，在教育方法、形式及手段上将科学探索与多样化、艺术化、个性化的学习方式相结合，注意创设有助于幼儿自主探究、合作学习、相互交流的情景，让幼儿在现实情景中体验、感受知识产生形成发展的过程，从而获得知识、经验、技能，以及积极的情感体验，实现整体全面的发展。同时，教育资源的整合进一步促进了幼儿园、家庭、社区教育的融合，为幼儿的健康和谐发展产生了积极有效的影响。随着对"学习与发展"和"完整儿童"的全面认识，人们越来越清楚地认识到，我们的教育应是儿童的教育，课程应是属于儿童的课程，学习与发展是儿童自身的需求，儿童是第一位的，课程是第二位的，只有将促进儿童健康、和谐、全面发展的目标放在课程改革的核心地位，教育的真谛才能得以彰显。

我们强调统整性主题教育活动是不是不再需要分领域的教育？答案是否定的。从认识论角度看，综合与分析是两种不同的认识方式，两种方式各有利弊，相互补充，共处于人们的认识活动之中。

---

① 孙宽宁.课程综合化与综合课程[J].课程研究.1998(01).

从语义学的角度看,综合与分化是一对程度概念,这就意味着二者之间并没有一个绝对的界限,或者说二者存在着交叉与重叠的关系。从学生身心素养形成角度看,两类课程存在着价值互补的关系,这种价值互补性决定了它们在学校课程体系中具有共生关系,而非彼此否定的关系。由于在人生的发展过程中低龄儿童更适应整体性认知方式,所以我们提倡统整性教育活动,但并不排斥以分析方式为基础的分领域教育活动,采用什么样的课程模式应从幼儿园的实际出发,该综合的综合,该分领域的分领域,以实事求是的态度来处理这一问题。需要明确的是,任何形式、任何内容的教育活动都能够,也必须遵循幼儿学习与发展的整体性。那种认为只有综合主题活动才能够体现整体性,其他侧重某领域的活动就不能体现整体性的看法,是把幼儿学习与发展的整体规律与幼儿园教育活动的组织形式(如集体、小组、个别形式)或教育活动的内容(如某领域)混为一谈了,完全是一种误解[①]。

二、统整倡导回归生活世界的课程观

幼儿园课程统整是以幼儿整体发展为核心的,不同学科领域间统整的基础是什么呢?杜威认为:学校科目相互联系的中心,不是科学、文学、历史或地理,而是儿童本身的社会生活。他说:"学校必须呈现现在的生活——即对于儿童来说是真实而生气勃勃的生活[②]。"因此,回归幼儿生活,融入幼儿生活世界才是幼儿园课程统整正确道路。由此可见,回归幼儿生活也是统整幼儿园科学课程的必由之路。

第一,幼儿生活是幼儿园科学课程统整的基础。《纲要》指出"科学教育应密切联系幼儿的实际生活进行",这里所指的实际生活包括:幼儿园一日生活,家庭生活与社区生活等不同的方面。幼儿园一日生活又可分为专门性学习活动、游戏活动及生活活动等几个不同的层面。这些不同的生活活动在幼儿的发展中具有各自特殊教育价值,也是幼儿科学教育不可或缺的重要环节。因此,关注幼儿生活中科学教育的因素,加强幼儿园、家庭、社区相互间的有机联系,以幼儿生活为主线统整幼儿科学教育活动,使之成为一个真正的教育整体,从而引导幼儿利用身边的事物与现象作为科学探索的对象,在生活中学习,在生活中成长,是对幼儿园科学课程改革的基本要求。

第二,幼儿生活是幼儿园科学课程统整的源泉。陈鹤琴指出,儿童教育应当"把大自然、大社会作出发点,让学生直接向大自然、大社会去学习。儿童是最喜欢野外生活的,他们一旦走进自然与社会这个课堂,便完全恢复了自己的天性——强烈的好奇心和求知欲,活泼愉快,充满生气"。幼儿学习的逻辑和生活的逻辑是一致的,也就是说,他们关注的对象是自己生活中熟悉的事物,他们乐意探究的也是生活中那些充满奥秘的、新奇的现象和问题,这就赋予了幼儿科学教育鲜明的生活化的特征。因此,在选择教育内容时必须从幼儿的生活入手,教师要改变自己的教育观念,变关注知识、关注教材为关注幼儿、关注生活,使幼儿的学习与他们的真实生活紧密联系,从他们关心的事物与现象中,去发掘科学教育内容。如,幼儿园中的花、草、树木、水池、沙坑、小动物、各类日常用品和玩具等,无一不是科学教育的极好素材。只要教师走进幼儿生活世界,就会找到取之不尽、用之不竭的科学教育的题材。幼儿的生活世界是丰富多彩和富有变化的,因而科学教育还具有随机性、渗透性的特点,应视其情况在一日生活的各环节中适时开展。在日常生活中,教师要善于抓住幼儿感兴趣的问题,如,天空云彩变幻,公路上红绿灯的变化,路边草丛中的虫鸣,搬运食物的蚂蚁等,从中引出幼儿探索学习的有趣课程,使生活成为一种实践,一种参与,一种体验。教师可以充分利用幼儿园的活动空间创设丰富多彩的学习情景,引导幼儿在与环境相互作用中获得主动充分的发展。从这个层面来说,统整学前儿童科

---

① 李季湄,冯晓霞.《3—6 岁儿童学习与发展指南》解读[M].北京:人民教育出版社,2013.
② [美]杜威.学校与社会·明日之学校[M].赵祥麟,任钟印,吴志宏译.北京:人民教育出版社,1994.

学教育课程不但是在生活中完成教育,更要在教育中体验生活。因此,教师应该让幼儿以具体的生活经验为基础,以活生生的经验为教材,达成有意义的理解与学习。使学习和生活紧密结合,去实现"生活即教育""教育即生活"的理想。总之,生活是幼儿学习的大课堂。只要教师关注幼儿生活的独特价值,遵循其发展规律与学习特点,在一日生活中善于发现,善于选择,善于利用,就一定能不断地开发出新的、适应幼儿发展的科学活动课程。

第二节 以统整为取向的学前儿童科学教育活动及设计

统整学前儿童科学教育活动为学前儿童的发展开辟了面向生活、面向自然、面向社会的广泛空间,开启了一种新的教育生活方式。与单纯的分科教育相比,统整课程具有综合性、实践性、开放性、生成性、自主性等基本特点,把握好这些特点,对于正确理解和设计幼儿园科学教育活动具有重要的意义。从当前幼儿园科学教育活动改革的实践来看,以统整为取向的幼儿科学教育活动形式是多种多样的,但按统整对象和统整程度的不同大致可划为:分领域的教育活动统整和跨领域的教育活动统整等不同的类型。

一、分领域的教育活动统整

分领域活动的统整不同于传统的分科教育活动,它是一种以某一领域教育为主体,加强领域间的统整,借助不同领域的活动内容、形式、方法、手段来完成本领域的教育任务。就科学教育活动而言,按科学教育在统整中所处的地位不同又可分为:以科学教育活动为主的统整活动与以其他领域为主的隐性科学教育活动。

(一) 以科学教育为主的统整活动

这类活动是以科学教育为主体,以幼儿科学素养为目标,突出幼儿主动探究的学习特点,同时借助多领域的教育形式和手段,来建构形式多样、受孩子喜爱的科学教育活动。

1. 利用艺术教育形式来丰富幼儿科学教育活动

适当地将音乐、美术、舞蹈等艺术学科的教育形式和手段有机整合到科学教育活动中,不仅可以丰富活动形式,调节活动的节奏,使幼儿产生愉悦的情绪,而且还能使幼儿在科学探究求真的过程中,获得求美的满足。如,在"奇妙的指纹"探究活动中,教师就设计了一个印盖指纹的活动环节,借助美术添画的艺术方式让幼儿印盖指纹,形成各式各样的指纹画,并引导他们找指纹,说指纹,孩子们以极大的兴趣参与其中,并使用"蜘蛛网""蘑菇""月亮""波浪"等生动形象的语言来描述自己对指纹形象的感受。这样不仅提高了孩子们探究的积极性和观察的精度,而且获得了美的感受和语言的发展。利用艺术形式丰富科学活动应注意把握二者的关系。将结合点放在借助艺术形式、手段、方法来改善科学教育活动形式这一基点,以调动儿童学习的积极性,使活动更适合幼儿学习生活的特点,确保科学探究活动的顺利开展,促进科学教育目标的达成。在设计和组织活动时,应坚持形式服从内容的原则,把握好二者的结合度,不能以过多的艺术形式冲击科学教育任务的完成。否则就可能产生本末倒置现象。

2. 重视与语言、数学的结合

语言是思维的外壳,数学是一种思维的方式,二者在儿童的认知活动中具有重要的作用。科学教育与语言和数学关系密切。科学教育活动要促进幼儿思维的发展,必须要促进其语言的发展。在科学活动中教师要鼓励孩子把活动中所思、所想、所做、所为都用自己生动形象的语言表达出来,这样不但可以使教师了解幼儿在探究过程中的思维发展水平,而且还能在教师与幼儿、幼儿与幼儿的交流中碰撞出智慧的火花,促进智力发展,同时也丰富发展了幼儿的语言。如,在"风有力量吗?"的活动中,为了引导幼儿分辨风的大小,教师鼓励他们将自己的观察说出来。孩子们说,刮大风时"旗子'飞'上天,还发出哗哗响声""我们头发被吹乱了""小河里都有浪了"。刮小风时,"风车转得快""柳树枝儿轻轻地动""花瓣掉了"。这样不仅使他们对风力大小有了真实的感受,而且也丰富了他们的语言。

科学与数学具有天然的联系,教师在设计和组织科学教育活动时,引导幼儿运用已有的数学知识和技能,不仅可以推动科学探究活动的顺利开展,而且能使幼儿在观察、实验及制作等环节中获得更加精确的结果,同时也可提高其对数学活动的兴趣。如,在制作小秤的过程中,就要借助数学来帮助制作秤杆。又如,学看温度计时,也必然要与数学打交道。再如,在观察活动中,关注和比较物体的形状等活动,就可以与几何形体自然联系。

3. 渗透多种价值观的教育

任何一种教育活动都具有多重教育目标,科学教育活动本身蕴涵着多种有价值的教育因素,应注意发掘和加以利用。如,在废物利用的制作活动中,可渗透环境保护和可持续发展的思想。又如,饲养小动物、种植花草的活动又蕴含珍爱生命、美化生活等教育因素。价值观的教育是一个长期、潜移默化的过程,教师只要适时地加以引导,决不能生硬地说教。

(二) 以其他领域为主的隐性科学教育活动

将科学教育渗透在其他领域活动中,使孩子在学习语言、音乐、美术、舞蹈、体育等教育活动中和生活活动中感悟科学,是一种隐性教育的方式,这种方式同样可以对孩子发生潜移默化的影响。如,在学习《春天在哪里》这首歌曲时,幼儿通过对歌词"春天在哪里? 春天在哪里? 春天就在小朋友的眼睛里,那里有红花呀,那里有绿草,还有那会唱歌的小黄鹂……"咏唱与想象,不仅能从中感受到春天到来时大自然的变化,而且可以获得一种美好的艺术性的情感体验。在低幼文学作品中,常将自然界中的一些现象以儿歌、故事的方式表现出来,如,谢武彰的儿歌《矮矮的鸭子》:"一排鸭子,个子矮矮,走起路来,屁股歪歪。翅膀拍拍,太阳晒晒,伸长脖子,吃吃青菜。一排鸭子,个子矮矮,走起路来,屁股歪歪。"寥寥数语对鸭子的外形、动作、情态、食物作了形象幽默描绘。幼儿在吟唱中不仅能对鸭子行走的独特方式留下深刻印象,而且还能激起他们对小动物观察了解的兴趣。因此,将科学教育内容渗透于幼儿园各学科领域中可收到良好的教育效果。

二、跨领域的教育活动统整

跨领域的教育活动不同于上一类活动,它是围绕一个特定的问题或任务,跨越领域的界限,把不同领域的教育内容有机联系起来,充分利用各类教育资源,以主题或项目加以统整,形成一个较完整的教育活动。跨领域的统整模式有几种不同的模式,这里主要介绍主题单元活动和项目活动。两种活动的最大差异在于主题单元活动具有教师预设的特点,项目活动则具有典型的生成性活动的特点。下面分别加以介绍。

(一) 主题单元活动

主题单元活动就是在一定时期内围绕一个主题来组织一系列的教育教学活动。在主题单元活动中,教师从课程目标出发,依据幼儿的兴趣爱好及发展水平,以促进幼儿发展的某一核心知识经验为切入点,确定主题,将涉及的学科领域内容有机融合,形成一个个相对独立又紧密联系的单元,运用灵活多样的教育方法和手段开展教育活动,使幼儿在持续又密切联系的活动过程中获得较完整的知识经验,促进其整体全面的发展。

1. 主题单元活动的特点

主题单元活动来源于幼儿的实际生活,凸显了生活化的特点和循序渐进的特征。在构成活动的单元中,有的是学科性活动,有的是以问题为主的活动,但它们都按同一主题被融合于单元系列活动之中,这充分展现了主题单元活动统整的特色。主题单元活动不仅可以安排在集体教学活动中进行,也可在一日生活的各个环节中进行安排,还可以与家园、社区活动结合进行。值得指出的是,主题活动各单元之间,单元活动中各学科领域内容之间,必须建立内在有机联系,绝非简单的拼合。主题活动中的统整不是指单纯地将被分割的东西拼凑起来,也不是指在同一主题下将各领域活动简单聚合在一起,而是指将本来具有内在联系而又被人为分割的内容重新整合为一有机整体。这种内在联系必须是自然的和真实的。牵强附会的联系只能使主题活动变成一个大杂烩,如果两个问题之间的"关系不是自然的,那么不要把它们牵强附会地联系起来;不是每一样东西都必须与某一主题联系在一起的①"。

2. 主题单元活动的设计

主题单元活动的设计涉及课程各要素编制和处理,其主要设计步骤如下:

(1) 主题的选择。

主题是单元活动的核心和起点,它可从幼儿的生活及课程目标等若干方面来产生出来,归纳起来有以下主要来源。

① 源于幼儿的实际生活。主题的选择应贴近幼儿的生活,"大自然、大社会都是活教材",在幼儿现实生活中从他们感兴趣的和需要的问题出发,去发掘有教育价值的内容就能产生很好的教育主题。如,有教师在组织孩子们野外踏青时,有孩子捡到一些树叶玩,发现树叶上有许多大小不同的洞:"这些洞是怎么来的?""为什么会大小不一?"幼儿对此产生了极大的兴趣,教师就因势利导将其设计为"树叶为什么有洞洞"的主题活动。又如,一幼儿穿了一件漂亮的新衣服,引起大家兴趣:"是什么衣料?""怎么做的?"教师就设计了"美丽的服装"这一主题活动。或从一些与幼儿社会生活有关的事件中产生,如,刚开学时,小班幼儿不适应周围的环境,对老师有陌生感并且有哭闹现象,怎样帮助孩子克服心理上的依恋情绪呢? 有的教师发现甜甜的糖果对幼儿很有诱惑,可将其作为促进幼儿发展的很有价值的教育资源。于是教师就开展了"甜甜蜜蜜"的主题活动,让甜甜蜜蜜的糖果来说话,让糖果来冲击幼儿的味觉、视觉、触觉等感官,让幼儿在与同伴、教师分享甜蜜的过程中感受亲情,较快地融入到幼儿园的新生活中。

② 源于学科领域的内容。由学科领域内容演绎主题是一个便捷的途径,如"可爱的春天""冬天的秘密""神奇的海洋""我家的电器""动物的家""我的本领大""我可爱的家乡"等这些主题明显地与特定学科领域有关,可以以某一领域为主,又不限于一个领域,还能根据幼儿发展的需要演绎为跨领域的统整性活动。

③ 源于现有的"作品"或"材料"。现成的"作品"可是文学作品或其他作品,这些作品本身涉及语言、艺术等学科领域的内容,作品中的故事、寓言及各种卡通漫画等大多涉及健康、社会、科学等学科领域的内容。其中人物、事件等蕴涵多种主题的线索。如《圣弗朗西斯:地震狗》是关于一个男孩与一只狗的故事,以此反映地震(科学内容)的灾难性后果(社会内容)的事实(历史内容)。另外,突然而至的"材料"也可成为难得的主题素材。如,雨后突然出现的彩虹,多年难得一遇的日食、月食,一只受伤的小鸟等。

---

① 钟启泉,有宝华.综合课程论[M].上海:上海教育出版社,2002.

（2）主题价值的审视。[①]

主题内容确定后，教师还应从图 8-1 中的几个方面来审视主题的价值。一般情况下，可采用"问问题"的方式来思考主题的价值。如：这些主题能做些什么？有何作用？也可参考图 8-1 来思考这些问题。通过这些问题的思考与讨论，主题的价值才能够更加明确，得到参与者的认同与理解。

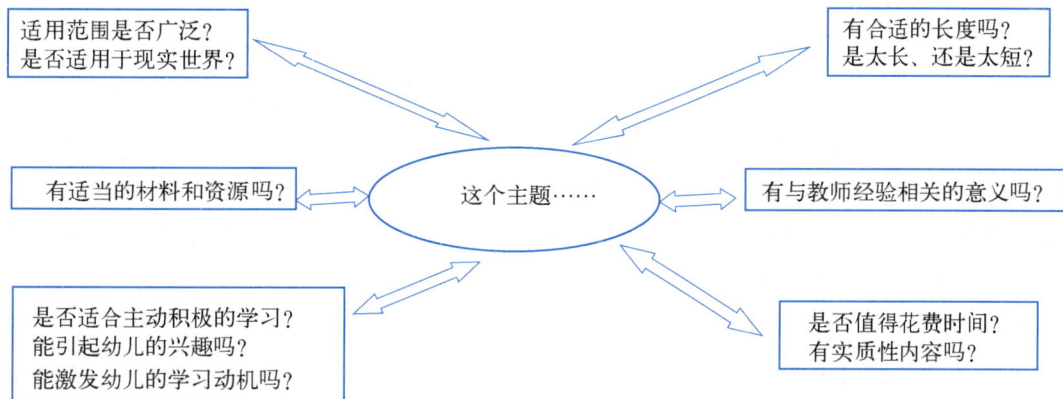

图 8-1　检验主题[②]

（3）主题名称确定。

有了主题线索后，要为主题取一个恰当的名称。这个名称既要突出单元活动核心目标，又要富有童趣，还要激发儿童探究学习的兴趣。要取一个适当的主题名称并不容易，它要求教师认真分析掌握主题蕴涵的各种教育价值，还要站在幼儿角度，用他们的语言习惯来考虑主题的名称。如"巧砸核桃""酸酸甜甜的水果""快乐的中秋节""我是环保小卫士"等。若我们将"好听的声音"变为"振动发声"，就不仅仅是主题名称不同。它反映了两种不同的思想观念，前者反映的是"以儿童的学为主"的教育观，后者反映的是"以教师的教为主"的教育观念。当然，主题名称也可由教师和儿童共商而定。

（4）主题目标设计。

主题目标是指主题活动的总目标。要制定主题目标，必须对主题教育价值进行认真的分析整理，然后将有关教育价值进行归纳凝练才能转化为主题目标。任何一个好的主题都蕴涵着多方面的教育价值，教育目标也应当是多方面的。因此在目标编制上，应关注主题所涵盖的各学科领域所特有的情感态度、知识能力、方法策略及身体等方面发展的要求，同时要切合本班幼儿的实际，做到实事求是，重点突出。

如，大班"有趣的叶子和虫子"主题活动的目标[③]：

主要目标（科学领域）：

① 有观察和探索各种各样叶子和昆虫的兴趣与欲望，有热爱大自然的情感。

② 能用多种感官和方法发现叶子和昆虫的不同特征，会用符号、标记等将自己的发现记录下来。

③ 会按叶子和昆虫的特征进行分类，乐意与同伴交流自己的经验。

④ 初步了解蝴蝶的演变过程，能在观察了解的过程中大胆设想、提出问题、主动验证。

渗透目标（语言）：

⑤ 能用比较连贯的语言表达自己的发现。

渗透目标（艺术）：

⑥ 学习粘贴、喷刷叶子的简单方法，体验其中的乐趣。

①②　［美］Patricia L. Roberts，Richard D. Keiiough.跨学科主题单元教学指南［M］.李亦菲等译.北京：中国轻工业出版社，2005.
③　重庆市幼儿活动发展课程教材编写组.幼儿科学活动方案［M］.重庆：重庆出版社，2005.

⑦ 能以身体动作与舞蹈形式表现蝴蝶的演变过程。

（5）主题单元活动框架设计。

主题单元活动框架设计就是围绕主题目标设计各单元的活动内容，以确保目标的实现。它包括决定各单元以什么样的活动类型，为幼儿提供什么样的学习内容，以及各单元的先后顺序和衔接方式等。一个涵盖学科领域广的主题活动，能为幼儿提供更多更均衡的学习内容，也能开展更加丰富多彩的学习活动。

用什么样的方式来统整单元活动框架呢？雅格布斯在跨学科的统整模式中介绍了五种不同的模式：并列式、交叉式、交叠式、网络式、串联式①。这几种模式各有利弊。本教材着重对网络模式进行学习讨论。该模式以较具普遍性且含义丰富的概念为主题，各学科均以此主题为中心，联结成一个彼此经由共同主题而统整在一起的学科网络。这有助于儿童整体把握主题活动与学科知识之间的关系（但如果设计不当，这种模式的统整也容易削弱学科内部的逻辑性）。采用网络式的方法来设计活动框架时，通常的做法是以主题为核心，以主题活动目标为依据，按目标导向的要求，使用目标转移的方式来安排单元活动的网络框架。在教学实践中，一般可采取编制单元活动网络框架图（图 8-2）、课程生长树（图 8-3）、单元活动表格（表 8-1、表 8-2）等方式，帮助教师从总体上把握主题单元活动网络的大致框架。

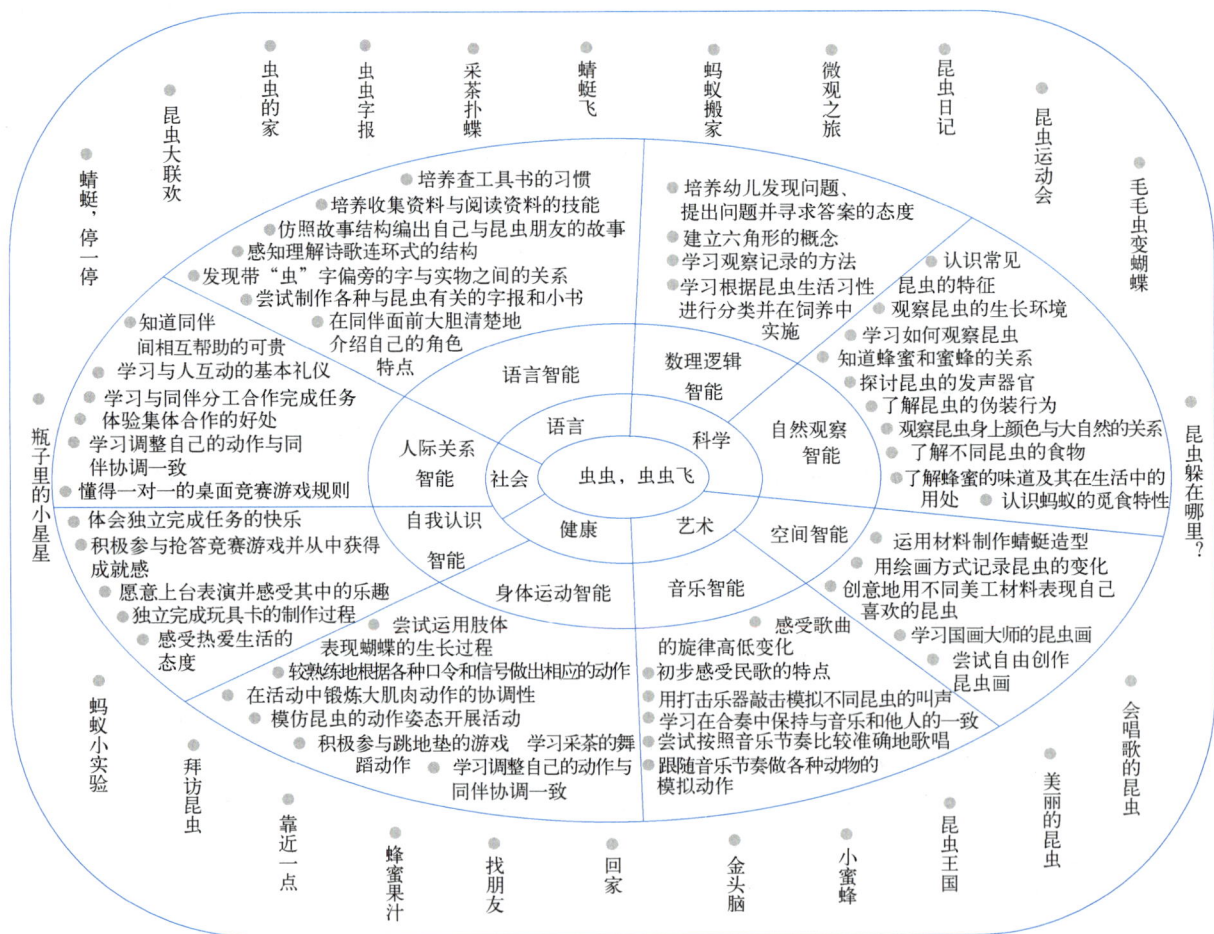

图 8-2　单元活动网络框架图②

---

① 沙莉,霍力岩.统整课程述评[J].幼儿教育,2006(04).
② 周兢等.幼儿园活动整合课程指导[M].南京：南京师范大学出版社、台北：信谊基金出版社,2003.

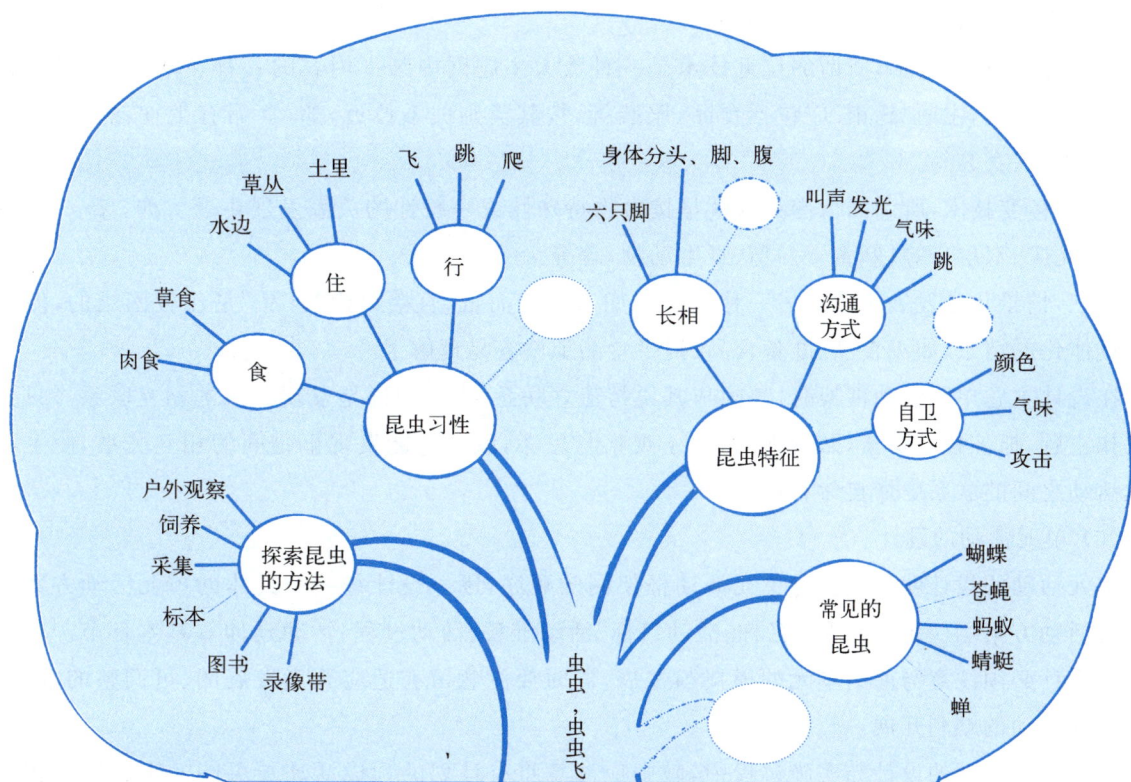

图 8-3　课程生长树①

主题单元活动：秋姑姑来了（小班）②

表 8-1　主题活动目标

主要目标	科　学	1. 对秋季落叶的自然现象感兴趣，积极参加拾落叶的活动。 2. 喜欢秋天的菊花，并能根据花的形态作简单的联想。 3. 能用语言和动作描述、表现自己对树叶和花的感受。 4. 初步感知秋季气候变凉的特征，观察到自己服装的变化。
渗透目标	语　言	1. 能初步理解和应用"花瓣""叶子""飘""拾"等词汇。 2. 能大胆地表达自己的想法。
	健　康	能用身体动作自由地表现树叶飘落的动态特征。
	艺　术	能用印画等艺术形式来表现树叶毛衣的美。

表 8-2　主题活动内容

主题名称	典 型 活 动		融 合 活 动			相关活动
	学习活动	游戏活动	生活环境	活动区	家庭社区	
秋姑姑来了	2. 感知交流：花儿，我们爱	4. 观察交流：树叶宝宝跳舞了	盆栽菊花 图片展示：我的花儿是朋友 展示：收集的各种树叶 展示：幼儿的树叶印画作品	5. 树叶印画 7. 粘贴：我们的毛衣	1. 亲子体验：花儿真美 3. 亲子收集：漂亮的树叶宝宝 6. 亲子交流：我们穿上毛衣	① 金盏菊，我们都爱你 ② 树叶黄了 ③ 地上盛开的"梅花" ④ 水果营养师

① 周兢等.幼儿园活动整合课程指导［M］.南京：南京师范大学出版社、台北：信谊基金出版社，2003.
② 重庆市幼儿活动发展课程教材编写组.幼儿科学活动方案［M］.重庆：重庆出版社，2005.

编制主题网络可采用以下几种方法。

第一，网络拉近技术，所谓的拉近技术是一种放大主题网内某一内容的一种技巧，使其成为新的网络内容。例如，主题"超市"应包括食品、服装等，按其类别关系拉近，如，食品有生食、熟食等；服装有童装、男装、女装等。

第二，衍变技术，所谓的衍变技术就是按事物特殊性或一般性的关系发展主题。如，床——大床、小床、婴儿床、双层床等；麻雀——鸟、野生动物，等等。

第三，情景化是发展主题的另一种方法。如对幼儿而言，直接讨论"食品"是比较困难的，但创设一定具体化的情景，如买食品、准备食品、提供食品那就容易理解了。

在设计主题单元活动框架时，教师与其说是建立联系，还不如说是发现其中的相互联系。只要教师紧扣主题，抓住核心要素，贴近生活，善于观察与思考，就一定能发现事物间的相互关系，使主题与单元活动之间的联系更加自然和谐。

（6）单元活动的设计。

单元活动的设计就是按主题单元活动框架网的顺序，逐一设计每一个具体的单元活动方案。每个单元活动方案均应包括：活动名称、活动目标、活动准备、活动过程、活动延伸等基本环节。单元活动方案设计必须注意与前后单元的衔接与发展，同时要注意留有适应儿童发展的、可调整的空间，保证各单元活动的顺利开展。

主题单元活动的设计与实施过程中，教师应注意将有计划的预成活动与可能的生成活动相互结合，促进课程的不断深化和发展。

（二）项目活动

项目活动就是幼儿在教师的支持、帮助和引导下，围绕大家感兴趣的某个"话题"或"问题"进行深入研究，在合作研究的过程中发现知识、理解意义建构认识的过程。它与主题单元活动具有很多相似之处，它们都重视以幼儿的知识经验为教育的基础，以幼儿兴趣为活动的生长点，强调活动的生活化和学习形式的整合，引导幼儿全面发展。二者最明显的不同在于项目活动具有典型生成性活动的特点，它不是由教师单方面预先设计的，而是教师与幼儿围绕某一"话题"或"问题"共同发展，合作建构的，幼儿在活动中具有较大的自主选择权。赫尔姆·凯兹说："除非学习经验中呈现幼儿自行引发主题方向、自主作决定、全心投入等要素，否则都不能称之为'项目课程'，因为它无法得到项目课程所提供的独特的裨益。"项目活动是幼儿园教育活动的一种重要方式。

1. 项目活动的特点

项目活动是以问题为基础的生成性教育活动。它具有四个鲜明的特点。

第一，项目活动是一个开放性的话题或问题，围绕这个话题或问题，孩子们可以进行持续的、深入的探究活动。它的设计和活动的实施间无严格的界限，活动的计划具有很强的动态性，项目活动的名称、活动内容的选择与实施都是教师与幼儿间相互交流讨论共同确定的，其"计划"框架是教师根据师幼共同意见及对活动预期而作的一个草案，它强调过程设计，视儿童的发展和过程中的进展随时可作调整，不是一成不变的，具有较大的弹性。这种活动可能有计划的成分，更有非计划成分。

第二，项目活动必导致探究性学习。与接受性学习和体验性学习不同，探究性学习不是简单记忆陈述性事实，也不是机械地操练程序性的技能，而是围绕一个生活中真实的、有意义的问题，通过观察、操作、实验和讨论等来发现新的知识，获得新的技能。这种活动关注孩子的需要和兴趣，重视孩子持续的、较为深入的探究学习，有利于其主体性的发挥，有助于协助他们全面深入地了解自己周围环境中有价值的事物与现象。这种探究性学习还具有师幼合作、教学相长的特点。因为项目是以"话题""问题"产生和发展的，教师与幼儿可能会面临自己陌生的领域和难以解决的问题，这就更需要师幼合作,围绕共同感兴趣的问题,合作探究来发现新知识,获得新的技能。项目活动还需要调动各方面的资源,形成幼儿园、家庭、社区相互联系,相互支持的合作关系才能确保任务完成。

第三,项目活动需要一定的时间,才能对某一主题进行深入研究,所持续的时间不是由教师的课程表来控制,而是由孩子的学习进展状况来决定,教师不能急于求成。

第四,项目活动强调活动信息管理,并通过形成性评价推动活动的发展。由于幼儿学习能力、学习形式及学习风格的多元化影响,在活动中幼儿发展水平必有差异,教师应鼓励幼儿大胆、自由地采取语言、图像等方式加强交流沟通,从中发现、掌握幼儿发展状况,并及时给予支持指导。教师还应当采用各种有效的方式(如照片、图片、录音或录像等)对活动进行记录,作为反思、展示、交流及调节活动进程的依据。

2. 项目活动的一般过程及动态设计

项目活动是完整的、连贯的,其一般过程可分为三个阶段:开始阶段、发展阶段和结尾阶段(或:第一阶段、第二阶段、第三阶段)(图8-4)。

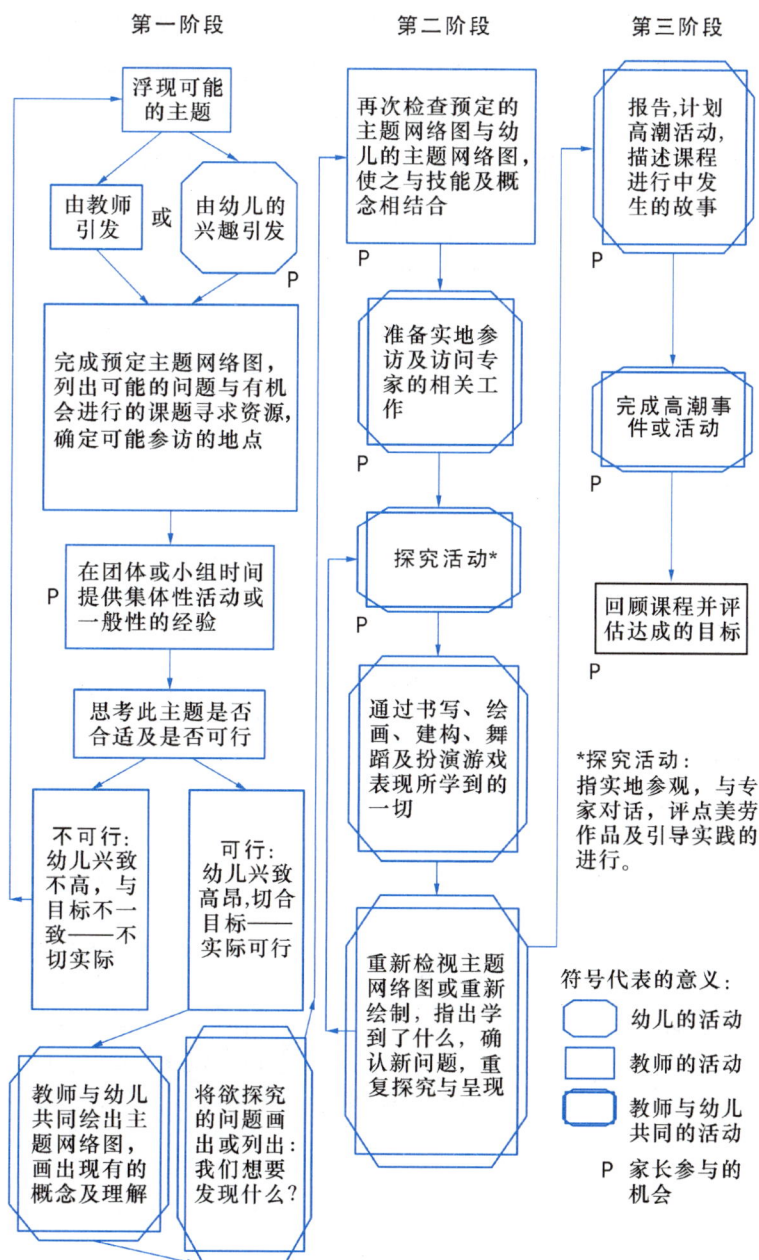

图 8-4 项目课程发展的阶段

凯兹等人认为：项目活动三阶段具有以下关系①。

第一阶段：酝酿话题，开展活动。

在项目开始阶段，首先，教师和幼儿对所关心的问题开展讨论，认真分析筛选并确定项目活动话题。话题通常是指一个被选择的谈话内容，一般用一个简短的词语表示，如"鸽子"。在项目活动中，话题与主题具有相似的意义。幼儿关注的话题很多，如雷、电、雨、动植物、超市、恐龙等。选择它应遵循一些标准，即话题能否激发幼儿兴趣，是否适合幼儿的身心发展水平，具有哪些教育价值，能否调动幼儿探究学习积极性，形成有意义的学习活动，是否具有解决问题的条件，等等。总之，只有当话题贴近幼儿的学习生活，适合幼儿的发展需要时，话题才具有生命力。话题应由谁提出来呢？幼儿、教师均可提出，但最好经师幼认真讨论后提出。其次，编制项目活动网。有了项目活动话题后，教师应组织幼儿围绕话题展开"头脑风暴"，如，对于话题"你知道些什么?""你能想到什么?"等，与幼儿一道收集有关信息，将讨论衍生出的问题进行梳理、筛选，提出关键活动，并将关键活动按有关顺序编制在活动网络中，活动网络要具有弹性，可根据活动进程和幼儿的需要随时调整，其网络编制技术与主题活动相同。最后，做好展开活动准备。教师应认真收集有关资料，准备好相应物资设备。同时，教师再次与幼儿讨论话题，通过幼儿回忆、表达、分享与话题有关的经验，教师要善于从中发现并帮助幼儿解决问题，明晰思路。教师还可以联络家长，将话题讨论扩展到家、园、社区中，获取广泛支持。若要组织现场参观访问活动(田野活动)，教师还可按图 8-5 提示的问题，预先制定好外出活动方案②。

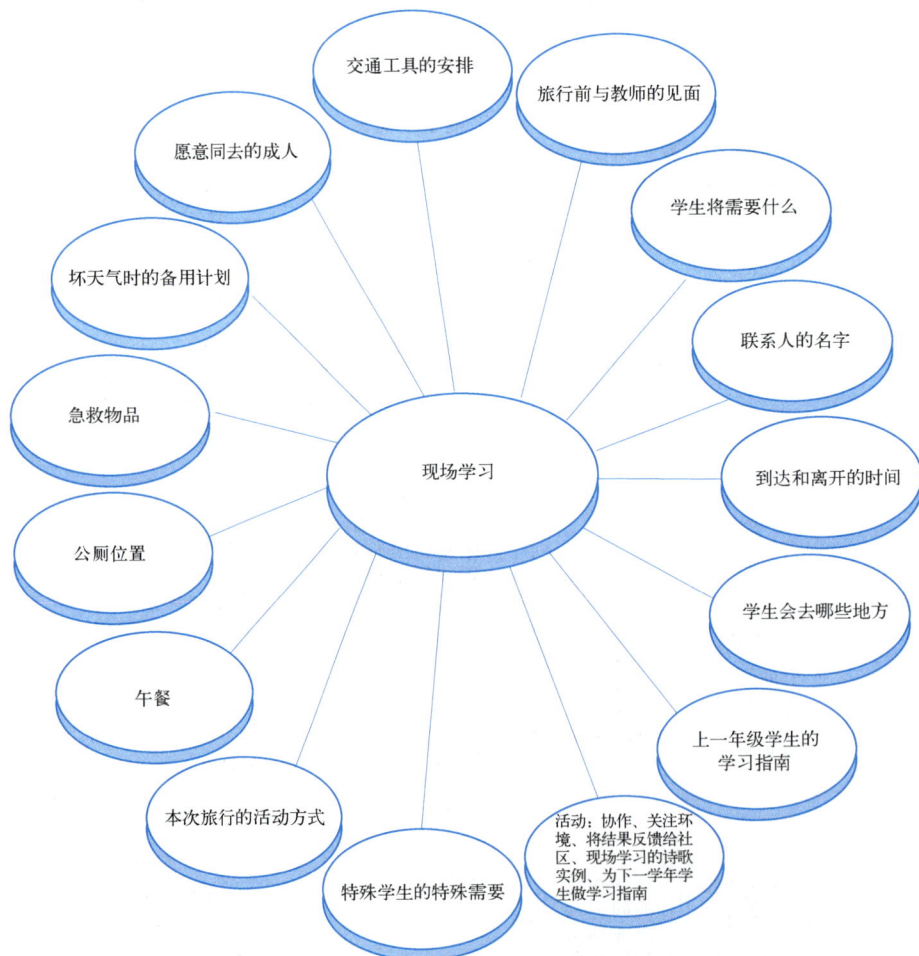

图 8-5　组织现场学习活动要点

①　[美]赫尔姆·凯兹.小小探索家——幼儿教育中的项目课程教学[M].林育玮等译.南京：南京师范大学出版社,2004.
②　[美]Patricia L.Roberts,Richard D. Keiiough.跨学科主题单元教学指南[M].李亦菲等译.北京：中国轻工业出版社,2005.

第二阶段：拓展活动，积极探究。

本阶段是活动的重点。教师提供各类学习资源，引导幼儿围绕话题开展调查研究，支持幼儿开展实地参观考察，研究实际物体，收集标本、书本及各类研究资料，请教专家。幼儿积极开展探究，教师要鼓励每一个幼儿都参与到适合自己能力水平的探究活动中，通过观察、发现问题，大胆预测，认真实践验证，做好记录，获得新的发现，开发新的话题。在活动中教师应支持幼儿发挥自己在科学、艺术、语言、戏剧等方面的才能，来展现自己的学习内容。支持幼儿开展相互讨论交流和展示学习成果。

第三阶段：总结分享，活动结束。

结束阶段的重点是学习上的交流沟通。教师要安排一个总结活动，给幼儿回顾、反思整个活动的机会，帮助幼儿梳理、选择有关材料，回忆与评价过去的活动，提交活动成果，进行交流展示，展示的方式可以多样化（谈话、作品展览、表演等），与他人（幼儿、教师、家长等）交流分享新信息、新知识，新技能。重视幼儿获得个人化的新知识，关注向新项目活动的转移，是结束阶段教师工作的重点。

活动案例 8-1

中班主题活动：有趣的动植物

（河北省直机关第四幼儿园　田轶男、刘树欣、杨巧妹）

有趣的动植物

活动案例 8-2

小班主题活动：秋叶飘飘

（青岛幼儿师范学校附属幼儿园　孙云霞）

秋叶飘飘

思考与练习

1. 统整学前儿童科学教育活动的基本思想包含哪些主要内容？

2. 运用学过的相关知识，试分析主题活动案例"有趣的动植物""秋叶飘飘"有何特点。

3. 自选一主题，试设计一份主题单元活动计划。

4. 结合见习活动观摩幼儿园教师组织的主题单元活动或项目活动，并对其进行分析评价。

5. 幼儿园教师资格证考试保教知识与能力真题

活动设计题

（1）请围绕"有用的工具"为大班幼儿设计主题活动，应包含三个子活动。（2017 年下半年）

要求：

① 写出主题活动的总目标。

② 写出一个子活动的具体活动方案，包括活动的名称、目标、准备以及主要环节。

③ 写出另外两个子活动的名称、目标。

(2) 请围绕"春天",为大班幼儿设计主题活动,应包括三个子活动。(2018 年上半年)

要求:

① 写出主题活动的总目标。

② 采用诗歌《春风》(见下面所附诗歌)设计一个具体的语言活动方案,包括活动的名称、目标、准备和主要环节。

③ 写出另外两个子活动的概要,包括名称、目标。

附:诗歌

春 风

春风一吹,芽儿萌发。

吹绿了柳树,吹出了山茶。

吹来了燕子,吹醒了青蛙。

吹得小雨轻轻地下。

(3) 最近,大三班许多小朋友用大大小小的纸盒制作小汽车等物品。马老师发现,他们制作的汽车装饰不太一样,但结构差不多,往往只有车厢、车轮、车灯等。马老师认为可以根据这种情况生成一个"汽车"主题活动,引发幼儿深度学习。请帮助马老师设计"汽车"主题活动。(2019 年上半年)

要求:

① 写出主题活动的总目标。(8 分)

② 围绕主题设计三个子活动。写出其中一个子活动的具体活动方案,包括活动名称、目标、准备和主要环节。(14 分)

③ 写出另外两个子活动的名称、目标。(每个活动 4 分,共 8 分)

第九章

学前儿童科学教育活动资源

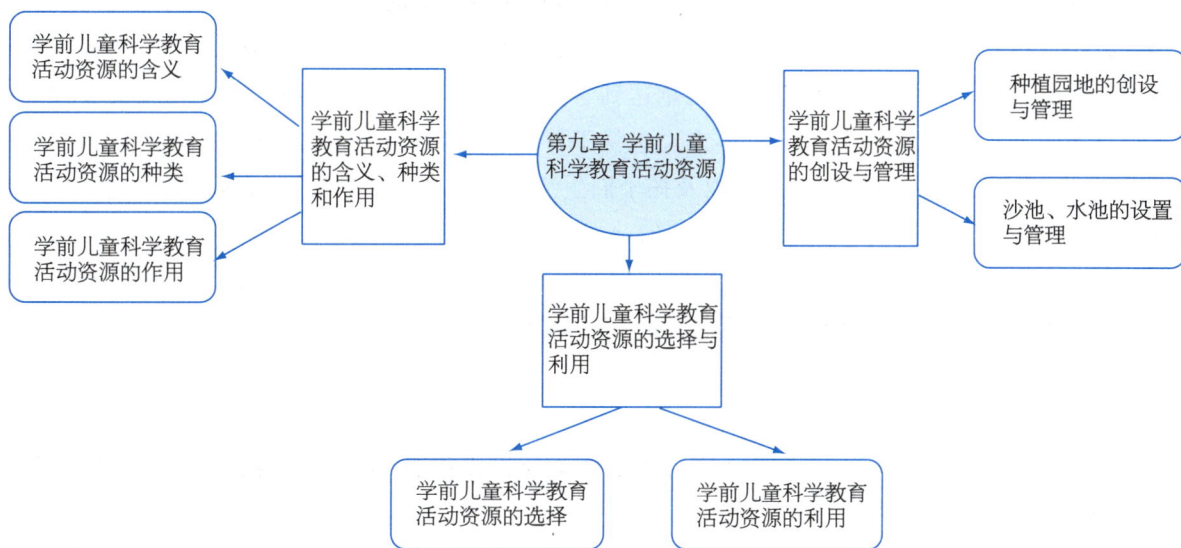

```
学前儿童科学教育
活动资源的含义
```
```
学前儿童科学教育
活动资源的种类
```
```
学前儿童科学教育
活动资源的作用
```
←
```
学前儿童科学
教育活动资源
的含义、种类
和作用
```
←
```
第九章 学前儿童
科学教育活动资源
```
→
```
学前儿童科学
教育活动资源
的创设与管理
```
→
```
种植园地的创设
与管理
```
```
沙池、水池的设置
与管理
```
```
学前儿童科学教育
活动资源的选择与
利用
```
```
学前儿童科学教育
活动资源的选择
```
```
学前儿童科学教育
活动资源的利用
```

内容提要

　　学前儿童科学教育活动资源是其活动赖以存在和发展的基础,通过对资源含义、种类、作用及资源的开发与利用的全面介绍,为教师树立大教育观和更新教育资源观奠定思想基础,为综合利用开发丰富的科学教育活动资源,促进幼儿学习与发展创造了良好的条件。

　　学前儿童科学教育活动资源为学前儿童科学教育提供了基本条件,没有资源就没有教育,因为幼儿的学习是在不断地与适宜的资源相互作用的过程中进行的。而学前儿童科学教育活动资源包括的范围极广,怎样进行选择与利用,在幼儿园内如何进行学前儿童科学教育活动资源的创设与管理,本章将对此进行讨论。

学习目标

　　1.了解学前儿童科学教育活动资源的种类和作用。

　　2.理解学前儿童科学教育活动资源选择的原则。

　　3.学会创设和管理学前儿童科学教育活动资源。

第一节　学前儿童科学教育活动资源的含义、种类和作用

一、学前儿童科学教育活动资源的含义

《教育大辞典》对教育资源的解释为："教育资源亦称教育条件，通常指为保证教育活动正常进行而使用的人力、财力、物力的总和。任何教育活动都要求以一定的资源条件为前提。"由此可见，能与幼儿产生积极互动的科学教育条件都是学前儿童开展科学教育活动的重要资源。

学前儿童科学教育活动资源可以直接成为学前儿童科学活动的内容或支持科学教育活动进行的物质和非物质的一切条件。它包含了两层含义：第一，必须能够保证学前儿童科学教育活动的顺利实施；第二，必须具有教育性，能够促进学前儿童科学教育目标的实现。凡是与学前儿童科学教育有关并能帮助教师实现教育目标，能帮助学前儿童达到学习目标的一切材料、事物、人及其经验和智慧均能成为学前儿童科学教育活动资源，具体来说包括了科学教育活动进行所需的各种教玩具和工作材料，帮助幼儿学习的各种科学教育资料，以及孩子们生活的可以供科学教育利用的自然环境和社会环境等。

二、学前儿童科学教育活动资源的种类

（一）玩教具

玩教具主要包括实物、标本、模型、挂图、教学设备与操作材料等。这些内容在活动区中已作介绍，这里不再赘述。

（二）媒体资源

媒体是传播信息的载体，即信息传播过程中从传播者到接受者之间携带和传递信息的一切形式的物质工具，是各种传播工具的总称。它包括以下两种。

1.传统媒体

传统媒体是指书刊、报纸一类的文字资料，如科学故事、儿歌、谜语类的儿童读物，图文并茂地介绍自然知识、动物世界和植物世界的百科全书等。

2.电子媒体

电子媒体包括电影、电视、计算机和网络。影视资源可实现寓教于乐，由于直观形象深受孩子的喜爱。当教师使用现代教育技术时，技术本身即构成了资源的一部分。教育网站为教师提供了资源共享平台，儿童教育网站为儿童提供了了解科学的空间。

适合幼儿的
读物形态

（三）自然资源

第一，动物和植物资源。亲近自然是幼儿的天性，动植物更是大自然中最具生命气息、也最易于吸引幼儿的一类资源。植物的根、茎、叶、花、果实和种子非常容易收集，是极好的教育资源（见图9-1）。

第二，非生物资源——水、空气、沙、石、土壤等。水、沙、石、土是幼儿生活中经常接触到的物质，喜欢玩水、玩沙、玩泥是孩子们的天性（见图9-2）。

第三，山林、河流、天气、季节等均是极好的科学教育资源。

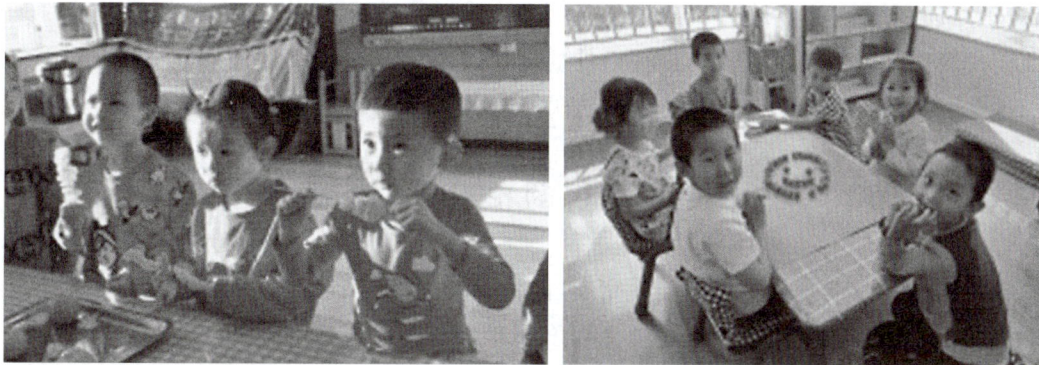

图 9-1　幼儿利用植物的根、茎、叶、花、果实等完成的作品①

图 9-2　幼儿玩沙子、水

（四）教师、儿童资源

1. 教师资源

幼儿教师自身具有的科学知识水平、对科学的兴趣和态度都会直接作用于教育对象。

2. 儿童资源

幼儿对科学表现出好奇心、兴趣和求知欲以及自身发展的特点本身就是极好的资源。这种资源能成为激发持续学习的动力，也能对周围的教育对象产生积极的影响。

（五）社会资源

社会资源是指幼儿所在地区或邻近地区中，可以利用于科学教育活动的设施和条件，包括一切人力、物力。

1. 人力资源

（1）家长人力资源，如家长中教授数学、物理、化学、生物、地理等学科的老师；家长中在各科普基地工作的专家和工作人员、各单位的技术人员、工程师等。

（2）社会人力资源，即社会各行各业的技术人员，市区科协、科技局、科普基地的科普专业人员，大专院校的学生和青少年宫的科技辅导员等。

2. 物力资源

包括当地的各种产品，如农产品、矿产品及工业产品等。还包括当地的各种文化设施和生活设施，如图书馆、动物园、博物馆、气象站、消防队、工业园区、农业园区、牛奶加工厂、公园、加油站、花店等场所。它们可为幼儿提供学科学的环境和机会，开阔幼儿的眼界，丰富幼儿的生活经验。

---

① 左图来源于 https://mp.weixin.qq.com/s/b3n8q9_qVMTK8150AM4s8A
　右图来源于 https://mp.weixin.qq.com/s/o1XQmIxtDAXlm7rxi_ZAZw

（六）幼儿园科学活动园地

幼儿园的科学活动园地主要是指屋舍以外的场地，包括环境的绿化、美化，以及种植园、动物饲养角、沙池、水池、气象角等设置，是幼儿感受自然美、观察、操作、劳动的场地。

三、学前儿童科学教育活动资源的作用

学前儿童科学教育活动资源对学前儿童学习、教师教学具有十分重要的价值，具体表现为：

（一）有助于学前儿童学习活动的发生和发展

没有学前儿童科学教育活动资源就没有真正的幼儿科学学习活动。因为幼儿的学习是在不断地与适宜的资源相互作用的过程中进行的，资源对幼儿的认识具有激发性，使幼儿处于积极的探索状态，在各种尝试中使用材料，发现问题和解决问题，从而获得对世界的认识。学前儿童科学教育资源的具体直观，能使处于直观形象思维为主的幼儿学习变得较为容易，而社区、家庭的资源可以让幼儿跨越幼儿园的围墙，更多地看到、听到、触摸到外面的世界。

（二）有益于儿童全面和谐发展

丰富、适宜的资源，幼儿可以自主地与学习内容相互作用，可通过操作、观察、欣赏、体验、反思等多种途径与外界事物产生联系，用自己的感官去感受世界，与教师、同伴相互作用，自发获取经验；在与大自然零距离的接触中增强幼儿对大自然的了解，培养与大自然的亲近感；在与物质资源的互动中幼儿的身体协调能力得到发展，同时产生愉快的体验并得到情绪上的满足。

（三）有助于教师的教与学

在学前儿童科学教育活动中，教师只有选择合适的资源并充分利用才能有效地帮助幼儿学习，激发幼儿学科学的兴趣，才能发展幼儿的能力。作为教师，只有选用合适的教育资源才能支持教育目标的实现；要为幼儿提供适宜的操作工具和材料，尽量让每个孩子都有机会动起手来，让幼儿获得具体的科学经验；为幼儿提供直接接触各种资源，如自然资源、物质材料、人力资源的机会，搭建幼儿与幼儿之间、幼儿与成人之间、幼儿与物体之间互动的桥梁。教师是儿童学习最直接最重要的资源，教师要不断地提高自己的业务水平，实现资源的价值，教师发现、获取、利用资源的过程本身也是教师学习的过程。

第二节　学前儿童科学教育活动资源的选择与利用

各种学前儿童科学教育活动资源在学前儿童科学教育活动的实施中起到重要的支持作用，因为学前儿童科学教育活动的存在是以活动资源的存在为前提的。如何发挥教育资源最大的效用，这需要每位教师特别加以重视并进行有意识的选择和利用。

一、学前儿童科学教育资源的选择

学前儿童科学教育资源非常丰富，哪些可以被纳入科学教育活动之中？下面将从学前儿童科学教育领域的层面上讨论如何选择学前儿童科学教育资源。

（一）能达到幼儿园科学教育目标

幼儿园科学教育目标从关于科学情感、态度和价值观；关于科学方法和过程；关于如何获得科学

知识三方面作了诠释。每一种教育资源在达成的教育目标上是有所不同的。如社会资源更有利于幼儿科学情感、态度和价值观方面的发展;材料类资源更有利于幼儿尝试、体验科学探究的过程。

(二)从学前儿童的兴趣及需要出发

兴趣是人们力求认识某种活动的倾向,是推动自己行为的一种最实际的内部动力,正如爱因斯坦所说,"兴趣是最好的老师",在资源选择时兴趣是非常重要的因素。幼儿的兴趣可因资源本身对幼儿的吸引力而产生,如昆虫,这是一类千姿百态的小动物,它们自身的色彩、形态、变化、行为对幼儿就会产生极大的吸引力,会让幼儿产生探索的愿望,可充分选择利用。幼儿兴趣也可以在活动中产生,幼儿喜欢摆弄和操作物体,幼儿的已有认知能力和经验正是在摆弄和操作过程中,在与环境发生相互作用中获得发展的。动手操作、发现问题、解决问题能使孩子在活动中保持更高的兴趣并获得满足。如沙、水一类的自然资源,磁铁、透镜一类的操作材料、工具在幼儿与之互动的过程中会给他们带来极大的乐趣,应充分选择利用。

(三)与学前儿童生活联系密切

贴近幼儿生活的科学教育资源,不仅为幼儿获得科学知识与经验提供前提和可能,而且能让幼儿真正体验到学习内容对自己的意义。只有幼儿有自己想要了解和解决的问题,他才能积极主动地去学习和探究,才能发现和感受到周围世界的神奇,才能保持强烈的好奇心和探究欲望。幼儿经常食用的蔬菜、水果是幼儿进行观察和探究的最好资源。幼儿接触最多、最能看得见、摸得着的事物是各种材料,如水、沙、泥、石、纸、塑料、颜料这类资源,它包含了材料的性质及简单的相互关系,应充分选择利用。与幼儿生活关系密切的社区资源如乳品加工厂、农业园区等,它可以满足幼儿的好奇心、让孩子走进大自然、走入社会,应纳入选择的内容。风、雨、雪、雾是大自然赐予人类的礼物,是发生在孩子们生活中的自然现象,打雪仗、放风筝是孩子喜欢的游戏,在游戏中孩子能感受到自然界的变化,发现自然界的奇妙,这类资源应注意选用。

(四)适合学前儿童的发展水平

虽然每个儿童的认知基础、习得的经验不同,但是每一个儿童都有可能在各种活动中去获取与自己发展水平相适应的经验。要充分考虑到儿童的个体差异,允许儿童在自己原有的水平上获得发展。在资源的选择上如何满足幼儿发展水平的需要,促进幼儿自主建构知识、发展能力就显得更为重要。幼儿的年龄特征决定了他们对世界的认识还是感性的、具体的、形象的,所以实物一类的资源是最好的选择。适合幼儿发展水平的资源,才能最大限度地激发幼儿探索的积极性,如可供幼儿进行探索活动的一类材料资源,在选用上比较灵活,可为不同水平层次的幼儿提供适宜的资源,这就不会因资源过于简单,使幼儿失去探索的动力,也不会因为太复杂,让幼儿陷入不知所措的状态,导致探索过程无法进行下去,所以探索性、操作性的资源也是很好的选择。

(五)就地取材

选择并提供科学活动资源不仅指为儿童营造一个具有丰富资源的环境,同时也指儿童可以方便地提取、使用这些资源,只有当儿童在任何需要的时候都能够获取这些资源来解决自己学习中的问题时,资源的价值才能得到充分发挥。所以资源选择应该从本地、本幼儿园的实际出发,选择幼儿周围环境中比较丰富的,在实际生活中容易接触到的现实资源。充分体现本社区的自然特点,提高资源的使用价值与利用率,发挥优势,形成自己的风格与特点。如幼儿园、家庭内种植和饲养的植物和动物资源、能从幼儿家庭收集到的废旧物品、社区内具有的物质资源,特别是当地的特产均应充分用于探索与操作。

(六)保证安全与卫生

儿童科学教育资源的内容包括公共场所、设施设备、各种工具和材料、有生命的动物和植物。在选用时必须考虑到幼儿的健康,必须是安全与卫生的。无论是室内还是室外种植的植物、养殖的动物都要考虑到卫生与安全,特别是在室内饲养动物一定要考虑是否会影响室内的卫生,影响儿童的健康。探索、操作的工具、材料在选择和使用前一定要采取安全措施进行认真检查,避免尖利、破损、生锈,要减少使用玻璃制品,与幼儿零食相似的材料一定要谨慎,以免幼儿误食。用于嗅觉训练的气味瓶内的气体必须保证无损孩子的健康。各种工具、材料要符合卫生要求,针对不同材质采用不同的消毒方法,保证使用的卫生。利用社区资源要考虑到周围的安全隐患,在使用之前必须消除。另外幼儿园内的设施设备在创建时必须考虑到安全性,如科学发现室内标本、模型安放的稳定性及高度等。

二、学前儿童科学教育活动资源的利用

学前儿童科学教育资源从空间上可分为幼儿园资源、家庭资源和社区资源,这三方可构成一个完整的资源库,充分挖掘综合利用各种学前儿童科学教育资源,为幼儿的发展创造良好的条件。

(一)幼儿园内可利用的资源

幼儿园内资源包括:教师资源、幼儿资源、物质资源、信息资源等。

1. 幼儿资源

教育家苏霍姆林斯基曾反复强调:幼儿是教育的重要力量,如果失去了这个力量,教育就失去了根本。因此,幼儿不仅是教育的对象,更是重要的资源。幼儿的兴趣经验和情感以及幼儿喜欢同伴交往,喜欢同伴间的模仿学习都是重要的资源,必须充分开发和利用。要尽量创造条件让幼儿实际参加探究活动,满足他们的好奇心,使他们自始至终保持对科学的兴趣和探究欲望,使他们在玩的过程中获取科学信息,体验发现的乐趣。

2. 教师资源

教师具有的生活经验和教育经验都是宝贵的教育资源。幼儿园的保健医生、保育员、炊事员由于工作岗位不同,在专业知识和能力上各有优势,在儿童科学教育活动中,我们可以引入这些幼儿园内部人力资源。教师是幼儿学习活动的支持者、合作者和引导者,教师要善于进行教学反思,不断充实自己。

3. 物质资源

物质资源包括科学发现室、自然角等科学活动区、教学设备、实验用具、各种操作材料、网络设施、标本、模型、挂图以及幼儿园环境和其他活动场所、设施等。利用这些资源,激发孩子观察、探究自然的兴趣和好奇心,学习科学的欲望,并利用这些资源设置儿童开展科学活动的具体情境,让孩子成为主动探究者。幼儿园应统筹创建能供各年龄段幼儿使用的专用活动场地,如:"科学发现室""种植园""饲养角""气象角""戏水玩沙池",师幼共建具有班级特色的"自然角""科学桌",要不断更换供幼儿探索和进行小制作的操作材料,随季节的变化进行种植和饲养。合理、有效地组织幼儿进入科学发现室,让幼儿有机会自主地进行实验操作活动,有计划地组织幼儿参与园地的活动,在种植园、饲养角进行种植饲养,参与管理,通过合理配置和有效使用,使资源发挥最大的作用。

4. 信息资源

信息资源是指在科学教育活动中可利用的各种信息资料,它的获取主要来自教师用书、儿童读物、电视、音像资料和网络。许多生活中不能亲身经历的科学现象和事物,可以让孩子们从书籍、电视、音像资料中获得和了解。教师要给孩子们时间和自由,为孩子们准备丰富的、生动的、适合孩子阅读和理解的儿童科学读物,让孩子能够有针对性地选择相关的图书资料并能够在读书区自由查阅,还要为孩子选择电视内容和音像资料。在儿童科学教育活动中,每一个幼儿和教师本身就是信息源,应

建立稳定的幼儿与幼儿之间、幼儿与教师之间、教师与教师之间的信息交流渠道,教师可以充分利用网络平台,将教育案例、活动反思、教学经验等资源放在平台上形成资源库,实现资源共享。

5.偶发性的科学教育资源

大雾、彩虹、蚂蚁搬家、蜘蛛结网等这些突发性的科学现象或有趣情景,非常容易引起幼儿的注意和好奇心,引发幼儿探索的欲望。对这类偶发性的科学教育资源,教师要善于及时抓住并充分利用。可以通过观察、实验、阅读等方法开展科学探究活动,保护幼儿探索科学的兴趣。

(二)幼儿园、家庭和社区资源的整合利用

儿童科学教育活动的开展既要重视幼儿园、家庭和社区教育资源的投入和利用,更要重视幼儿园、家庭和社区资源的综合利用以提高教育资源的效率,发挥最优化的教育资源功能。《纲要》中指出,"幼儿园应与家庭、社区密切合作""综合利用各种教育资源,共同为幼儿的发展创造良好的条件"。各类学前儿童科学教育资源使用之时各有优劣,必须根据具体情况,扬长避短,优化组合,使各类教育资源在学前儿童科学教育活动中形成整体优化的影响力,以实现幼儿园科学教育目标,促进幼儿活泼、健康、主动地发展。

第三节　学前儿童科学教育活动资源的创设与管理

学前儿童科学教育活动的开展要在幼儿对资源的直观感受的基础上进行,幼儿大部分时间是在幼儿园内活动,我们就应创设适宜的学前儿童科学教育活动资源,让孩子在与资源的互动中体验探索的过程,积累粗浅的经验,获得初步的探索能力。

一、种植园地的创设与管理

引导幼儿爱护动植物,关心周围环境,亲近大自然,珍惜自然资源是科学教育目标之一。种植园地是让幼儿身体力行的最佳场所,种植园地里的各种生物都向孩子们展示了具体形象的生命内容,提供了丰富的活动资源。

(一)种植园地的作用

1.为幼儿提供了接触、了解自然的环境,可丰富幼儿对大自然的感性认识

种植园就是一个小小的生态园。种植园里不仅有孩子们种的植物,还有蚯蚓、蜗牛、蝴蝶、蚱蜢等小动物,以及植物、动物生长所需的土壤、水等物质因素。在与资源的互动中孩子们可以感知植物和动物的基本特征、生长过程和生长条件,见识自然的丰富与多元,感受大自然的奥妙。

2.为幼儿提供了科学探究和劳动的场所,可激发幼儿的探索热情,学习劳动技能

种植园地包含着许多科学探究的契机,孩子们可以进行预测、观察、实验、记录、表达,从中享受真实体验,萌发科学探究的兴趣,体验发现和探究的快乐。在种植与管理的过程中孩子们能学习简单的劳动技能,进而体会劳动的艰辛,感悟劳动成果的来之不易,由此而产生尊重劳动、珍惜劳动成果的积极情感。

3.锻炼幼儿坚强的毅力,培养幼儿对事物的认真态度和参与工作的坚持性

在种植园里,幼儿无论是观察还是探索的持续时间都较长,因为植物是有生长周期的,生长的过

程对孩子来说相对都较长,如玉米从播种到收获需要几个月的时间,这就需要幼儿长期关注和照料。而这一过程对幼儿毅力的锻炼,对事物的认真态度和参与工作的恒心的培养具有积极的作用。

(二)种植园地的设置

1. 精心规划场地

种植园地应根据幼儿园的场地条件精心规划,可划分为花草树木栽种区和常见蔬菜栽种区(小菜园)。小菜园应该选择阳光充足、活动室四周的边角处,以便于幼儿观察、操作和管理。为了充分利用场地,小菜园可根据具体条件设计成各种形状,场地小的幼儿园也可以运用盆栽方式以弥补场地不足的状况。

2. 提供劳动工具和充足的活动材料

常用的劳动工具包括小铲、小木桶、喷水壶、小锄头等。可配备若干尺子(卷尺和直尺)、放大镜、玻璃瓶、筷子、小竹竿、小罐、记录表格与空白纸张、笔(铅笔和彩色笔)等用于幼儿观察与操作。

(三)种植园地的管理

1. 制定管理制度、专人负责管理

种植园地应有专人进行管理,合理分配各个班级参与管理的时间。可将各班分成若干小组,灵活利用游戏、散步时间轮流进入种植园,保证每个幼儿每周都有与种植园亲密接触的机会与时间。由于种植园的活动不是一天能完成的,它具有连续性,幼儿可参与的工作包括播种、移栽、拔草、浇水、松土、收获等。所以教师要制定日常管理制度,明确哪些任务可由全班幼儿参与,哪些任务由值日生每天轮流完成,哪些任务需要教师亲自完成。

2. 选择合适的种植内容

幼儿年龄小,不易维持种植兴趣,应选择种植容易成活、种植管理方法简单、生长周期短、能在短期内开花结果展现完整生命周期的植物,如蚕豆、玉米、大蒜、小白菜等。开花结果的植物能使幼儿感受生命的美丽和享受到收获的喜悦。种植的植物应根据季节、幼儿观察的需要等条件的变化而变换。有变化的内容可以激发幼儿的好奇心,引起他们探索的兴趣与愿望,各季生长的花草树木能使种植园地常年有美丽的风景。

3. 及时修复劳动工具补充操作材料

应随时对劳动工具进行检查,如有损坏及时修理,保证幼儿安全使用。操作材料在幼儿使用后收拾归位,及时补充消耗的材料保证活动的持续进行。

视频

我和小葱一起成长①

二、沙池、水池的设置与管理

沙、水是自然界最易取得的资源,是大自然赐给孩子的最好玩具,也是儿童科学教育活动极好的教育资源。

(一)玩沙玩水活动的作用

1. 在千变万化的玩法中儿童的创造力得到发展

沙、水没有固定的形状,儿童可以根据自己的意愿和想象随意玩耍,玩沙玩水游戏本身也没有固定的玩法和必然的结果,这给孩子留下了尽情发挥他们想象力和创造力的空间。有趣的游戏促使孩子更多地发明不同的玩法,孩子的创造意识和创造能力会逐渐发展起来。

2. 在自由建构中获得情绪上的满足

玩沙玩水游戏会给孩子带来无穷的欢乐,给予孩子极大的满足感和成就感。柔软凉爽的水、滑溜

---

① 视频来源:http://m.iqiyi.com/v_19rwpvp7sc.html?social_platform=link&_p1=2_22_221

的沙子让孩子产生舒服的感觉,孩子可以用自己的方式尽情玩耍,可以在建城堡、挖隧道、搭金字塔、绘画、挖宝藏等游戏中,成为一名"建筑师""画家""发掘者"。这一切均可让孩子获得情绪上的满足。

3. 在与沙、水的互动中获得关于沙和水的知识,促进了感知觉的发展

幼儿在玩沙玩水的过程中会发现沙子和水的特性,了解到沙和水在生活中的作用。沙、水从手中流过,可以给孩子带来特别的感官刺激,能感受到沙的粗细、干湿、水的温度等。幼儿在快乐的游戏活动中获得了关于沙和水的知识,感知觉也锻炼得越来越敏锐。

4. 在幼儿尽情玩耍中练习大小肌肉的动作

幼儿在玩水时会不停地将一个瓶子的水倒入另一个瓶中,可将玩具放入水中又拿起;玩沙时孩子会用力拍打沙子、用铲子将沙铲起。这都需要孩子的大小肌肉群的运动,在幼儿尽情玩耍中可以训练肢体的协调,练习大小肌肉的动作。

(二) 沙池、水池的设置

1. 场地设置

沙池、水池按位置可分为室内和室外;按是否可以移动可分为固定的和可移动的,后者可分为沙水箱、沙水盆。户外沙池应设在向阳背风处,深 0.30—0.50 米,有良好的排水性能,有遮盖物,遮盖物可在形状与色彩上加以考虑,注重美观。有条件的幼儿园应该设置沙池、水池,它们越大越有利于孩子活动。条件不足的幼儿园可采用移动式沙水箱,每个能满足 4—6 名儿童活动才能发挥应有的效果。

2. 材料准备

沙必须是细软的天然黄沙,经筛滤除去杂质,不能使用工业沙和石英砂。辅助材料如沙漏、沙铲、小水壶、小水桶和各种可用于玩沙玩水的玩具和废旧物品如塑料瓶、塑料袋、泡沫等,其实可以用于玩耍的废旧物品本身就是孩子的玩具。

(三) 沙池、水池的管理

1. 保证沙和水的清洁

沙要经常过滤,每次活动结束后要清除遗留物,筛去小石子等杂质。沙池中的沙在雨后应翻晒,经常翻动,保持沙的松软、清洁。露天沙箱中的沙土也要定期进行清洗,要设盖以防止动物尿、粪污物。如是沙量较少的沙箱,可将沙倒在能滤水的容器中,用清水冲洗后晒干。水池中的水要经常更换,根据要求进行消毒。在不能玩水的季节,要及时放掉水池中的剩水。

2. 提供必要的清洁措施

玩水前要清洁玩水用具。玩水玩沙都可给孩子准备罩衣、围裙,玩沙时可帮助年龄较小的孩子把领口塞住,袖口扎紧,在天气炎热的季节里孩子玩沙可以脱去鞋袜。

3. 制定规则

在活动前要说明游戏的规则,游戏中也要提醒孩子玩沙时不要抛沙,不揉眼睛,把游戏的用具收拾归位,保护水,节约用水。

4. 合理组织

要保证活动的正常进行,除提供必要的物质条件和充分的时间保障外还应灵活组织,户外容易受季节、天气的影响,可以将室内与室外的活动结合起来。在户外可让孩子自由游戏,定期组织幼儿集体玩耍。

思考与练习

1. 什么是幼儿园科学教育资源?

2.怎样选择幼儿园科学教育资源?

3.自设一个科学发现室。

4.选择一所幼儿园,根据该园的具体情况设计一个种植园。

5.扫一扫二维码,说一说教育随笔《家园探究花样造纸》运用了哪些学前儿童科学教育资源?

家园探究
花样造纸

第十章

家庭与社区的学前儿童科学教育活动

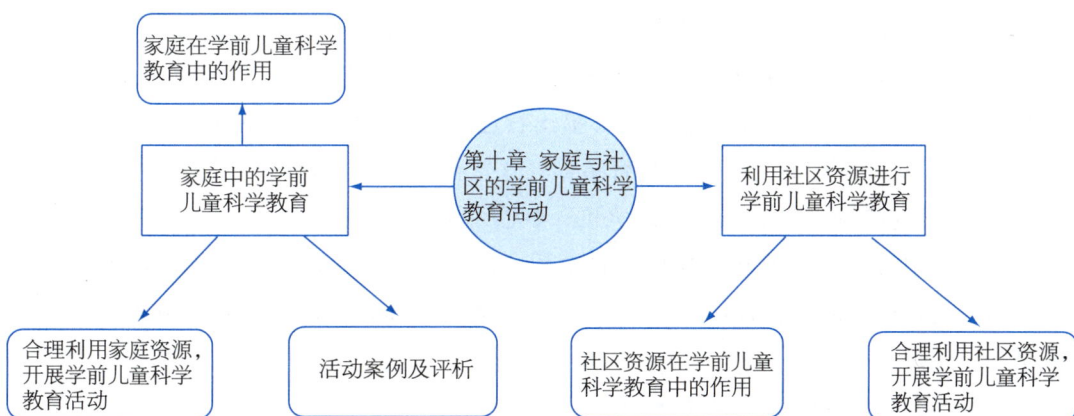

```
家庭在学前儿童科学          ┌──────────────┐
教育中的作用      ←───      │ 家庭中的学前  │ ←──── 第十章 家庭与社区 ───→ 利用社区资源进行
                           │ 儿童科学教育  │        的学前儿童科学        学前儿童科学教育
                           └──────────────┘        教育活动
合理利用家庭资源，  活动案例及评析      社区资源在学前儿童   合理利用社区资源，
开展学前儿童科学                    科学教育中的作用     开展学前儿童科学
教育活动                                          教育活动
```

内容提要

《纲要》指出："幼儿园应与家庭、社区密切合作，与小学相互衔接，综合利用各种教育资源，共同为幼儿的发展创造良好的条件。"科学教育是学前儿童重要的教育内容之一，家庭是幼儿出生后生活的第一场所，生活时间最长的场所，是接受科学教育的有力教育场所。尤其在入园前的3年内，其作用更加凸显。社区资源是一本精彩的书籍，一幅美妙的画卷，给孩子提供了良好的学习环境。因此家庭、社区、幼儿园应是有机的整体，各自发挥着独特的作用，使学前儿童的科学教育取得最佳效果。

遵循《纲要》和《指南》的精神，本章介绍了家庭及社区中的学前儿童科学教育。重点介绍了家庭、社区在学前儿童科学教育中的作用；如何合理利用家庭、社区资源，开展学前儿童科学教育活动，尤其是如何充分发挥家长自身人力资源的作用。

学习目标

1. 了解家庭、社区在学前儿童科学教育活动中的作用。
2. 学会充分利用家庭、社区资源开展学前儿童科学教育活动。

第一节　家庭中的学前儿童科学教育

家庭是幼儿的第一学校,父母是幼儿的第一老师。幼儿的健康成长离不开成功的家庭教育,离不开家园的密切联系和积极配合。对此,《纲要》和《规程》都提出了明确的要求。在注重"资源共享"的信息时代,挖掘、利用家庭的科教资源,用以增强幼儿的科学素质,促进幼儿的全面发展,就显得极为重要。

一、家庭在学前儿童科学教育中的作用

(一) 家庭是儿童科学启蒙的起始地与阵地

孩子从出生起,就开始接受父母潜移默化的影响。孩子接触最多的是父母,受影响最深的当然也是父母。父母往往是孩子最亲近的人,父母与子女之间的特殊情感决定了父母对子女的教育是他人不可轻易替代的。孩子可以无拘无束地向父母提出自己的疑惑,表示自己的意愿。父母也可以根据自己孩子的特点,一对一地随时随地进行教育指导。这里指的教育,当然包括科学教育在内。研究表明,家长积极的态度和鼓励是促进儿童对数学和科学感兴趣的重要因素。而且,很多学生童年期对科学的兴趣与他们高中时代的学科成绩有密切的关系。如果家长树立科学的世界观,并且重视利用家庭的优势对孩子进行科学启蒙教育,那么对孩子科学素质的培养和发展将起到十分重要的作用,孩子会受益终身。

(二) 家庭生活提供了丰富的科学素材

家庭中的饮食起居,衣食住行,无一例外地为幼儿提供了丰富的素材。例如,家里栽植的各种花草,多种生活物品,菜篮子,多种玩具,家庭科技藏书,家具,电器设备等,都为幼儿提供了探索的素材。

家长可以在家中某一固定的地方,有序地摆放一些既安全又卫生的物品材料,如小瓶子、小盒子、铁丝、电线、灯泡、放大镜、剪刀、钳子、旧闹钟、坏玩具等。让孩子尽情地摆弄这些物品,运用这些物品去观察、想象、发现和创造,最大限度地满足其好奇心和探索欲。

家长还可以经常带幼儿走进大自然。"亲近自然,喜欢探究"是《指南》中明确提出的目标之一。探究既是幼儿科学学习的目标,也是幼儿科学学习的方法。家长带幼儿接触大自然,可以走进大树林,来到小溪边,参观动物园、植物园、博物馆、科技馆、游乐园,在这丰富多彩的世界中,一定能激发其好奇心与探究欲望,幼儿能发现、认识、感知多种事物属性、事物间的联系及与人类的关系,等等。家长可以和幼儿一起发现并分享周围新奇、有趣的事物或现象,一起寻找问题的答案。通过拍照和画画等方式保留和积累有趣的探索与发现。

总之,在家长的带领下,幼儿有更多的机会接触生活中的多种素材,从中获取更多的感性经验,并体会探究的乐趣。

(三) 为幼儿园科学教育奠定基础,与幼儿园科学教育相互补充

幼儿园进行科学教育,要以幼儿的经验为基础,使幼儿不断地唤醒对原先所接触的物质世界中的各种自然现象和物体的认知,不断改造自己的科学认知结构。比如,教师组织幼儿认识水果,自然会联系到在家曾经吃过的各种水果的滋味、样子。同时,幼儿也会把在幼儿园获得的新经验,在家庭中得以运用、练习。比如,幼儿在幼儿园进行了有关浮力的探索活动后,回到家里,他会和父母一起对家

里的一些东西进行猜测,是浮是沉。然后放到水里进行验证。进一步积累沉浮与物体材料、大小、轻重等的关系。

幼儿园教育内容的选择有时是有局限性的。比如观察星空、月亮的变化。相反,在家庭中,这些观察就变得轻而易举了。因此,家庭中的科学教育是幼儿园不可替代的,二者紧密联系,又相辅相成。

二、合理利用家庭资源,开展学前儿童科学教育活动

(一)充分发挥家长自身人力资源的作用

1. 重视家长潜移默化的影响

家长的一言一行,对人对事的态度都对孩子起着潜移默化的影响。家长应树立科学的教育观,同时应具备一定的科学知识和经验,掌握观察、实验等基本科学方法和技能,并热爱自然,热爱科学,关心周围事物,正确对待生活中的科学现象与问题。此外,家人要经常阅读,讨论学习问题,动手做一些小实验、小制作,为孩子做个小玩具,修理家庭用品,种植花草等。同时为幼儿提供一些有趣的探究工具,用自己的好奇心和探究积极性感染和带动幼儿。这是《指南》中给出的教育建议之一。幼儿在耳濡目染中激发起对科学的兴趣,自然而然地产生探索欲望,而加入其中。所以,家长日常应表现出对事物的极大兴趣,充满探究热情。

2. 正确对待幼儿提出的问题

孩子一出生就对世界充满着好奇,总是用一双充满问号的眼睛来审视世界。"喜欢接触新事物,经常问一些与新事物有关的问题;对自己感兴趣的问题总是刨根问底"是《指南》中"亲近自然,喜欢探究"目标中幼儿发展的指标之一。问题往往是孩子探索行为的方向盘,它不仅能引发孩子的探索行为,而且能引领孩子探索的方向并保持探索的兴趣。对儿童进行科学教育应当关注他们在日常生活中提出的问题,这是保护其科学探究兴趣的有效手段。因此,正确地对待孩子提出的问题,在家庭科学教育中是至关重要的。

首先,积极鼓励、认真倾听孩子的提问。家长应明白爱提问题的孩子往往是爱动脑筋的孩子。因此,当孩子提出问题时,家长要耐心地认真倾听,使孩子从心理上感到受到家长的重视和支持。切不可加以斥责,也不能置之不理,更不可用"去去去,就你事儿多""烦死了"之类的话压抑孩子提问的积极性,否则,就会影响孩子的好奇心和求知欲,影响孩子对周围世界的主动探究。

其次,回答孩子的问题要讲究艺术。高尔基曾经说过:"对小孩子的问题回答说等一等,你长大就会知道的,这就是打消他的求知倾向。明白地回答小孩子的问题,是一种非同寻常的艺术,它是需要慎重的。"

家长一般可以根据不同问题和当时的具体情况采用不同的处理方法。对于"这是什么?那是什么?"等关于事物名称的问题,家长可以直接告诉他们答案。对于有关物体属性或孩子通过操作可以获得答案的问题,应该引导其进行仔细观察、实践操作而获得满意答案。比如,孩子问:"这个玩具放到水里会怎么样?"家长大可不必直接告诉他答案,而应该鼓励他自己试一试或引导孩子通过观察、实践找到答案。

案例 10-1

一个小孩看着空中的满月问:"爸爸,月亮会永远这么圆,这么亮吗?"这位爸爸没有直接回答,只是说:"过几天再来看,你就会发现这个秘密,知道答案了。"几天之后,在一个月光朦胧的夜晚,爸爸带着孩子出来看月亮。小孩看见了弯弯的月亮又说:"爸爸,弯月亮不好,还是圆月亮

好,你说月亮还会变圆吗?"这位爸爸仍未直接回答,而是答应过一段时间再带他出来看。后来孩子又看到了圆圆的月亮,他高兴地嚷道:"真有趣,月亮会从圆的变成弯的,又从弯的变成圆的。"这位父亲的作答方式是值得肯定和提倡的。他既使孩子的好奇心得到满足,又让孩子通过自己的观察思考明白了"月有阴晴圆缺"的现象。

对于家长一时也不懂的问题,千万不能不懂装懂,应老老实实地告诉孩子,等看了书或请教别人后再告诉他,也可与孩子一起寻找答案。孩子的问题虽然暂时得不到回答,但借此机会却使孩子懂得了获取知识有多种途径。父母一旦弄懂了问题的答案,就应及时认真地向孩子作答。这样不但满足了孩子求知的欲望,久而久之也培养了孩子刻苦钻研、不耻下问、实事求是等良好品质。对于难于以深入浅出的方式向幼儿说清楚的问题,尤其要谨慎,不能胡乱编造。如:"我是从哪儿来的?""我怎么进到妈妈肚子里的?"这样的问题千万不能胡编乱造,欺骗孩子,如"你是从某某地方捡来的",等等。这样做不仅违背科学,而且随着年龄的增长,孩子就会因此感到迷惑以外也会产生不安全感,甚至认为家长说谎,影响家长在孩子心目中的威信,还可能对孩子的心理发展产生消极的影响。因此,对这类问题的回答开始就必须遵循适时、适量、适度的原则,必须符合科学,谨慎作答。可以借助故事、音像资料向幼儿介绍。

对于如何正确对待孩子的问题,陈鹤琴先生曾说:我们做父母的不要拒绝小孩子的问题,也不要以有问必答的方法对待他,我们应当利用他的问题来施行我们的理想教育。

由此可见,从正面引导和回答孩子的问题,是对孩子负责的做法,既会满足他们好奇心,又让他们对未来充满着探索的欲望,使孩子渴望知识的心永不满足。相反,如果对孩子的问题敷衍了事,就会大大打击他们的自尊心、自信心以及好奇心,使孩子们失去兴趣,进而影响孩子们身心的健康成长。所以,家长应激发孩子探索的欲望,让他们健康地成长。

3. 引导幼儿学会观察

"有意识地引导幼儿观察周围事物,学习观察的基本方法,培养观察与分类能力"是《指南》中提出的教育建议之一。的确,观察是人类认识世界的最基本,也是最重要的方法之一。如果家长能有意识地引导孩子在家庭生活中进行观察,丰富他们的科学经验,就有利于孩子今后的科学学习。家长应重视孩子良好观察习惯的培养和观察方法的学习。家庭生活为父母与儿童经常一对一接触创造了条件,家长可以随时抓住观察时机,激发观察兴趣,引导孩子进行观察,学会观察方法。例如,顺序观察法:教孩子从上到下,从前到后,从左到右,从头到尾地观察某一物体的外形特征,能使幼儿全面地、不遗漏地、细致地观察事物的每个部分。重点观察法:对凸显事物本质特征的部位进行仔细观察。如通过观察兔子的长耳朵、红眼睛、短尾巴,使幼儿了解兔子的特征。比较观察法:将两种或两种以上的事物放在一起进行观察,比较它们的异同点。如将杨树与柳树、鸭子与鹅进行比较,让幼儿观察比较它们的相同点和不同点。长期观察法:观察事物的发展变化过程。如对家中养殖的小动物和种植的花草的生长变化情况的观察。观察要尽可能调动儿童的多种感官。

4. 激发、鼓励幼儿的探索行为

"真诚地接纳、多方面支持和鼓励幼儿的探索行为"是《指南》中提出的教育建议之一。家庭生活中,很多东西都会引起儿童的好奇,继而产生要摆弄的需求。家长对此举应该鼓励而且要大力支持。

首先,家长对于儿童因好奇而引起的"破坏性"行为应给予充分理解。

由于孩子动作的灵活性、精准性差,在摆弄物品或探索过程中,不可避免地造成物品"损坏",对此,家长应给予支持和理解。例如,儿童对电动玩具的声音感到好奇,拆开来看看究竟,如果孩子自己把玩具拆了,绝大多数情况下是不能复原的。对此,我们不但不能批评,相反,要对孩子的勇于探索给予鼓励,引导他在拆玩具时应注意观察并记住拆的顺序及零件的位置,进而加深对事物的认识,提高探索兴趣。

其次,家长主动提供一些能激发幼儿兴趣的游戏材料供其探索。玩玩具是幼儿不可缺少的一项活动。在玩玩具做游戏时,家长尽量不要手把手去教,也不要急于帮助他,应鼓励幼儿自己想办法去探索。在不断探索的过程中,幼儿会发现解决问题的好办法,体会到成功的喜悦,这对幼儿今后积极地探索世界大有好处。比如,家长把一个干净的小口塑料瓶装几颗小圆糖,在旁边放一个勺子,然后对孩子说:"宝宝快把瓶子里的糖拿出来。"看幼儿用什么办法将瓶中圆糖取出来。家长千万不能说:"把瓶子里的糖倒出来。"幼儿开始可能会用手去抓,当手塞不进去时,也可能会用旁边的小勺塞进瓶子里去掏,经过多种方法努力后,幼儿最终学会把瓶子倒过来从而倒出糖丸。这是一个了不起的进步,幼儿经过自己的努力取得了成功,以后不管做任何事,他们都会自己去想办法,动脑筋,这对培养幼儿的独立性和探索精神非常有帮助。

最后,家长适当参与探索活动。家长的适时参与会大大增强儿童的活动兴趣。父母参与不等于包办代替,而是给予合理的建议或提供技术帮助。比如,儿童在摆弄电池、电线、小灯泡时,试图探索三者关系的过程中,对于电线和电池及灯泡的连接操作上存在困难,父母适时介入帮助其固定,就会大大减少儿童因受挫而失去探索兴趣,终止探索活动的不良后果。

5. 注重幼儿的探索过程,积累丰富经验

学前儿童在认识和解释自然现象时具有很强的主观性和自我中心化倾向,在探索自然现象时具有简约性和试误性,不能客观地解释自然事物和现象,往往从主观愿望出发,赋予万物以灵性,或只是根据表面现象进行。同时,学前儿童需要多次尝试和探索,不断排除无关因素,才能正确地理解科学现象。布鲁纳曾强调,"所谓学科的教学,不是灌输作为结果的知识,而是指导儿童参与形成知识的过程。"因此,家长在对学前儿童进行科学教育时,要注重其活动过程的参与,在不断的操作中,加深印象,积累经验。例如,很小的孩子,在反复玩玩具的过程会发现不同玩具相互碰撞,发出的声音不同;不同玩具拿在手里,甚至放到嘴里,感觉不同;小的玩具可以装到大玩具里面,等等。诸如这些经验的积累,对儿童科学地认识世界,有着重要意义。

6. 注重随机的科学教育与有目的的科学训练有机结合

家庭中的科学教育具有很大的随机性,平日的家务劳动、周末外出游玩,甚至串门走亲戚,都可以渗透科学教育。孩子在生活中,随时随地会碰到感兴趣的科学现象,需要家长给予解释和帮助。如一个妈妈对女儿进行随机教育的例子。晚上,孩子突然问妈妈:"太阳到哪里去了?"这时家长要注意,这是孩子对为什么白天有太阳,而晚上却没有这个自然现象的探索,要给予正确而清楚的回答。这种偶发性的科学教育机会随时都会出现,家长要抓住机会,善于利用时机,起到促进孩子科学素质发展的作用。

同时,积极创造条件,有计划、有目的地对幼儿进行科学教育也很重要。积极引导孩子去感知、去发现,通过探索的过程,发现科学的奥秘,获得成功的体验,孩子会非常珍惜自己探索来的成功,增强对探索的兴趣。

案例 10-2

　　一个 5 岁男孩,有一次家里来了许多小客人。他非常兴奋,忙拿出糖盒招待客人,这时,妈妈说:"给他们每人三颗糖。"第一次,他拿了三颗糖给一个小朋友,第二次,他拿了三颗糖给第二位小朋友,这时糖盒里还剩下七颗糖,而小朋友却有三个没有分到糖。他看着糖盒不愿分下去了,说:"妈妈,还少两颗糖。"妈妈说:"为什么少了两颗糖?"他说:"因为有一个小朋友只能分到一颗糖了。"妈妈赶紧又给了他两颗糖,他满意地分到了小朋友的手里。

评析:这是妈妈有意培养孩子对数的认识,让他自己去操作,去感知数的实际意义,既开拓了孩子的思维,又培养了他对数学的兴趣,更重要的是培养了他主动探索、积极思考的习惯。

随机教育和有目的的教育,对培养孩子科学兴趣及探索欲望很有帮助,二者都很重要。家长可以利用的条件很多,关键要掌握孩子的理解能力,因为孩子由于年龄特点导致了他们发展水平有限,很多科学道理孩子可能说不出来,但他们可以在家长的帮助下,在自己的水平上经历科学发现过程,获得科学经验。家长利用条件、创造条件给孩子以科学发现的机会,孩子就在探索和获取知识的过程中真正体验到了科学精神,从小培养了他们爱科学、用科学的意识,为他们成为21世纪的科技人才打下坚实的基础。

(二)充分发挥各种家庭物质资源的作用,避免资源浪费

家庭中有很多可以用来进行科学教育的物质资源。如家庭饲养和种植的动植物,家庭科技藏书、音像资料等。目前,这样一种情况比较普遍,父母为儿童购置很多书籍等,但往往是一时的热情,没多久,这些资料便被束之高阁,造成很大浪费。因此,充分利用已有资源,对儿童进行科学教育就显得尤为重要。当然,家庭物质资源利用过程中,是有选择的。应为儿童选择适宜的科普读物,开展亲子阅读,培养儿童的科学探索习惯。

为了增强孩子理解和解决问题的能力,家长可适当引导孩子阅读相关的科普读物,学会使用检索工具。如果能够与孩子共同阅读这些儿童科普读物,则更能培养儿童的科学探索兴趣与习惯。当然,对幼儿来说,阅读不只是视觉的,也是听觉的,甚至是触觉的。因此,帮助幼儿阅读科普知识还包括带幼儿去公园玩、参观博物馆、看电视,甚至包括选择具有科学探索意义的玩具,如有轮轴的机械玩具、不同尺寸的磁铁、放大镜、棱镜等。这将大大丰富幼儿的科学探索经验与材料,促使其形成良好的科学探索习惯。

三、活动案例及评析

活动案例 10-1

玩具分类 (0—3岁)

活动目标

1. 知道玩具名称,在玩玩具中感知物体的大小、多少、颜色等属性。
2. 在玩玩具中激发、保持对物体的探究兴趣,感受其中的快乐。
3. 培养玩过以后,整理玩具的习惯。

活动准备

1. 家里大小、软硬、颜色等不同的各种玩具,装在玩具箱内。
2. 不同颜色的大一点的纸盒(放玩具用)。

活动过程

一、推出玩具箱,激发兴趣

"妈妈今天送你一个百宝箱,快来看一看,里面都有什么?"指导幼儿把玩具从玩具箱里一一拿出,可以一边拿一边说出玩具名称,不会说话的幼儿,可以家长说,幼儿按要求拿。

二、按物体的不同属性分类

"这么多玩具待在一个家里,多挤呀,我们帮忙给它们分分家吧。"家长可以提出分类要求,幼儿按要求做,如:把红颜色的玩具放在红盒里,把数量是 1 的玩具放在黄盒里……并对幼儿的反应及时给予评价,重复物体属性,说给幼儿听。根据幼儿的实际水平,如果可能的话,可以让幼儿自己分,请他说一说为什么这么分。

三、收拾、整理玩具

"我们跟玩具朋友玩这么长时间了,它们一定累了,也该回家喝水了。我们把它们一一送回去吧。明天再接着玩。"和幼儿一起收好玩具,放回玩具箱。

活动评析

利用家里的玩具材料,让幼儿通过摆弄玩具,自主操作,感知物体不同属性,通过表达,加深对物体属性的认识、理解,同时增进亲子感情。

活动案例 10—2

巧喝豆浆(酸奶)(3—6 岁)

活动目标

1. 知道堵住吸管一端,空气会使管子变硬,刺破塑料膜更容易,丰富生活经验。
2. 培养乐于思考、勇于探索的精神。

活动准备

吸管一根,塑料杯密封豆浆一杯(或塑料杯密封酸奶)。

活动过程

一、导入:利用吃早点,引出问题。

"要用吸管喝到杯里的豆浆(酸奶),怎样才能顺利刺破杯上的塑料膜呢?"

二、激发幼儿尝试解决。幼儿可能会用力戳,可能会把吸管戳折,家长可以引导幼儿尝试用手指堵住吸管的一端,再迅速向塑料膜戳去。

三、说说感受,加深体验。让幼儿说一说,怎样刺破塑料膜更容易。进而加深体验。

活动评析

活动通过创设问题情境,引导幼儿在主动探索的基础上,尝试解决日常生活中的问题,进而丰富自身的科学体验。

第二节 利用社区资源进行
学前儿童科学教育

幼儿科学教育需要孩子们在社会、自然中自由探究和主动发现。因此我们应该充分利用那些易引起孩子们反应的各种自然和社会资源,充分发挥资源的教育功能,使其成为幼儿科学教育的重要补充。

一、社区资源在学前儿童科学教育中的作用

（一）社区是家庭、幼儿园科学教育的补充

1. 利用物力资源,拓宽教育内容

社区丰富的物质资源,可以大大丰富学前儿童的科学教育内容。例如,在农村可以充分利用田野、山川、河塘、树林、风云、雨雪、鸟兽、鱼虫等大自然及地方风土人情来丰富教育内容。城市中博物馆、科技馆、体育馆等也都为儿童提供了丰富的科学探索内容。比如,英国博物馆里设有模拟银行、模拟加油站及多种模型等,一个大嘴的模型可以让孩子们了解牙齿怎样咀嚼食物;有些装置和模型还可供孩子们直接接触。

2. 利用自然资源,丰富活动材料与活动形式

陈鹤琴先生早在 20 世纪 40 年代初期就提出"大自然,大社会是活教材"。"我们应向它全面讨教,向它探讨"。大自然是丰富多彩,千姿百态的,它的形、声、色都会引起幼儿的兴趣和好奇心。同时也提供了丰富的活动材料,扩展了活动形式。例如,在春游、秋游中,带孩子们走进大自然,孩子们会有很多发现:春天,小草、树木是怎么发芽的? 怎样开花,长叶的? 秋天,草儿为什么会变黄? 果树的果子都是怎么生长的? 冬日的雪天,带孩子们到雪地里走一走,会咔嚓咯吱地响,雪为什么是白的? 为什么要下雪呢? 雪落到手上成了水,雪花是什么形状的?

在农村,广阔的田地便是孩子们学习的大课堂、天然的乐园,而且活动材料、游戏道具随手可得,尽展孩子们丰富的想象力。例如,成人看起来只能烧火用的竹竿、高粱秆、玉米秆在孩子手里便成了"宝贝",放在胯下就是马,挥在手上就成鞭,扛在肩上就是枪……

总之,可以带孩子在大自然中,通过自己的感官去体验、思考,在轻松愉快的活动中陶冶情操,获得丰富体验。

3. 利用人力资源,提供有力保障

社区中有很多宝贵的人力资源,可以为幼儿教育活动的开展提供有力保障。聘请社区中有各种职业专长者,科技馆、博物馆等工作人员指导孩子进行各种科学活动。例如,请消防员讲解防火、灭火知识,进行现场演示,增强幼儿对火的感性认识;请小朋友最喜爱、敬慕的解放军叔叔做园外辅导员;请警察叔叔教幼儿学做交通小指挥;请孩子们尊敬的社区老干部来园讲革命故事……

在农村,有很多家庭从事各种养殖工作,开设多种加工厂,所有这些都给孩子提供了丰富的教育资源。还可发动家长帮助收集制作玩具,如有些家长是木匠,就请他们把一些锯下的边角料留下,稍稍加工就能成为多彩的积木;有些家长是裁缝,就请他们收集碎布头,做成沙包、布贴画、布娃娃、木偶等;有的家长是农民,秋天收获玉米时,请他们选那些色白皮薄的上好玉米皮,撕开后可以做成编织材料……

（二）让幼儿在社区小社会中亲自感受、体验,获得更加广泛的感性经验

《纲要》中,多次提到利用"身边常见事物和现象""从生活和媒体中幼儿熟悉的科技成果入手""从身边的小事入手"等要求。这是幼儿园科学教育生活化要求的具体体现。

社区就是一个小社会,通过社区中的一些事物,向孩子展示世界的奇妙。我们可以充分利用社区周边的各种场馆、店铺等多种资源,让孩子尽情体验。

比如,利用周围的母婴店,让孩子试穿婴儿服饰,进而感觉自己长大了,小小婴儿服对他们来说已经太小了。对于幼儿来说,最有效的学习就是他们感兴趣的学习,这种有趣的尝试是幼儿最喜欢的,通过操作也非常直观形象地让幼儿发现自己头、四肢、身体的长大。这样的活动,无疑是最受幼儿

欢迎的。

此外,还可以让幼儿走进工厂、学校、敬老院、社会福利院等场所,进行参观、演出、联谊等活动。例如,在"三八妇女节",带孩子到鲜花店,让孩子认识康乃馨、百合、玫瑰等鲜花,让孩子为妈妈买上一朵表示对妈妈节日的祝贺,孩子们置身于花的海洋里,受到了美的熏陶,而为妈妈买花表达对妈妈的一份祝福,又增进了亲子之情。再如,我国"神舟"系列飞船发射成功,可以组织孩子去科技馆参观,进一步了解航天知识,激发孩子对科学的热爱之情。

（三）促进儿童社会交往能力的发展

社区资源是共享的,孩子们来自不同文化背景的家庭,不同的幼儿园,甚至有着不同的国籍。他们的年龄、性别、个性、发展水平都有所不同。在社区中,他们共同观察、共同操作,相互协作、相互交流。所有这一切对幼儿社会交往能力的发展是十分有利的。

总之,社区资源是一个大课堂,是取之不尽、用之不竭的资源库。我们应充分利用这些资源,满足幼儿成长的需要,事实证明,只有充分利用丰富的社区资源,让它们真正成为孩子学习的课堂,才会轻松愉快地融入社会生活,才能激发孩子初步的爱社会等美好情感。

二、合理利用社区资源,开展学前儿童科学教育活动

（一）根据教育的目的要求、年龄特点等选择合适的资源

随着经济的发展,社会的进步,社区资源会越来越丰富。但目前而言,很多资源并不是专为学前儿童而设立的。因此,我们在利用社区资源开展活动时,应该是有所选择的。

选择社区资源时应该考虑活动的目的、内容及孩子的年龄特点等因素。例如,让孩子认识各种可爱的动物,就可以去动物园。如果想让孩子观察得更仔细、了解得更确切,就可以组织孩子去自然博物馆。馆内标本形态逼真,又是静态的,便于观察。年龄较小的孩子尽量选择地点近,场所活动相对集中的地方参观。

（二）制订具体活动方案

根据内容,确定活动地点后,接下来就要考虑一些细节。

1. 时间的确定

根据活动内容,场所、儿童及天气等方面的特点,确定活动时间。

2. 必要的联系、准备工作

时间确定后,首先,要提前和相关场所的负责部门联系。说明活动的时间、目的、人数以及需要相关人员要做的配合工作,等等。比如,参观科技馆、植物园等需要解说员为幼儿作出符合幼儿特点的解释。其次,要组织幼儿做好各种准备。包括幼儿相关知识经验的和必要的物质准备,如对幼儿衣服、鞋子等的要求。

3. 路线的选择

前往目的地往往有很多条路线,要提前考察哪条路线最省时、最安全。

4. 活动的步骤安排

利用社区资源开展活动,需要详细计划活动的每一步骤,比如,下车后,在什么地方集合,以什么样的顺序进入,按什么顺序参观、探索,过程中如何组织幼儿有效进行活动等细节,都要事先做好计划。

总之,幼儿的科学教育资源非常丰富,幼儿园、家庭、社区三位一体构成了一个完整的资源库。当代儿童所面对的社会生活空间日益扩大,社会生活环境日益复杂,而有效地利用社会和生活的大环境作为孩子们学习的课堂,使他们能较好地适应社会生活的发展已成为必然。我们要和孩子们一起充

分开发和利用这些资源,使孩子自始至终保持对科学的兴趣和探究欲望。要尽量创造条件让幼儿参加探究活动,满足他们的好奇心,使他们在玩的过程中获取科学信息,体验发现的乐趣。

思考与练习

1. 如何充分发挥家长自身资源,有效开展学前儿童科学教育活动?

2. 充分利用家庭资源,设计学前儿童科学教育活动。

3. 充分利用社区资源,设计学前儿童科学教育活动。

4. 扫一扫二维码,认真观摩分析以下 5 个案例,你认为幼儿园教师应该怎样利用好家庭资源进行科学教育?

案例一(青岛幼儿师范学校附属幼儿园　许爽)

会下雨的云朵　　　　　　　会下雨的云朵

案例二(青岛市崂山区金钥匙幼儿园　崔顺)

会吃水的蜡烛　　　　　　　会吃水的蜡烛

案例三(重庆市渝中区区级机关幼儿园　杨翠兰)

黑黑的影子　　　　　　　　黑黑的影子

案例四(重庆市渝中区区级机关幼儿园　殷艳)

小蝌蚪游起来　　　　　　　小蝌蚪游起来

案例五(青岛市市南区江西路幼儿园　苗菁)

美食好帮手　　　　　　　　美食好帮手

第十一章

学前儿童科学教育活动的评价

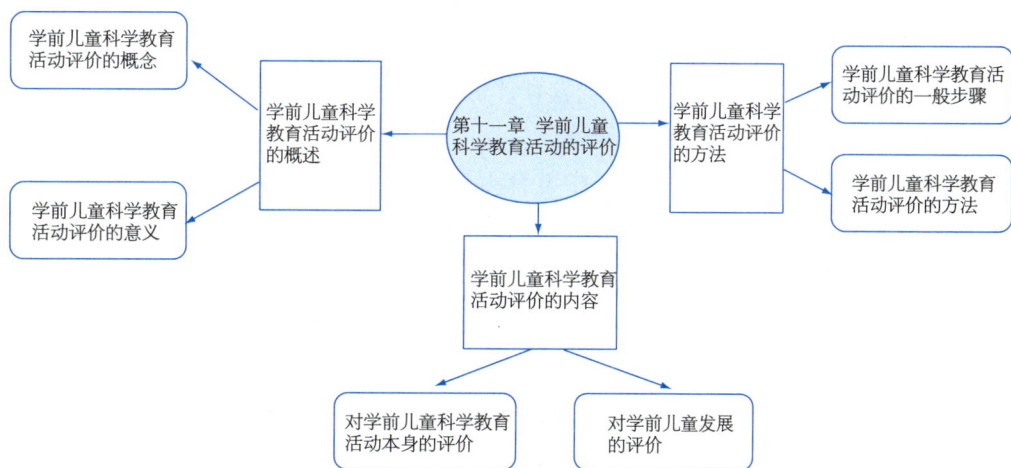

内容提要

通过前面几章的学习,我们明确了学前儿童科学教育活动的目标、内容、途径、方法等相关的理论。本章将遵循《纲要》《指南》基本精神,在"以幼儿发展为本"、以为其后继学习和终身发展奠定基础、以促进幼儿体、智、德、美各方面的协调发展等幼儿教育观念的指导下,全面介绍学前儿童科学教育活动评价的基本知识,以便更好地探索学前儿童科学教育活动的规律,提高教育教学质量,达成以评促学、以评促教、以评促改的目标,全面提升学前儿童科学教育活动的效益和品质。

本章主要阐述学前儿童科学教育活动评价的基本概念、意义,以及学前儿童科学教育活动评价的内容和方法。

学习目标

1. 理解教育评价及学前儿童科学教育评价的概念。

2. 了解学前儿童科学教育活动评价的意义。

3. 明确学前儿童科学活动评价的内容。

4. 理解学前儿童教育活动评价的一般步骤。

5. 掌握学前儿童科学教育活动评价的方法并能够灵活运用。

第一节　学前儿童科学教育活动评价的概述

一、学前儿童科学教育活动评价的概念

(一) 教育评价的概念

教育评价包含两层含义：评判和价值。所谓评判，是指对评价对象作出判断。具体地说，是对教育活动的目标、内容、过程、环境及教师、儿童等评价对象作出判断；所谓价值，则是作出评判的基础和标准，也就是说，评价者按照一定的标准对评价对象作出的各种判断。

评价始终是教育中的一个难题，长期以来我们对教育评价有很多不准确的认识，把它看成是一种简单的测验和测试。我们在研究教育评价时，要树立正确的教育评价观，掌握科学的评价方法，使教育评价成为教育过程中的一个重要环节，体现教育评价的价值并保证教育的质量。

(二) 学前儿童科学教育活动评价的概念

学前儿童科学教育评价是以学前儿童科学教育为对象，根据一定的标准，采取科学的评价技术和方式、方法，对学前儿童科学教育活动的目标、内容、过程及教师、幼儿等进行测定并加以分析，最终作出价值判断的过程。例如，我们可以评价幼儿在科学活动中的观察力、解决问题的能力、探索的兴趣和欲望；也可以评价教师教学方法的运用及教学效果；还可以评价教师与幼儿的互动情况及环境的价值，等等。

学前儿童科学教育活动的评价要从实际出发，倡导"多元评价"，使评价的主体、方法、标准等多元化，体现人性化、个性化。要树立科学的教育评价理念，应该注意以下三点。

首先，从权威评判转变为平等对话，即摒弃只有权威才能担当评价者，只有权威的评价才是唯一的评价结果的观念，而是要倡导"多元评价"。因为不同的人有不同的价值取向，如家长和教师的价值观不可能完全一样，幼儿和成人的价值观也肯定不一样。所以，对同一件事不同的人就会有不同的价值判断。由此可见，只有多方共同参与、合作、交流、沟通，才会获得全面而科学的评价。

其次，在评价中要树立"过程意识"，即评估要渗透到整个教育过程中，重视教育过程的评价。例如，教育过程中关于教师教学方法的运用、幼儿探索发现的兴趣、方法及解决问题能力的评价。要避免偏重对结果的评价而忽视对过程的评价。

另外，根据《指南》的要求必须理解和尊重幼儿学习方式和特点，注重对幼儿差异性的评价，避免"一刀切"和"成人化"的评价。充分尊重幼儿的个性，深入挖掘每个幼儿的发展潜力，采取动态的评价，关注幼儿的可持续发展，做到通过评价实现"以发展的眼光看幼儿""让每个幼儿在原有的基础上获得发展"。

二、学前儿童科学教育活动评价的意义

(一) 对学前儿童科学教育活动的各个要素进行鉴别

通过评价我们可以对教育活动的各要素进行科学的鉴别，也就是说，可以参照《指南》中幼儿的学习发展水平、行为特点、年龄特征的基本要求为导向，来检查教育活动的各个方面是否达到了预期的目标，或目标实现到何种程度。例如，通过对某一教育活动结果的评价，来检查幼儿对某一内容的学

习情况，从而评价教育活动的效果。另外，通过对幼儿在活动中的表现，鉴定幼儿的发展水平。同时，我们还可以对评价的对象作横向比较。例如，哪个幼儿发展的水平较高，哪位老师教学的方法更得当，教学的效果更佳。所以说，学前儿童科学教育评价具有反馈功能，可用来判断科学教育过程中的每一个步骤是否有效，如果无效则必须及时采取变革措施，以确保科学教育质量。

（二）对学前儿童科学教育活动作出诊断

过去的教育评价偏重于选拔性功能，而当今的趋向是淡化评价的选拔性功能，更强调其诊断作用，即评价不仅是对教育活动的结果进行横向对比，而且要对教育活动的过程作出纵向的对比，以便使教育过程更加完善，更加有效。通过诊断可以发现教育过程中存在的问题，并进行分析和诊断，从而改进。例如，引导大班幼儿进行春天的总结性谈话之前，就要了解他们对春天的相关知识、内容的掌握情况，以便有的放矢地组织幼儿展开活动，这种评价就具有诊断作用。又如，根据小班某个幼儿在计数活动中较长期的表现，可以诊断出这个幼儿计数能力在不同阶段的发展情况，从而判定这个幼儿计数能力的整体发展情况。

（三）对学前儿童科学教育活动加以改进

教育评价的最终目的从根本上说是为了改进今后的工作，而不是鉴别和诊断。在教育活动中，我们将根据教育活动的目标不断地对教育实际作出一系列的评价，通过持续不断的评价达到改进教育活动、实现教育目标的目的。

（四）更好地实施个别教育，因材施教

通过教育评价可以对学前儿童进行纵向与横向的鉴别和诊断，也就是说，通过评价可以了解哪个幼儿发展得较好、较快，哪个幼儿发展得较慢、存在着不足，并通过分析找出症结，更好地了解幼儿间的个别差异，真正做到因材施教。

总之，科学教育评价可以使我们更深入地了解儿童发展的年龄特点和个别差异，帮助教师不断地反思改进自己的工作，更好地促进幼儿的发展。

第二节　学前儿童科学教育活动评价的内容

学前儿童科学教育评价的内容通常是指对学前儿童科学教育的某些方面进行评价，也就是评价什么。例如，是评价幼儿的科学态度、情感的发展水平，还是评价幼儿在科学活动中的行为及知识？是评价教师指导幼儿学习科学的方法，还是评价幼儿与教师在科学活动中的互动关系？

学前儿童科学教育评价的内容包括两个方面：对学前儿童科学教育活动本身的评价；对学前儿童发展的评价。

一、对学前儿童科学教育活动本身的评价

对学前儿童科学教育活动本身的评价主要包括对活动目标、活动内容、活动方法、活动过程、活动环境以及活动中的师生互动关系等方面的综合评价。

（一）对学前儿童科学教育活动目标的评价

活动目标是指教师期望活动所达成的教育结果。评价活动目标可从以下五个方面来进行。

第一，活动目标应该与学期目标、学前儿童的年龄特点以及儿童发展的总目标密切联系、相辅相

成。通过一个个科学教育活动目标的积累,构成了阶段目标、终期目标,而每一项活动目标的达成,都是为了向阶段目标、终期目标的迈进。

第二,活动目标符合本班幼儿发展的整体水平和已有经验,并兼顾不同发展水平幼儿的个体需要。每个班级虽然在总体上符合该年龄阶段幼儿的一般特点和发展水平,但每个幼儿本身又有着自己的特殊性,各有不同的实际情况。例如,班里的幼儿普遍喜欢探索恐龙,但他们对恐龙的认知和喜欢程度以及表征的方式方法都会有所不同,所以要针对具体的情况确定目标。

第三,活动目标的构成应该包含情感态度、科学的思维方式和方法以及知识经验。目标的构成应该体现出幼儿科学教育的价值取向,要促进幼儿的全面发展。情感态度主要是指幼儿有好奇心和探索热情并有初步的科学精神和态度,如探索热情、创造精神、保护环境、尊重事实、合作分享、沟通交流等;科学的思维方式与方法主要是指对探索解决问题的策略的感性认识,如探索过程中的预测、推理、解释、描述、交流;知识经验主要是指获得有关周围事物间关系的经验并有使用的倾向。

第四,活动目标有利于幼儿的终身学习和发展。在科学活动中不能把学会科学知识作为最终的目标,而应该注重幼儿通过亲身经历产生对科学活动的浓厚兴趣,培养幼儿乐于思考、勇于创新的科学精神,并教会幼儿探索学习的方法。而这些都为幼儿的终身学习和发展奠定了基础。

第五,活动的设计应该围绕着活动目标而进行。活动目标确定以后,整个活动设计实施应围绕活动目标来展开。例如,内容的选择、活动的方式方法、组织形式的运用、教师提问的设计等,都要围绕着目标展开。

(二) 对学前儿童科学教育活动内容的评价

对科学教育活动内容的评价主要包括以下七个方面。

第一,活动内容应该与活动目标相一致。科学教育所涉及的内容、范围十分广泛,选择内容的首要依据就是目标。所以,活动内容应该有利于目标的实现。

第二,活动内容应该具有科学性。对幼儿进行科学素质的早期培养是幼儿科学教育的重要目的,因此科学教育的内容必须具有科学性,即科学活动所给幼儿的知识应是准确的,应选取那些能被幼儿所感知的内容,有利于幼儿科学态度的形成。例如,水的三态变化、冬眠的动物、动物的生长发育过程、月圆月缺等自然现象,等等。

第三,活动内容的选择应该体现时代性。现代科技日新月异,突飞猛进,因此,科学教育活动应该反映出现代科技发展成果,体现时代性。评价内容应该注意分析该内容是否能够引导幼儿关注新事物、新现象、新发明、新创造,激发他们的好奇心和探索的欲望,感受科技带来的新变化。如恐龙、克隆牛、克隆羊、狮虎兽、电脑、手机、转基因食物等。

第四,活动内容应该贴近幼儿的生活。幼儿期不可能形成真正的科学概念,经验性的知识才是幼儿能够获得的最有价值的知识。所以我们选择的内容应该来源于幼儿的生活,着眼于帮助幼儿获得有关周围事物及其关系的经验,选择那些符合儿童天性的、最自然的、最富有生命力的内容。例如,怎样让热水快快变凉、种大蒜、养鳌虾、镜子的秘密、图形宝宝在哪里、相邻数找朋友、比大小、自然测量等。

第五,活动内容应适合幼儿的最近发展区。科学活动的内容应该从幼儿现有的水平出发,同时又具有一定的挑战性。例如,在幼儿学习了等分的基础上,请幼儿分蛋糕,并将蛋糕切出不同的形状。又如,在幼儿学习了比较 4 和 5 的多少之后,让幼儿不仅能找出比 4 多 1 的数是 5、比 5 少 1 的数是 4,并能找出比 5 少的所有的数(1、2、3、4)。

第六,活动内容应该更多地提供幼儿直接参与的机会,亲身参与科学探索、发现的过程。幼儿学习的主要方式是探究,因此我们选择的内容应该具有探究性,能够使幼儿在活动当中动手、动脑、动口,充分体验,充分表达。例如,"各种各样的影子"可以为幼儿提供动手进行小实验的机会,让幼儿感受彩色的影子、无色的影子;不同方向的光源下形成的不同的影子。又如,"砸核桃"活动中,可以提供条件让幼儿自己寻找砸核桃的工具以及砸核桃的最简便有效的方法。

第七,活动内容应该体现整合的理念,尽可能地与各领域有机渗透。幼儿园的各领域之间存在着一定的内在联系,各领域之间只有相互渗透,有机结合,才会更好地促进幼儿的全面发展。例如,"影子"主题活动中,既可以对"影子"进行科学探索,又可以通过艺术表达、语言表达、体育游戏来拓展对"影子"的认识、理解,促进了幼儿的和谐发展。

(三)对学前儿童科学教育活动方法的评价

科学教育活动方法既包括教师教的方法,也包括幼儿探索学习的方法。活动方法的使用是否得当,直接影响活动目标的实现。评价活动方法可从以下四个方面进行。

第一,活动方法应该适合幼儿的年龄特点。方法应该直观、生动、形象、简练、便于幼儿参与。如,小班数学活动"4 的计数",可以采用点数实物、图片、游戏"找椅子"、摸出相应数量的物品、听听小猫叫了几声、学小兔子跳几跳等方法。方法生动、形象,方式灵活多样,幼儿在玩中学,会收到良好的活动效果。

第二,活动方法要因地制宜。要根据幼儿园的环境和设备条件选择合适的方法。如,农村可以组织幼儿参加秋收活动,帮助幼儿体验秋天是一个丰收的季节;城市可以通过"垃圾分类"活动,帮助幼儿形成初步的环保意识。

第三,恰当运用现代科技手段。可以利用录像、网络、数码相机等收集、积累资料,丰富幼儿感性经验,扩大幼儿的视野,激发幼儿活动的愿望。

第四,活动方法要体现幼儿的主体性。幼儿是活动的主体,在活动中应该充分调动幼儿活动的积极性、主动性、创造性,让幼儿做活动的小主人,让他们在活动中探索方法、体验快乐、丰富经验,并产生爱科学的情感。

(四)对学前儿童科学教育活动过程的评价

第一,活动过程的结构应该严密,层层递进,环环相扣。活动中的每个步骤之间应该存在着密切的联系,前一个步骤要为后一个步骤做铺垫,打基础,避免生硬的罗列和简单的相加,这样才能够让活动始终围绕目标展开并最终达到目标。

第二,在活动过程中,要充分接纳和尊重儿童的个体差异。儿童不可能都处于同一发展水平,每个儿童都有自己独特的价值,自己的发展优势和兴趣特点,他们的原有经验也不同,活动中要注意采用集体、小组、个别活动相结合的形式,让每个孩子都可以通过适合自己的方法去探索、去发现。同时,要为儿童创设良好的环境,让儿童感受到自由、合作、分享的乐趣。

第三,在活动过程中,要充分体现教师与幼儿之间的互动。活动过程中教师与幼儿的良性互动可以保证教育活动取得更好的效果,这种互动应该做到:教师既发挥了自己的主导作用,又调动了幼儿的积极主动性;幼儿与教师的交往和谐融洽。教师在活动中要体现多种角色,是指导者、帮助者、合作者、支持者、观察者等。

(五)对学前儿童科学教育环境的评价

科学教育环境既包括物质环境,也包括心理环境,是幼儿科学教育活动达到预期目标的支持和保证。物质环境包括活动空间、活动设备、活动材料等,教师为幼儿创设的物质环境应该是丰富的、优美的、多样的。心理环境包括活动的氛围、活动中教师和幼儿的关系、教师的态度、同伴关系等。教师提供的心理活动应该是和谐的、宽松的、安全的、自由的。教师要善于倾听、接纳幼儿的想法和做法,鼓励幼儿大胆猜想。

二、对学前儿童发展的评价

对幼儿发展的评价是以幼儿为对象的评价,也就是对幼儿的发展状况进行评价。通过对幼儿发展的评价,我们可以对幼儿做出某种鉴定,了解每个幼儿的发展状况,更好地改进我们的教学,同时,也可以帮助我们获得一些间接的资料,起到评价教育活动的作用。对幼儿发展的评价包括以下三个方面。

(一)对学前儿童知识经验的评价

幼儿对事物及其关系的认识不是靠记忆,而是靠一些具体的、特殊的材料进行科学探索,他们通过反复的操作、思考,去体验、去感悟,因此,他们所获得的知识经验不可能是真正意义上的科学概念,应该强调帮助他们获得经验性的知识。在科学教育活动中,我们可以通过观察、作品分析、谈话等方式评价学前儿童所获得的经验性知识的情况。例如,组织幼儿进行科学活动"下落的物体",可以对幼儿在活动中获得的相关经验作出评判,如哪些物体下落得快,哪些物体下落得慢,而不需要让幼儿理解自由落体运动的原理及空气浮力等问题。

(二)对学前儿童探究方式和方法的评价

对学前儿童探究方法的评价主要是指评价幼儿探索周围世界和学习科学的智力技能与方法的发展水平。活动中幼儿应该尽可能地运用多种感官;掌握观察的基本方法,学会有顺序地观察;能够在一定时间内专注地观察、思考、比较;能寻求独特的方法解决问题、发现各种关系;能用简单的方法统计、记录探究和变化的过程;能对一些物体进行比较、分析、抽象和概括;能主动通过多种手段表达交流自己的发现;能大胆地提出新问题、新想法。如组织科学活动"沉浮",可以通过观察幼儿是否能够认真观察,仔细操作,对比出哪些物体沉下去,哪些物体浮上来,以及是否能够想办法将沉下去的浮上来,浮上来的沉下去,来评价幼儿的观察力、注意力、操作能力、解决问题的能力。

(三)对学前儿童情感、态度的评价

在学前儿童科学教育活动中,对幼儿情感、态度的评价主要是指评价幼儿对周围世界的好奇心、探究热情、创造精神、尊重事实的科学态度、尊重他人的发现及创造、乐于合作、喜欢分享和交流等。如,通过幼儿在科学活动"奇怪的影子"中的表现,可以了解幼儿是否具有探究的热情、认真的态度,是否喜欢与同伴交流,是否乐意倾听别人的意见和建议,是否能和同伴合作共同探索。对幼儿科学教育内容的评价,有时是要有系统、有组织、有计划地实施的,是正式的评价,而更多的是随机的、非正式的评价;有时评价比较显性,有时评价比较隐性。总之,这种评价应该是通过师幼互动来进行的。

第三节　学前儿童科学教育活动评价的方法

一、学前儿童科学教育活动评价的一般步骤

评价的方法有很多,但不管运用哪种方法,都要有一定的程序和步骤,以保证评价工作的科学性和有效性。学前儿童科学教育评价一般包括以下的步骤:确定评价目标;设计评价方案;实施评价方案;处理评价结果。下面对每个步骤做具体分析。

(一)确定评价目标

评价是一种有目的的行为。评价过程中首要的步骤是确定评价目标。评价目标的确定包括以下

三个方面。

1. 评价的目的——为什么评

作为评价者首先要明确评价是为了什么？是衡量教育效果的优劣，还是探讨教育教学方法的运用？是了解儿童的现有发展水平，还是对儿童进行比较和鉴别？是为了考评教师，还是为了发动家长献计献策，加强家庭和幼儿园的联系，保证家园教育的一致性？目的确定后，才能根据目的恰当地选择评价的内容、方法等。

2. 评价的主体——谁来评

评价的主体指的是评价者，即评价的组织者和实施者。在学前教育机构，管理人员、教师、儿童及家长都是学前教育评价工作的参与者，幼儿园教育工作评价实行以教师自评为主，其他人员参与评价的制度。在所有的评价主体中，教师与儿童是主体中的主体。

评价的目的不同，评价的主体就不同。例如，对幼儿园进行评估定级，评价的主体应该是专业的评价机构或者上级教育行政和业务主管部门；对幼儿园内部教育效果进行的检查评价，评价的主体可以是幼儿园的管理人员及有关的教师；教师本人可以针对自己的教育教学情况，对自己的相关方面作出评估，或者进行诊断，从而改进和提高；儿童也可以作为评价的主体，对家长、老师、同伴及本人作出各种评价。

3. 评价的对象和内容——评什么

在科学教育评价中，既要全面真实地反映评价对象的有关情况，又要力求简单可行，从实际出发，选择可操作性强的、具有代表性的内容进行评价。比如，对某教师教学方法的使用进行评价，就不需要将其学历、职称、品德等作为评价内容。

（二）制定评价方案

制定评价方案，就是根据评价的目的，对整个教育评价的过程进行总体的规划。这一步骤包括以下四个方面。

1. 明确评价标准

在学前儿童科学教育评价中，要评价教师的教学，儿童的发展状况，幼儿园的教育教学质量等，应该以学前儿童科学教育的总目标作为依据和标准。

2. 设计评价指标体系

评价指标体系是教育目标的具体化，是把评价的内容中各个有关因素按照一定的层次和权重，组成一个指标体系。比如，要评价幼儿的好奇心，可以通过幼儿在观察小兔子中的表现来进行，可以将幼儿的表现分为：从远处看、在近处看、用手摸、用语言逗引、喂食、将发现告诉给他人等因素，组成本次评价活动的指标体系。

3. 选择收集资料的方法

收集资料的方法有很多，如观察法、调查法、谈话法、作品分析法等，不同的评价内容应该选择不同的方法。对同一评价内容，有时也需要采用不同的评价方法，以提高评价结果的可靠性。

4. 准备评价的书面材料

为保证评价结果的科学性，需要在评价前准备一定的书面材料，并在评价中进行记录。如运用观察法，就要准备好观察记录的表格和评价标准；运用问卷调查法，要设计好调查问卷；运用访谈法，要准备好访谈提纲，等等。

（三）实施评价方案

评价方案的实施主要有以下三个方面。

1. 进行宣传动员

评价正式实施之前，评价的组织者要对评价所涉及的对象作必要的解释，以争取评价对象的支持和协助。例如,有的教师担心自己班的幼儿成绩低于其他班级,对班上的幼儿进行事先演练,或者强化训练,甚至变相泄题等,就会干扰评价方案正常进行,影响评价的真实性。评价者在评价方案实施前一定要取得他们的理解和合作,也要对儿童进行适当的解释,消除其可能产生的紧张情绪。

2. 收集评价资料

在日常生活中,儿童往往会表现出各种各样的探索行为,如专心致志地观察小动物、制作科学玩具,而对周围的其他事情不感兴趣。这些其实都是有价值的资料,评价者应加以重视,耐心、细心地进行搜集。

收集评价资料,有时需要在较长的一段时间中持续地进行。这就要求评价者认真负责,按照程序,抓住时机,勤观察、勤记录,以使收集的资料更全面,更准确。

在评价过程中,不能面对评价对象随意发表议论和评价,以免对儿童产生一定的影响,并削弱评价资料的客观性。评价者对资料的文字记录要保证客观性,避免使用一些带有主观色彩的词汇。比如,"他很喜欢小蝌蚪"带有主观的推断,而"他每天都要去观察小蝌蚪的变化,每天观察时间平均是5分钟"就比较客观。

3. 对评价资料进行汇总和整理

在获得评价资料以后,要及时、认真、精确地分析资料,用统计方法将评价资料加以处理。

(四)处理评价结果

实施评价方案以后,评价者要针对汇总和整理的结果进行全面、认真地分析,做出评价的结论并形成评价报告。

二、学前儿童科学教育活动评价的方法

教育评价的目的是真实地、全面地反映评价对象的相关情况。我们要想保证教育评价的客观性、科学性,就必须借助科学的方法。在学前儿童科学教育评价中,既需要收集评价资料又需要对评价资料做出解释,无论哪种情况,都要坚持科学性,而不是通过主观臆测做出评价。因此,要根据客观的材料来描述对象。尤其是要确保收集材料的客观性,就要按照科学的程序,有计划、有组织地进行。但是,科学的方法并不一定是正规化的、标准化的测验,我们应该注重通过多元化的评价方法,而不是标准化的模式来收集资料。作为评价者,我们应该针对每个儿童的特点进行个别化的评价,而不是用统一的标准来衡量每一个不同的个体;对儿童进行评价时不要停留在评价幼儿在特定情境下的表现,而应该注重对儿童的整体的评价;不应该进行静态的评价,应该注重动态的评价,发展性的评价。另外,我们更应该注重把评价和教育活动密切结合起来,在活动中评价。

可用于学前儿童科学教育评价的方式有很多种,本节着重介绍收集评价资料的常用方法:作品分析法、测查法、问卷法、观察法、访谈法。

(一)作品分析法

所谓作品分析法是根据学前儿童的各种作品,分析幼儿发展水平,或检测教育教学活动的效果。例如,要求幼儿观察小蝌蚪的生长变化并作观察记录,教师以此分析幼儿观察的细致性、准确性、系统性,同时了解幼儿坚持性、独立性等品质的发展情况。又如,小班数学活动中,要求幼儿比较图片中两个娃娃的不同点,并把不同点标注出来,却发现没有一个幼儿能够发现娃娃的所有不同点。教师据此发现了教学中的失误——教师没有引导幼儿按顺序观察并找出不同。再如,要求两岁半左右的儿童分别画出圆形、三角形、正方形,但他们画出的却是三条分辨不出是什么图形的封闭曲线。由他们的作品我们可以分析出:这一年龄段的儿童不能够区分各种不同的图形,更无法认识各种图形的特征。

在他们看来,三角形、圆形、正方形之间并没有什么区别,它们都是些封闭的曲线。他们还无法理解图形的边和角。另外,它们的小肌肉控制能力差,也无法精确地画出各种图形。因此,我们没有必要要求处于涂鸦阶段的儿童画出各种图形,重要的是引导他们对各种图形感兴趣,对各种封闭的曲线感到好奇即可。

作品分析法的优点在于资料较易收集,并且具有间接性,教师有足够的时间对幼儿的作业进行分析、比较,使评价更加客观准确。其缺点是,只能较多地反映当前教学的影响,而不能反映幼儿稳定的发展水平,不能系统、完整地了解幼儿的科学素质发展水平。

(二)测查法

测查法也称测试法,指通过预先准备的问题测查儿童的发展水平。测查法由统一的测试题目和测试程序构成,优点是对大量的对象进行测试,可以在较短的时间内获得大量的反馈信息,便于量化和统计分析。测查法包括以下四个方面。

1. 编选测试题目

测查者根据评价的目的,拟定测试的内容、题目。题目不宜太多,以免被测者疲劳、烦躁。另外,还要拟定相应的指导语,对被测试者提出统一的要求。指导语要求简练、明确、通俗易懂,易于被儿童接受。

2. 准备测试材料

测查中有时需要纸、笔,有时需要被测者操作,测试者要做好充分的材料准备。

3. 设计记录表格

记录表格一般是用来记录被测者在测试过程中的言语或行为表现,是统计分析的原始材料。设计表格时,应对被测者可能出现的回答或行为表现,事先加以归类,以便在测试过程中,在相应的格中做标记。例如,为测查幼儿的左右方位知觉发展状况,可设计以下表格:

表 11-1　幼儿左右方位知觉发展测试记录表

水平 姓名	找到自己身体的左右部位	找到自己左边、右边的物品	找到自己左上方、左下方的物品	找到与自己同方向的他人的左边、右边的物品	找到与自己异方向的他人的左边、右边的物品
A					
B					
C					
D					
E					
F					

4. 拟定评分标准

要根据不同类型的测试的题目,拟定不同的评分标准。如加减法题有对错两种结果,最后可以计算正确率;守恒能力测试则需要进行等级评定。例如,某幼儿园大班幼儿面积守恒能力的测查题:

测查对象:大班幼儿 30 名。

测查材料:三个面积相等的正方形,分别按图 11-1 所示四等分。

测查题目及指导语:

(1)教师向幼儿同时出示图 11-1(a),图 11-1(b)和图 11-1(c)。让幼儿动手比一比并提问:"这三个图形是不是一样大?"

(2)提问:"请你们看一看,三个图中的阴影部分是不是一样大呢? 为什么?"

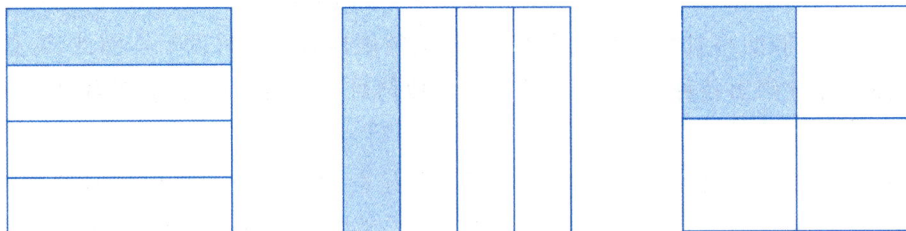

图 11-1　正方形的四等分

测查记录表见表 11-2。

表 11-2　测 查 记 录 表

姓　名＼项　目	判　断	理　由	备　注
A			
B			
C			
D			
E			
F			
G			

注：在"判断"一栏中,用"＋"表示"一样大",用"－"表示"不一样大";"理由"一栏用文字记录;"备注"一栏可记录幼儿的其他表现。

评分标准：

（1）幼儿判断不一样大,表明幼儿没有具备面积守恒能力。

（2）根据幼儿对"一样大"陈述的理由,将幼儿的回答分为 2 级水平：

一级水平,幼儿不能正确陈述理由;

二级水平,幼儿能准确陈述理由。

（三）问卷法

问卷法是将一系列设计好的问题组合起来,通过书面形式,提供给调查者,征询被调查者的意见,回收、整理、分析问题的答案,从而获取有关评价对象情况的一种评价资料收集方法。它的缺点是缺少面对面的沟通,研究者往往不在现场,真实性无法核对;另外,问题用文字或符号表达,对调查对象的要求较高,信息不够深入细致;优点是简便易行,省事、省力、调查内容广泛。

问卷调查需要事先设计和编制问卷。为便于回答和统计,一般选择的题型是填空题、选择题、判断题、排序题等。

1. 问卷的结构及设计

问卷的基本结构包括题目、前言、指导语、问题及供选择的答案、结束语五个部分。

（1）题目

在问卷开始应该标明调查的主题,即一个具体的题目,以便于调查对象明确调查的目的和内容。应该注意表述简练、明确。

（2）前言

简要说明问卷的目的和意义,让调查对象了解回答问题的原因,消除他们的顾虑和疑问,确保他们能够提供真实、客观的信息和材料。前言要简洁、明确、通俗易懂。

（3）指导语

对答卷的方法、要求、注意事项等作具体的说明。语言要简明扼要。

（4）问题及供选择的答案

调查项目包括问题和供选择的答案，是问卷的主要部分。问题要明确具体，答案要简单明了。

（5）结束语

结束语包括答谢词和问卷回收方法。要用简短的语言对调查对象的合作表示真挚的感谢，同时，让调查对象明确如何回收问卷。

2. 问题的编制及答案设计

问题的编制和答案设计是问卷的基本部分。问题的类型可根据问题内容的不同，分为开放式问题、封闭式问题、半开放半封闭式问题。

（1）问题的编制语言要简练、通俗，问题的内容应具体、清晰、含义单一，避免相互兼容，避免带有倾向性和诱导性，不能过分笼统和抽象，要考虑到调查对象的知识背景。问题不带任何暗示性。

（2）答案的设计意义要明确简洁，多选题中各选项要相对独立，避免交叉和包含，选项应该具有层次性，排列要讲究逻辑性，所有答案只能按一个标准分类。

（3）题目的排列和呈现要注意排列顺序，应遵循以下几条原则：同类组合、先易后难、先概括后具体、先封闭后开放、先一般后特殊。例如，问题与列出的该题的答案应相对靠近、集中，避免填答者漏读某些部分；同类性质的问题应排列在一起，以利于调查者思考；可以相互检验的问题必须分隔开。

以儿童作为调查对象的问卷要避免文字，尽量用图画的方式。在调查实施时，要由调查者指导幼儿阅读问卷，帮助儿童理解，然后回答。

例一　调查幼儿关于对冬眠动物的了解，可以向幼儿出示图11-2，并设计指导语："你知道哪些是冬眠的动物吗？请你在冬眠的动物下面打上√，在不冬眠的动物下面打上×。"

图 11-2　冬眠动物测试图

例二　请幼儿将图 11-3 中小动物与它爱吃的食物匹配连线。

图 11-3　动物和食物的匹配

例三　请幼儿根据青蛙生长发育顺序在图 11-4 的左上角标上恰当的数字。

图 11-4　青蛙生长发育顺序

由于学前儿童的阅读水平较弱,对幼儿的问卷调查,一般较多地采用口头式问卷。评价者提出问题,幼儿口头作答,然后根据幼儿的回答进行评价。比如,在测查时我们可以口头提出这样的问题:"想一想,我们可以用什么样的办法将一块木块沉入水中?"从而了解幼儿运用所学知识解决问题的能力。为了避免幼儿之间相互干扰,影响评价的真实效果,要注意采取一定的隔离措施。

(四) 观察法

观察法是指通过感官或辅助仪器,有目的、有计划地对自然状态或准自然状态下的现象或行为进行系统和连续的考察、记录、分析,从而对观察对象作出评定的一种资料收集方法。

观察法具有自然性和直接性。观察法是在自然或准自然状态下进行的,因而具有自然性;观察法考察的是正在发生的真实情况,观察者可以亲身感受被观察者的环境和活动,因而具有直接性。观察法特别适合于学前儿童,他们的身心发展水平较低,书面和口头表达能力有限。同时,他们在被观察时,不容易产生敏感,表现自然、真实,收集的资料比较真实可靠。

观察法的应用范围很广泛,包含的方法也比较多。常用的观察法有行为核对、情景观察和事件详录等。

1. 行为核对

行为核对就是在观察之前,依据评价的目标、内容制定一份观察行为核对表,观察过程中,评价者将观察到的行为与核对表中的项目逐条核对,并在符合的条目上做记号。

行为核对的优点是记录简便易行,不足是制定核对表要求较高,比较困难,不仅事先要确定观察行为的类型,而且需要通过抽取一定数量的具体行为,从中选择出具有代表性的行为,确定为核对表中的行为条目。例如:

在幼儿园的户外场地上,放置了若干废旧轮胎,评价者要求大班幼儿玩轮胎,并观察他们对轮胎的行为反应,从而进行行为核对,整理成表11-3。

表 11-3　幼儿对轮胎的行为反应核对表

具体行为 姓名	滚　动	跳　圈	在轮胎 上走	钻　圈	用轮胎 跳房子	用轮胎 搭堡垒	将轮胎 当船划	主动和同伴 合作玩轮胎
甲								
乙								
丙								
丁								

注:在符合的行为上打"○"。通过观察、记录,我们可以分析出幼儿玩轮胎的方式、方法,以及幼儿的创造性等。

2. 情境观察

情境观察是由评价者事先创设一个特殊的情境,以此引发评价者想要观察到的有关行为反应,从而获取评价资料,达到评价观察对象的目的。

情境观察的优点是:能够测量幼儿发展水平的不同层次,另外它是在情境控制中进行的,能排除一些无关因素的干扰,观察的效果较好。缺点是:这种观察花费的时间和精力较多,观察的多是外部行为表现,因果关系的确定难以精确。在观察中,记录的只是想要观察的行为,忽略细节,难免带有一定的主观性。

例一　通过情境观察,评价幼儿学习态度和学习方法。

选择若干幼儿,要求幼儿制作风筝,观察幼儿在活动中的反应,对其学习态度和方法作出评价。具体按等级表(表11-4)评定:

表 11-4　幼儿学习态度和方法等级表

姓名 \ 态度、方法	不专注	专注	放弃	不放弃	教师帮助、建议	独立尝试各种方法
甲						
乙						
丙						
丁						

例二　运用情境观察,评价幼儿的观察力。

安排每个幼儿观察桃子和杏子两种水果 5 分钟,根据他们的行为表现、询问其观察结果,制成表 11-5,判定他们的观察力。

表 11-5　幼儿观察力的表现

姓名 \ 行为	看	摸、捏	嗅	比较	交流	关注细节	提出问题
甲							
乙							
丙							
丁							

3. 事件详录

事件详录是指通过对某种特定行为或事件的完整过程的观察,进行详细记录,然后作出评价。

事件详录法虽然不需要事先编制记录表格,也不需要事先创设特殊的情境,但要针对事件的过程或相应的行为加以速记,并且要确保真实、客观,因而对观察者的要求较高。其优点是评价者可以随时随地在日常活动中观察、记录,并及时作出评价,使评价更加现实、可行、有效。

案例 11-1

下面是一位教师根据某个幼儿在主题活动"蚯蚓"中的表现所做的实录。

这几天,欣欣总是喜欢谈论蚯蚓。下午户外活动时,他在树底下发现了一条又粗又长的蚯蚓,便轻轻松松上前,蹲下来,惊喜地叫了声:"蚯蚓! 这么长的蚯蚓呢!"边说边毫不犹豫地把蚯蚓捡起来,放在手里看。几个小伙伴被吸引过来了,有人说:"呀,咬人呢!"欣欣立刻说:"它不咬人!"接着又问小伙伴道:"这条蚯蚓是雄的,还是雌的? 它怎么会跑出来呢?"大家表示不清楚。他把蚯蚓用手指捏起来,问:"哪是头? 哪是尾?"没有得到答案,就把蚯蚓放在地上说:"让它跑跑看吧。"见蚯蚓未动,又用手指戳了戳,说:"好像这是头。"观察了一会儿,他将蚯蚓拿来对老师说:"老师,怎样分清蚯蚓是雄的还是雌的?"当老师无法给出答案时,他建议说:"把它养起来,再去查查书,会知道的。老师,蚯蚓喜欢潮湿的土,还能再生呢! 我要和小朋友一起做个实验。"

评析:从上面的事件详录中,我们就可以具体地看到这位幼儿对动物的兴趣、态度、探索的方法等。

案例 11-2

这里记录的是一位幼儿在"探索表情"活动中的有关表现。

在"探索表情"主题活动期间,有一天区角活动时,欣欣急匆匆地走过来告诉老师:"我发现了一种新的、奇怪的表情!"老师问:"什么奇怪的表情? 在哪发现的?"欣欣说:"在明明脸上发现的。"说着他做了一个"吃惊"的表情。老师又问:"他为什么表现出这样的表情?"欣欣说:"他听说蚕屎可以做枕头!"老师说:"这是吃惊的表情。"欣欣若有所思地走了。不一会,又来告诉老师:"我又发现一种表情!"他接着模仿了一个"难为情"的表情并说出了原因。老师表扬了他,他兴奋地说:"居然有这么多的表情啊! 我要把这些表情画下来,让大家比一比。"

案例 11-3

这里记录的是一个两岁半的儿童玩卫生纸的实况。

源源看到地毯上放着一卷卫生纸,于是,拿起来撕下一块,又撕下一块,一直撕了六块,然后,将撕下的又全部撕成小块,撕了一地毯。他重新拽着卫生纸的一端开始拉,拉了很长,迟疑了一下,抱过身边的布熊,往小熊身上缠卫生纸,将小熊五花大绑了一番后,他站起身,拉着卫生纸拖着小熊走,拖着拖着,卫生纸被小熊拽断了。他停下来,重新捡起卫生纸的一端,再次想拖拉小熊,可是,又断了。几次都没成功。他掉过头,站了一会,目光落在卫生纸卷上,于是,他又拉着卫生纸走起来,越走越快,之后跑起来,卫生纸布满了地毯,他咯咯地笑着、跑着。

评析:从上面记录中,我们可以看出这位小朋友对卫生纸的兴趣、他玩纸的方法以及探索的坚持性等。

案例 11-4

下面是一位妈妈对 13 个月的儿子的观察记录。

飞飞龙在操场上蹒跚学步,发现一块小石头,就一直抓在手中把玩。当他坐在一个台阶上时,无意中,小石头掉在台阶上,滚了几下,停了下来。飞飞龙专注地看着发生的一切,又抓起小石头,接着扔到台阶上。这样反复着,玩得不亦乐乎。这时,姥爷走过来逗他:"飞飞龙,给我挠挠痒痒!"(飞飞龙最喜欢的游戏)可是,飞飞龙却无动于衷,自己继续抛石头。突然,小石头骨碌骨碌滚下了台阶,飞飞龙看着滚远的石头,愣了一下,紧接着,他象征性地给姥爷挠了一下痒痒,又用手指了指远处的石头。姥爷明白了他的意图,帮他捡回了石头。飞飞龙又开始高兴而专注地扔石头了。

评析:这位妈妈的记录可以看出,小孩子对新异物的探究是非常感兴趣和专注的,而且,为了达到目的,还主动寻求帮助,从而获得继续探究的满足。

(五) 访谈法

访谈法也称谈话法,是指评价者通过与访谈对象进行面对面的交谈,以口头问答的形式来获取有关评价资料的一种方法。

访谈法的优点是:谈话的过程灵活、深入;获得的资料直接、可靠;有利于谈话对象发挥主动性;简单易行,适用面广。访谈法的缺点是:样本较小,获得的资料比较难以标准化,对被调查者的心理状态不好控制,有一定的局限性,所以对访谈者素质要求很高,访谈者的价值观、态度、谈话水平、语气等,都会影响评价对象,容易导致偏差。

访谈法的类型可以分为集体访谈和个别访谈;也可以分为直接访谈和间接访谈。如,可对某个儿童进行访谈或对一组儿童访谈,可面对面访谈或电话访谈。

运用访谈法(谈话法)应注意,访谈者首先要做好准备工作,如选择适当的访谈形式,设计好访谈提纲,了解被访谈者的情况,选好访谈的时间、地点。访谈中要与被访谈者建立良好的关系,取得其信任。同时,要尊重访谈对象的年龄特征。下面,举例说明访谈法:

案例 11-5

师幼关于电池的谈话实录

(河北省直机关第四幼儿园　刘栋)

在进行"电动玩具"的系列活动中,老师与幼儿关于电池的谈话。

(老师出示一节 5 号电池)

师:电池有什么作用?

幼:电池有能量,可以让玩具动起来。

(老师又拿出一节 7 号电池)

师:为什么电池的大小不一样?

幼:大电池里的电多,小电池的电少。

(老师请幼儿继续观察电池的两端)

师:电池的两端藏着哪些秘密?

幼:电池一边是平的,一边有个凸起。

师:还有呢?

幼:电池一端是红色圈,一端是黑色的圈。

师:为什么会有这种差异呢?

(老师请幼儿观察电池两边的符号,幼儿发现了加号和减号。)

幼:加号是电越来越多,减号是电越来越少。

师:怎么把电池安到玩具里呢?

幼:凸起来那端要对着弹簧,平的那端在另一边。

(老师按照幼儿说的方式,把电池装到玩具里,结果玩具没有动。这是为什么呢?老师请幼儿观察电池盒里的标志,幼儿也发现了加号和减号。)

师:怎么装电池才对呢?

幼:要加号对加号,减号对减号。

(果然,按照幼儿说的方法装好电池后,玩具动起来了。)

评析:从谈话中可以看出,幼儿的生活经验非常丰富,有安装电池的经历,幼儿能将自己的生活经验进行整合,形成对电池的初步认识。但是幼儿对电池的了解不够全面,不够准确,还没有真正形成关于电池的科学经验。在老师的引导下,幼儿能够把运用已有经验起来,感悟到内部的联系,从而形成比较全面科学的认知。

案例 11-6

以下是一个儿童(两岁八个月)睡前与妈妈关于影子的谈话。

晚上,源源要睡觉了,卧室里开着台灯,墙上映着影子。妈妈站在床边给源源脱衣服,妈妈问:"墙上有谁?""墙上有妈妈!"妈妈又问:"墙上还有谁?"源源回答:"墙上还有源源!""妈妈和源源怎么到墙上去了?"妈妈问,"那是影子。"源源自豪地回答。"影子从哪里来的?"妈妈问。源源回答:"晚上来的。"妈妈又问:"为什么晚上来?""白天不敢来。"

评析:从谈话中可以看出,此儿童对影子好奇,但还不明白光和影子的关系。

案例 11-7

以下是师幼关于建鳄鱼馆的对话(5岁幼儿)(石家庄市第三幼儿园 郭睿)

师:老师看到你把制作的鳄鱼一部分放在水中,一部分放在岸上,你是怎么想的?

幼:因为鳄鱼既可以生活在水里,也可以生活在岸上,这样它们会生活得很快乐。

师:我还看到你为鳄鱼准备了食物,都有哪些呢?

幼:有肉、蔬菜、水果,我还给它做了蛋糕,鳄鱼一定会很开心的。

师:你了解到的鳄鱼是吃什么的呢?

幼:鳄鱼喜欢吃小鱼、小兔子,它的牙齿可尖呢,什么都咬得动。

师:你觉得鳄鱼会喜欢吃蔬菜和水果吗?

幼:但是我不想让它吃小动物。

评析:从谈话中可以了解到,幼儿对鳄鱼的生活习性有笼统了解,但受个人情感影响,对鳄鱼饮食习惯的认识带有主观色彩,尚未形成科学认知。

我们应该注意,谈话法的对象除了幼儿,还可以是教师、家长等。

本章论述了学前儿童科学教育评价的基本常识和常用方法。在评价过程中,评价者必须明确评价的价值取向,使评价成为引导学前儿童科学教育正确方向的有效环节,最终促进幼儿的终身发展。因此,我们要坚持评价的科学性,实效性,不能将评价变成走过场,赶时髦,浪费人力物力。另外,我们应注意不能将评价神秘化,使评价变得高不可攀,无法把握,只有专家才能进行。应该树立这样的理念:每一位活动者、教育者都可以成为评价者。

思考与练习

1. 简述教育评价及学前儿童教育评价的概念。

2. 为什么要进行学前儿童科学教育评价?

3. 学前儿童科学教育评价的内容有哪些?

4. 如何对学前儿童科学教育活动本身进行评价?

5. 在科学活动中,如何对学前儿童发展进行评价?

6. 学前儿童科学教育评价的一般步骤是什么?

7. 学前儿童科学教育活动评价的方法有哪些? 在实践中应该如何运用?

8. 扫一扫二维码,观摩该案例与视频,请对大班科学活动"好玩的传声筒""火车呜呜呜"进行评析。

案例一（青岛幼儿师范附属幼儿园　孙云霞）

好玩的传声筒

好玩的传声筒

案例二（海军青岛示范幼儿园　安仲凯）

火车呜呜呜

火车呜呜呜

参考文献

1. 张俊.幼儿园科学教育[M].北京：人民教育出版社,2004.

2. 刘占兰.幼儿科学教育[M].北京：北京师范大学出版社,2000.

3. 周川.科学的教育价值[M].南京：江苏教育出版社,1993.

4. 李季媚,冯晓霞.《3—6岁儿童学习与发展指南》解读[M].北京：人民教育出版社,2013.

5. 施燕.学前儿童科学教育[M].上海：华东师范大学出版社,1999.

6. ［瑞士］皮亚杰.儿童的心理发展[M].傅统先译.济南：山东教育出版社,1982.

7. ［瑞士］皮亚杰.教育科学与儿童心理学[M].傅统先译.北京：文化教育出版社,1981.

8. 张春兴.教育心理学[M].杭州：浙江教育出版社,1998.

9. ［法］布林格尔.皮亚杰访谈录[M].刘玉燕译.台北：书泉出版社,1996.

10. 黄人颂.学前教育学[M].北京：人民教育出版社,1989.

11. ［苏联］维果斯基.维果斯基教育论著选[M].余震球选译.北京：人民教育出版社,1994.

12. 王平.多元智能与科学教育的整合——介绍我在美国参与的一个教学案例,http://hanbo. ci123. com/article_6310. html.

13. 李维金.学前儿童科学教育(第2版)[M].北京：科学出版社,2012.

14. 彭琦凡.幼儿园科学活动指导与设计[M].福州：福建人民出版社,2009.

15. 刘占兰.学前儿童科学教育(第2版)[M].北京：北京师范大学出版社,2008.

16. ［美］大卫·杰纳·马丁.建构儿童的科学——探究过程导向的科学教育[M].杨彩霞等译.北京：北京师范大学出版社,2006.

17. ［美］克里斯汀·夏洛,劳拉·布里坦.儿童像科学家一样——儿童科学教育的建构主义方法[M].高潇怡,梁玉华,孙瑾译.北京：北京师范大学出版社,2006.

18. 林玉萍.幼儿园区域活动指导手册(科学区)[M].北京：农村读物出版社,2011.

19. 杨薇,但菲.幼儿科学游戏指导与实施[M].北京：新时代出版社,2004.

20. 张慧和,张俊.幼儿园数学教育[M].北京：人民教育出版社,2004.

21. 全国幼师工作协作会组.幼儿科学教育活动指导[M].北京：北京师范大学出版社,2002.

22. 王志明.学前儿童科学教育[M].南京：南京师范大学出版社,2001.

23. 杨爱华.学前教育科学研究[M].南京：南京师范大学出版社,2001.

24. 陶保平.学前教育科研方法[M].上海：华东师范大学出版社,1999.

25. 冯晓霞.幼儿园课程[M].北京：北京师范大学出版社,2000.

26. 王春燕等.幼儿园课程论[M].北京：新时代出版社,2005.

27. [美] 约翰·杜威.我们怎样思维——经验与教育[M].姜文闵译.北京：人民教育出版社,1991.

28. 有宝华.综合课程论[M].上海：上海教育出版社,2002.

29. 周兢等.幼儿园活动整合课程指导[M].南京：南京师范大学出版社,台北：信谊基金出版社,2003.

30. [美] Patricia L.Roberts,Richard D. Keiiough.跨学科主题单元教学指南[M].李亦菲等译.北京：中国轻工业出版社,2005.

31. 张俊.后现代主义与幼儿科学教育[J].早期教育,2003(03).

32. 杜燕红.建构主义视角下的幼儿园科学教育[J].幼儿教育,2005(21).

33. 陈琦,张建伟.建构主义学习观要义评析[J].华东师范大学学报(教育科学版),1998(01).

34. 张建伟,陈琦.简论建构性学习和教学[J].教育研究,1999(05).

35. 李季湄,方钧君.多元智力理论和幼儿园教育过程[J].学前教育,2001(03).

36. 冯晓霞.多元智能理论与幼儿园教育评价改革——发展性教育评价的理念[J].学前教育研究,2003(09).

37. 霍雨佳.幼儿科学活动中教师指导的特点与类型[J].学前教育研究,2008(06).

38. [日] 木全晃子,霍力岩.中日幼儿园科学教育之比较——以中日《幼儿园教育指导纲要》为分析视角[J].比较教育研究,2005(01).

39. 万迪人,王风野.促进幼儿园科学教育深入开展的几点思考[J].学前教育研究,2006(06).

40. 张琛轶."乌鸦喝水"的启示[J].早期教育(教师版),2008(03).

41. 陶晓红.动物怎样过冬[J].幼儿教育(教师版),2005(01A).

42. 黄宏伟.整合概念及其哲学意蕴[J].学术月刊,1995(09).

43. 李子健,杨晓萍,尹芳.中国大陆幼儿园统整课程的理念与设计——以重庆市幼儿园为例[J].西南师范大学学报(人文社会科学版),2005(01).

44. [美] 克伯屈.活动课程要素[J].进步教育,1934,11(10).

45. 孙宽宁.课程综合化与综合课程[J].课程研究,1998(01).

46. 沙莉,霍力岩.统整课程述评[J].幼儿教育(教育科学版),2006(04).

47. 孙燕.科学知识图画书阅读教育的价值及方式[J].幼儿教育(教育科学版),2011(06).

后　记

本书第四版修订得到广大幼儿教师的大力支持,为本书提供案例和短视频的有:重庆师范大学附属幼儿园吴凤、王雪桦,重庆市渝中区机关幼儿园陈娅、张容、黄治娟、徐安麟、杨翠兰、殷艳、陶楠,重庆渝中区实验幼儿园莫玲、孟萍,重庆市沙坪坝区实验幼儿园邓丽娟,重庆市渝北庆龄幼儿园彭小娟、熊菲菲、严亚君、涂德兰、邓璇,重庆九龙坡区机关幼儿园胡广萃、邓叶、虞孝愚、但夏;北京市清华洁华幼儿园孙凌华、刘颖;河北省直机关第三幼儿园赵欣怡、李克、辛艳玲,河北省直机关第四幼儿园刘树欣、田轶男、杨巧妹、刘栋、习甜、陈爱敏、张佩佩、常玲、郭梅、孙松静、贾倩倩、胡潇涵;石家庄市第一幼儿园冯小丽、任金素、逯娜、庄向荣、赵寒冰、冯寒、郑金萍、殷瑛;石家庄市第三幼儿园张爱红、郭睿、冯静芝;青岛幼儿师范学校附属幼儿园孙云霞、许爽;青岛市崂山区金钥匙幼儿园崔顺;青岛市市南区江西路幼儿园苗菁;海军青岛示范幼儿园安仲凯;山东枣庄市实验幼儿园王贝。在此,我代表全体编写人员对他们表示深切谢意!

夏　力

图书在版编目（CIP）数据

学前儿童科学教育活动指导/夏力主编. —4 版. —上海：复旦大学出版社，2022.1（2024.1 重印）
ISBN 978-7-309-16003-1

Ⅰ.①学… Ⅱ.①夏… Ⅲ.①学前教育-科学教育学-教材 Ⅳ.①G613.3

中国版本图书馆 CIP 数据核字（2021）第 225419 号

学前儿童科学教育活动指导（第四版）
夏 力 主编
责任编辑/查 莉

复旦大学出版社有限公司出版发行
上海市国权路 579 号 邮编：200433
网址：fupnet@ fudanpress. com http://www.fudanpress.com
门市零售：86-21-65102580 团体订购：86-21-65104505
出版部电话：86-21-65642845
常熟市华顺印刷有限公司

开本 890 毫米×1240 毫米 1/16 印张 14.75 字数 399 千字
2024 年 1 月第 4 版第 4 次印刷
印数 38 101—49 100

ISBN 978-7-309-16003-1/G·2323
定价：49.80 元